ANTROPOLOGIA, ECONOMIA E MARXISMO
UMA VISÃO CRÍTICA

Maria Cecília Manzoli Turatti

ANTROPOLOGIA, ECONOMIA E MARXISMO
UMA VISÃO CRÍTICA

Copyright © 2011 Maria Cecília Manzoli Turatti

Publishers: Joana Monteleone/Haroldo Ceravolo Sereza/Roberto Cosso
Edição: Joana Monteleone
Editor assistente: Vitor Rodrigo Donofrio Arruda
Revisão: Ana Paula Marchi Martini
Projeto gráfico, capa e diagramação: Eliezer Abrantes Rodrigues

Imagem da capa: Poster do filme *The Eleventh*, 1928. Georgii & Wladimir Stenberg. 107 x 71 cm. Litografia em cores.

CIP-BRASIL. CATALOGAÇÃO-NA-FONTE
SINDICATO NACIONAL DOS EDITORES DE LIVROS, RJ

T843a
Turatti, Maria Cecília Manzoli
ANTROPOLOGIA, ECONOMIA E MARXISMO: UMA VISÃO CRÍTICA
Maria Cecília Manzoli Turatti.
São Paulo: Alameda, 2011.
234p

Inclui bibliografia
ISBN 978-85-7939-070-8

1. Antropologia econômica. 2. Economia marxista. 3. Comunismo. I. Título.

11-0316.   CDD: 306.3
            CDU: 572:33

023983

ALAMEDA CASA EDITORIAL
Rua Conselheiro Ramalho, 694, Bela Vista
CEP: 01325-000 São Paulo – SP
Tel.: (11) 3012-2400
www.alamedaeditorial.com.br

Tendo de satisfazer suas necessidades
Moderado por natureza
Pescando, caçando, construindo e coletando
Esforçado por natureza
Fazendo instrumentos pro seu uso pessoal
Bem apessoado por natureza
Se absorvendo na maior atividade

A experiência lhe ensinava todo dia
Experiente por natureza
Com o seu relógio, livro, tinta e caneta
Organizado por natureza
Faz um inventário cataloga as construções
Ordenado por natureza
Pra passar o tempo ele orava fervoroso

Se organizando contabiliza a vida
Conta conta o tempo contabilizando a vida
Conta conta o tempo contabilizando a vida
Chega Sexta-feira e o trabalho alivia

(*A Contabilidade da Vida
de Robinson Crusoé* – Shiksa)

Sumário

Prefácio 9

Introdução 19

1. Inventando o *Homo economicus* 27
2. Destruindo o *Homo economicus* 51
3. O cadáver insepulto do Formalismo 95
4. A pá de cal do Substantivismo 111
5. Eram os franceses marxistas? 125
6. Por uma antropologia materialista e histórica 205

Referências bibliográficas 205
Agradecimentos 231

Prefácio

por Alvaro Bianchi[1]

NOS ANOS 1990, quando Maria Cecíllia Manzoli Turatti e eu cursamos a graduação em Ciências Sociais, o mar estava revolto para qualquer um que quisesse navegar no barco do pensamento crítico. O colapso do socialismo irreal no Leste europeu, a hegemonia avassaladora da ideologia e do programa neoliberal, o recuo dos movimentos sociais, as derrotas eleitorais de 1989 e 1994, tudo indicava que a esquerda e o pensamento crítico a ela associado passariam por longos anos de completa defensiva. E passaram.

Na Faculdade de Filosofia e Ciências Humanas da Universidade de São Paulo as águas eram ainda mais

---

1. Professor do Departamento de Ciência Política da Universidade Estadual de Campinas (Unicamp), diretor do Arquivo Edgard Leuenroth – Centro de Pesquisa e Documentação Social e secretário de redação da revista Outubro.

perigosas para a navegação. Em 1989, a aula magna ministrada pelo professor Francisco de Oliveira teve como tema a crise dos paradigmas explicativos das ciências sociais. A brilhante conferência foi carregada de pessimismo e levantou problemas de difícil solução, antevendo à sua maneira o que estava por vir. Na Faculdade não foram poucos os que interpretaram de modo unilateral essa aula. Para estes, a crise dos paradigmas parecia não atingir Durkheim, condenado miseravelmente a um capítulo ultrapassado da história intelectual, nem Weber, travestido agora de arguto defensor da reforma do Estado. Curiosamente assimilaram a crise dos paradigmas como a revelação da crise de um paradigma, o paradigma marxista.

Para sustentar essa interpretação um passado mitológico foi anunciado. Nele o pensamento marxista imperava soberano nas ciências sociais, impondo sobre a produção do conhecimento seus dogmas e esquemas. Não apenas o marxismo, como também sua vulgata althusseriana, também ela dominante nessa mitologia, eram culpados pelo embotamento dos cérebros e por um clima de caça às bruxas. Essa narrativa abria as comportas para o livre curso das novas narrativas pós-modernas e para as velhas ideias liberais. Mas ela permitia, também, que muitos professores se autorreconhecessem nesse mito como as pequenas luzes que teimavam em iluminar as trevas trazidas pelo marxismo, bem como justificar a adesão destes ao programa neoliberal que se expressou na plataforma política do governo de Fernando Henrique Cardoso. Cercada pela plebe ignara os cortesãos iluministas festejavam seu filósofo-rei.

Como disse, esse passado era mitológico. Nele não havia ditadura, cassações, demissões e censura. O controle ideológico denunciado pela Adusp no memorável *O livro negro da USP: o controle ideológico na Universidade*, aparentemente não havia afetado a FFLCH. O Brasil estava mergulhado nas trevas, mas de acordo com a fantástica narrativa, na USP o marxismo e os marxistas dominavam tudo. Esse mito não deixou, entretanto, registro arqueológico algum. Nas teses e dissertações produzidas, nos artigos publicados e nos livros lançados não há indícios de que essa narrativa tivesse algum nexo, mesmo que tênue, com o passado realmente vivido. Como era de se esperar, o mito também não teve seu Homero para sistematizá-lo e narrá-lo. Seja por falta de talento ou por simples vergonha, ele instituiu-se apenas como "tradição oral".

Como se sabe, os mitos têm sua eficácia e força material. Para os que estudaram naqueles anos e queriam navegar contra a corrente, essa eficácia e essa força pareciam avassaladoras. A razão não costumava ser um bom argumento. Não adiantava tentar explicar que a crítica ao reducionismo e ao determinismo eram lugares comuns em boa parte do pensamento marxista. Ou recorrer aos escritos histórico-políticos de Marx para revelar a complexidade de seu pensamento e sua abertura às múltiplas dimensões da atividade humana. Paradoxalmente, os narradores não conheciam muito mais do que a vulgata e era um pensamento vulgar que imputavam a Marx. Tudo era posto na conta das grandes narrativas e do grande narrador, o barbudo de Trier.

***

Mas o barbudo de Trier não teria culpa registrada no cartório da ciência? Quantas vezes foi acusado de economicista e reducionista? Tantas vozes diferentes poderiam errar sobre a mesma questão e chegar à idêntica conclusão? Nas ciências sociais a acusação vinha de todos os lados, mas era a antropologia a disciplina que podia fazer a pergunta com mais pertinência. O olhar do etnógrafo, treinado para enxergar aquilo que há de particular em uma comunidade, era perturbado por aquelas passagens do texto marxiano nas quais uma história universal parecia se desenhar. Não são poucas essas passagens, mas talvez a mais conhecida é aquela que ocupa seu lugar no prefácio a *O Capital*: "Ainda quando uma sociedade tenha desvendado o significado da lei natural que rege seu movimento — e o objetivo final desta obra é descobrir a lei econômica do movimento da sociedade moderna —, não pode ela suprimir por saltos as fases naturais de seu desenvolvimento nem removê-las por decreto."[2]

O desconforto provocado por essa passagem poderia ser reforçado pelo capítulo XXIV, aquele referente à chamada acumulação primitiva, no qual Marx descreveu o processo de expropriação de grandes massas de homens – principalmente produtores rurais – de seus meios de subsistência e o destino destas como proletários livres (*vogelfreie*). Não era a descrição em si o que poderia criar o mal-estar e sim a afirmação contida nesse capítulo de que esse processo poderia generalizar-se, "ainda que segundo o contexto ele

---
2. Karl Marx. *Capital*. Londres: Penguin, 1990, v. 1, p. 92.

mude sua cor local, ou se restrinja a um círculo mais estreito, ou apresente um caráter menos fortemente pronunciado, ou segundo uma ordem de sucessão diferente" das diferentes fases.³

Do encontro do prefácio à segunda edição de *O Capital* com seu capítulo XXIV emergiam duas teses essenciais para uma filosofia da história. A primeira delas anunciava o caráter irreversível e linear do tempo. Encerrando os diversos momentos históricos em diferentes etapas bem demarcadas, o movimento da história era reduzido a uma ordem de sucessão que não poderia ser revertida ou subvertida. A sequência dessas etapas era definida pela segunda tese, a qual subordinava o movimento histórico a uma ordem externa a ele próprio, imposta por leis econômicas que pareciam encontrar seu fundamento na própria natureza humana.

Não são poucas as vezes nas quais Marx parece sucumbir a uma filosofia da história capaz de arrumar os acontecimentos humanos e dar-lhes inteligibilidade. Arranjados desse modo e tornados cognoscíveis, tais acontecimentos poderiam integrar-se perfeitamente ao mecanismo de uma história universal cujo desfecho seria previamente estabelecido. Olhando a partir do século XX não foram poucos os que denunciaram essa operação. Mas no século XIX havia como resistir à força de uma filosofia da história e da ideia de uma história universal? Não era apenas a filosofia da época, ainda impregnada pelas ideias de Kant e Hegel, o que tornava esta força irresistível, era o próprio movimento da história.

---

3. *Idem*, p. 876.

Sim, o capital era uma força social com uma clara tendência à generalização e à universalização. As relações sociais previamente existentes dissolviam-se em sua correnteza. Tudo o que parecia sólido, e que como tal havia até então resistido aos séculos, esfumava-se rapidamente no ar. A dinastia Ming pôde resistir durante centenas de anos aos povos invasores, mas a China não pôde suportar o avanço comercial da Inglaterra e a diplomacia das canhoneiras desta; bastaram as duas guerras do ópio para que os portos do grande império fossem abertos.

Mas a música do século XIX não era cadenciada apenas pelas botas do capital. Essa foi também a centúria das revoluções e contrarrevoluções; do nascimento do moderno movimento operário, com suas greves e sindicatos; das barricadas; dos massacres e fuzilamentos; de batalhas travadas em continentes distantes; das guerras de independência na América Latina; e de uma tensa paz na Europa. A coreografia improvisada da luta de classes recusava a música previsível da reprodução ampliada do capital e colocava em apuros a ordem imposta por uma filosofia da história.

Marx procurou interpretar essa coreografia ressaltando as dissonâncias que a política introduzia na música do capital. Foi por meio de uma miríade de artigos e folhetos – alguns rápidas anotações, outros alentados estudos – que procurou levar essa tarefa a cabo. Ao invés dos traços universais de um evento, os quais permitiriam reconduzir este a seu lugar em uma história pré-determinada e pré-ordenada, o olhar atento destacava aquilo que havia de particular nos conflitos sociais, na cultura de uma nação ou na personalidade de um indivíduo. A história não se repete, e quando esta parece repropor-se não o faz mais como tragédia e sim como farsa, pastiche de si própria. Nesses escritos não havia lugar para uma filosofia da história e muito menos para uma história universal.

O pensamento marxiano procurará combinar constantemente aquela música e esta coreografia; uma história universal do capital e uma história particular da luta de classes; uma filosofia da história e uma história do contingente. Não se trata de imaturidade, inconsistência ou inconclusividade. Essa oscilação é própria da complexidade do real, da diversidade do tempo do capital e da luta de classes. Teria sido mais fácil adotar uma única perspectiva e escolher entre a intelecção do universal ou a narrativa do particular. Mas o resultado dessa escolha, feita por muitos no século XX, tenderia a ser mais pobre do que aquele produzido pela sua recusa. O resultado dessa complexa operação teórica foi uma historiografia aberta e não teleológica na qual as tendências universais eram permanente atualizadas pela análise do particular e a única coisa previsível, como dizia Gramsci, era a própria luta.

* * *

Era nessa recusa que se poderia fundar uma antropologia inspirada na obra de Marx. Afastar a tentação de uma saída fácil implicava, entretanto, em assumir um risco elevado. Não foram muitos os que enfrentaram esse risco, mas houve quem o fez. O livro de Maria Cecília Manzoli Turatti destaca de modo competente as dificuldades de se pensar uma antropologia marxiana e uma antropologia fundada na obra de Marx. A autora privilegiou o diálogo com os franceses e não deixou de destacar o profundo vínculo destes com o conhecimento antropológico produzido nesse país. Nessa escolha ficaram de fora pesquisadores simpáticos às ideias de Marx, os quais seguindo a trilha de Leslie White renovaram a antropologia nos Estados Unidos. Não espere pois o leitor ver os nomes de Elman Service, Eric Wolf ou Marshall Sahlins neste livro.

A opção da autora não é, entretanto, arbitrária, e pode ser considerada plenamente justificável. Há muito de uspiano na escolha dos estudiosos investigados. Claude Levi-Strauss cravou seu nome no coração da antropologia produzida nessa casa e embora hoje não seja senão uma referência muito remota, nunca deixou de ser reverenciado. A antropologia francesa não foi portanto escolhida pela autora. Ela se escolheu a si própria, se impôs como um objeto incontornável, se o objetivo é acertar as contas com a própria formação.

E parece ter sido esse o objetivo da autora. Acertar as contas com um passado mitológico e discutir de modo sério e metódico outras possibilidades de pensar a antropologia que poderiam estar inscritas na obra de Marx. Como se sabe, essas possibilidades foram sumariamente deixadas de lado, na maior parte das vezes com toscos e desinformados argumentos. Prevaleceu o que não poderia nunca predominar na antropologia sem que esta perdesse sua própria razão de ser: o etnocentrismo disciplinar. Se combater esse etnocentrismo disciplinar fosse o único objetivo da autora, só ele já valeria a leitura do livro.

Introdução

O ESTÍMULO PRECÍPUO para a realização deste trabalho surgiu da combinação do meu interesse pela obra de Karl Marx com o incômodo que me causavam as constantes asserções, proferidas por muitos professores e colegas da antropologia, a respeito da impossibilidade de o marxismo fornecer equipamento teórico para o estudo antropológico, posto o seu caráter 'reducionista, economicista.[1]

Das minhas parcas e indisciplinadas leituras de Marx, havia retido o conceito de 'modo de vida', apresentado por Marx e Engels em A Ideologia Alemã, como um contraponto a tal acusação. O modo de produção dos homens a que os autores se referiam remetia, para mim, à produção da vida em todos os seus aspectos e, se há algum nível de

---

1. Este livro reproduz, com algumas alterações de forma, minha tese de doutoramento em Antropologia Social, defendida em 2005 na Universidade de São Paulo.

determinação, isso se deve ao fato de que a reprodução física dos indivíduos e da espécie – saciar a fome e a sede, proteger-se de predadores e intempéries, procriar – é certamente a preocupação elementar da espécie humana, 'o primeiro ato histórico do homem.

Ainda que no decorrer da história a capacidade humana de produzir novas necessidades e novas formas de satisfazê-las tenha tornado o modo de vida dos homens cada vez mais complexo, continuei crendo – ao contrário dos que pareciam temer que a subjetividade do homem estivesse ameaçada toda vez que a sua atividade produtiva material fosse posta em foco – que qualquer investigação que se processe na área das ciências humanas deve necessariamente levar em consideração os meios pelos quais os homens cumprem esta sua tarefa elementar de continuar existindo na história.

Obviamente, não se espera que o fato de que um indígena seja empregado assalariado numa madeireira vá determinar, inexoravelmente, que este ou aquele ritual da sua tribo não lhe tenha mais o mesmo sentido, mas levar em conta esta informação certamente permitirá uma expansão cognitiva nas perguntas e respostas formuladas sobre um tema, mesmo que ele se restrinja à esfera das 'representações simbólicas'. A dimensão material da vida pode não determinar práticas culturais, mas é fundamental para compreendê-las.

Esta é a orientação que eu elegi como pesquisadora da área de ciências humanas, muito mais por intuição e experiência prática do que por obedecer a determinadas matrizes teóricas. Não obstante, a curiosidade intelectual me impeliu à busca de formulações epistemológicas que pudessem reforçar, ampliar ou mesmo – por que não? – transformar esta minha posição. São os resultados deste esforço de enriquecimento do meu conhecimento teórico que compartilho com os leitores deste livro.

Em minhas primeiras leituras sobre este tema genérico – antropologia econômica e marxismo –, descobri as diferentes concepções de 'economia' e como elas se refletiram nas distintas correntes da antropologia econômica. A concepção do *Homo economicus*, que já me havia chamado a atenção quando da minha primeira leitura d'*O Capital*, tornou-se o ponto central de investigação, alavancada pela dificuldade dos próprios teóricos que se debruçaram sobre os 'aspectos econômicos' da vida social em refletir sobre universalidade X particularidade, autonomia das relações econômicas, instrumental único da teoria econômica, entre outros temas.

O antropólogo francês Maurice Godelier se perguntava se era possível haver uma 'antropologia econômica'. Sua resposta, indefectível, foi de que já havia uma antropologia econômica, posto que ela é do 'domínio do fato real e não do possível'. Ora, se nas sociedades estudadas por antropólogos não existem membros que se alimentam de raios de sol ou da brisa matutina, é de fato do domínio do real que eles estabeleçam relações de produção e de troca e, por conseguinte, devemos concordar inteiramente com Godelier. O fato de a antropologia ter se constituído, historicamente, como a disciplina que estuda sociedades "primitivas" ou, melhor dizendo, sociedades não-capitalistas que apresentam formações econômico-sociais diversas, não impediu que os etnólogos enveredassem pelas sendas da economia ao realizar seus estudos.

As orientações teóricas de que se valeram os antropólogos "economistas" de fins dos anos de 1940 até aproximadamente os anos de 1980 divergiram bastante. O campo da antropologia que pretendia se ocupar dos fenômenos econômicos foi ocupado por três grandes correntes de pensamento – o formalismo, o substantivismo e o marxismo – que, afinal, refletiam as controvérsias existentes desde os primórdios do pensamento econômico.

Diante deste quadro, meu principal objetivo foi, conhecidas e compreendidas as diferenças de concepção geral sobre os conceitos de economia e suas aplicações nos estudos antropológicos, concentrar-me no estudo da experiência real da união entre antropologia e marxismo, por meio da produção do que se convencionou chamar de a escola antropológica marxista francesa, cujo auge produtivo deu-se entre os anos 1960-80. A questão a que me propunha, aqui, era investigar as posições teóricas desta corrente de produção de conhecimento justamente a partir das questões sobre determinação econômica ou, se preferirem, sobre o tipo de relação estabelecida entre a infraestrutura e a superestrutura manifestas em uma dada conformação social. E ainda: é possível, para estes autores, que as ciências humanas estabeleçam um único aparato teórico-instrumental que dê conta das diversas formações econômico-sociais ao longo da história? Se sim, em que medida isto foi preconizado pelo próprio Marx? Infelizmente, para mim e para meus frustrados leitores, tal tarefa demonstrou-se muito mais complexa que o esperado. Tentei compreender a obra daqueles que influenciaram – mais diretamente que Marx, aparentemente – os antropólogos marxistas franceses para que, numa segunda e mais apurada leitura de suas obras, pudesse me livrar da sensação de mergulhar em brumas que marcou o meu primeiro contanto com elas. A descoberta da obra de Althusser, por exemplo, me forneceu – a despeito da dificuldade de enveredar pelas suas conceituações abstrusas – a chave para a compreensão não apenas das posições de antropólogos marxistas, mas de um debate historicamente importante no seio do marxismo e que remete às diferentes concepções da atuação do sujeito na história.

É importante esclarecer que é tarefa quase impossível encontrar um marxismo puro, que esteja totalmente separado dos 'marxismos' ulteriores. Tentei, na medida do possível, ser fiel à letra de Marx e abri mão, inclusive, de valer-me de muitos dos textos de autoria individual de Engels, roubando ao 'segundo violino' o destaque merecido. Certamente algumas obras de Engels – sobretudo o Anti-Dühring – ofereceriam argumentos valiosos para a nossa discussão, haja vista que muitas das pendengas entre marxistas se devem à discussão sobre se teria Engels 'desvirtuado' ou 'complementado' as concepções genuínas de Marx. Julguei, entretanto, que era um passo demasiado imprudente 'comprar' esta briga, sob o risco de me dispersar mais do que o tolerável em um trabalho desta natureza.

Para uma antropóloga acostumada à pesquisa de campo – logo, ao estudo do 'objeto' vivo, fazendo história à minha frente – o trabalho dito 'de gabinete' trouxe dificuldades inúmeras. A incessante comparação de argumentos, muitas vezes baseados em dados cujas fontes não me foi possível acessar, acarretou uma certa desconfiança sobre minhas próprias conclusões. Ademais, abordar a obra de Marx e o(s) marxismo(s) remeteu-me à sensação de desabar num poço sem fundo, já que sempre havia um novo autor desconhecido, uma nova contenda incompreendida e a constante imbricação entre 'ciência' e 'política' – que, a meu ver, não se separam jamais na área de conhecimento das 'humanidades' – a exigir um esforço compreensivo maior a respeito do momento histórico em que tal ou qual exegese marxista foi produzida.

Não é possível dizer que as respostas que forneço para as questões às quais me propus sejam 'verdades científicas' ou que não sejam passíveis de contra-argumentação em diversos aspectos. Os resultados obtidos refletem, de fato, uma leitura do marxismo à qual só pude chegar com o esforço de separar-me dos dogmatismos e avançar em direção a uma compreensão mais ampla do movimento da história.

1 Inventando o *Homo economicus*

MARX SE REFERE a Aristóteles como o "grande pesquisador que primeiro analisou a forma de valor".[1] O fato de não ter o estagirita se apercebido, por impossibilidade histórica, da teoria do valor-trabalho não nos importa por ora. Trata-se apenas de mencionar uma das referências mais antigas que se tem de um pensador debruçado sobre aspectos econômicos da realidade. Ao procurar, tanto na *Ética à Nicômaco* como na sua *Política*, refletir sobre alguns fenômenos mercantis que começavam a tomar corpo na Grécia dos séculos V e IV a.C., Aristóteles abre caminho para um viés cognitivo que abarca a vida material dos homens.[2]

---

1. Karl Marx, *O Capital*, Livro I, p. 61.
2. Para Karl Polanyi (*Comercio y Mercado em los Imperios Antiguos*, p. 113), Aristóteles não chegou a conhecer o mercado como "instituição", ou seja, revestido de traços similares aos do nosso mercado moderno. Diz o autor: "Apesar das intensas atividades comerciais e dos costumes monetários bastante avançados,

Mas somente muito depois, quando a economia mercantil já havia se tornado soberana na Europa Ocidental – e o seu desenvolvimento gerava efeitos que pressionavam em direção à derrocada do feudalismo – é que surgem os primeiros esforços na tentativa de compreensão dos fenômenos econômicos.

Segundo E. K. Hunt,[3] nesta fase inicial do capitalismo, chamada de época mercantilista, os trabalhadores ainda controlavam o processo produtivo, mas repassavam os excedentes, na forma de tributos, aos senhores feudais. Estes, por sua vez, negociavam com os mercadores capitalistas tais excedentes para que fossem, então, revendidos. Para o mercador, sua fonte de lucro era a troca, a compra e venda de mercadorias, sob o princípio de obter um valor mais alto na venda do que o despendido na compra. Assim, os pensadores mercantilistas concentraram suas reflexões no momento da venda para compreender os valores, pois consideravam que o controle das condições de oferta das mercadorias era o ponto fundamental na manutenção dos altos lucros dos mercadores. Para conseguir tal intento, os mercadores valiam-se, principalmente, das diferenças de preços das mercadorias em regiões distintas e dos monopólios instituídos pelos estados.[4]

---

em seu conjunto a vida dos negócios na Grécia estava, todavia, nos tímidos começos das transações de mercado à época do pensador [Aristóteles]".

3. E. K. Hunt, *História do Pensamento Econômico*, p. 44-49.

4. "Existem três noções importantes sempre presentes em quase todos os primeiros registros escritos mercantilistas sobre a teoria do valor. A primeira é o 'valor' ou 'valor natural' das mercadorias – que era, simplesmente, seu preço

Contudo, retomando nossas observações sobre o novo modo de produção que paulatinamente se consolidava, vemos que o desenvolvimento do capitalismo acirrou a concorrência mercantil e os lucros começaram a decrescer. Ao mesmo tempo, os mestres de ofício passaram a controlar e centralizar a atividade produtiva nas corporações, transformando os aprendizes em trabalhadores assalariados e lançando-se no mercado como capitalistas produtores, cujos interesses quase sempre se opunham aos dos antigos mercadores capitalistas. Diante dessas mudanças econômicas, dois pontos-chave do pensamento mercantilista foram renegados.

Primeiramente, havia um grande segmento de filósofos, economistas e outros pensadores que rejeitavam a antiga visão paternalista do estado e da regulamentação estatal e que começaram a formular uma nova filosofia do individualismo. Em segundo lugar, houve uma mudança da interpretação de que os preços e o lucro eram determinados basicamente pelas forças da oferta e da procura e, em particular, pela utilidade, para a interpretação de que os preços eram determinados pelas condições de produção e os lucros eram originários do processo produtivo.[5]

---

real de mercado. A segunda referia-se às forças da oferta e da procura, que determinavam o valor de mercado. A terceira é que os autores mercantilistas quase sempre discutiam o 'valor intrínseco' ou valor de uso como o fator mais importante na determinação da procura, sendo, portanto, um determinante causal importante do valor de mercado" (Hunt. *Op. cit.*, p. 45).

5. *Ibidem*, p. 49.

Estas duas novas orientações vão marcar indelevelmente o posterior desenvolvimento da moderna economia política. Protelemos por ora, entretanto, o lógico desembarque nas formulações da teoria econômica clássica propriamente dita, a fim de tratarmos das elaborações de uma linha de pensamento que a antecede e que apresenta um ponto bastante crucial na abordagem dos fenômenos de ordem econômica.

Como visto, a época mercantilista rendeu reflexões que examinavam um tipo específico de operação econômica e procuravam compreendê-la em si, como simples *téchne*. Mas na segunda metade do século XVIII, na França, os fisiocratas instauram um novo olhar sobre a economia, concedendo ao seu estudo o estatuto de *epistéme*, como ressalta Napoleoni:[6]

> O objeto da investigação dos fisiocratas é o sistema econômico em seu conjunto, considerado unitariamente como um organismo regido por leis necessárias e, por isso mesmo, cientificamente relevantes. A premissa em que se baseia seu discurso é a afirmação de que existe uma 'ordem natural' para a sociedade, à semelhança da ordem que rege a natureza física.

Não obstante, ao contrário da objetividade inexpugnável das leis que moldam a natureza física, as leis 'naturais' da sociedade podem ou não se impor. Para os fisiocratas, há uma configuração necessária – posto que natural – para a sociedade, que só deixará de se desenhar se os homens

---

6. Claudio Napoleoni, *Smith, Ricardo e Marx*, p. 19.

criarem obstáculos ao desenvolvimento natural das diversas forças que nela atuam. Mas o ideal é que não haja impedimentos para a constituição desta sociedade, posto que ela traz benefícios ao homem. Ainda segundo Napoleoni,[7]

> importa assinalar que essa orientação atribui ao discurso econômico a característica particular de ser um discurso que não apenas destaca e descreve uma dada situação, mas também julga essa situação à medida que pode confrontá-la com um paradigma do que se constatou como seu caráter ótimo e que poderia ser alcançado se os homens, errando, não se opusessem.

Nesta época, encontrávamos na França uma economia ainda predominantemente agrícola, mas ancorada em dois modelos de exploração da terra: de um lado, uma agricultura de caráter capitalista levada a cabo por uma classe de arrendatários e, de outro, a tradicional agricultura camponesa. Ao confrontarem essas duas estruturas produtivas, os fisiocratas viam na maior capacidade produtiva da primeira a prefiguração da sua sociedade otimizada.[8] Para que o

---

7. *Ibidem*, p. 20.

8 É preciso lembrar que os fisiocratas enxergavam como tarefa do capitalismo a ampliação de excedentes. E como, para eles, o excedente só existe na agricultura, o capitalismo também só faria sentido no âmbito da agricultura (Cf. Napoleoni. *Op. cit.*, p. 22). O excedente fisiocrata, chamado de *produit net*, foi assim definido por Turgot, um dos membros mais influentes desta escola: "O produto da terra se divide em duas partes. Uma delas compreende a subsistência e o ganho do trabalhador, ou seja, a recompensa de seu trabalho e condição para que aceite cultivar o campo do proprietário; o resto e a parte independente e disponível que produz a

capitalismo pudesse ser enxergado pelos fisiocratas como um sistema adequado às leis naturais da sociedade, foi preciso que antes estabelecessem a troca como elemento "natural" da sociedade. Quesnay, expoente maior da Fisiocracia e autor do *Tableau Économique*, declarava:

> (...) ninguém que vive em sociedade pode prover a todas as suas necessidades com seu trabalho; porém, obtém o que lhe falta com a venda do produto de seu trabalho.[9]

De fato, a troca mercantil tornou-se um dos grandes temas abordados pela economia clássica, cujo núcleo elaborador é composto por Adam Smith (1723-1790) e David Ricardo (1772-1823). Embora pertencentes a gerações distintas, Smith e Ricardo compartilham uma série de pontos de vista e divergem nalguns outros. A principal obra de Ricardo, *Princípios de Economia Política e Tributação*, de 1817, dialoga diretamente com Smith, que havia publicado o tratado considerado a pedra elementar da moderna ciência econômica, intitulado *A Riqueza das Nações: Investigação sobre sua natureza e suas causas*, de 1776. Tanto Smith quanto Ricardo – o segundo com maior alcance e acuidade que o primeiro –[10] ofereceram as primeiras bases

---

terra como um presente ao proprietário para além do que ele desembolsou" (*apud* Pearson, *La economia sin excedente: crítica de uma teoría del desarrollo*, p. 377).

9. François Quesnay, *apud* Napoleoni, *op. cit.*, p. 20

10. Smith possuía um problema de ordem histórica para avançar no desenvolvimento da teoria do valor-trabalho: seu objeto de análise era a sociedade mercantil inglesa de meados do século XVIII, ainda eivada de resquícios feu-

de fundamentação da teoria do valor-trabalho – segundo a qual só o trabalho humano gera valor,[11] ao deslocarem o foco de compreensão das relações econômicas das atividades mercantis para a produção efetiva.

Contudo, para além das interpretações extraordinárias – ainda que limitadas – que estes dois pensadores empreenderam sobre este tema, o que nos importa aqui é ressaltar duas outras características comuns a ambos: a comunhão com a tese fisiocrata das leis naturais que regeriam a atividade social dos homens e, mais precisamente, a econômica. Tais leis consistiriam numa tendência dos homens em agir baseados no seu próprio interesse, mas sem que isso resultasse numa discórdia eterna entre eles; ao contrário, tal motivação, levada a cabo de parte a parte, resultaria numa harmonia social controlada por uma 'mão invisível', que nada mais seria do que a ação sistemática das próprias leis naturais.[12] Para compreender essa posição em Smith, é preciso retornar às raízes do liberalismo inglês e apreciar, ainda, as influências intelectuais exercidas sobre Smith pelo seu grande mestre Francis Hutcheson (1694-1746) e pelo filósofo David Hume (1711-1776), seu amigo pessoal.

---

dais. Ricardo, por sua vez, tinha à frente um capitalismo já consideravelmente consolidado, exibindo suas características essencialmente particulares

11. Excetuando, é claro, as mercadorias cujo valor deriva de outras circunstâncias, como é o caso dos produtos diferenciais – vinhos feitos com as uvas de Bordeaux, por exemplo – ou daqueles suscetíveis às oscilações de escassez e abundância.

12. Cf. Hunt. *Op. cit.*, p. 64.

As primeiras bases do liberalismo inglês surgem como reação à filosofia moral de Thomas Hobbes (1588-1679), expressa em seu *Leviatã* (1651), segundo a qual haveria um estado natural de guerra potencial entre os homens, posto que estes agiriam estritamente sob o signo do egoísmo, porquanto em busca de sua auto-preservação. Isto posto, para que haja a possibilidade de uma vida em sociedade, é preciso que o Estado se imponha como entidade coercitiva. O homem, por si só, não exibiria tendências naturais gregárias e renunciaria à sua liberdade – de agir naturalmente, inclusive com violência – em submissão temerosa a uma instância reguladora de autoridade absoluta.

Contra esta visão pessimista da emulação humana, surge John Locke (1632-1704), que, com a mesma disposição metafísica de encontrar um estado natural, decreta uma essência bondosa para os homens, responsável por habilitá-los a viver harmoniosamente em sociedade. Mas há um senão: para Locke, os homens conquistam propriedades por meio do seu trabalho; entretanto, como a natureza impõe diferenças físicas entre os homens, nem todos podem conquistar quinhões similares, o que poderia estimular o assalto à propriedade alheia. O Estado existe então como consequência da ordem natural das coisas, como mero instrumento protetor da propriedade individual; os homens, ao contrário do que sustentava Hobbes, não abrem mão da sua liberdade ao se submeterem ao Estado; ao contrário, é por meio do Estado que atingem o gozo pleno de sua liberdade.

Hume e Hutcheson, em seus escritos sobre filosofia moral, buscam uma solução para o dilema representado pelo egoísmo humano, por um lado, e a necessidade da convivência social harmônica, por outro. Para tanto, elaboram – ainda que divirjam em determinados pontos –[13] similares teorias da moral que advogam uma duplicidade psicológica da espécie humana, na qual o altruísmo e o egoísmo são admitidos como motivações humanas que só podem ser valorados a partir das ações que acarretam e cuja medida de valoração é dada pelos sentimentos morais forjados na vida em sociedade.

Assim, resolve-se que o egoísmo é uma qualidade inata ao ser humano, mas moderá-lo faz-se necessário para que seja possível desfrutar os benefícios da vida em sociedade. Vejamos como Hume define tais benefícios:

> Somente pela sociedade ele [o homem] é capaz de suprir suas deficiências, igualando-se às demais criaturas (...). Pela sociedade, todas as suas debilidades são compensadas; embora, nessa situação, suas necessidades se multipliquem a

---

13. De acordo com o que pudemos apurar, Hume e Hutcheson divergiam especialmente no que diz respeito ao caráter de algumas virtudes humanas, como por exemplo a justiça. Hutcheson defendia que tal virtude se situava no campo da razão natural humana, enquanto Hume a considerava um sentimento moral artificialmente moldado por convenções sociais em função das necessidades impostas por uma sociedade complexa. Além do mais, o estoicismo de Hutcheson parecia se chocar com um certo hedonismo presente nas considerações humanas no que diz respeito à doutrina epicurista de 'máximo prazer, mínima dor'. Sobre esses aspectos, cf. Hume, *Tratado da Natureza Humana*, p. 525-542) e Bishop, "*Moral Motivation and the Development of Francis Hutcheson's Philosophy*", *passim*.

cada instante, suas capacidades se ampliam ainda mais (...). Quando cada indivíduo trabalha isoladamente, e apenas para si mesmo, sua força é limitada demais para atingir qualquer obra considerável; tem de empregar seu trabalho para suprir as mais diferentes necessidades, e por isso nunca atinge a perfeição em nenhuma arte particular; e como sua força e seu sucesso não são iguais o tempo todo, a menor falha em um dos dois deve inevitavelmente trazer para ele a ruína e a infelicidade. A sociedade fornece um remédio para esses três inconvenientes. A conjunção de forças amplia o nosso poder; a divisão do trabalho aumenta nossa capacidade; e o auxílio mútuo nos deixa menos exposto à sorte e aos acidentes. É por essa força, capacidade e segurança adicionais que a sociedade se torna vantajosa.[14]

Ao reconhecer tal vantagem e decidindo-se pela vida em sociedade, os homens estão, para Hume, ao mesmo tempo assegurando o caminho para a satisfação plena de seus próprios interesses egoístas, concentrados especialmente na aquisição e proteção de seus bens materiais.

Quando os homens descobrem pela experiência que o livre exercício de seu egoísmo e de sua generosidade limitada os torna totalmente incapacitados para a sociedade; e, ao mesmo tempo, observam que a sociedade é necessária pra a satisfação dessas próprias paixões, são naturalmente levados

---

14. Hume. *Op. cit.*, p. 526.

a se submeter à restrição de regras que possam tornar seu comércio mais seguro e cômodo.[15]

Na obra de Adam Smith, percebemos com clareza a comunhão com essas argumentações de Hume, aplicadas no trato do objeto econômico. Ao buscar a satisfação de seus interesses próprios, os homens empreendem grandes feitos de ordem produtiva, gerando benefícios a toda a sociedade, que se torna, assim, detentora de mais bens materiais dos quais poderá usufruir. Tal qual Hume, ele vê na divisão do trabalho a grande vantagem da sociedade, na medida em que a especialização concorre para a maior produtividade do trabalho; no entanto, essa divisão do trabalho é menos uma escolha moral que uma lei natural da motivação humana para Smith:

> Essa divisão do trabalho, da qual derivam tantas vantagens, não é, em sua origem, o efeito de uma sabedoria humana qualquer, que preveria e visaria esta riqueza geral à qual dá origem. Ela é a consequência necessária, embora muito lenta e gradual, de uma certa tendência ou propensão existente na natureza humana que não tem em vista esta utilidade extensa, ou seja: a propensão a intercambiar, permutar ou trocar uma coisa pela outra. (...) Essa propensão encontra-se em todos os homens, não se encontrando em nenhuma outra raça

---

15. *Ibidem*, p. 539. Além de discorrer sobre moral, Hume também exercitava o seu lado economista. Marx (*Contribuição à Crítica da Economia Política*, p. 170-178) apresenta uma longa apreciação crítica sobre as considerações de Hume a respeito da moeda.

de animais que não parecem conhecer nem essa nem qualquer outra espécie de contratos. (...) Ninguém jamais viu um cachorro fazer uma troca justa e deliberada de um osso por outro, com um segundo cachorro.[16]

A divisão do trabalho e as 'trocas justas e deliberadas' são a forma de expressão da duplicidade psicológica humana – o egoísmo natural e a necessidade de convivência social – resolvida a bom termo no terreno econômico, a partir do mesmo raciocínio humeano: é na sociedade convencionalmente regrada para conter o autointeresse que se pode, de fato, satisfazê-lo. Retoma-se o otimismo e a confiança na 'sociedade civil' de Locke sem, no entanto, ignorar a perigosa paixão egoísta advertida por Hobbes. Diz Smith:

> O homem (...) tem necessidade quase constante da ajuda dos semelhantes, e é inútil esperar esta ajuda simplesmente da benevolência alheia. (...) Não é da benevolência do açougueiro, do cervejeiro ou do padeiro que esperamos nosso jantar, mas da consideração que eles têm pelo seu próprio interesse. Dirigimo-nos não à sua humanidade, mas à sua autoestima, e nunca lhes falamos das nossas próprias necessidades, mas das vantagens que advirão para eles. Ninguém, a não ser o mendigo, sujeita-se a depender sobretudo da benevolência dos semelhantes.[17]

---

16. Adam Smith, *A Riqueza das Nações*, p. 73.
17. *Ibidem*, p. 74.

Embora Smith estendesse esse tipo de relação calculista entre os homens para todos os períodos da história humana, é preciso ressalvar que suas considerações sobre as atividades produtivas mereciam diferenciações históricas. Smith acreditava que as atividades produtivas, bem como as formações sociais institucionais que as regulavam, variavam de acordo com o grau de desenvolvimento da forças produtivas, com as diferenças geográficas e culturais existentes e com as formas de propriedade estabelecidas.[18]

David Ricardo, por sua vez, admitia os mesmos princípios 'moral-econômicos' de Smith, mas considerava que as relações sociais do capitalismo eram válidas para qualquer época histórica, dado o seu caráter natural. A concepção do capitalismo eternizado é expressa em Ricardo especialmente na sua discussão sobre o capital manifesto na forma de trabalho aplicado nos utensílios, ferramentas e edificações que possibilitam a produção de bens para a troca.

Ao citar a alegoria usada por Smith na explicação da teoria do valor-trabalho – se numa tribo de caçadores, matar um castor custasse o dobro do trabalho de matar um cervo, naturalmente um castor valeria dois cervos,[19] Ricardo preocupa-se em demonstrar a limitação do cálculo exposto por Smith, já que não só o tempo de trabalho gasto na caça em si, mas também o tempo de trabalho contido nas armas usadas pelo caçador entraria no cálculo do valor final do animal abatido. Avançando o raciocínio para ramos

---

18. Hunt. *Op. cit.*, p. 64.
19. Cf. Smith. *Op. cit.*, p. 101.

distintos da produção, Ricardo narra uma fictícia transação entre um caçador de cervos e um pescador de salmões, realizada 'nas primeiras fases da sociedade', com direito a cálculos de obtenção de lucros e dispêndios salariais.[20] Na visão de Ricardo, então, bastaria o uso de ferramentas e a trocas de bens para que as relações de produção exibissem seu traço capitalista.[21]

É preciso, não obstante, fazer justiça a Smith e Ricardo quanto às suas asseverações sobre a sociedade: como nosso foco deteve-se sobre a visão – expressa principalmente em Smith – de que a sociedade pode acomodar interesses individuais contrários e operar em harmonia, tem-se a impressão de que haveria uma dose excessiva de ingenuidade alocada em tal concepção. Ao contrário, tanto Smith quanto Ricardo – este último com mais intensidade – voltaram boa parte de suas reflexões para o conflito entre as classes sociais. Ricardo chegou a proclamar que o principal problema da economia política consistia em determinar as leis que regem a distribuição – na forma de rendas, lucros e

---

20. Cf. David Ricardo, *Princípios de Economia Política e Tributação*, p. 43-49

21. Em Hunt, (*op. cit.*, p. 140) encontramos a seguinte análise: " A teoria da História, de Adam Smith, parava no capitalismo, por ele considerado o estágio mais alto possível da evolução social. Por esta razão, Smith tendia a achar que as relações de propriedade e a distribuição da riqueza, no capitalismo, eram determinadas e fixas. Só quando estas diferenças de classe fossem vistas como determinadas e fixas é que Smith poderia argumentar em favor da utilidade da 'mão invisível'. A orientação de Ricardo para o entendimento do capitalismo era muito mais não-histórica do que a de Smith. Considerava eternas, imutáveis e naturais as relações de propriedade, a distribuição da riqueza e do poder e as relações de classe do capitalismo".

salários – do 'produto da terra – tudo que se extrai da sua superfície pela aplicação conjunta do trabalho, equipamento e capital' entre as três classes existentes na sociedade: os proprietários de terra, os capitalistas e os trabalhadores.[22]

Tal postura se deve ao fato de que o objeto econômico por eles analisado foi primeiro a produção e, posteriormente, o mercado. Smith, inclusive, como relata Hunt, abandonou a teoria do valor-trabalho (produção) em prol da teoria do valor-utilidade (mercado) a fim de defender, sem o peso das contradições, sua teoria de harmonia social.[23]

Concentramos nossa atenção sobre Smith e Ricardo no tocante às questões de fundo moral e de concepção da história porque são estes os pontos levados ao extremo pela corrente teórica que examinaremos a seguir, bem como por sua descendência mais contemporânea; esta última, ademais, se embevece ao citar como fonte original de seus pontos de vista o duo de economistas mais respeitado na história da ciência econômica moderna, capaz de inspirar tanto Karl Marx quanto seus opositores.[24] Vejamos quais são as bases

---

22. Cf. Ricardo, *op. cit.*, p. 25.
23. Cf. Hunt, *op.cit.*, p. 81-84.
24. Grespan ("A Crise na Crítica à Economia Política", p. 233.) nos informa que, para Marx, Ricardo foi "o último grande economista político, que teve o mérito de enfrentar o problema da teoria do valor-trabalho e corrigir alguns defeitos da teoria de Smith, ao mesmo tempo em que desenvolveu até certo ponto uma concepção crítica do capitalismo". Contudo, Grespan apresenta também a justa medida da crítica de Marx à Ricardo (idem), calcada na "ênfase exagerada dada por Ricardo ao tempo de trabalho como fundamento do valor, numa abstração da qual ele é incapaz de sair para em seguida derivar a expressão do valor na troca de duas mercadorias". Isso se devia ao método

filosóficas que inspiram a teoria do valor-utilidade e as concepções econômicas que ela enuncia:

> A natureza colocou a humanidade sob o domínio de dois mestres soberanos, a dor e o prazer. Só eles podem nos dizer o que devemos fazer, bem como determinar o que faremos (...). Eles nos governam em tudo o que fazemos, em tudo o que dizemos, em tudo o que pensamos (...). O princípio da utilidade reconhece essa sujeição e a aceita como fundamento [de sua teoria social].[25]

A Jeremy Bentham (1748-1832), autor do texto acima, é creditada a elaboração dos princípios filosóficos do utilitarismo. Na verdade, sua contribuição foi apanhar o já há muito elaborado apotegma do hedonismo 'máximo prazer, mínima dor' e convertê-la em diretriz natural do comportamento humano, perfeitamente consoante o mercado concorrencial capitalista. Mais uma vez o egoísmo do homem é o ponto de partida moral que referenda a bus-

---

de Ricardo, que colocava no mesmo nível teórico conceitos de base e conceitos deles deduzidos. Prossegue Grespan (idem): "Eliminam-se, com isso, as mediações do necessário desenvolvimento categorial, impedindo, por exemplo, que fenômenos visíveis e externos possam ser explicados como manifestação de um fundamento operante e íntimo. De acordo com Marx, esta deficiência se deve à dificuldade, compartilhada por Ricardo com toda a Economia Política, de conceber resultados que contrariem seus pressupostos, ou que passem por conceitos intermediários contraditórios. No fundo, portanto, trata-se de uma deficiência da lógica formal tradicional em que se apoiam os clássicos".

25. Bentham, *"An Introduction to the Principles of Morals and Legislation" apud* Hunt, *op. cit.*, p. 147.

ca pelo prazer; agora, no entanto, vem acompanhado da crença na indolência atávica do ser humano:

> Na medida em que o trabalho seja entendido em seu sentido apropriado, a expressão 'amor ao trabalho' implica uma contradição em termos.[26]

Ao buscar o prazer e fugir da dor, os indivíduos precisam calcular o valor de um e de outro para que, numa operação matemática simples, descubram qual é a melhor maneira de agir para que o segundo anule o mínimo possível do primeiro, visto que a dor nada mais é que o prazer negativo. Daqui sai a definição do *Homo economicus*, cujas motivações transcendem a história e as distintas formações socioeconômicas.

O corolário direto destes postulados filosóficos na economia é aparentemente singelo: os bens produzidos pelo homem para o homem visam a satisfação de necessidades-obtenção de prazer; logo, têm uma utilidade que, por sua vez, lhes confere um valor. O economista Jean-Baptiste Say (1767-1832) explicita essa perspectiva em oposição clara à teoria do valor-trabalho:

> O valor que a humanidade atribui aos objetos se origina do uso que deles possa fazer (...). Tomarei a liberdade de associar o termo utilidade à capacidade de certas coisas satisfazerem os

---

26. Bentham, *"Jeremy Bentham's Economics Writings"* apud Hunt, *op. cit.*, p. 148.

vários desejos da humanidade (...). A utilidade das coisas é a base do seu valor e seu valor constitui riqueza (...).[27]

Muito similares a essas eram as ideias de Nassau Senior (1790-1864); ambos, Senior e Say, defendiam que todas as classes sociais contribuíam com um pouco de sacrifício (dor) no processo produtivo, para que se criasse utilidade (prazer). No livre mercado, entretanto, essas utilidades eram repassadas para as mãos que delas usufruiriam: fossem elas pagas com lucro, renda ou salário, o que importa é que capitalistas, proprietários de terra e trabalhadores contribuíram para que este mercado existisse e dele saíram satisfeitos.

Frederic Bastiat (1801-1850), aprofundando essa concepção harmônica de participação no mercado, conseguiu conduzir a teoria econômica de volta à mera análise das trocas, acrescida deste pressuposto da harmonia social. Como explica Hunt:

> Na economia neoclássica utilitarista, todas as interações econômicas, políticas e sociais dos seres humanos se reduzem a atos de troca. Uma vez feita esta redução, o resultado é óbvio. A teoria econômica reduz-se a este silogismo: Todas as trocas são mutuamente benéficas para todas as partes/Todas as interações humanas podem ser reduzidas a trocas/Logo, todas as interações humanas são benéficas para todas as partes.[28]

No início da década de 1870, três autores reforçaram os preceitos do utilitarismo, fornecendo-lhes novas bases de sustentação. No caso do inglês William Jevons (1835-

---

27. Say, "*Um tratado de Economia Política*" apud Hunt, *op. cit.*, p. 152
28. Hunt, *op. cit.*, p. 193 (grifo nosso).

1882) e do francês Leon Walras (1834-1910), isso se deu pela aplicação do cálculo matemático na expressão da teoria do valor-utilidade. São, por isso, considerados os fundadores de uma linha de construção da teoria econômica presa ao "matematismo" e que se tornou dominante no pensamento econômico contemporâneo.[29] O austríaco Karl Menger (1840-1921), por seu turno, não era um entusiasta desta 'dependência' da matemática, e sua contribuição significativa deu-se no terreno das considerações metodológicas. Os primeiros clássicos utilitaristas – especialmente Senior – já vindicavam o estatuto de

---

29. No interessante trabalho de doutoramento na área de semiolinguística, intitulado Em busca do Valor, Maria José Garcia reflete sobre esta matematização da economia empreendida por Jevons e Walras – e reafirmada contemporaneamente por Paul Samuelson –, considerando-a uma "obsessão pela positividade e pelo empirismo, na qual só a Estatística e a Matemática são capazes de fazer-nos chegar ao estado elevado de espírito, alcançando o raciocínio lógico e, com isto, nos redimir das palavras, manchas indesejáveis da presença do sujeito científico que não pode livrar-se do ser imperfeito, carregado de paixões" (p. 67). Ao analisar passagem de Jevons que diz ser a 'partir dos efeitos quantitativos dos sentimentos [prazer e sofrimento] que devemos estimar os seus montantes comparativos' (...), Garcia assevera: "Note-se que a passagem das paixões para as necessidades é obrigatoriamente acompanhada da estatística dos desejos, da quantificação do que é qualitativo, da matematização do discurso" (p. 70). E, por fim, conclui: "Observando os textos de Jevons e Walras, nota-se que esses autores não se dão conta de que, na composição dos discursos escritos pela teoria econômica, a Matemática é, ela mesma, uma estratégia discursiva, uma das formas à disposição do enunciador para fazer crer o enunciatário e, assim, construir o dizer verdadeiro, não a verdade – esta a cargo dos filósofos. A Estatística e a Matemática não são as formas mais precisas para expressar 'relações complicadas', nem aquilo que nos faz alcançar a pureza do racional. Elas são um instrumento, uma linguagem que possibilita aos economistas tecer um certo tipo de jogo entre enunciador e enunciatário capaz de construir e comunicar as ideias econômicas" (p. 71).

ciência para sua teoria econômica, baseados na alegação de que estaria ela isenta de contaminação por valores morais; Menger, entretanto, defendia que tal isenção era alcançada na medida em que as análises se afastassem dos temas nacionais, ou seja, que não se considerasse uma nação como um sujeito econômico. Aprofundando o individualismo característico da doutrina utilitarista, Menger dirigia sua 'ciência econômica pura' para o que chamava de "economias individuais", inaugurando o interesse pela microeconomia.

Walras e Jevons também se acreditavam economistas científicos 'puros' que defendiam, no entanto, baseando-se em critérios morais, a mesma lei eterna da condição humana: a busca da maximização de ganhos conjuminada à otimização dos meios para alcançá-los. E, consoante seus antecessores, enalteciam a sociedade da livre concorrência como a situação ideal para que os homens pudessem realizar essa sua tarefa ontológica.[30]

Contudo, há que se lembrar que, em geral, os economistas desta orientação – e mesmo os clássicos – consideravam que os recursos para a satisfação das necessidades humanas são escassos e os prazeres almejados pelos

---

30. Cf. Hunt, *op. cit.*, p. 277-314. Walras, Jevons e Menger são responsáveis pela elaboração final da teoria da utilidade marginal, anteriormente esboçada por Bentham, segundo a qual a utilidade de um bem para o consumidor é decrescente em relação ao seu consumo. Para exemplificar: segundo a teoria do valor-trabalho, os diamantes valeriam mais que a água, pois os primeiros demandam grande quantidade de trabalho para serem retirados do solo, lapidados etc, enquanto a água pode ser aproveitada sem grande acréscimo de trabalho para coletá-la na natureza. Mas, se imaginarmos um homem no deserto carregando vários diamantes e com sede, ele poderia trocar um diamante por um copo de água e talvez até repetisse a operação; mas, a partir do segundo copo, já com a sede saciada, tal troca não lhe seria mais interessante.

indivíduos são infinitos; portanto, a fórmula neoclássica que se tornou explicação de qualquer tipo de ação econômica foi a alocação ótima de recursos escassos entre fins alternativos. Para vencer este desafio, o indivíduo conta com a sua capacidade de calcular, pesar 'custos e lucros' e tomar decisões racionais para atingir seus objetivos. Estas proposições, baseadas em axiomas de ordem moral, foram revisitadas, defendidas e atacadas durante todo o século XX, mas continuam exercendo uma influência determinante nas teorizações e práticas condizentes à economia na atualidade.[31] Como já mencionamos anteriormente, os antropólogos que primeiro se arvoraram em estudiosos do domínio econômico encampavam o utilitarismo baseados, especialmente, na crença na existência deste *Homo economicus* atemporal, motivado por sua racionalidade calculista e se relacionando por meio do mercado, fosse ele um capitalista em Londres ou um Maori na Nova Zelândia. Passaremos agora à contraposição destas teorias a partir dos escritos de Marx.[32]

31. Embora tenhamos optado por não estender a discussão para o campo da sociologia, é preciso ao menos mencionar que as teorias da maximização a partir da ação racional do sujeito foram também encampadas pelo sociólogo alemão Max Weber (1864-1930), cuja influência no campo das humanidades foi determinante no século XX, inclusive na elaboração de um discurso anti-marxista. Talcott Parsons e Neil Smelser, entre outros, encarregaram-se de divulgar a perspectiva weberiana da economia nas Ciências Sociais. Cf. Harry W. Pearson, *"Parsons y Smelser y la economía"*, *passim*; Maurice Godelier, *Racionalidade e Irracionalidade na Economia*, p. 27-28, 320-322; Michael Löwy, *Método Dialético e Teoria Política*, p. 35-47; E. P. Thompson, *A Miséria da Teoria*, p. 89-91.

32. Economistas de orientação não-marxista também procederam a críticas contundentes à orientação neoclássica, como é o caso de Thorstein Veblen (1857-1929), cuja visão institucionalista da economia retirava a responsabilidade do indivíduo o cálculo econômico.

2 | Destruindo o *Homo economicus*

DIRETO AO PONTO: nosso 'homem' de páginas atrás, cheio de razões eternas e motivações calculistas, nada mais é, para Marx, que o produto determinado de relações sociais determinadas.

> Menos do que qualquer outro, o meu ponto de vista, que enfoca o desenvolvimento da formação econômica da sociedade como um processo histórico-natural, pode tornar o indivíduo responsável por relações das quais ele é, socialmente, uma criatura, por mais que ele queira colocar-se subjetivamente acima delas.[1]

Tais relações sociais são determinadas historicamente, pressuposto que não permite qualquer dúvida sobre a impossibilidade de existência de uma motivação eterna e

---

1. Marx, *O Capital*, Livro I, p. 13.

atemporal dos homens para a ação socioeconômica, como pontifica Marx nesta bem-humorada crítica à Ricardo:

> Ricardo considera a forma burguesa de trabalho como a forma natural e eterna do trabalho social. Segundo este autor, o pescador e o caçador primitivos trocavam continuamente pescados e caças como possuidores de mercadorias, proporcionalmente ao tempo de trabalho realizados nestes valores de troca. A esta altura, comete um anacronismo, o qual consiste no seguinte: para avaliar seus instrumentos de trabalho, o pescador e o caçador primitivos consultam as tábuas de anuidades em curso em 1817 na Bolsa de Londres.[2]

Marx evidencia que não se trata apenas de mostrar que a práxis humana é determinada socialmente, mas que, exatamente por isso, é preciso considerá-la em sua diferenciação espacial e temporal. O indivíduo como força isolada no processo econômico jamais existiu na história humana:

> "O homem é, no mais literal sentido da palavra, um zoon politikon, não apenas um animal social, mas um animal que só se transforma em indivíduo dentro da sociedade. A produção por indivíduos isolados fora da sociedade – algo que talvez ocorra excepcionalmente ao homem civilizado que por acidente se veja perdido no meio da selva e já possua, dinamicamente atuantes dentro de si, as forças sociais – é um absurdo tão grande

---

2. Marx, *Contribuição à Crítica da Economia Política*, p. 71.

como a ideia do desenvolvimento da linguagem sem a vida e a conversação comum entre pessoas.³

Os homens começam a se diferenciar dos animais assim que passam a produzir seus meios de vida, ação que nada mais é que a interação dos homens com a natureza e entre si com o objetivo de manter-se vivos.

Não se deve considerar tal modo de produção de um único ponto de vista, a saber: a reprodução da existência física dos indivíduos. Trata-se, muito mais, de uma determinada forma de atividade dos indivíduos, determinada forma de manifestar sua vida, determinado modo de vida dos mesmos. Tal como os indivíduos manifestam sua vida, assim são eles.⁴

Os homens, ao viverem, estão continuamente travando relações que são determinadas pelo meio físico circun-

---

3. Karl Marx, *Introdução a uma Crítica da Economia Política*, p. 22-23 In: HORWITZ, David (org.). *A Economia Moderna e o Marxismo*. Esta Introdução foi publicada por Karl Kautsky pela primeira vez em 1903. Trata-se de artigo datado de 23 de agosto de 1857, encontrado entre os escritos póstumos de Marx. Valho-me aqui de duas traduções em português que serão sempre pertinentemente identificadas, além das versões eletrônicas em inglês e francês disponíveis em: http://www.marxists.org.

4. Marx & Engels, *A Ideologia Alemã*, p. 27. Esta passagem é importante para demonstrar que Marx enxergava, sim, o homem como um animal que age baseado em seu desejo de permanecer na existência, mas já apontava na direção do que é comprovado pelos estudos paleoantropólogicos evolutivos a respeito de todos os outros aspectos culturais da condição humana – a ludicidade, a imaginação, a simbolização etc. – essenciais para que a espécie humana pudesse realmente produzir os seus meios de vida e aumentar suas chances de permanecer na existência.

dante – possibilidades oferecidas pela natureza – e pelo acúmulo de experiências das gerações passadas no que diz respeito aos meios pelos quais se exerce essa interação com a natureza. Os recursos naturais, os meios técnicos de transformação destes recursos e os próprios homens representam as forças produtivas de um grupo social; as relações que os homens estabelecem entre si para organizar como estes fatores vão interagir, são o que podemos chamar de relações sociais de produção.

Vejamos o que escreve Marx em carta a Pavel V. Annenkov, que teve como tema a crítica às posições de Pierre-Joseph Proudhon:

> Assim, pois, o Sr. Proudhon, devido principalmente a sua falta de conhecimentos históricos, não viu que os homens, ao desenvolverem suas faculdades produtivas – isto é, vivendo –, desenvolvem certas relações entre si, e que o modo dessas relações muda necessariamente com a modificação e o desenvolvimento destas faculdades produtivas. Não percebeu que as categorias econômicas não são mais que abstrações destas relações reais e que somente são verdades enquanto estas relações subsistem. Incorre, portanto, no erro dos economistas burgueses, que veem nestas categorias econômicas leis eternas e não leis históricas, válidas exclusivamente para certo desenvolvimento histórico, para um desenvolvimento determinado das forças produtivas.[5]

---

5. Marx, *Lettres sur "Le Capital"*, p 28. Tradução livre do francês, idioma em que a carta foi redigida.

Ainda polemizando com Proudhon, mas agora em outra obra, Marx reforça a historicidade das categorias econômicas e apresenta o trabalho humano como atividade sensível realizada pelo corpo orgânico (o homem) sobre seu corpo inorgânico (a natureza). Aqui podemos qualificar a natureza como o corpo inorgânico do homem porque as condições originais de produção não podem ser, inicialmente, elas próprias produzidas.

> Pois, assim como o sujeito trabalhador é um indivíduo natural, um ser natural, da mesma forma a primeira condição objetiva do seu trabalho aparece como a natureza, a terra, como um corpo inorgânico. O próprio indivíduo não é apenas corpo orgânico mas, ainda, esta natureza inorgânica como sujeito. Esta condição não é algo que ele tenha produzido, mas algo que encontrou a seu alcance, algo existente na natureza e que ele pressupõe.[6]

Esta unidade de seres humanos vivos e ativos com as condições naturais que eles encontram foi se desfazendo ao longo do processo histórico e se consubstanciou plenamente na separação entre o capital e o trabalho, entre as condições de produção e o sujeito produtor.

Tais considerações de Marx surgem para embasar seu ponto de vista contra Proudhon na questão da origem extra-econômica da propriedade. Proudhon, cativo de seu viés idealista, advogava a tese de que a origem da propriedade e da renda está fundada em considerações

---

6. Marx, *Formações Econômicas Pré-capitalistas (Formen)*, p. 81.

psicológicas e morais, e não na produção efetiva de bens.[7] Na sua resposta a Proudhon, Marx apregoa que são justamente o capital e o trabalho, como formas de propriedade, que possuem origem extra-econômica e explicita que é justamente este metabolismo homem-natureza, tomado como atividade social, o fundamento do que ele compreende por relações econômicas:

> O fato de o trabalhador encontrar as condições objetivas do seu trabalho como algo separado dele, como capital, e o fato de o capitalista encontrar os trabalhadores carentes de propriedade, como trabalhadores abstratos – a troca que tem lugar entre valor e trabalho vivo – supõem um processo histórico (...). E este processo histórico, como vimos, é a história da evolução tanto do capital como do trabalho assalariado. Em outras palavras, a origem extra-econômica da propriedade, simplesmente, significa a gênese histórica da economia burguesa, das formas de produção a que as categorias da economia política dão expressão teórica ou ideal. Mas proclamar que a história pré-burguesa e cada uma das suas fases têm sua própria economia e uma base econômica é, no fundo, simplesmente insistir na tautologia de que a vida humana sempre se baseou em algum tipo de produção – produção social – cujas relações são, exatamente, o que chamamos de relações econômicas.[8]

---

7. Diz Phoudhon: "A origem da renda, como da propriedade, é, por assim dizer, extra-econômica: reside em considerações de psicologia e de moral, que só remotamente se relacionam com a produção de riquezas" (*apud* Marx, *A Miséria da Filosofia*, p. 143).

8. Marx, *Formen*, p. 81-82.

De volta aos economistas burgueses – aqueles nossos conhecidos da economia clássica e da economia vulgar[9] – cabe mencionar que a crítica que Marx levanta contra eles não incide apenas sobre a extensão das leis do capitalismo para toda a história humana. Isso porque os partidários dessa concepção – com honrosas e pontuais exceções a Smith e Ricardo devido aos seus avanços de compreensão sobre o processo de produção – sequer enxergaram corretamente de onde emanavam e como funcionavam as características específicas do capitalismo, levados pela ficção do aparente que lhes embotou a visão do real. Ao proclamar a esfera da circulação como a esfera privilegiada de análise do capitalismo e atribuir aos homens a condição de 'trocadores' agindo em condição de 'igualdade', estes economistas não souberam (ou não quiseram!) compreender que a característica essencial do capital é que ele reflete uma determinada relação social, na qual os homens não estão dispostos numa situação simétrica.[10]

---

9. Na verdade, Marx considerava que a Economia Clássica – pela qual nutria respeito – ia de William Petty até Ricardo. Os demais – Bastiat, Senior, Say e outros – eram tratados como adeptos da economia vulgar, que "apenas se move dentro do nexo aparente, rumina de novo o material já há muito fornecido pela economia científica, oferecendo um entendimento plausível dos fenômenos mais grosseiros para o uso caseiro da burguesia, e limita-se, de resto, a sistematizar, pedantizar e proclamar como verdades eternas as ideias banais e presunçosas que os agentes da produção burguesa formam sobre seu mundo, para eles o melhor possível" (Marx, O Capital, Livro I, p. 76 – nota 31).

10. Obviamente, as críticas de Marx à economia burguesa são muito mais numerosas e muitas delas expressam discordâncias só inteligíveis a partir da demonstração técnica do processo de produção capitalista e de seus elementos criadores de valor, das formas de acumulação e de expansão do capital etc.

Tomamos a liberdade de reproduzir uma extensa e mais uma vez bem-humorada passagem de Marx para fechar esta discussão e ilustrar resumidamente o ponto central de discordância da visão marxista e da visão burguesa sobre o capitalismo:

> A esfera da circulação ou do intercâmbio de mercadorias, dentro de cujos limites se movimentam compra e venda de força de trabalho, era de fato um verdadeiro éden dos direitos naturais do homem. O que aqui reina é unicamente Liberdade, Igualdade, Propriedade e Bentham. Liberdade! Pois comprador e vendedor de uma mercadoria, por exemplo, força de trabalho, são determinados apenas por sua livre vontade. Contratam como pessoas livres, juridicamente iguais. O contrato é o resultado final, no qual suas vontades se dão uma expressão jurídica em comum. Igualdade! Pois eles se relacionam um com o outro apenas como possuidores de mercadorias e trocam equivalente por equivalente. Propriedade! Pois cada um dispõe apenas sobre o seu. Bentham! Pois cada um dos dois só cuida de si mesmo. O único poder que os junta e leva a um relacionamento é o proveito próprio, a vantagem particular, os seus interesses privados. E justamente porque cada um só cuida de si e nenhum do outro, realizam todos, em decorrência de uma harmonia preestabelecida das coisas ou sob os auspícios de uma previdência toda esperta, tão-somente a obra de sua vantagem mútua, do bem comum, do interesse geral. Ao sair da esfera da circulação simples ou da troca de mercadorias, da qual o livre cambista vulgaris extrai concepções, conceitos e critérios para seu juízo sobre a sociedade do capital

e do trabalho assalariado, já se transforma, assim parece, em algo a fisionomia de nossa *dramatis personae*. O antigo possuidor de dinheiro marcha adiante, como capitalista, segue-o o possuidor de força de trabalho como seu trabalhador; um cheio de importância, sorriso satisfeito e ávido por negócios; o outro, tímido, contrafeito, como alguém que levou a sua própria pele para o mercado e agora não tem mais nada a esperar, exceto o curtume.[11]

Para completar a destruição do *Homo economicus* e suas leis universais e harmoniosas, resta-nos agora analisar mais detidamente os conceitos marxistas de determinação histórica e de evolução social. Iniciemos esta discussão pela famosa afirmação de Marx a respeito da 'anatomia' da sociedade:

> (...) na produção social da própria existência, os homens entram em relações sociais determinadas, necessárias, independentes de sua vontade; estas relações de produção correspondem a um grau determinado de desenvolvimento de suas forças produtivas materiais. O conteúdo dessas relações de produção constitui a estrutura econômica da sociedade, a base real sobre a qual se eleva uma superestrutura jurídica e política e à qual correspondem formas sociais determinadas de consciência. O modo de produção da vida material condiciona o processo da vida social, política e intelectual. Não é a consciência dos homens que deter-

---

11 Marx, *O Capital*, Livro I. p. 145.

mina a realidade; ao contrário, é a realidade social que determina sua consciência.[12]

A ideia aqui contida reforça o que já dissemos anteriormente a respeito da concepção marxista sobre o homem e a história. Contudo, alguns termos empregados suscitaram muita controvérsia entre marxistas e muita munição imaginária para os detratores do marxismo. Em termos gerais, trata-se da polêmica sobre a relação entre superestrutura e infraestrutura e a suposta preeminência da segunda sobre a primeira, ou seja, a alegação de que as relações sociais e as construções mentais dos homens são determinadas economicamente.

Para embasar nosso ponto de vista, primeiramente é preciso explicitar as ideias de Marx sobre o homem e sua ação na história. Destarte, devemos sublinhar que se é verdade que encontramos em Marx uma concepção de 'natureza humana', baseada nas necessidades físicas e nas habilidades propriamente humanas de provê-las, esta natureza humana não é imutável:

> Antes de tudo, o trabalho é um processo entre o homem e a natureza, um processo em que o homem, por sua própria ação, media, regula e controla seu metabolismo com a Natureza. Ele mesmo se defronta com a matéria natural como uma força natural. Ele põe em movimento as forças naturais pertencentes à sua corporalidade, braços e pernas, cabeça e mão, a fim de apropriar-se da matéria natural numa forma útil para sua

---

12. Marx, Prefácio da *Contribuição à Crítica da Economia Política*, p. 30-31.

própria vida. Ao atuar, por meio desse movimento, sobre a Natureza externa a ele e ao modificá-la, ele modifica, ao mesmo tempo, sua própria natureza.[13]

O homem em face da história é, ao mesmo tempo, sujeito e objeto das relações de produção que, por sua vez, são condicionadas pelas forças produtivas. O que isto quer dizer é que o determinismo que podemos enxergar na concepção de Marx diz respeito às condições estabelecidas, em cada etapa histórica, pelo grau de desenvolvimento das forças produtivas; estas, remetidas a uma dada geração como herança da sua antecessora, determinam inicialmente o modo de vida desta geração. Como a produção humana – tanto material quanto mental – é contínua, as estruturas herdadas são modificadas, célere ou vagarosamente, e a espécie humana segue o seu curso.[14]

(...) Em cada uma das suas fases [da história], encontra-se um resultado material, uma soma de forças de produção, uma relação historicamente criada com a natureza e entre os indivíduos, que cada geração transmite à geração seguinte; uma massa de forças produtivas, de capitais e de

---

13. Marx, *O Capital*, Livro I, p. 149 (grifo nosso).

14. Certamente, essa formulação de Marx sobre os 'homens em geral' – assim como ele frequentemente se remete à 'produção em geral' – é um exercício de abstração racional baseado exatamente no que há de comum entre os homens – necessidades físicas e habilidades mentais. O que interessa para Marx, no fundo, são os homens concretos que produzem sua vida numa sociedade historicamente determinada. Cf. *Introdução a uma Crítica da Economia Política* (na tradução de Florestan Fernandes, p. 204).

condições que, embora sendo em parte modificada pela nova geração, prescreve a esta suas próprias condições de vida e lhe imprime um determinado desenvolvimento, um caráter especial. (...) portanto, as circunstâncias fazem os homens assim como os homens fazem as circunstâncias.[15]

Os homens fazem sua própria história, mas não a fazem como querem; não a fazem sob circunstâncias de sua escolha e sim sob aquelas com que se defrontam diretamente, legadas e transmitidas pelo passado.[16]

Isto não quer dizer que, ao lidar com as condições 'transmitidas pelo passado', os homens não ajam sobre elas, modificando-as e imprimindo no desenvolvimento dessas modificações sua subjetividade. Negar esta concepção é negar a dimensão dialética da concepção marxista, expressa nesta relação de mútua determinação entre sujeito e objeto, entre os homens e as circunstâncias, entre a atividade transformadora humana e as condições dadas. Nas palavras de Rodrigo Alckmin:

> Nesse sentido, o homem – tomado sempre incluso em seu processo de "hominização" – só pode ser compreendido, de fato,

---

15. Marx &Engels, *A Ideologia Alemã*, p. 56 (grifo nosso).
16. Karl Marx, *O 18 Brumário*, p. 21. A respeito desta célebre asserção de Marx, escreve Michel Löwy: "A concepção marxista de história que se opõe ao mesmo tempo ao materialismo mecanicista e ao idealismo voluntarista é a da relação dialética entre sujeito e objeto, entre os homens e as 'circunstâncias', a atividade humana e as 'condições dadas'".

através da produção e reprodução da sua vida material que, por sua vez, inclui, ainda, a produção e a reprodução do seu comportamento extensivo à esfera das ideias ou das representações.[17]

Chega a ser pueril a acusação de 'economicismo' ou de 'mecanicismo' para tentar diminuir a força compreensiva da teoria marxista. A atividade propriamente material dos homens – a produção de bens, sua distribuição e seu consumo – realmente é o componente mais essencial da atividade humana, por razões tão óbvias que não necessitam justificação.

Mesmo em sociedades cinegéticas, onde a reprodução física exigia uma atividade humana muito simples, as relações de produção – relembremos, entendidas aqui em seu sentido amplo – condicionavam outros elementos da vida social. Entre grupos pigmeus africanos, um caçador que se recusasse a dividir a caça ou ousasse apossar-se à socapa de um quinhão maior que o dos demais, merecia toda sorte de maldições mágicas e um exílio forçado na floresta até a morte.[18] Ora, se esse corpo de práticas sociais e concepções mentais não surge intrinsecamente ligado às necessidades de ordenamento da reprodução material do grupo em questão, então talvez exista a possibilidade de que primeiro foram criadas as maldições e daí puseram-se os pigmeus a rezar fervorosos para que um dos seus aguçasse suas ambições e lhes 'passasse a perna' para que, enfim, as maldições pudessem ser usadas!

---

17. Rodrigo Maciel Alckmin, *Feuerbach e Marx*, p. 120.
18. Cf. Godelier, *Un Domaine Conteste: l'anthropologie économique*, p. 338.

Isso não quer dizer, no entanto, que este fato econômico – aqui entendido como atividade material de produção de bens – seja o único fator determinante da história. Engels, em carta a Joseph Bloch, assim se pronunciou sobre o tema:

> Segundo a concepção materialista, o fator determinante da história é, em última análise, a produção e a reprodução da vida real. Nem Marx, nem eu, alguma vez afirmamos outra coisa. Se alguém pretender deformar esta frase, até a levar a dizer que o fator econômico é o único determinante, transforma-a numa proposição vazia, abstrata, absurda. A situação econômica é a base, mas os diversos elementos da superestrutura (...) exercem também ação no curso das lutas históricas e, em muitos casos, determinam-lhes a forma de modo preponderante.[19]

Engels termina esta carta reconhecendo que os 'jovens marxistas' da época davam "mais importância do que a devida ao aspecto econômico" e que reconhecia nele e em Marx uma parcela de responsabilidade frente a isso, visto que os dois – no afã de combater seus adversários que, ao contrário, praticamente eliminavam o papel dos fatores econômicos na análise histórica – nem sempre puderam "arranjar tempo, local ou ocasião para pôr no seu lugar os outros fatores que participam na ação recíproca".[20]

A economia – ou seja, o modo pelo qual os homens interagem com a natureza e entre si para produzir bens materiais – é a base sobre a qual estão construídas outras

---

19. Engels, *Sobre Literatura e Arte*, textos escolhidos, p. 37-40 (grifo nosso).
20. *Idem.*

estruturas sociais – que não são estáticas – como a religião, a política, a filosofia, e demais construções significativas operadas pelos homens e condicionadas por aquela primeira estrutura de base. 'Condicionadas' é um termo apropriado porque remete exatamente às condições que permitem que uma dada construção social faça sentido, seja explicada. Por exemplo: o Estado lockeano, protetor da propriedade e detentor do monopólio da violência, teria lugar numa sociedade onde a propriedade é comunal? Marx nos esclarece, definitivamente, o papel da base econômica, nesta passagem:

> Aproveito esta ocasião para refutar, rapidamente, uma objeção que me fez um jornal germano-americano, na altura da publicação da minha obra 'Contribuição para a Crítica da Economia Política', surgida em 1859. Esse jornal não está de acordo com a minha opinião (...) de que 'é o modo de produção da vida material que condiciona o processo da vida social, política e intelectual em geral'. Segundo esse jornal, a minha opinião é sem dúvida exata quanto ao mundo moderno, onde predominam os interesses materiais, mas não para a Idade Média, quando imperava a Religião, nem para Atenas ou Roma, onde reinava a Política. Em primeiro lugar, é estranho que alguém se divirta a supor que se possam ignorar essas expressões mais que conhecidas acerca da Idade Média e do Mundo Antigo. O que é evidente é que a Idade Média não poderia viver da Religião, nem o Mundo Antigo da Política. As condições econômicas de então explicam, ao contrário, por que razão a Religião e a Política representavam, nesta

época, o papel principal. De resto, basta conhecer um pouco, por exemplo, da história da República Romana para saber que o segredo dessa história cabe por inteiro na história da propriedade fundiária. Por outro lado, Don Quixote já pagou pelo erro de acreditar que a cavalaria andante era compatível com todas as formas econômicas da sociedade.[21]

Estabelecido o entendimento de que as determinações econômicas são, para Marx, as condições históricas – tanto materiais quanto mentais – de produção e reprodução da vida social e que, para compreendê-las, é preciso recorrer à concepção marxista de economia e não se fiar nas construções da economia burguesa formal, passemos ao exame das ideias de evolução social e progresso.

É comum ouvir a alegação, em geral proferida por críticos pouco versados no tema, que um dos problemas do marxismo é ser uma corrente teórica evolucionista, que enxerga a história como uma sucessão de estágios necessários e inexoráveis em sua forma de manifestação. Se assim fosse, o marxismo propugnaria uma concepção de história universal unívoca e homogênea que, entretanto, não é compatível com os argumentos até agora apresentados.

Em nosso ponto de vista, o processo que permitiu a cristalização dessa visão deturpada do marxismo sobre a história tem como fontes alimentadoras duas vertentes distintas,

---

21. Esta passagem encontra-se na nota 33 da edição de *O Capital* citada na bibliografia (p. 77). Contudo, não a copiei literalmente porque a tradução é ininteligível. Assim, realizei algumas adaptações baseando-me no texto em inglês dos *Great Books*".

mas insidiosamente complementares: o evolucionismo antropológico, de caráter acadêmico, e o evolucionismo messiânico, religiosamente observado pelo credo stalinista.

O evolucionismo foi a primeira corrente teórica estabelecida na antropologia, elaborada a partir de meados do século XIX. Os estudiosos das 'ciências humanas' da época – historiadores, geógrafos e eruditos genéricos[22] – enxergavam nas sociedades primitivas os vestígios da infância da humanidade. Reconhecendo a humanidade como única e idêntica, mas desigual no seu desenvolvimento ao longo da história (tanto no que diz respeito aos elementos materiais quanto às representações simbólicas), os autores evolucionistas buscavam traçar uma trajetória linear e necessária para as formas sociais que tiveram lugar na história da humanidade, partindo das formas consideradas mais simples – os grupos primitivos – até a mais complexa – a civilização. Interessava, portanto, compreender as etapas pelas quais os grupos sociais passaram até ascender ao estágio considerado moral e tecnicamente superior, que era a sociedade em que os evolucionistas viviam.

Considerado o fundador da antropologia como disciplina científica e o mais renomado 'evolucionista', Lewis H. Morgan publicou seu primeiro grande clássico – *Systems of consanguinity and affinity of the human family* (1871) – a fim de apresentar os resultados de sua massiva pesquisa entre os iroqueses. Neste trabalho vislumbramos,

---

22. Entre os que se tornaram precursores do evolucionismo na Antropologia, podemos citar especialmente Herbert Spencer e E.B. Tylor.

tomando emprestadas as palavras de Trautmann,[23] a invenção do parentesco, que o próprio Morgan chamava de 'um novo instrumento para a etnologia'. O método elaborado consistia em comparar os padrões semânticos das terminologias de parentesco e estudar a relação desses padrões com as regras de matrimônio.[24] Mas é sua obra *Ancient Society*, publicada em 1877, o nosso real objeto de interesse. Aqui, Morgan elaborou um quadro da evolução da humanidade, subdividido em quatro partes: evolução das invenções e das artes de subsistência, evolução do governo, evolução da família e evolução da propriedade.[25] Estes objetos são investigados

---

23. Thomas Trautmann, *Lewis Henry Morgan and the Invention of Kinship*.
24. Ver também Maurice Godelier, *Horizontes da Antropologia*, p. 197-198.
25. Contudo, há uma distinção sobre o caráter objetivo desses elementos – artes da subsistência, governo, família e propriedade (*La Sociedad Primitiva*, p. 21-22): "Ao remontar as diversas linhas do progresso desde as idades primitivas do gênero humano, discriminando uma após a outra na ordem em que apareceram as invenções e os descobrimentos, por uma parte, e as instituições, por outra, compreendemos que aqueles guardam entre si uma relação progressiva, e estas, uma relação de desenvolvimento. Enquanto as invenções e os descobrimentos tiveram uma vinculação mais ou menos direta, as instituições se desenvolveram sobre a base de uns poucos princípios primários de pensamento". Daqui se depreendem duas lições importantes sobre a visão de Morgan. A primeira delas é que as invenções e descobrimentos que alteram o campo técnico da vida social, as chamadas artes de subsistência – que são o material principal para que Morgan subdivida ainda mais os estágios evolutivos (estágios inferior, médio e superior tanto da selvageria quanto da barbárie), surgem ao acaso e se acumulam, sem que necessariamente umas decorram de outras. Já as instituições se desenvolvem umas das outras, tendo por origem os 'poucos princípios primários de pensamento'. A segunda lição, corolário da primeira, é que na teoria de Morgan as artes de subsistência são fatos concretos

tendo como pano de fundo uma outra famigerada subdivisão: os estágios históricos da humanidade. Para Morgan, haveria três grandes estágios sucessivos – selvageria, barbárie e civilização – nos quais as diversas formações sociais que existiram na história se encaixariam de acordo com o grau de desenvolvimento tecnológico e 'institucional' que elas apresentassem.

Este tipo de classificação arrasta consigo um grande problema semântico. Bárbaros e selvagens são termos que apresentam a desqualificação daqueles que assim são denominados. Como afirma Lévi-Strauss:

> Assim, a Antiguidade confundia tudo o que não participava da cultura grega (depois greco-romana) sob a mesma denominação de bárbaro; a civilização ocidental utilizou em seguida o termo selvagem com o mesmo sentido. Ora, subjacente a esses epítetos dissimula-se um mesmo julgamento: é provável que a palavra bárbaro se refira etimologicamente à confusão e à inarticulação do canto dos pássaros, opostas ao valor significante da linguagem humana; e selvagem, que

---

da realidade atestados por relatos etnográficos e/ou arqueológicos, enquanto a família, o governo e a propriedade são analisados como ideias que evoluíram dos 'princípios primários' e assumiram tais e quais formas empíricas ao longo da história. Essa separação permitiu que Emmanuel Terray (*O Marxismo diante das Sociedades Primitivas, Primeira Parte, passim*) afirmasse haver em Morgan um 'traço estruturalista'. Como veremos nos itens 4.1 e 4.2, é possível enxergar 'estruturalismos' em qualquer lugar, sem se importar com a propriedade de tal aproximação, desde que os fundamentos absolutos do estruturalismo francês tenham contaminado o cérebro do observador.

quer dizer "da selva", evoca também um gênero de vida animal, por oposição à cultura humana.[26]

O discurso de combate a este evolucionismo que atribui às sociedades primitivas uma condição não-humana ou, em termos mais atenuados, as vê como formações naturais cuja cultura não desperta muito interesse anatematizou – ao menos na antropologia – o tema da evolução social.[27]

Muitas das teorias de Morgan sobre família e parentesco foram contestadas à luz das novas descobertas etnológicas do século XX,[28] mas mesmo assim sua contribuição geral para a antropologia permanece prestigiada. Para nós, sua interpretação da história humana relacionando as condições materiais de produção e reprodução da vida com as determinadas formas sociais assumidas em tais e quais épocas históricas revela um esforço intelectual lúcido, ainda que limitado pelas condições precárias do conhecimento etnográfico e arqueológico de sua época, na tentativa de

---

26. Claude Lévi-Strauss, *Antropologia Estrutural Dois*, p. 334.
27. Lévi-Strauss tinha considerável admiração por Morgan, a ponto de dizer que *Systems of consanguinity and affinity of the human family* é uma obra de gênio (*Antropologia Estrutural I*, p. 340). Portanto, a citação de Lévi-Strauss não é diretamente contra Morgan, como a localização dela pode dar a entender.
28. Especialmente aquelas referentes a uma promiscuidade sexual originária, à anterioridade da filiação matrilinear sobre a patrilinear e à explicação do incesto e da exogamia como fenômenos cujo fundamento último reside nos imperativos biológicos. (Emmanuel Terray, *O Marxismo diante das Sociedades Primitivas*, p. 89; Maurice Godelier, *Horizontes da Antropologia*, p. 203).

responder a uma questão cara à antropologia: por que as coisas são como são e como se tornaram como são.[29] Marx leu criticamente a obra de Morgan, bem como as de outros evolucionistas, no período compreendido entre 1880 e 1882, já no final de sua vida.[30] Em 1858-9, havia escrito as *Formações Econômicas Pré-capitalistas (Formen)*, obra na qual investigava modos de produção distintos, em épocas históricas distintas, enfocando a relação entre as formas de propriedade e as demais formações sociais. Engels, por sua vez, dedicou um trabalho à leitura de Morgan – *A Origem da Família, da Propriedade Privada e do Estado (1884)* – no qual declarava ser a concepção mate-

---

29. Ademais, consideramos que Morgan não pode ser visto como um evolucionista cujo pensamento era mecânico e linear; pelo contrário, cremos haver em Morgan uma certa concepção dialética de evolução, como nos revela a seguinte afirmação: "Ao nos expressarmos de forma tão positiva sobre os diversos desenvolvimentos da família e sua relativa ordem, corremos o risco de não sermos bem interpretados. Nossa intenção não é a de dar a entender que uma forma tenha surgido inteira em um estágio determinado da sociedade e imperado universal e exclusivamente onde houvesse tribos da humanidade que se encontravam neste estágio, para logo se transformar em outra que seria a forma seguinte mais elevada. Pode-se encontrar registrado na [família] consanguínea casos excepcionais da família punaluana e vice-versa; pode-se encontrar registrado na punaluana casos excepcionais da sindiásmica e vice-versa; e casos excepcionais da monógama na sindiásmica e vice-versa. Até se pode considerar que na mesma punaluana tenham aparecido casos da monógama e, na consanguínea, casos da sindiásmica. Ademais, algumas tribos alcançaram uma forma determinada antes de outras mais adiantadas; por exemplo, os iroqueses conheciam a família sindiásmica no estágio inferior da barbárie, enquanto que entre os bretões, que se encontravam no estágio médio da barbárie, encontrava-se a punaluana". Lewis Morgan, *La Sociedad Primitiva*, p. 395-396.

30. Ver Lawrence Krader, *The Etnhnological Notebook of Karl Marx*, p. 1.

rialista da história de Morgan a mesma de Marx e da sua própria, o que contribui para popularizar o interesse pela antropologia nas hostes marxistas.[31]

É preciso agora esclarecer que essas primeiras investigações antropológicas, reunidas sob a sigla do evolucionismo, iam ao encontro da novidade científica da época – o darwinismo.[32] Tanto Marx quanto Engels, ao contrário, embora apreciassem a importância científica da teoria evolutiva elaborada por Charles Darwin e Alfred Wallace,[33] eram peremptoriamente contrários à crença de que as mesmas leis concernentes à evolução biológica pudessem ser aplicadas

---

31. Não examinaremos aqui esta obra de Engels porque julgamos conveniente tomar as *Formações Econômicas Pré-capitalistas (Formen)*, do próprio Marx, como texto de base para esta discussão. Concordamos com Godelier (*Horizontes da Antropologia*, p. 167-171) que *A Origem da Família...* apresenta algumas considerações que não são mais aceitas, dados os novos conhecimentos da história, da arqueologia e da etnografia. Ademais, consideramos que a obra de Engels tenta pormenorizar a evolução da história humana valendo-se de detalhes concernentes a uma gama muito reduzida de exemplos, enquanto que nas *Formen* Marx apresenta a lógica geral do processo histórico, combinando os dados empíricos de que dispunha de forma a traçar um esboço geral das possibilidades históricas, dentro de limites determinados, que se abriam para tais e quais tipos médios de formação social.

32. Lévi-Strauss afirma que Spencer e Tylor "elaboraram e publicaram sua doutrina antes de *A Origem das Espécies*, ou sem ter lido essa obra" (*Antropologia Estrutural Dois*, p. 337). Ainda assim, como ele mesmo diz, a questão de se pensar em seres humanos mais atrasados e mais evoluídos é um problema filosófico bem mais antigo. Aqui nos importa menos a origem do tema, mas sim o acréscimo que a teoria darwinista proporcionou a ele. Cf. também Laplantine, *op. cit.*, p. 38, 66.

33. Engels, no prefácio à quarta edição do seu *A Origem da Família...* (p. 17), datado de 1891, elenca Darwin no seu 'trio de ferro' da importância científica, ao lado de Marx e Morgan.

às sociedades humanas. Marx expressou esta visão em uma série de cartas nas quais – ainda que o assunto principal não fosse o darwinismo – aludia aos erros de economistas e escritores de outras áreas que enxergavam na expressão darwinista "luta pela vida" a correspondência direta com o estado "natural" de competição e desigualdade visto no capitalismo. Engels, em carta a Piotr Lavrov, datada de 17 de novembro de 1875, resume a postura do materialismo histórico frente ao darwinismo:

> Da doutrina darwinista, eu aceito a teoria da evolução, mas eu tomo o método de demonstração de Darwin ("luta pela vida", "seleção natural") apenas como uma primeira expressão, uma expressão provisória, imperfeita, de um fato que acabamos de descobrir. (...) A interação dos corpos naturais – vivos e mortos – implica tanto a harmonia quanto o conflito, tanto a luta quanto a cooperação. Se, por consequência, um suposto naturalista se permite resumir toda a riqueza, toda a variedade da evolução histórica em uma fórmula estreita e unilateral, a da "luta pela vida" – fórmula que não pode ser admitida nem mesmo no domínio da natureza sem alguma reservas –, então este procedimento já contém sua própria condenação.[34]

Não pretendemos aqui atentar contra a inconteste revolução representada pelo darwinismo na ampliação do conhecimento científico desde o século XIX, mormente porque os avanços tecnológicos no campo da genética corroboram cada vez mais as proposições gerais de Darwin

---

34. Engels, F. *Lettres sur le Capital*, p. 276.

e Wallace. Trata-se exclusivamente de – para o bem do próprio darwinismo, diga-se de passagem – reconhecer a aproximação errônea efetuada entre as leis evolutivas biológicas e as pretensas leis evolutivas do mundo social ou, em termos ainda mais genéricos, distinguir as leis que regem o mundo biológico das condições historicamente determinadas que influenciam o mundo social.[35] É preciso desmascarar a visão deturpada da qual já falamos exaustivamente: leis gerais do universo, mão invisível, luta de todos contra todos, darwinismo social e alguns outros clássicos dísticos oriundos da moral filosófica que naturaliza as relações sociais são conceitos que não resistem a um exame histórico consequente.

Para reforçar o contraste, atentemos agora para a concepção evolutiva presente em Marx no que diz respeito às periodizações históricas, a fim de aclarar os limites interpretativos que desmontam a crítica comum que atribui ao marxismo a pecha de um evolucionismo rasteiro. Ainda que muitas vezes tais limites não tenham sido respeitados mesmo por aqueles que se reivindicaram os mais ardorosos marxistas, como veremos mais adiante nas discussões referentes ao domínio do stalinismo nas interpretações

---

35. Os conceitos darwinistas não foram apropriados somente por aqueles que queriam sedimentar uma filosofia justificadora do capitalismo. Também os socialistas reivindicaram a teoria de Darwin argumentando que ao extinguir as diferenças artificiais entre os homens determinadas por sua condição de classe, o socialismo permitiria aos homens que apenas as diferenças naturais interferissem na 'luta pela vida', tal qual o que ocorre entre os outros animais (Cf. Anton Pannekoek, *Marxism and Darwinism, passim*). Ainda sobre este tema, cf. Alfred Schmidt, *El Concepto de Naturaleza em Marx*, p. 43.

históricas, acreditamos que é preciso rediscutir até que ponto todo conceito de evolução carrega em si um componente moral de recriminação do 'atraso' e, sobretudo, se respondermos afirmativamente a esta suposição, se os componentes morais variam de acordo com as concepções mais amplas da história e da atividade humana que fundamentam a defesa da evolução social.

Cremos que as *Formen* (1858-9)[36] apresentam o melhor quadro da concepção marxista a respeito do desenvolvimento histórico da humanidade. Concordamos com Hobsbawm[37] que nas *Formen* o pensamento de Marx sobre este tema já suplantara os primeiros apontamentos presentes em textos como *A Ideologia Alemã* (1845-6), tanto porque as *Formen* representam um esforço compreensivo focado exatamente no aprofundamento do estudo das sociedades pré-capitalistas e seus elementos de resistência/subsunção às transformações sociais decorrentes do conflito entre forças produtivas e relações de produção, como porque a este tempo Marx já ampliara os seus estudos sobre sociedades não-capitalistas e não-europeias.[38]

---

36. As *Formen* foram publicadas, pela primeira vez, em russo, no ano de 1939. Só em 1948 foi publicado o original alemão; em 1953 surgiram as traduções italiana e romena e em 1964, a inglesa. Cf. Jean Chesnaux, *O Modo de Produção Asiático...*, p. 21.

37. Eric Hobsbawm, *Introdução*. In: *Formações Econômicas Pré-capitalistas (Formen)*, p. 15, 33-34, *passim*.

38. Conforme relatado em Hobsbawm (p. 28-29), os conhecimentos de Marx sobre as sociedades pré-capitalistas à época da elaboração das *Formen* era bastante deficitário e irregular, variando em suficiência de acordo com a região: "Eram escassos os [conhecimentos] sobre pré-história, sociedades comunais

De saída, para que se compreenda a visão de Marx expressa nas *Formen*, é preciso reavivar os elementos que atuam sobre o processo da mudança social na perspectiva do materialismo histórico: na produção social de sua própria existência, os homens, ao se relacionarem entre si e com a natureza circundante, estabelecem relações sociais de produção que correspondem a um grau determinado de desenvolvimento de suas forças produtivas materiais. Um desenvolvimento ulterior das forças produtivas causa um descompasso entre estas e as relações de produção estabelecidas, pressionando as últimas a se adequarem ao novo estágio das forças produtivas. Ou nas palavras do próprio Marx:[39]

> Em certa fase de seu desenvolvimento, as forças produtivas da sociedade entram em contradição com as relações de produção existentes, ou, o que não é mais que sua expressão jurídica, com as relações de propriedade no seio das quais elas se haviam desenvolvido até então. De formas evolutivas das forças produtivas que eram, essas relações convertem-se em entraves. Abre-se então uma era de revolução social. A transformação que se produziu na base econômica transforma mais

---

primitivas e América pré-colombiana e virtualmente inexistentes os relativos à África. Quanto ao Oriente Médio, antigo e medieval – bem como o Japão – os estudos realizados pelos dois [Marx e Engels] eram insuficientes, melhorando sensivelmente no que diz respeito a outras partes da Ásia, em especial a Índia. O conhecimento da Antiguidade Clássica e da Idade Média europeia podia ser considerado bom (...)". Ainda assim, Hobsbawm dá a entender que, mesmo insuficientes, tais conhecimentos eram superiores aos que orientaram as formulações d'*A Ideologia Alemã*.

39 Karl Marx, *Prefácio da Contribuição à Crítica da Economia Política*, p. 31.

ou menos lenta ou rapidamente toda a colossal superestrutura. Quando se consideram tais transformações, convém distinguir sempre a transformação material das condições econômicas de produção – que podem ser verificadas fielmente com a ajuda das ciências físicas e naturais – e as formas jurídicas, políticas, religiosas, artísticas ou filosóficas, em resumo, as formas ideológicas sob as quais os homens adquirem consciência desse conflito e o levam até o fim".

De fato, o importante aqui é destacar que, em princípio, para Marx, essa seria uma lei histórica da transformação social. Contudo, dissemos em princípio porque acreditamos haver a necessidade de repensar o estatuto da noção de lei – entendido em comparação àquele que norteava as tais leis eternas apregoadas pela Economia Política Clássica – no bojo do materialismo histórico.

Partimos do pressuposto de que Marx não intentou construir um quadro ambicioso e completo da evolução histórica da humanidade e, menos ainda, propor periodizações rígidas e regras inflexíveis no que diz respeito ao aparecimento/desaparecimento de determinadas formações econômico-sociais. Antes, entendemos que a análise histórica de Marx busca, primeiro, estabelecer as condições necessárias para a emergência do capital como relação social determinante em um modo de produção e, para tanto, valeu-se ele do conhecimento que lhe era disponível à época sobre formações pré-capitalistas a fim de nelas identificar os elementos – formas de propriedade, relações de produção – que devem necessariamente ter sido transformados para que o capital apareça. Assim sendo, a visão evolutiva de Marx sobre a humanidade permite, por meio da lente do presente, a revisão do passado não para fixar causas e efeitos inexoráveis, invariáveis e absolutos e reconstruir uma história linear, mas, sim, para compreender retroativamente os processos de mudança social que permitiram que o presente surgisse tal como se apresenta.

Em segundo lugar, as formulações de Marx, erroneamente entendidas como leis, constituem, na verdade, causas necessárias, mas não suficientes, concernentes a todas as formações sociais e cuja razoabilidade é indiscutível. Senão, vejamos: ao tratar da produção em geral na *Introdução a uma Crítica da Economia Política*,[40] Marx adverte sobre a importância que as especificidades históricas têm em seu método e ao mesmo tempo explica como constrói abstrações que concentram as características comuns das diversas formas históricas:

> Todavia, todas as épocas da produção possuem certos traços característicos em comum, determinações comuns. A produção em geral é uma abstração, mas uma abstração razoável, pelo fato de que põe realmente em relevo e fixa o caráter comum,

---

40. Cabe ressaltar que as *Formen* são parte dos estudos realizados por Marx entre 1857-58, publicados sob o título de *Grundrisse*, que serviram de preparação para a elaboração da *Contribuição à Crítica da Economia Política* e d'*O Capital*. Portanto, nos é possível afirmar que a *Introdução* feita por Marx para a *Contribuição à Crítica* esteja em sintonia com o conteúdo das *Formen* e mesmo auxilie a compreendê-las corretamente.

poupando-nos, portanto, as repetições. Esse caráter geral, entretanto, ou este elemento comum, descriminado pela comparação, está organizado de uma maneira complexa e diverge em diversas determinações. Alguns destes elementos pertencem a todas as épocas; outros são comuns a algumas delas. Certas determinações serão comuns à época mais moderna e à mais antiga. Sem elas não se poderia conceber nenhuma produção, pois se os idiomas mais complexos têm leis e caracteres determinados que são comuns aos menos desenvolvidos, o que constitui seu desenvolvimento é o que os diferencia destes elementos gerais e comuns. As determinações que valem para a produção em geral devem ser, precisamente, separadas, a fim de que não se perca de vista a diferença essencial por causa da unidade, a qual decorre já do fato que o sujeito – a humanidade – e o objeto – a natureza – são os mesmos.[41]

Nas *Formen* enxergamos claramente como se dá este processo de identificação dos fatores comuns a todas as formações sociais simultaneamente ao reconhecimento das especificidades de cada uma delas. A partir do material que havia recolhido e estudado sobre as formações pré-capitalistas, Marx elabora suas reflexões centrando-se nas categorias trabalho e propriedade – o primeiro entendido como atividade humana de interação com a natureza externa e a segunda como apropriação desta mesma natureza pelo usufruto do resultado do trabalho.

---

41. Karl Marx, *Introdução a uma Crítica da Economia Política*. In: MARX, Karl. *Contribuição à Crítica da Economia Política* – Tradução de Florestan Fernandes.

Partindo de uma situação originária – a comunidade tribal espontânea, um conceito abstrato que pressupõe 'laços comuns de sangue, língua, costumes' –[42] na qual os homens se apropriam da terra de maneira comum e controlam os meios e os objetos de trabalho, Marx analisa como esta 'unidade original do indivíduo com as condições objetivas de produção'[43] se transforma a partir do desenvolvimento de formações sociais específicas que não se sucedem necessariamente umas às outras, não guardam entre si nexos causais absolutos, mas evoluíram desta 'unidade original' a partir de condições específicas concernentes ao território ocupado, de formas distintas da divisão social do trabalho e as decorrentes variedades de propriedade, da intensidade das trocas e produção de excedentes, da sofisticação das técnicas de manufatura, das guerras e das conquistas, da emergência das cidades e dos ofícios comerciais etc.

> Estas diversas formas de relacionamento dos membros da comunidade tribal com a terra tribal, isto é, com a terra sobre a qual a comunidade está estabelecida, dependem, em parte, do caráter natural da tribo e, em parte, das condições econômicas em que a mesma exerce de fato a propriedade da terra, isto é, apropria-se dos seus frutos por meio do trabalho. E isto, por sua vez, dependerá do clima, das características físicas do solo, do condicionamento físico de sua utilização, do relacionamento

---

42. Karl Marx, *Formen*, p. 66.
43. *Ibidem*, p. 89.

com tribos hostis ou vizinhas, e das modificações introduzidas pelas migrações, acontecimentos históricos etc.[44]

As sociedades cinegéticas não são objeto de um tratamento em separado nas *Formen* porque Marx ressalva que a terra utilizada 'seja como local de fixação ou um território para deslocamento, uma pastagem para os animais etc.' e/ou como fonte de 'objetos previamente preparados pela natureza para consumo [frutos, animais]' é a condição externa primária de produção, sendo ao mesmo tempo matéria-prima, instrumento de trabalho e fonte de produtos prontos para consumo. Assim, mesmo as sociedades caçadoras-coletoras já são consideradas por Marx como "apropriadoras" e produtoras.

> Reduzimos esta propriedade [a originária] ao relacionamento com as condições de produção. Por que não ao com as de consumo se, originalmente, o ato de produção do indivíduo resume-se à reprodução de seu próprio corpo através da apropriação dos objetos previamente preparados pela natureza para consumo? A razão é que, mesmo quando estes devem ser apenas encontrados e descobertos, o esforço, o trabalho – como a caça ou a pesca, o pastoreio – e a produção de certas capacidades pelo sujeito logo se fazem necessários. Ainda mais, condições em que o homem precisa, apenas, apanhar o que já está pronto, sem qualquer instrumento (...) são muito transitórias e não podem, jamais, ser encaradas como normais, nem mesmo no estágio mais primitivo. Mais ainda, as condições originais

---

44. *Ibidem*, p. 78-79.

de produção, automaticamente, incluem substâncias diretamente consumíveis sem trabalho, como as frutas, animais etc.; consequentemente, o próprio fundo de consumo mostra-se como uma parte do fundo original de produção.[45]

Entendemos que, para Marx, a caça, a pesca, a criação de animais, o pastoreio, a agricultura de subsistência e a manufatura artesanal doméstica, são atividades todas elas mais ou menos indistintas na composição geral do chamado 'comunalismo primitivo', uma abstração que destaca das formações sociais reais os elementos que configuram um estágio pouco desenvolvido da produção, ou seja, em que a atividade do homem em interação com a natureza visando a sua reprodução física não exige uma divisão do trabalho complexa ou meios e instrumentos de trabalho sofisticados.

As *Formen* descrevem "vias alternativas de desenvolvimento a partir do sistema comunal primitivo".[46] Tais formações econômicas apresentam um arranjo particular de divisão social do trabalho e sua correspondente forma de propriedade, bem como uma forma de organização política também específica. As 'diversas formas de relacionamento dos membros da comunidade tribal com a terra tribal' a que Marx se referiu na citação acima são as que – diversas na sua história concreta e particular – se encontram agrupadas por conta de seus traços comuns em três

---

45 *Ibidem*, p. 86.
46. Eric Hobsbawm, *op. cit.*, p. 34.

formações-modelo: a oriental, a antiga e a germânica.[47] O que as diferencia, centralmente – relembremos qual é o foco deste trabalho de Marx – é a maneira como os indivíduos se relacionam entre si no que diz respeito à forma de apropriação da terra ou, melhor dizendo, quais são as regras societárias que definem a propriedade.[48]

O feudalismo é considerado por Marx um modo de produção à parte posto que seus traços característicos e sua época de florescimento pressupõem desdobramentos (concentração de terras, acumulação de riquezas etc) de formações econômico-sociais que lhe antecederam e já transfor-

---

47. Grosso modo, podemos assim definir: 1) no caso da formação oriental, os indivíduos só são proprietários mediante o pertencimento à sua comunidade, toda a terra pertence à comunidade e esta é a 'entidade global' que cede ao indivíduo a condição de possessor, não a de proprietário privado; as diversas comunidades vizinhas que se relacionam são centralizadas por um déspota que organiza as obras comunais como, por exemplo, a irrigação das terras. Por meio da combinação de atividade agrícola e artesanal, o conjunto de comunidades é praticamente autossuficiente e os excedentes de produção são divididos em uma parte para o déspota e sua 'burocracia' e outra para os serviços rituais e religiosos; 2) a formação antiga – e aqui Marx remete aos romanos – tem como traço distintivo a existência da propriedade comunal/estatal (*ager publicus*) e das propriedades individuais dos cidadãos. A comunidade consubstancia-se na relação recíproca destes proprietários privados postos em aliança com o mundo exterior e as cidades são o centro social da vida comunitária, já que os proprietários de terra lá residem e a área cultivada é considerada uma extensão da cidade; 3) quanto à germânica, baseia-se na existência de uma série de proprietários individuais que, valendo-se de suas unidades familiares, cultivam suas glebas de maneira quase isolada, mas também compartilham territórios de caça, pastagens comuns, florestas, e unem-se na defesa destas áreas comuns.

48. Cf. Marx, *Formen.*, p. 78.

maram acentuadamente aquela primeira 'relação original' dos homens com a natureza.[49] Contudo, importam-nos mais que a descrição das formações-modelo criadas por Marx os elementos que atuam no processo de dissolução de uma forma antiga e substituição desta por uma nova. Consideremos primeiro o crescimento populacional que pode impingir à comunidade a necessidade de conquistar mais terras e, em decorrência, conduzi-la à guerra:

> Por exemplo, quando cada indivíduo deve possuir uma determinada quantidade de terras, o simples aumento da população constitui um obstáculo. Para que este seja superado, deverá desenvolver-se a colonização e isto exigirá guerras de conquista. O que conduzirá à escravidão etc., à ampliação da ager publicus e, por isto, ao advento do Patriciado, que passará a representar a comunidade etc. Assim, a preservação da antiga comunidade implica a destruição das condições sobre as quais ela está baseada, tornando-se o seu contrário. Suponhamos, por exemplo, que a produtividade pudesse ser aumentada sem acréscimo territorial, por meio do desenvolvimento das forças de produção (...). Isto implicaria novos métodos e combinações de trabalho, aumento da jornada de trabalho dedicada à agricultura etc. e, novamente, as velhas condições econômicas da comunidade cessariam de atuar. O

---

49. Aqui, para entendimento do que se segue, basta-nos levar em conta as seguintes características do feudalismo: espaço rural ocupa a centralidade social, corporação de artesãos nas cidades – os mestres de ofício possuindo os instrumentos do trabalho, concentração das terras nas mãos dos senhores e servidão.

ato de reprodução, em si, muda não apenas as condições objetivas (...) mas os produtores mudam com ele, pela emergência de novas qualidades, transformando-se e desenvolvendo-se na produção, adquirindo novas forças, novas concepções, novos modos de relacionamento mútuo, novas necessidades e novas maneiras de falar.[50]

A escravidão, corolário da guerra,[51] marca a apropriação do trabalho como parte das condições objetivas de produção (como a terra, o gado, as ferramentas). Os homens escravizados continuam a trabalhar na terra, mas não mais na condição de possessores; a servidão feudal, malgrado suas distinções e particularidades, guarda esta mesma característica.[52]

---

50. *Ibidem*, p. 88. A primeira vista, poderíamos dizer que esta passagem de Marx revela um profundo determinismo, manifesto especialmente no uso reiterado do verbo "dever" no futuro, de forma impositiva. Mas Marx refere-se aqui a um desenvolvimento específico, consoante a história da sociedade romana. Em condições similares, ou seja, caso haja um aumento da população, o desenvolvimento proposto é possível e realmente correto para outras sociedades – embora não se possa excluir soluções distintas. Lembremos ainda que diversas sociedades desenvolveram formas de controlar o aumento da população, como é o caso de comunidades indígenas que praticavam o infanticídio ou de grupos esquimós que enviavam seus membros idosos para a morte – com a anuência orgulhosa destes – para não sobrecarregar o trabalho de manutenção de uma comunidade sediada em ambiente inóspito e, logo, em que a oferta de meios de subsistência é pequena.

51 Na Antiguidade também era muito comum a escravidão por dívida.

52. Na servidão, o trabalhador é relativamente independente quanto ao processo de trabalho, produz um excedente para o seu senhor e eventualmente para si próprio; na escravidão, o trabalhador está totalmente submetido e não possui controle nem sobre o processo de trabalho nem sobre o fruto da

> No relacionamento da escravidão e da servidão (...) o que acontece é que uma parte da sociedade é tratada pela outra como simples condição inorgânica e natural de sua própria reprodução. O escravo carece de qualquer espécie de relação com as condições objetivas de seu trabalho. Antes, é trabalho em si, tanto na forma de escravo como na de servo, situado entre outros seres vivos como condição inorgânica de produção, juntamente com o gado ou como um apêndice do solo.[53]

Outro elemento analisado por Marx é o desenvolvimento artesanal e urbano do trabalho que, já presente na Antiguidade – ainda que como atividade vil – atinge maior centralidade nos burgos feudais. O indivíduo aqui se encontra separado da propriedade da terra, mas é proprietário do seu instrumento de trabalho e mantém, portanto, algum domínio sobre sua atividade produtiva.

O 'trabalhador livre' do capitalismo é livre exatamente da propriedade; foi separado da propriedade da terra, da propriedade dos seus instrumentos de trabalho e também deixou de ser parte direta das condições objetivas de produção:

> Para o capital o trabalhador não constitui uma condição de produção, mas apenas o trabalho o é. Se este puder ser executado pela maquinaria ou, mesmo, pela água ou pelo ar, tanto

---

produção. Em ambos os casos, porém, prevalece a relação de apropriação do trabalhador pela dominação. "A apropriação da própria vontade de outrem é pressuposta no relacionamento de domínio. Seres sem vontade, como animais, podem prestar serviço, de fato, mas seus proprietários não são, entretanto, senhores e amos". (*Ibidem*, p. 96.)

53. *Ibidem*, p. 83.

melhor. E o capital se apropria não do trabalhador mas de seu trabalho – e não diretamente, mas por meio da troca.[54]

Afirmamos anteriormente que Marx constrói sua concepção de evolução histórica nas *Formen* buscando compreender, a partir dos elementos históricos concernentes às formações pré-capitalistas, quais são os processos responsáveis por afastar os homens cada vez mais do controle das condições objetivas de produção, até se tornarem proprietários apenas de sua força de trabalho. As formações econômico-sociais ou modos de produção elencados nas *Formen* nos mostram as relações sociais desenvolvidas sob esta ou aquela forma de propriedade que, dissolvidas, abrem espaço aos

> pré-requisitos históricos sem os quais o trabalhador não pode aparecer como trabalhador livre, como capacidade de trabalho puramente subjetiva, sem objetividade, enfrentando as condições objetivas como sua não-propriedade, como propriedade alheia, como valor existente por si mesmo, como capital.[55]

Diante do exposto, repensemos o julgamento de Marx como evolucionista. A questão que se coloca é: por que o julgamento se não existe o crime? A evolução social, como vimos, não é uma suposição, é um fato histórico. Se trocássemos a palavra evolução por transformação, manteríamos o significado geral do processo a que nos referimos,

---

54. *Ibidem*, p. 93.
55. *Idem*.

contentaríamos os críticos, mas negligenciaríamos uma importante dimensão da evolução: a sua interface com o progresso. Não obstante o desgaste do termo, na acepção de Marx o progresso apresenta um significado bem preciso, revelado a partir do conflito com a própria evolução social.

Por um lado, o ideal de progresso, como positividade, permite pensar que há uma evolução social decorrente do progressivo domínio do homem sobre a natureza (desenvolvimento das forças produtivas) visando a um objetivo claro: retirar o homem do reino da necessidade e proporcionar a ele o reino da liberdade. O desenvolvimento das técnicas de trabalho potencialmente libera o homem do tempo excessivo gasto com o 'ganhar a vida'.[56]

Contudo, o progresso carrega também consigo uma dimensão negativa na visão de Marx. Toda a riqueza produzida neste processo contínuo de apropriação da natureza deu-se às custas do progressivo empobrecimento dos produtores ao longo das épocas. Há uma contradição patente revelada ao confrontarmos um progresso que é potencialmente libertador e uma realidade efetiva em que os produtores se encontram alijados da liberdade que sua atividade

---

56. Em nosso ponto de vista, a evolução das técnicas e instrumentos de trabalho permite ainda que pensemos a evolução em termos também mais objetivos: se um machado não é capaz de gerar sequer outro machado, como afirmou Lévi-Strauss (Cf., *Antropologia Estrutural Dois*, p. 336), que diríamos de um machado gerar uma máquina a vapor mediante um milagre reprodutivo? A evolução das técnicas e dos instrumentos de trabalho, a aplicação prática das grandes descobertas científicas em todos os campos, nos permitem acompanhar objetivamente o desenvolvimento sequencial da capacidade humana de criação, de exploração da natureza em seu próprio proveito. Aqui não nos interessa se a ciência e a técnica podem avançar em saltos, mas sim o fato de que para haver Newton, foi preciso um Euclides.

deveria proporcionar.⁵⁷ Uma contradição cujo desenvolvimento pudemos acompanhar nas *Formen* por meio dos processos de transformação relativos à divisão social do trabalho e às formas de propriedade e que atinge seu ápice no modo de produção capitalista. A separação radical entre os produtores e seus meios de produção impossibilita que o progresso cumpra sua promessa libertadora.

Concluímos agora que a concepção de evolução social de Marx está, sim, ligada ao progresso, bem como valoriza as aquisições humanas que contribuem para o desenvolvimento das forças produtivas, embora tal valorização esteja mediada pela necessidade de subversão das relações de produção vigentes no capitalismo. Mas não podemos, absolutamente, concluir que o desenvolvimento histórico, tal como visto por Marx, obedeça a quaisquer regras de evolução de um modo de produção a partir de seu predecessor, seguindo uma sequência cronológica ou uma linearidade hermética.

A simplificação – ou deformação – da perspectiva de Marx sobre a evolução histórica foi perpetrada principalmente pelos próprios marxistas.⁵⁸ O problema das periodizações históricas e das passagens de uma formação social a

---

57. Esta passagem de Engels (*A Origem da Família, da Propriedade Privada e do Estado*, p. 200) ilustra bem nosso assunto: "Desde que a civilização se baseia na exploração de uma classe por outra, todo o seu desenvolvimento se opera numa constante contradição. Cada progresso na produção é ao mesmo tempo um retrocesso na condição da classe oprimida, isto é, da imensa maioria. Cada benefício pra uns é necessariamente um prejuízo para outros; cada grau de emancipação conseguido por uma classe é um novo elemento de opressão para a outra".

58. Esta passagem de O. Kuusinne, extraído de seu *Fundamentals of Marxism-Leninism*, constitui boa amostra: "Todos os povos percorrem praticamente o mesmo roteiro (...). O desenvolvimento da sociedade verifica-se através de subs-

outra – sobretudo devido à sua importância propriamente política – constitui tema central do marxismo.

Especialmente após a Revolução de 1917 na Rússia, a questão sobre os estágios em que se encontravam as sociedades – mormente as asiáticas – foi objeto de caloroso debate entre os marxistas, interessados nas possibilidades revolucionárias de cada país. Mesmo antes, a correspondência entre Marx e a revolucionária russa Vera Zasulitsch a respeito de aspectos do campesinato na Rússia expressavam esta importância política.

Mas foi Stálin quem se tornou o verdadeiro conducteur, ao propugnar, em seu manual oficial Materialismo Histórico e Dialético (1938), a teoria dos cinco principais modos de produção que a humanidade conheceu: comuna primitiva, escravismo, feudalismo, capitalismo e socialismo. A partir daí, instaurou-se o dogmatismo absoluto, baseado nesta 'teoria' stalinista, e as obras dos historiadores/antropólogos marxistas limitavam-se a adaptar qualquer formação social estudada de modo que ela pudesse se encaixar em um dos cinco estágios produtivos, sob pena de os discordantes serem defenestrados do universo comunista-marxista oficial.[59]

---

tituições consecutivas, conforme leis definidas, de uma formação econômico-social por outra" (apud Hobsbawm, op. cit., p. 59).

59. Trata-se aqui, obviamente, das diretrizes dogmáticas impostas por Stálin para a produção de conhecimento na União Soviética – e por extensão, para os membros de todos os partidos comunistas da III Internacional – que resultou, por exemplo, na estranha mas interessante disputa entre a 'biologia proletária' de Lyssenko e a 'biologia reacionária e burguesa' de Mendel-Wasserman. Parte do malfadado 'culto à personalidade', essa imposição da figura do Stálin-messias por meio da ingerência partidário-ideológica nas ciências naturais ainda nos legou assertivas como "Stálin é a mais alta autoridade científica do mundo, (...) o guia dos trabalhadores e o maior homem de ciência do nosso tempo",

Após o XX Congresso do Partido Comunista da União Soviética, realizado em fevereiro de 1956 – marcado pelo famoso discurso-denúncia de Nikita Krushchev contra Stálin – inicia-se uma crítica ao dogmatismo, bem como o processo de 'desestalinização' dos partidos comunistas de outros países.[60] Ao tratarmos dos antropólogos marxistas franceses, veremos como este movimento antidogmatismo influenciou a formação desta corrente teórica.

proferida pelo jornalista Francis Cohen, como endosso a um artigo do matemático Desanti, que tinha como alguns subtítulos: 'a ciência staliniana, ciência do partido', 'a ciência staliniana, ciência universal'. (Citado por Michel Löwy, *Método Dialético e Teoria Política*, p. 22-23). Se os antolhos de fato funcionavam assim no terreno das ciências naturais, imaginemos como seriam no âmbito das ciências sociais e da história, campos férteis para os dogmatismos.

60. Curiosamente, esta dissensão em torno do marxismo oficial stalinista assumirá formas distintas. Há aqueles que se indispõem com a ditadura dos cinco estágios mas relutam em abandonar o mote das "leis históricas de desenvolvimento da sociedade", como Jean Chesnaux (O Modo de Produção Asiático, p. 50):"Naturalmente, não nos podem satisfazer, repetimos uma vez mais, análises que assimilam mecanicamente as antigas sociedades orientais à escravatura ou ao feudalismo, mas não devemos, do mesmo modo, resignar-nos a considerar toda a história das sociedades de classes, entre a comuna primitiva e o capitalismo, como uma espécie de nebulosa indiferenciada, como uma soma de casos particulares de que a escravatura greco-romana e o feudalismo ocidental seriam apenas duas variantes entre outras. A enunciação das leis gerais da história, a definição das formações sociais em termos teóricos, permanecem ambição legítima dos marxistas". Outros partiram em busca de um método que permitisse o estudo dessas sociedades não como um momento da historia universal, mas encerradas em si mesmas, como Emmanuel Terray (apud Bloch, Marxism and Anthropology, p. 151): "Este tipo de definição [do modo de produção como forma de classificação] é, do ponto de vista da investigação, tanto desnecessário quanto prejudicial. O que nós precisamos não é de um sistema de classificação, mas de uma ferramenta analítica ou, em outras palavras, de uma precisa e rigorosa definição que nos torne aptos a expor com clareza que elementos nós usamos no processo intelectual de construir um modo de produção a partir da investigação de um fenômeno concreto e real".

3 O cadáver insepulto do Formalismo

QUANDO BRONISLAW MALINOWSKI publicou "Os Argonautas do Pacífico Ocidental", em 1922, uma nova perspectiva de investigação se abriu aos antropólogos. Nesta obra, Malinowski retratou a forma de comércio realizada pelos habitantes das Ilhas Trobriand e seus vizinhos, mostrando como por meio de uma troca circular de presentes (Kula[1]), de caráter cerimonial, se desenrolavam relações de troca material efetiva, de caráter comercial, entre os habitantes dos vários povoamentos existentes na ponta da Nova Guiné e nos arquipélagos do entorno.

---

1. No *Kula*, são trocados colares de conchas (*soulava*) e braceletes de madrepérola (*mwali*), os chamados bens de prestígio (*vaygu'a*). Outro tipo de troca, chamada *gimwali*, diz respeito às trocas que ocorrem paralelamente ao *Kula* e envolvem o escambo de objetos de uso concreto. Mas, infelizmente, Malinowski não deu muita atenção à troca *gimwalii*, concentrando seu trabalho na troca cerimonial expressa pelo *Kula*. Cf. Malinowski, *Os Argonautas do Pacífico Ocidental*, p. 71-86.

Todavia, mesmo sendo o primeiro a interessar-se pela vida econômica do grupo que estudou, Malinowski não considerou o fenômeno encontrado na Oceania uma demonstração de atividade econômica estrita, mas sim um conjunto de relações sociais que envolvia parentesco, religião, magia, técnicas de fabrico etc.

Lucien Démonio aponta o esforço de Malinowski em sublinhar os traços específicos da sociedade trobriandesa e o seu complicado jogo de reciprocidade nas relações de troca:

> Malinowski mostra que o 'selvagem' é capaz de conceber formas de trabalho e de organização complexas, que dispõe de formas de comércio e de trocas regulares e organizadas (...).[2]

Sob a influência do trabalho de Malinowski, antropólogos britânicos e americanos passaram a se interessar pela análise das relações econômicas. Em 1939, Raymond Firth e David Goodfelow publicam, em Londres, respectivamente, os trabalhos *Primitive Polynesian Economy* e *Principles of Economic Sociology*. Em 1940, é a vez de Melville Herskovitz apresentar *Economic Life of Primitive Peoples* (revisado e republicado em 1952 com o título *Economic Anthropology*). Esses "pioneiros" tinham em comum a crença nos princípios da economia neoclássica. Firth e Herskovitz aceitavam a matriz teórica dos neoclássicos com algumas ressalvas, mas Goodfelow era convicto, como demonstra esta passagem:

---

2. Lucien, Démonio, *A Problemática Anlo-saxônica: economia, política e antropologia*, p. 30-31.

A proposição de que deveria haver mais que uma linha explicativa na teoria econômica é absurda. Se a moderna análise econômica, com seu instrumental conceitual, não pode dar conta igualmente do aborígine e do londrino, não só a teoria econômica mas o conjunto das ciências sociais pode ser consideravelmente desacreditado.[3]

Os antropólogos que seguiam esta orientação reclamavam para si a orientação formalista: defendiam a ideia de que a ciência econômica tem por objeto o estudo do comportamento humano enquanto relação entre fins e meios escassos que possuem usos alternativos, tal qual vimos nos neoclássicos. Aditada à esta concepção das leis imutáveis que regem a atividade econômica estava a existência do *Homo economicus* racionalista, eterno e universal. Buscava-se, então, isolar o conteúdo econômico das relações sociais para que se enxergasse exatamente os cálculos de racionalização.[4]

Embora o germe desta postura já estivesse presente nestes autores dos anos 1939-40, sua exacerbação deu-se

---

3. D. Goodfelow *apud* Semenov, *Theoretical Problems of 'Economic Anthropology*, p. 209 (Tradução livre do original em inglês).

4. É mister ressaltar que embora Malinowski fosse predecessor e inspirador involuntário dessa corrente, não comungava estritamente com a visão formalista. Segundo Démonio, (*op. cit.*, p. 31), Malinowski anuncia, ainda que sem estar consciente disso, "a irredutibilidade das formas 'pré-capitalistas' ao conjunto das formas dominantes nas sociedades ocidentais contemporâneas, por meio da análise do caráter dominante do parentesco e da feitiçaria na sociedade trobriandesa, o que se resume para ele no fato de que o homem 'primitivo' não se encontra 'guiado de modo exclusivo por motivos estritamente realistas e utilitários'".

durante os anos de 1960 entre os antropólogos americanos que reivindicavam a antropologia econômica. Claude Le Clair e Harold Schneider (*Economic Anthropology*, 1968) e Robbins Burling (*Maximization Theory and the Study of Economic Anthropology*, 1962), são os principais nomes desta tendência, responsáveis por repisar as premissas neoclássicas, visto que para eles não se deveria inquirir sobre se as relações econômicas estavam imbricadas em outras de caráter distinto, já que todas as decisões e atividades humanas são econômicas, no sentido que ocorrem entre indivíduos movidos sempre e estritamente pelo cálculo maximizador.[5]

Retomemos agora, para apontar os problemas enfrentados pelos antropólogos formalistas, nossa menção sobre as ressalvas de Herskovitz e Firth a respeito da teoria geral neoclássica que, contraditoriamente, defendiam em linhas gerais. Tanto Herskovitz quanto Firth admitiam que os conceitos fornecidos pela economia neoclássica não se prestavam totalmente ao estudo de sociedades primitivas porque as relações econômicas estavam muito entrelaçadas às relações de outra ordem – parentesco, hierarquização social e religião, especialmente.

A motivação da atividade econômica para Herskovitz, por exemplo, permanecia centrada no cálculo maximizador. Contudo, a valoração desta otimização é que deveria obedecer a princípios estabelecidos culturalmente, logo variáveis e não-universais. Refletindo sobre bens livres (dados na natureza: ar, vento, luz solar etc,) e bens

---

5. Cf. Semenov (*op. cit.*, p. 221-225) e Godelier (1974, p. 96-152).

econômicos (transformados pela ação humana), à luz do exemplo de um aborígine que 'escolhe' fazer uma fogueira e construir um muro para se proteger do frio e do vento a submeter-se ao gélido ar da noite, Herskovitz (1954:15) nos revela esta posição ambígua:

> O problema de se um recurso é livre ou econômico constitui algo mais que um simples conceito. (...) O bem livre se converte em econômico quando entra em jogo a opção, de tal modo que se elevam ao máximo as satisfações obtidas. (...). A eleição vem imposta não só pela alternativa entre diversos bens disponíveis, como pelas pautas culturais do indivíduo. (...) As convenções sociais, as crenças religiosas, as ideias estéticas e os preceitos éticos contribuem sempre na conformação das necessidades dos povos e o momento, o lugar e as circunstâncias em que podem ser satisfeitas.[6]

Este relativismo cultural de Herskovitz, se não o livra da ilusão de uma natureza humana calculista e individual, ao menos o absolve parcialmente frente à crítica de Démonio à antropologia feita pelos formalistas:

> Daí essa mudança de perspectiva onde se aniquilam os esforços da Antropologia: construída para elucidar a diversidade dos modos de existência humanos (...) ela se vê obrigada a reduzir as diferenças a fim de atingir esse nível abstrato em que o sujeito, carente de toda a determinação, parece universal.[7]

---

6. Tradução livre da edição em espanhol.
7. Démonio, *op. cit.*, p. 32.

No caso de Firth, vemos uma luta interna avassaladora entre o seu reconhecimento das impossibilidades de aplicação do corpo conceitual neoclássico às 'economias' primitivas e o seu apego visceral, possivelmente devido a escolhas ideológicas mais gerais, a esta teoria econômica. Firth, em seus estudos, frequentemente apontava as profundas diferenças entre as sociedades primitivas e a sociedade capitalista. Um ponto que lhe chamava demasiada atenção era a diferença entre a posição econômica do indivíduo no capitalismo, totalmente impessoal e anônima, em contraste com o indivíduo primitivo, cuja posição econômica na sociedade está configurada por meio de relações sociais personalizadas, baseadas em obrigações pessoais que, cumpridas a contento, garantem o prestígio e a reputação do indivíduo no interior do seu grupo social.

Este caso é uma amostra da dificuldade de Firth em separar as 'relações econômicas' das relações sociais, por mais que ele perseguisse tal objetivo. Segundo Semenov:

> Em inúmeros pontos de seu trabalho Firth considera as relações econômicas como distintas de outras obrigações [sociais]. Mas então, invariavelmente, ele passa a derivá-las de outras relações sociais, sobretudo das de caráter moral. (...) E em geral ele chega à conclusão de que, 'para além do que ordinariamente nós supomos, as relações econômicas repousam sobre fundações morais.'[8]

---

8. Semenov, *op. cit.*, p. 217.

Ora, onde está o cálculo racional inato ao Homem? Se sabemos que, definitivamente, razão e moral são termos irredutíveis um ao outro, parece que a postura formalista quer desmentir as premissas dos seus precursores teóricos na economia, ainda que estes, por sua vez, nada mais fizessem do que realmente travestir preceitos morais em premissas racionais-científicas.

Apesar – e por causa – desta descabida confusão classificatória entre relações sociais e relações econômicas, Firth avança em direção ao reconhecimento da especificidade das formações econômico-sociais primitivas e chega a proclamar a insuficiência da 'maioria' dos recursos analíticos da teoria econômica neoclássica no estudo destas sociedades. O curioso é que, ao invés de pregar a necessidade de se formular uma teoria específica sobre a sociedade primitiva, Firth advoga a possibilidade de haver, sim, uma teoria econômica universal baseada nos princípios formalistas:

> No final das contas, a sociedade primitiva pode ajudar modestamente – a partir do progresso de seus estudos – a adicionar algo ao conteúdo da ciência econômica, se não por meio da elaboração de argumentos dedutivos, ao menos pela tradução dos princípios formais de análise em um sistema de generalizações que possa ser capaz de explicar e predizer o comportamento econômico em sociedades outras que não a nossa própria.[9]

---

9. R. Firth, *Primitive Polynesian Economy*, p. 28 (tradução livre do original em inglês).

Escusado dizer que essa afirmação de Firth pode ser interpretada de uma maneira absolutamente deletéria à antropologia, visto ter-se a impressão de que é preciso fazer com que a realidade das sociedades primitivas se adapte aos conceitos 'logicamente' preestabelecidos pela economia formal.

Em trecho anterior do mesmo livro, Firth nos revela com clareza sua posição a respeito da aplicação dos elementos da economia formal às sociedades primitivas.

Após discorrer sobre a justeza das formulações de Lionel Robbins[10] acerca das já conhecidas concepções sobre escolhas racionais fundadas no par de opostos 'escassez de meios – múltiplos fins necessários' – qualificadas por ele de "um lúcido argumento na natureza das generaliza-

---

10. Economista inglês (1898-1984), proeminente nos anos 20, foi fiel seguidor do marginalismo de Jevons. Eis aqui o que diz Firth (*op. cit.*, p. 24-25) sobre Robbins [as citações entre aspas simples indicam trechos do próprio Robbins extraídos da obra '*The Nature and Significance of Economic Science*': "(...) o método da moderna teoria econômica é essencialmente dedutivo – o desenvolvimento de proposições, por meio de inferência lógica, partindo de concepções muito gerais sobre a conduta humana. As principais concepções envolvidas foram fixadas por Robbins no curso de um lúcido argumento sobre a natureza das generalizações econômicas. Ele aponta que a fundação da teoria do valor se assenta na tese das avaliações relativas: 'que as diferentes coisas que o indivíduo quer fazer têm uma importância diferente para ele e podem ser dispostas numa certa ordem'; que a principal concepção para explicar o equilíbrio da produção por meio da Lei da Utilidade Marginal (*Law of Diminishing Returns*) é que há diferentes fatores de produção que são substitutos imperfeitos uns dos outros; e que a teoria sobre lucros, renda e outros aspectos da dinâmica econômica repousa, no fim das contas, sobre o postulado de que 'ao planejar o futuro nós temos que escolher não entre certezas, mas antes entre uma gama de probabilidades estimadas'".

ções econômicas" referentes à "conduta humana" – nos é apresentada a seguinte declaração:

Tais postulados gerais o antropólogo deve reconhecer como verdadeiros para a sociedade primitiva e como uma parte necessária dos fundamentos de suas análises. A dificuldade, no que lhe concerne [ao antropólogo], é que o economista moderno, dada a natureza de seu material, introduz um grande número de concepções subsidiárias. Algumas são de ordem técnica, como aquelas referentes a mercados e preços, ao sistema legal de propriedade e afins, obviamente orientadas pelas condições da moderna sociedade industrial. Outras comumente empregadas, e defendidas por sua relação com a experiência, são também inspiradas – embora de uma maneira mais sutil – pelas condições com as quais os economistas estão mais familiarizados em sua própria sociedade. Por exemplo, as concepções de que as relações entre vendedores num mercado são de tipo competitivo e de que, ao negociar no mercado sempre se compra do vendedor mais barato. (...) A decisão sobre até que ponto o antropólogo está justificado ao assumir para si as concepções técnicas é facilmente tomada – sua observação costumeira logo lhe diz se ele está lidando com um sistema de preços, ou um sistema de posse individual da propriedade. Mas não é tão simples para ele decidir o quanto ele pode adotar deste segundo gênero de concepções. Nalgumas vezes elas parecem ser instrumentos plausíveis de análise e noutras elas parecem ir de encontro a algumas das mais marcantes características do comportamento econômico primitivo.[11]

Em obra posterior, Firth reafirma suas convicções formalistas e a utilização do arcabouço teórico da economia marginalista no estudo das sociedades primitivas. Ao contrário de Semenov,[12] que considera haver nesta obra uma tímida declaração de Firth quanto à necessidade de elaboração de uma teoria econômica específica para as sociedades primitivas, entendemos que aqui Firth ratifica sua postura expressa anteriormente e até a intensifica no que diz respeito à relação epistemológica entre a antropologia e a economia. Senão, vejamos:

> O conceito básico da Economia é a distribuição de recursos escassos disponíveis entre aspirações humanas realizáveis, com a admissão de que alternativas são possíveis em todos os níveis. Como quer que se defina, a Economia lida portanto com as implicações da escolha humana, com os resultados das decisões. Escolhas, aspirações e suas implicações na ação envolvem relações pessoais e sociais. Se a Antropologia Social examina formas de relações sociais nas sociedades mais primitivas, a Economia examina certos tipos de relações sociais – por exemplo as relações de produção e de troca – em todas as sociedades. Isso é feito com um rigor que raramente é alcançado em proposições antropológicas. Na medida em que se pode dizer que a Ciência revela princípios que são realmente universais,

---

11. R. Firth, *op. cit.*, p. 25.
12. Cf. Semenov, *op. cit.*, p. 220.

seria mais justificado considerá-la [a economia] como a ciência do homem do que a Antropologia, que poderia ser considerada a ciência das espécies de homens.[13]

Mais adiante, Firth fornece novas asserções que evidenciam a submissão da antropologia à economia e a da própria realidade ao 'logicismo' formalista:

> Parte da tarefa do antropólogo é dar assistência na tradução das proposições gerais da teoria econômica em termos que se apliquem aos tipos particulares de sociedade por que se interessa, e que comumente não aparecem na observação do economista. Para fazê-lo, o antropólogo deve expor os fatores sociais que são mais relevantes para as escalas de preferência dos membros da sociedade. Deve deixar claras – até mesmo, se possível, por demonstração quantitativa – as regularidades e irregularidades no sistema de aspirações.[14]

Mas, para Firth, os antropólogos têm grande dificuldade de reconhecer com clareza qual é a natureza dos 'dados econômicos'. Como vimos anteriormente, o próprio Firth demonstrava hesitação e dúvida na definição do que era ou não puramente econômico nas sociedades primitivas. Isto se deve, sem dúvida, a um problema central para os formalistas no estudo das sociedades primitivas: nas economias mercantis, pode-se medir o grau de sucesso de uma dada operação pelo lucro obtido em espécie monetária; em

---

13. R. Firth, *Elements of Social Organization*, p. 141.
14. Ibidem, p. 145.

sociedades não-monetarizadas, o que poderiam usar os formalistas para quantificar o grau de maximização das ações que consideravam econômicas?[15] Firth reconhece essa questão mas também sua solução:

> A falta de um índice monetário na valorização comparativa de bens e serviços implica imprecisão. Mas não implica a falta de cálculo racional nem um sistema desregulado de manipulação de gasto de recursos.[16]

Dadas as diferenças sociais entre economias primitivas e economias ocidentais – tal como a posição do indivíduo, destacada por Firth e já citada aqui – caberia à antropologia econômica, então, buscar os cálculos de maximização em suas finalidades propriamente sociais. Isso explicaria situações em que um 'agente primitivo' sacrifica suas vantagens econômicas para manter ou aumentar sua posição pessoal, seu prestígio. Ora, mas a confusão de Firth permanece: as vantagens econômicas são, então, coincidentes com a riqueza material, que pode não ser tão socialmente valorizada quanto o prestígio individual? Mas este prestígio individual não é um elemento da dimensão econômica, visto ser ele a finalidade que baliza o cálculo racional? O que Firth nos responde é:

> (...) o contexto social pode ser considerado como um sistema de escolhas em situações em que a ênfase não está na

---

15. Cf. Semenov, *op. cit.*, p. 218-219.
16. R. Firth, *Elements of Social Organization*, p. 149.

'distribuição prudente de recursos'. Esse quadro afeta escolhas na esfera econômica de muitas formas. Em certa medida, limita o número de combinações dos recursos que se encontram à mão de um indivíduo qualquer – valores sociais e morais inibem seu raio de ação.[17]

Então a racionalidade econômica universal, aquela dos 'usos de meios escassos pra satisfazer fins alternativos' é socialmente determinada? Se as sociedades são diferentes no espaço e no tempo, florescem em meios cujos recursos disponíveis são diversos e criam sistemas distintos de valoração das necessidades, não parece razoável que Firth – consciente desta diversidade – aferre-se às suas convicções sobre a universalidade do 'cálculo racional econômico'.

Destacamos o quadro resumido das contradições de Firth e Herskovitz apresentado por Semenov:[18]

> De maneira eclética, ele [Firth] combina a admissão de uma profunda e qualitativa diferença entre as economias primitivas e a capitalista com a rejeição desta diferença, e uma insistência categórica da aplicação do marginalismo à análise da economia primitiva, com uma convincente demonstração da sua completa impropriedade para esse propósito. Tal ecletismo é também característico da visão de M. Herskovitz. Em seu Economic Anthropology, a solene proclamação da aplicabilidade da teoria econômica formal às sociedades primitivas

---

17. *Ibidem*, p. 172.
18. Semenov, *op. cit.*, p. 221.

é combinada, de modo contraditório, com uma demonstração factual de sua total inadequação.

É a defesa dessa 'profunda e qualitativa diferença entre as economias primitivas e a capitalista' que sedimenta a união de historiadores, antropólogos e economistas pertencentes à escola substantivista, objeto de nosso próximo capítulo.

4 A pá de cal do Substantivismo

NOS ANOS DE 1950 e 1960, a perspectiva formalista aplicada ao estudo das sociedades primitivas sofreu um grande abalo devido à força contra-argumentativa de uma nova corrente teórica liderada por Karl Polanyi – o substantivismo. Embora há muito tivessem surgido asserções que atentavam para o prejuízo de se querer atribuir às sociedades não-industriais os mesmos princípios básicos que fundamentam a organização econômica característica do capitalismo,[1] foi

---

1. Richard Thurnwald (*L'Economie Primitive*, p. 26) afirmava, já em 1937, a respeito das particularidades do modo de vida das sociedades não-industriais, que "tais estilos de vida econômica implicam atitudes distintas a respeito das questões econômicas, quer dizer, atitudes diferentes das nossas próprias atitudes e diferentes também umas em relação às outras. A estas condições de vida especiais correspondem necessariamente pontos de vista especiais. A pesquisa econômica tem frequentemente perdido esta consideração, dominada que está pela abstração designada sob o nome de *Homo economicus*. Eu creio que nós devemos construir muitos *Homines economicus*, cada um

o substantivismo o responsável por iniciar uma teorização mais categórica sobre o tema.

Polanyi apresentou suas ideias sobre economia pela primeira vez em 1944, com a publicação de *The Great Transformation*. Mas foi em 1957, com o surgimento da obra coletiva *Trade and Market in the Early Empires*, na qual três artigos de Polanyi foram republicados, que o substantivismo passou a ter o estatuto de uma corrente teórica de destaque.

Para Polanyi e seus seguidores, a ciência social não pode considerar com seriedade a ficção do *Homo economicus* defendida pelos formalistas. Isso porque o 'conceito de econômico' pode assumir dois significados radicalmente distintos, o real e o formal, e o segundo não fornece conceitos que permitam o estudo das economias que existem e já existiram. Polanyi diz:

> O significado formal – diz Polanyi – apresenta a economia como uma série de 'atos de economizar', quer dizer, de escolhas induzidas por situações de escassez. Ainda que as normas que regem tais direitos sejam universais, sua aplicação ao estudo de uma economia determinada dependerá de se ela está constituída realmente por uma série de atos deste tipo. (...) A relação entre a economia formal e a atividade econômica humana é, com efeito, contingente. Fora de um sistema de mercados criadores de preços, a análise econômica [formal] perde

---

deles representando a tendência econômica de um tipo social determinado ou mesmo de um dos estratos que compõem este tipo".

boa parte de sua importância como método de investigação dos mecanismos econômicos.[2]

Prossegue Polanyi:

> A fonte do significado real é a economia empírica. Esta pode ser definida, brevemente, sem demasiada precisão, como uma atividade institucionalizada de interação entre o homem e seu entorno que proporciona uma provisão contínua de meios materiais de satisfação de necessidades". O termo substantivismo é derivado exatamente desta atividade substancial do homem frente à natureza para assegurar sua sobrevivência.[3]

A institucionalização da economia, preconizada por Polanyi, diz respeito à unidade, à estabilidade e à reprodução de uma dada forma econômica, bem como à interdependência e regularidade de suas partes, e é a partir destes elementos que ele criou três modelos de formações econômico-sociais, cuja formulação nos remete ao *Ensaio sobre a Dádiva*, de Marcel Mauss.[4] A base desta classificação repousa nos princípios de integração que, segundo Valensi,

---

2. Karl Polanyi *et alii*, *Comercio y Mercado em los Imperios Antiguos*, p. 293.
3. *Idem*. Como podemos perceber, a definição de economia real de Polanyi congrega os mesmos princípios que a de Marx, embora se apresente de forma mais simples.
4. Não sabemos se houve influência direta da obra de Marcel Mauss (*Ensaio Sobre a Dádiva*) sobre Polanyi, mas certamente ambos compartilham ao menos a concepção de reciprocidade; a ideia de fato social total exposta pelo primeiro e as relações do tipo *"embedded"* conceituadas pelo segundo (ver logo adiante) guardam grande similitude.

não são nem contraditórios nem evolutivos: podem coexistir e vir a combinar-se, mas uma estrutura econômica define-se, não obstante, na base do princípio que vier a revelar-se preponderante.[5]

Segue-se uma descrição sumária destes princípios:

– RECIPROCIDADE: diz respeito às sociedades onde há simetria na organização social (dualismo tribal, por exemplo). A reciprocidade baliza tanto a produção quanto a distribuição de bens e *O Kula* dos trobriandeses seria uma manifestação clara deste sistema;

– REDISTRIBUIÇÃO: pressupõe uma organização centralizada da sociedade. Tanto a produção quanto a distribuição de bens são reguladas por uma figura central – um chefe, um senhor, um déspota ou um templo, que também se responsabiliza por assegurar a manutenção de serviços comuns para o grupo, como defesa e obras públicas.[6]

– TROCA MERCANTIL: requer a existência de mercados criadores de preços, surgidos nas relações entre 'grupo demandantes' e 'grupos ofertantes' de mercadorias.[7]

---

5. Lucette Valensi, *História e Antropologia Econômica: a obra de Karl Polanyi*, p. 17.

6. Este 'modelo' se assemelha ao que historiadores marxistas convencionaram chamar de 'modo de produção asiático' a partir dos elementos apontados na descrição da comuna oriental realizada por Marx nas *Formen*.

7. Cf. Polanyi, *op. cit.*, p. 296-315 e Valensi, *op.cit.*, p. 17-24. Vale ressaltar que estes princípios podem ocorrer simultaneamente numa dada sociedade. O último deles, o da troca mercantil, recebeu maior atenção de Polanyi no que diz respeito a detalhamentos sobre dinheiro, comércio e preços. Notemos também que embora Polanyi defenda, ao longo de seu trabalho, o significado real de economia – baseado na produção, ele tipifica as sociedades prioritariamente em função das relações de distribuição.

Polanyi considerava que nas sociedades onde a troca mercantil não atingiu a função dominante no sistema, as relações econômicas eram do tipo embedded, ou seja, estavam profundamente imbricadas nas outras relações sociais praticadas a partir de motivações que não eram estritamente econômicas. Diz Polanyi:

> Elementos da economia apresentam-se aqui [nas sociedades arcaicas e primitivas] submersos em instituições não-econômicas, e o processo econômico é instituído ele próprio por meio das relações de parentesco, rituais de casamento, grupos de idade, sociedades secretas, associações totêmicas e rituais públicos.[8]

Destarte, não era possível, para Polanyi, que fossem utilizadas categorias da economia neoclássica – só aplicáveis quando o mercado ganha autonomia e predominância sobre as relações sociais gerais – no estudo de sociedades não-capitalistas.

George Dalton, fiel discípulo de Polanyi,[9] assim externa sua crítica ao princípio formalista de que os desejos materiais dos homens são naturalmente infinitos e insaciáveis (1968-148):

---

8. Karl Polanyi, *Primitive, Archaic and Modern Economics*, apud Semenov, *op. cit.*, p. 212.

9. Segundo Valensi (*op. cit.*, p. 22), George Dalton esforçou-se em corrigir a tendência de Polanyi – alegada por muitos críticos – de classificar as sociedades prioritariamente em função das relações de distribuição. Para Dalton, uma das tarefas centrais da antropologia econômica era compreender as regras de cooperação no processo produtivo.

Confunde-se o postulado biologicamente fundamentado e universalmente correto – a existência do homem requer subsistência material contínua – com um tipo especial de orientação social: a organização social dos homens os impele a sempre querer um maior número de bens materiais do que aqueles que já possuem e os faz supervalorizar tal aquisição material, em prejuízo do cumprimento de outros objetivos sociais com os quais ela pode entrar em conflito. Vê-se, portanto, que o grau de importância conferido à aquisição material é definitivamente determinado por valores e instituições sociais, do que se segue que a presença ou ausência de níveis de 'escassez' dos meios materiais disponíveis (em qualquer sociedade) também depende de circunstâncias sociais, não físicas.[10]

Dalton esforça-se em diferenciar os dois sentidos usuais do termo economia com a intenção de revelar suas possibilidades de aplicação no estudo antropológico. O primeiro deles – economic – é aquele visto anteriormente na definição polanyiana: em seu sentido substantivo a economia diz respeito a interação entre o homem e o meio físico com o objetivo de produzir bens materiais que satisfaçam suas necessidades. O segundo sentido do termo economia descrito por Dalton refere-se a sua fusão semântica com a atividade de economizar – economizing ou economical – ou seja, maximizar os fins mediante a minimização dos meios. Para ele, não se pode atribuir este tipo de cálculo econômico, baseado nas teorias da ação racional, a

---

10. George Dalton, *Economic Theory and Primitive Society*, p. 148 (tradução livre do inglês).

sociedades que não revelem empiricamente as condições de organização econômica em que ele se apresenta como regra social.[11] Diz Dalton:

> O sentido substantivo é perfeitamente geral em sua aplicação porque todas as comunidades – desprezadas as diferenças entre os meios naturais, técnicas de produção ou traços culturais – são compostas por seres humanos cuja existência biossocial depende do contínuo provimento de itens materiais. (...). É possível, portanto, com sentido inequívoco, falar sobre o sistema econômico ('economic' system) da Roma imperial, dos índios Kwakiutl, dos monges da Ordem Beneditina, da Inglaterra do século XIX ou da Rússia Soviética querendo dizer nada mais que os processos e estruturas organizacionais pelos quais os bens materiais são providos; não é necessário assumir nada de antemão no que diz respeito a necessidades técnicas, motivações ou tipos específicos de organização econômica.[12]

O que o substantivismo diz, então, é que a economia em seu sentido genuíno e primário é uma realidade natural e universal. Contudo, tomada em sua manifestação concreta, ela assume diferentes formas de exploração dos recursos naturais, distintas técnicas apropriadas para tanto, bem como regras sociais específicas que regulam estas atividades.

Embora esta argumentação antiformalista represente um truísmo – parece desnecessário reafirmar uma verdade tão apodítica quanto a de que todos os homens precisam

---

11. Cf. Dalton, *op. cit.*: 149-150.
12. *Ibidem*, p. 149-150 (grifo nosso).

interagir com o meio a fim de garantir sua existência biológica –, estamos aqui diante de uma declaração de limites posta pelos substantivistas: sim, asseveramos o óbvio como única verdade universal no que diz respeito à atividade econômica dos homens; para além daqui, a despeito dos mirabolantes preceitos 'racionais' do formalismo, podemos até encontrar regularidades e similitudes nas formas de organização socioeconômicas, mas o que realmente impera é a diversidade conduzida pela história, pelo ambiente, pelo acaso, pelo desenvolvimento desigual da subjetividade humana.

É mister apresentar aqui as críticas do uso dos conceitos de escassez e excedente empreendidas, respectivamente, pelo sociólogo Terence K. Hopkins e pelo economista Harry W. Pearson.[13] Estes autores substantivistas ampliam a posição histórico-relativista advogada por sua corrente ao reprovar o uso 'naturalista' destas formulações, posto que tanto a escassez quanto o excedente são, de fato, determinados socialmente. A economia formal, ao valer-se destes dois conceitos, o faz relacionando-os primordialmente com o indivíduo. No primeiro caso, a escassez é apresentada como uma realidade natural: não há bastante para todos, logo haverá conflito entre os indivíduos, e só então a sociedade passa a cumprir um papel, qual seja, o de apresentar soluções para este conflito. Para Hopkins, embora não se possa negar a importância sociológica da

---

13. Terence, K. Hopkins, *La Sociología y la Concepción Empírica de Economia*, p. 334-338; Harry W. Pearson, *La Economia Sin Excedente: Crítica de una Teoria del Desarrollo*, *passim*.

escassez sob condições sociais específicas – quando de fato há insuficiência de alimentos, por exemplo, em decorrência de uma intempérie imprevista – não se pode também tomá-la como universal, original e natural.

> O importante (...) não pode ser a 'escassez como fato natural, mas sim a 'escassez' como um déficit crítico ou como algo que atua de forma geral sobre a definição cultural das situações.[14]

Quanto ao excedente, os formalistas o caracterizam como todo o produto que excede às necessidades de subsistência. Pearson argumenta que esta definição não é plausível porque a definição das necessidades não é meramente biológica, mas sim um produto social. O que encontramos, então, não é um excedente absoluto, mas sim um excedente relativo:

> O conceito de excedente só se pode utilizar aqui em um sentido relativo ou construtivo. Resumindo: uma dada quantidade de bens ou serviços constituiria um excedente somente se a sociedade, de alguma maneira, a separasse e decidisse deixá-la disponível para um fim específico. (...) É certo que tais excedentes podem aparecer por um aumento inesperado de bens materiais ou por uma elevação permanente da capacidade produtiva, mas também podem surgir sem que se produza nenhuma mudança na quantidade de bens ou serviços. (...) Portanto, na criação de excedentes relativos as condições naturais têm menos importância que a atitude frente aos recursos

---

14. Terence K Hopkins, *op. cit.*, p. 336. Tradução livre do espanhol.

e aos meios institucionais de contabilizá-los, armazená-los e torná-los disponíveis.[15]

Como vemos, coube aos substantivistas reivindicar que, no estudo dos aspectos econômicos das sociedades primitivas, os antropólogos não tomassem para si as questões convencionadas pelos economistas, só cabíveis – e com ressalvas – para as sociedades ocidentais industrializadas. Escassez e excedente são formulações que, para os substantivistas, condizem com a realidade das 'economias de mercado generalizado' e só podem ser utilizadas de maneira substantiva neste campo de investigação; sua extensão para todas as sociedades humanas não é mais que um nocivo recurso heurístico fundado em um 'determinismo econômico escancarado'.[16]

> Aqui cabe assinalar simplesmente que a economia, em todos os níveis da existência material, é um processo social de interação entre o homem e o seu entorno, no decorrer do qual os bens e os serviços mudam de forma, se deslocam e passam de uma mão a outra. (...) A forma deste processo (isto é, sua forma institucional) e as motivações que a põem em marcha não estão determinadas por nenhum fator natural ou humano isolado mas, sim, são consequência de diversos níveis interdependentes da existência humana: o ecológico, o tecnológico, o social e o cultural; e é a complexa interação destas variáveis que resolve questões como o quê e quanto produz uma sociedade

---

15. Harry W. Pearson, *op. cit.*, p. 370. Tradução livre do espanhol.
16. *Ibidem*, p. 372.

determinada, quem se encarrega da produção, quanto se consome e em que proporções o fazem os diversos grupos da sociedade e quanto se poupa ou se separa do consumo imediato e com que finalidade.[17]

Ressaltemos que os esforços substantivistas alocam-se entre duas posições eivadas de paroxismos: de um lado havia uma perspectiva culturalista que negava a possibilidade comparativa entre culturas, e, de outro, o evolucionismo mecânico que grassava em formas diversas derivadas do positivismo e mesmo entre os marxistas 'encaixotados' no esquema das cinco fases, como observamos anteriormente.[18]

---

17. *Ibidem*, p. 372-373.
18. Cf. Godelier, *Presentacíon*, p. 22.

5 | Eram os franceses marxistas?

COMO HAVÍAMOS ADIANTADO na introdução deste trabalho, nossa escolha por privilegiar a antropologia marxista desenvolvida na França entre 1960-1980 neste tópico, deu-se em razão do grande debate metodológico que ela suscita. Além disso, podemos dizer que a antropologia marxista francesa é considerada a 'antropologia marxista oficial' nos meios acadêmicos ocidentais. É bastante provável que, se pedíssemos a estudantes de antropologia que citassem o nome de antropólogos marxistas, os mais lembrados fossem Maurice Godelier ou Claude Meillassoux.[1]

Descartamos, neste trabalho, a possibilidade de expandir a discussão, carreando-a também para os domínios da

---

1. Basta realizar uma pesquisa na Internet em sítios de universidades ocidentais para encontrar diversos programas de disciplinas da área de antropologia que citam antropólogos marxistas franceses em suas bibliografias como os representantes do marxismo na antropologia.

antropologia americana, britânica e soviética. No caso da americana, poderíamos ter abordado as influências do marxismo nas obras de Julian Steward, Leslie White, Marvin Harris e outros seguidores do "materialismo cultural" ou "ecologia cultural". No campo britânico, escolheríamos Max Gluckman e Peter Worsley, africanistas cuja influência do marxismo se expressa em seus trabalhos de antropologia política de natureza anticolonialista.[2] Já a antropologia soviética nos forneceria numerosos nomes e temas, haja vista a obrigatoriedade política de aderência à teoria marxista – ainda que passível de muitas deformações. Abarcar toda esta gama de autores e correntes que podem ser considerados – ainda que nem todos assim se reconheçam – afinados com o marxismo não seria possível e, creio, nem necessário para cumprir o objetivo a que nos propusemos.

Segundo Moniot, os fatores que inspiraram os estudos de antropologia econômica marxista na França, a partir dos anos de 1960, são de duas ordens: conjunturais e intelectuais.[3]

No primeiro caso, foram os processos de 'descolonização', as efervescências políticas gerais no Terceiro Mundo,[4] a guerra imperialista no Vietnã, entre outros acontecimentos à época, que semearam a necessidade de conhecer e

---

2. Obviamente, se introduzíssemos esses autores em nossa reflexão, teríamos de tratar a temática geral da antropologia política de caráter dinâmico ou antropologia da mudança, e não poderíamos, para tanto, olvidar a obra de Georges Balandier, autor central neste campo.
3. Henri Moniot, *Em França: uma antropologia de inspiração marxista*, p. 62-64.
4. Na França, a guerra de independência argelina certamente era o acontecimento principal.

compreender as mudanças nas formas de inserção das sociedades dominadas na economia dominante. A antropologia em geral, não só a de inspiração marxista, produziu em profusão, inspirada por tais acontecimentos.

Quanto às influências intelectuais, podemos incluir neste grupo 1) a nova perspectiva antropológica baseada no conflito colonial em África, proposta por Georges Balandier e sua Sociologia Dinâmica; 2) os trabalhos de André Leroi-Gourhan, mestre inconteste da 'antropologia das técnicas'; 3) a chancela dada pelo substantivismo para que a antropologia se debruçasse sobre o estudo das formações econômicas historicamente determinadas; 4) a publicação em francês, em 1966, das "*Formações Econômicas Pré-capitalistas (Formen)*", de Marx, e o interesse que ela despertou no que diz respeito ao debate sobre os modos de produção e a transição entre eles e 5) as reformulações teóricas do marxismo propostas por Louis Althusser.

Para compreender estas influências – especialmente a de Althusser, essencial para os antropólogos que investigaremos – é pertinente que retomemos um fato histórico ao qual já aludimos em capítulo anterior. Trata-se do impacto que o inaudito discurso de Krushchev no XX Congresso do Partido Comunista da União Soviética (1956) – que condenou o culto à personalidade e os sangrentos expurgos da era stalinista – causou entre os marxistas, fossem eles militantes oficiais ou não, fossem eles muito ou pouco intelectualizados.

Nem todas as críticas surgiram de imediato, mas certamente elas se consolidaram e foram amplificadas a partir de outro evento histórico crucial: a ofensiva soviética contra a Primavera de Praga, em agosto de 1968.[5] Os questionamentos quanto à onisciência e a infalibilidade dos Partidos Comunistas e mesmo da Terceira Internacional – qualquer semelhança com o linguajar eclesiástico não é mera coincidência –indicavam uma nova cizânia no meio marxista.

Neste quadro, a aguerrida polarização entre stalinistas e trotskistas, historicamente constituída e fundamentada até mesmo antes da própria Revolução de Outubro, ganharia um terceiro vértice: os intelectuais de esquerda ditos humanistas. Sem entrar nos pormenores dessa discussão, o que nos interessa aqui é compreender que a crítica ao dogmatismo processou-se por meio de duas vertentes: 1) a dos que tentaram defender o marxismo como ciência a partir de uma remodelação teórica que o afastasse do jugo stalinista e 2) a dos que concebiam uma remodelação teórica que abrisse mão da cientificidade ordenadora em prol da práxis histórica. Acusados de 'revisionistas' tanto por stalinistas quanto por trotskistas, os humanistas que compunham a segunda vertente reivindicavam o marxismo como método

---

5. A 'Primavera de Praga' foi como ficou conhecida a tentativa de promover reformas anti-stalinistas na então Tchecoslováquia, capitaneada pelo secretário-geral do Partido Comunista nacional, Alexander Dubcek. As medidas propostas asseguravam uma revisão constitucional que garantisse os direitos civis e as liberdades do cidadão, entre elas a liberdade de imprensa e a livre organização partidária, o que implicava no fim do monopólio do partido comunista. Todos os perseguidos pelo regime seriam reabilitados e reintegrados e, doravante, uma Assembleia Nacional multipartidária é quem controlaria o governo e não mais o Partido Comunista, que também seria reformado e democratizado. Em 20 de agosto de 1968, as tropas do Pacto de Varsóvia invadiram a Tchecoslováquia e a Primavera de Praga sucumbiu perante a ofensiva militar.

de conhecimento da realidade, mas não como ciência no sentido positivista do termo.[6]

O filósofo francês Louis Althusser inscreve-se na primeira vertente, não como mero participante, mas como o principal elaborador desta nova ciência. Deixemos que ele mesmo apresente sua posição frente ao que considerava o 'perigo' humanista:[7]

> A crítica do 'dogmatismo stalinista' foi 'vivida', sobretudo pelos intelectuais comunistas, como uma 'libertação': essa libertação deu origem a uma reação ideológica de tendência 'liberal', a qual reencontrou espontaneamente os velhos temas filosóficos da 'liberdade', de 'o homem', da 'pessoa humana' e da 'alienação'. (...) O tema do 'humanismo marxista', a interpretação humanista da obra de Marx, impuseram-se, progressiva e irresistivelmente, na mais recente filosofia marxista, no próprio seio dos partidos comunistas soviéticos e ocidentais.[8]

---

6. Os trotskistas, curiosamente, concordavam com os stalinistas e 'cientificistas' defectivos na censura aos humanistas. Cremos que esta unidade esdrúxula deve-se a uma leitura equivocada dos escritos de Vladimir Lênin, compartilhada pelas duas correntes. Mas, mais uma vez, deter-se neste assunto seria escapar em demasia ao objetivo deste trabalho.

7. Julgamos importante iniciar por este ponto as considerações sobre Althusser porque concordamos com Paulo Silveira (*Do Lado da História*, p. 17) que o debate em torno do "althusserianismo" nos remete mais a um fundo político que propriamente teórico. Embora seja mister ressaltar que é por meio das construções teóricas que conseguimos entrever a matriz política em disputa.

8. Louis Althusser, *A Favor de Marx*, p. 6.

Para Althusser, os marxistas que estavam sob o impacto da 'face cruel' do socialismo soviético, tenderiam a (re)descobrir em Marx um viés humanista, antropológico, que idealizava o homem.[9] Em seu esforço de combater o que ele chamava da 'antropologia feurbachiana' presente nas obras do 'jovem Marx', Althusser elege *O Capital* como fonte do marxismo real, base da verdadeira 'filosofia' marxista (materialismo dialético) e da verdadeira 'teoria da história' (materialismo histórico).[10]

Não é por acaso que a primeira declaração de princípios de Althusser diz que a ciência do materialismo histórico encontra sua definição perfeita no Marx d'*O Capital* e descarta como "ideológicas" as obras anteriores à *A Ideologia Alemã*. Esta "cesura epistemológica", como Althusser a chama, faz-se necessária para demonstrar a ruptura de Marx tanto com Feuerbach quanto com Hegel, o que significaria a crítica de Marx ao homem abstrato-religioso de Feuerbach[11] e às concepções hegelianas sobre

---

9. Na verdade, a crítica de Althusser ao que ele chama de 'humanismo socialista' reveste-se também de uma dimensão política mais explícita que resvala na defesa dos países socialistas contra os ataques dos humanistas às condições de opressão ali vigentes.

10. Cf. Althusser, *op. cit.*, p. 8.

11. O trabalho de Rodrigo Maciel Alckmin sobre Feuerbach e Marx rechaça a visão de Althusser de que haveria uma antropologia feuerbachiana em Marx, como aponta o seguinte excerto (p. 129): "O entendimento do estatuto resolutivo ontológico, ao contrário de outras interpretações disseminadas sobre o assunto, fecha as portas para a existência de uma suposta antropologia feuerbachiana em Marx. Como procuramos enfatizar todo o tempo, a objetividade social transposta como atividade sensível exclui "um indivíduo humano abstrato" tomado num isolamento fictício. Assim, a filosofia marxiana parte dos

a sociedade e o Estado. No último caso, seria a diferença fundamental da concepção dialética de Hegel para a de Marx o ponto que separa o idealismo do primeiro da cientificidade materialista do segundo. Voltaremos a este ponto logo adiante.

Ao propor o materialismo histórico como a ciência da história e o materialismo dialético como a nova filosofia criada a partir do materialismo histórico, Althusser nos permite a retomada da discussão concernente ao método do materialismo histórico exposto por Marx na sua *Introdução à Critica da Economia Política*: a relação entre os objetos formais-abstratos e os objetos reais-concretos na produção do conhecimento materialista.

Parêntese aberto, apresentemos, grosso modo, alguns conceitos essenciais de Althusser para que prossigamos garantindo o entendimento do leitor. Para Althusser, um modo de produção é uma estrutura composta de inúmeras estruturas interligadas, que ele denomina de sistemas – sistema tecnológico, sistema político, sistema conceitual etc.[12] Estes sistemas estão subordinados a um elemento-chave, qual seja, a estrutura das relações de produção. Na inter-relação dessas estruturas, nem todas têm o mesmo grau de eficiência, isto é, nem todas desempenham um

---

"indivíduos reais, sua ação e suas condições materiais de vida", de maneira que, embora haja uma preocupação com o homem, o posicionamento de Marx não se identifica com uma alcunha de teor antropológico".
12. Um dos aspectos complicados de Althusser é que ele utiliza o termo "sistema" para se referir tanto às estruturas quanto ao modo de produção que a articulação dessas estruturas conforma.

papel dominante. E ainda: uma dada formação social não pode ser compreendida levando-se em conta apenas um modo de produção, mas a articulação entre diferentes modos de produção que nela coexistem. A estrutura geral de qualquer sociedade[13] é formada por instâncias ou níveis (jurídico-políticos e ideológicos), articulados por uma determinação específica: a base econômica.

O 'nó' da leitura althusseriana de Marx reside em como esse "complexo estruturado" se relaciona com a história. Para que possamos (tentar) entender as peculiaridades de Althusser é preciso que partamos da sua divergência central com outras interpretações marxistas. Como adiantamos, trata-se da questão da pretensa ruptura da obra de Marx com a dialética hegeliana. Vejamos o que o próprio Marx diz em uma notória passagem:

> Por sua fundamentação, meu método dialético não só difere do hegelianismo, mas é também sua antítese direta. Para Hegel, o processo do pensamento, que ele, sob o nome de ideia, transforma num sujeito autônomo, é o demiurgo do real, real que constitui apenas a sua manifestação externa. Para mim, pelo contrário, o ideal não é nada mais que o

---

13. Outro problema em Althusser é a falta de clareza quanto à coincidência entre um modo de produção e a estrutura geral de uma sociedade, ou melhor, se cada estrutura é um modo de produção e a estrutura geral é o modo de produção geral, ou se cada 'grupo' de estruturas conforma um modo de produção e esses modos de produção coexistem sob a determinação de um modo de produção geral. Muitos críticos apontam para esse problema (Cf. Caio Prado Junior, *Marxismo de Althusser, Estruturalismo de Lévi-Strauss*, passim, e E. P Thompson, *A Miséria da Teoria*, passim.

material, transposto e traduzido na cabeça do homem. (...) A mistificação que a dialética sofre nas mãos de Hegel não impede, de modo algum, que ele tenha sido o primeiro a expor suas formas gerais de movimento de maneira ampla e consciente. É necessário invertê-la, para descobrir o cerne racional dentro do invólucro místico. Em sua forma mistificada, a dialética foi moda alemã porque ela pareceria tornar sublime o existente. Em sua configuração racional, é um incômodo e um horror para a burguesia e para os seus porta-vozes doutrinários, porque, no entendimento positivo do existente, ela inclui ao mesmo tempo o entendimento de sua negação, da sua desaparição inevitável; porque apreende cada forma existente no fluxo do movimento, portanto também com seu lado transitório; porque não se deixa impressionar por nada e é, em sua essência, revolucionária e crítica.[14]

Para Althusser, não se trata de simples inversão, mas de uma transformação na essência da dialética; ao se extrair o nódulo racional da dialética hegeliana, ela se torna uma nova dialética. Se houvesse apenas inversão, tratar-se-ia, simplesmente, de não mais aplicar a dialética ao mundo idealizado do espírito absoluto hegeliano e aplicá-la ao mundo real da luta de classes.

Penso, pois, que em sua aproximação, essa expressão metafórica da 'inversão' da dialética coloca não somente o problema da natureza dos objetos aos quais se trata de aplicar um mesmo método (o mundo da Ideia em Hegel – o mundo real

---

14. Marx, *O Capital (Posfácio à Segunda Edição)*, p. 20-21.

em Marx), mas também o problema da natureza da dialética considerada em si mesma, isto é, o problema de suas estruturas específicas. (...) Se a dialética marxista é "em sua fundamentação' o oposto da dialética hegeliana, se ela é racional e não mística-mistificada-mistificadora, essa diferença radical deve manifestar-se na sua essência, isto é, nas suas determinações e nas suas próprias estruturas. (...) Isso implica que as estruturas fundamentais da dialética hegeliana, tais como a negação, a negação da negação, a identidade dos contrários, a 'superação', a transformação da quantidade em qualidade, a contradição etc, possuem em Marx (...) uma estrutura diferente da que possuem em Hegel.[15]

A diferença cabal entre a dialética hegeliana e a marxista é que a última apresenta uma sobredeterminação da contradição, ou melhor, das múltiplas contradições. Nega-se o 'processo simples de dois contrários' requeridos pela dialética hegeliana em prol de um 'todo complexo estruturado já-dado', que carrega uma contradição principal:

> Que uma contradição domine as outras, supõe que a complexidade em que ela figura seja uma unidade estruturada, e que

---

15. Althusser, *A Favor de Marx*, p. 79-80. Notemos que a impossibilidade deste tipo de inversão que resulta na 'troca' dos objetos aos quais se aplica a dialética repousa também no antiempirismo radical de Althusser; substituir o Mundo das Ideias pelo Mundo Real é prática que não condiz com a visão althusseriana dos objetos de conhecimento e do processo de conhecimento, como veremos mais adiante (Cf. Paulo Silveira, *op. cit.*, p. 23).

essa estrutura implique a relação dominação-subordinação assinalada entre as contradições.[16]

O que compreendemos é que, para Althusser, a 'estrutura com dominante', expressa pela 'contradição principal', é a que reflete a determinação do econômico em última instância, e o conceito de sobredeterminação indica que ela mesma é, na verdade, determinada pelas outras estruturas que domina, pois estas são condições de existência daquela e vice-versa.

> Essa reflexão das condições de existência da contradição no interior dela mesma, essa reflexão da estrutura articulada com dominante que constitui a unidade do todo complexo no interior de cada contradição, eis o traço característico da dialética marxista (...).[17]

> A sobredeterminação designa, na contradição, a seguinte qualidade essencial: a reflexão na própria contradição das suas condições de existência, isto é, da sua situação na estrutura com dominante do todo complexo.[18]

Neste jogo de mútua dependência e determinação, as superestruturas são em parte determinadas, mas com au-

---

16. *Ibidem*, p. 177.
17. *Ibidem*, p. 181-182.
18. *Ibidem*, p. 184.

tonomia relativa e eficácia própria e específica.[19] A partir dessa asserção, Althusser desenvolveu o que nos parece o assunto que, de fato, apresenta alguma novidade: o estudo sobre a ideologia. Ainda assim, não nos remeteremos ao tema neste trabalho.[20]

Fechemos o parêntese: é fundamental que exponhamos agora exatamente o que consideramos o ponto mais complicado das teses althusserianas e que nos permitirá aproximá-lo do estruturalismo etnológico. Trata-se da sua visão um tanto quanto estranha ao marxismo no que diz respeito à história.

Inicialmente, retomemos a discussão que diz respeito ao objeto de conhecimento do materialismo histórico. Para Althusser, há dois tipos de objetos radicalmente distintos: o objeto real – concreto (afeito as estudo das conjunturas históricas) e o objeto lógico-abstrato (que é destituído de qualquer índice de concreticidade). Quanto ao primeiro, Althusser parece ter feito apenas uma concessão para não ser chamado de estruturalista com tanta facilidade, já que é ao segundo que ele concede o estatuto de real objeto de conhecimento.[21]

O processo de conhecimento consistiria, então, em 'trabalhar' o real (Generalidade I), livrando-o de suas impurezas ideológicas, tarefa esta realizada por meio da

---

19. Cf. Althusser, *Ideologia e Aparelhos Ideológicos de Estado*, p. 25-29.
20. Esse longo parênteses fez-se necessário para que compreendamos como esses conceitos de sobredeterminação e estrutura dominante aparecem também nos textos de Godelier e Terray, que analisaremos nos tópicos seguintes
21. Cf. Paulo Silveira, *op. cit.*, p. 43-47.

análise crítica possibilitada pela prática teórica da ciência (Generalidade II); o produto resultante é o conhecimento legítimo da ciência, o concreto do pensamento (Generalidade III).[22] Qual é o sentido dessa construção abstrusa é o que tentaremos analisar agora.

Parece-nos que o problema central aqui é que Althusser constrói um esquema epistemológico que se fundamenta no combate ao empirismo e ao idealismo – ao mesmo tempo – sem, no entanto, precisar como a 'ciência real' pode fazê-lo. Retornemos à questão da 'inversão' da dialética hegeliana: o idealismo de Hegel reside no fato de que ele propõe a autogênese do conceito como gênese do real, enquanto a inversão pura e simples definiria, ao contrário, a autogênese do real como gênese do conceito, o que para Althusser seria resvalar no empirismo, de caráter economicista no caso do materialismo histórico.[23]

Mas, se o conceito não gera o real e nem o real gera o conceito, como é que ficamos? – pergunta-se o leitor. A

---

22. Essas noções de Generalidades I, II e III são reconhecidas pelo próprio Althusser como puramente esquemáticas e só nos demos ao trabalho de evidenciá-las para que as citações que as mencionam fossem inteligíveis. Cf. Althusser, *A Favor de Marx*, p. 159-169.

23. É o que cremos ter apreendido de mais uma construção confusa de Althusser em Ler o Capital (*Ler o Capital*), p. 24, V. II: "Essa relação de conhecimento entre o conhecimento do real e o real não é uma relação do real conhecido nessa relação. Essa distinção entre relação do conhecimento e relação do real é fundamental: se não a respeitarmos, caímos infalivelmente ou no idealismo especulativo ou no idealismo empirista. No idealismo especulativo se, como Hegel, confundirmos o pensamento dom o real, reduzindo o real ao pensamento (...); no idealismo empirista, se confundirmos o pensamento com o real, reduzindo o pensamento do real ao próprio real".

reposta de Althusser à questão acima é que o real existe, bien sür, deve ser selecionado, avaliado e indagado pela prática teórica, a fim de se tornar um conhecimento real do real.[24] Mas o real, na verdade, já secundarizado pela sua condição de matéria-prima impura, assume relativa desimportância neste processo, visto que qualquer objeto oriundo do real só se torna objeto de conhecimento por meio da mediação dos conceitos:

> O trabalho que permite passar da Generalidade I à Generalidade III (...) não concerne senão ao processo da prática teórica, isto é, passa-se totalmente 'no conhecimento'.[25]

Contudo, Althusser ainda tenta se safar do "Mundo das Ideias", embora a esta altura já não tenhamos mais dúvidas sobre a irresistível atração que este lar dos hegelianos exerce sobre ele. Ao tentar explicar que tanto os objetos concretos quanto os objetos lógico-formais têm lugar na sua teoria, mais uma vez Althusser erra o tiro e reforça seu vezo teoricista:

---

24. Paulo Silveira (*op. cit.*, p. 38) é menos condescendente: "A epistemologia de Althusser não precisa do real para a validação da teoria, mas precisa do real para atualizá-la. Qual o passe de mágica que faz o real parecer e desaparecer segundo as conveniências ou necessidades epistemológicas? A 'epistemologia' de Althusser, justamente por ser uma epistemologia, ao denunciar as relações entre o pensamento e o real é muito mais que um antiempirismo, é um malabarismo, uma epistemologia absurda".

25. Althusser, *A Favor de Marx*, p. 161-162.

> Os conceitos teóricos (em sentido estrito) dizem respeito às determinações ou objetos abstrato-formais (...) que não são objetos existentes no sentido estrito... Com a expressão conceitos empíricos (...). Temos, pois, em vista, o resultado de um complexo processo de conhecimento, em que o material inicial, e depois a matéria-prima obtida são transformados em conceitos empíricos pela intervenção dos conceitos teóricos (...). Os conceitos empíricos 'realizam' os conhecimentos teóricos no conhecimento concreto dos objetos concretos (...), a partir de uma síntese dos conceitos teóricos (em sentido preciso) necessários, combinados com os conceitos empíricos elaborados. (...) Convirá chamar de discursos teóricos, ou teoria, em sentido estrito, os discursos que versam sobre objetos formais-abstratos.[26]

Os conceitos empíricos, conjugados com os conceitos teóricos, prestam-se então ao conhecimento dos objetos concretos e não desempenham nenhum papel no conhecimento dos objetos formais-abstratos; já os conceitos teóricos são suficientes para o conhecimento dos objetos formais-abstratos e necessários para o conhecimento dos objetos concretos.[27]

Paulo Silveira aclara um pouco mais as asserções de Althusser e nos explica o por quê da invenção dos conceitos empíricos:

---

26. Althusser, *Acerca Del Trabajo Teórico*, p. 77- 81.
27. Cf. Paulo Silveira, *op. cit.*, p. 41.

> Essa leitura nos mostra a extrema limitação dos conceitos empíricos em relação ao âmbito de atuação dos conceitos teóricos, refletindo a timidez da concessão de Althusser a respeito do contato entre o conhecimento e o real. Os conceitos empíricos, ainda que necessários ao conhecimento concreto dos objetos, não possuem nenhuma autonomia pois dependem em sua fundamentação mesma dos conceitos teóricos. Mas, o que é mais importante, não participam do conhecimento dos objetos formais–abstratos, isto é, uma ampla esfera do conhecimento permanece impermeável à concreticidade do real. Com efeito, os conceitos empíricos fundados no conhecimento das singularidades dos objetos reais-concretos têm sua função cognoscitiva limitada ao conhecimento de conjunturas historicamente determinadas.[28]

Discutimos anteriormente a concepção de história e evolução em Marx. Lembremos que a abstração faz parte, sim, do método marxista, mas com a prosaica função de evitar repetições quanto aos traços comuns a todo tipo de produção – que ela é social, que é a interação dos homens com a natureza etc. Da mesma forma, há também a condenação explícita quanto ao historicismo teleológico rasteiro – que trata o tema das mudanças nos modos de produção apenas como uma relação simples de derivação tecnológica.[29] Mas, certamente, combater o historicismo elevando

---

28. Paulo Silveira, op. cit., p. 41-42.
29. Sobre o historicismo, vejamos um crítica de Althusser (Ler O Capital, Vol. II, p. 46): "Temos, uma vez mais, que purificar nosso conceito de teoria da história, de modo radical, de toda contaminação pelas evidências da história

a importância do pensamento lógico, como faz Althusser, não é um procedimento autorizado pela leitura atenta dos textos de Marx.

Para Althusser, o modo de produção capitalista, por exemplo, é um objeto abstrato-formal cuja existência é meramente teórica e a-histórica, e que serve como guia para o conhecimento de certas realidades históricas, as formações sociais capitalistas, como vemos a seguir:

> (...) diremos que o conceito de modo de produção capitalista é um conceito teórico, e que se refere ao modo de produção capitalista em geral, que não é um objeto existente no sentido estrito (apenas existem formações sociais em que predomina o modo de produção capitalista).[30]

Toda essa divisão entre objetos reais-concretos e objetos abstratos-formais serve para que Althusser diga que os primeiros correspondem à teoria da história enquanto os segundos são da ordem da teoria das estruturas. Contudo, a confusa explicação sobre a distinção destes objetos deriva exatamente do fato de que a teoria da história não é a preocupação central do autor.

Ao contrário, quando lança mão da definição de um modo de produção como conceito, é justamente para poder

---

empírica, pois sabemos que essa 'história empírica' nada mais é que o aspecto desnudo da ideologia empirista da história. (...) Devemos conceber do modo mais rigoroso a necessidade absoluta de libertar a teoria da história de qualquer envolvimento com a temporalidade empírica".

30. Althusser, *Acerca del Trabajo Teórico*, p. 78.

dizer que a observação histórica não importa na sua definição; como conceito, é preciso que se observe não sua origem e seus pressupostos históricos, mas apenas a forma lógica de sua existência. Para Althusser, a essência de um modo de produção é encontrada ao analisarmos as relações de correspondência/dominância/determinação entre as suas estruturas, como vimos antes. Essas estruturas são conceitos, elaborados pela prática teórica, isto é, pela ciência filosófica capaz de 'purificar' o real ideologizado. Mas a historicidade das estruturas, os pressupostos históricos de sua existência não são importantes para a compreensão do 'funcionamento' do modo de produção:

> A sincronia não é senão a concepção das relações específicas existentes entre os diferentes elementos e as diferentes estruturas do todo, é o conhecimento das relações de dependência e de articulação que tornam um todo orgânico, um sistema (...) É precisamente o que Marx distingue da sucessão histórica concreta-real.[31]

Althusser ancora tal conclusão na seguinte passagem dos *Grundrisse*:

> Uma vez pressuposta a produção fundada no capital, a condição de que o capitalista deve trazer para a circulação valores produzidos pelo seu próprio trabalho ou de algum outro modo – não só pelo trabalho assalariado existente ou passado – corresponde às condições antediluvianas do capital, isto é,

---
31. Althusser, *Ler O Capital*, Vol II, p. 48.

aos seus pressupostos históricos, que precisamente por serem pressupostos históricos pertencem ao passado e, portanto, à história de sua formação, mas de nenhum modo a sua história contemporânea, quer dizer, não pertencem ao sistema real do modo de produção dominado pelo capital. Por exemplo: se a fuga dos servos para a cidade é uma das condições e pressupostos históricos do sistema urbano, ela não é condição, não é um elemento da realidade do sistema urbano desenvolvido. Corresponde, ao contrário, aos seus pressupostos passados, aos pressupostos de sua origem abolidos na sua existência. As condições e pressupostos históricos da origem, da gênese do capital, supõem precisamente que o capital ainda não é, mas vem a ser, desaparecem, pois, com o capital real, com o capital que põe, ele mesmo, partindo de sua realidade, as condições de sua realização.[32]

Neste excerto, podemos enxergar dois planos históricos distintos: a história passada e a história contemporânea, uma como conjunto de momentos do devir e a outra como momento de efetividade, de existência. Para Althusser, então, a tarefa do teórico do materialismo histórico se restringe à análise do modo de produção em sua existência sincrônica, atingida somente por meio dos conceitos.[33]

---

32. Karl Marx, *Grundrisse*, p. 420-421. Tradução livre da edição em espanhol (negrito nosso).

33. O fato de que os pressupostos históricos de um modo de produção são negados na sua existência efetiva – processo exposto muito claramente nas *Formen* e elemento-chave da concepção de mudança social em Marx – não autoriza, contudo, que a perspectiva histórica seja abandonada em prol de

A preeminência da sincronia sobre a diacronia na concepção de materialismo histórico proposta por Althusser – não era por acaso que só não reprovava as obras de Marx concernentes à análise do capital – entra em choque com o fato de que as categorias marxistas são sempre históricas, visto que, a despeito de serem elaboradas no plano das ideias, visam reter as próprias determinações históricas, que se encontram no mundo real, fora do pensamento. Vejamos o que Marx nos diz em outro trecho do próprio *Grundrisse*:

> Para analisar as leis da economia burguesa não é necessário, pois, escrever a história real das relações de produção. Mas a correta concepção e dedução das mesmas, enquanto relações originadas historicamente, conduz sempre a primeiras equações – como os números empíricos, por exemplo, nas ciências naturais – que apontam para um passado que jaz por trás deste sistema. (...) Esta análise correta conduz do mesmo modo a pontos nos quais, prefigurando o movimento nascente do futuro, se insinua a abolição da forma presente das relações de produção. Se por um lado as fases pré-burguesas apresentam-se como pressupostos puramente históricos, ou seja, abolidos, por outro as condições atuais de produção apresentam-se como abolindo-se a si mesmas e, portanto, como pressupostos históricos de um novo ordenamento da sociedade.[34]

---

uma abordagem sistêmica de caráter sincrônico. Tentaremos defender outra concepção no último capítulo deste trabalho.

34. Karl Marx, *op. cit.*, p. 422.

Entendemos, agora, que a existência – isto é, o presente –, em sua essência, é histórica, porque conserva em si a condição de história contemporânea e de pressuposto histórico do vir-a-ser. A análise sincrônica de uma estrutura, de um modo de produção, não está ela mesma livre de determinações históricas, na medida em que a história é contínua e seu movimento incessante simplesmente não admite que um recorte fotográfico do real dinâmico preste-nos conta desta tensão entre passado e presente.

Mas há outro aspecto importante na concepção de história althusseriana que, já citado anteriormente, deve agora ser resgatado. Trata-se da relação entre sujeito e estrutura ou, em termos mais apropriados, entre sujeito e história. Para Althusser, os homens não são senão "suportes de relações de produção"[35] e, como vimos, as relações de produção são pensadas – literalmente – por meio de sua posição no jogo das estruturas.

A história converte-se então em transformação de uma natureza humana, que permanece o verdadeiro sujeito da história que a transforma. Ter-se-á com isso introduzido a história da natureza humana, para tornar os homens contemporâneos dos efeitos históricos de que são sujeitos, porém – e nisso é que está a questão – se terão reduzido as relações de produção, as relações sociais, políticas e ideológicas a relações humanas

---

35. Embora a melhor tradução para o termo alemão Träger seja portador, mantivemos a tradução encontrada em algumas versões por considerarmos que o seu sentido se assemelha mais à visão de Althusser.

historicizadas, isto é, relações inter-humanas, intersubjetivas. Esse é o terreno predileto de um humanismo historicista.[36]

É bastante difícil deglutir esse ponto de vista althusseriano. As relações de produção, as relações sociais, políticas etc, são relações entre quais criaturas, senão entre homens? Se são determinadas historicamente, é porque os homens – numa situação contemporânea, digamos – não fazem a história como querem, mas lidando com as circunstâncias e condições que outros homens em sua relação com a natureza elaboraram antes deles. A postura de que as estruturas é que travam relações entre si – e que os homens são meros cabides nos quais elas se dependuram e dali governam o mundo – nos remete às mais clássicas construções positivistas sobre os homens e as sociedades.

A esta altura, somos capazes de compreender as similaridades entre as teses de Althusser e o estruturalismo etnológico. Estruturas analisadas como sistemas, matérias-primas vindas do real que precisam ser moldadas na fôrma dos conceitos, propriedades formais dos modelos que importam mais que os conteúdos, privilégio do estudo dos fenômenos sincrônicos... basta-nos ler um único texto de Claude Lévi-Strauss para que, de imediato, reconheçamos na semântica etnológica estruturalista muitos dos princípios que norteiam as considerações de Althusser.[37]

---

36. Althusser, *op. cit.*, Vol. II, p. 84.
37. Cf. Claude Lévi-Strauss, *A Noção de Estrutura em Antropologia, passim*, In: *Antropologia Estrutural*.

Não obstante a identificação surja claramente mesmo em leituras perfunctórias, investiguemos mais de perto essa união entre estruturalismo etnológico e marxismo althusseriano a partir da obra de Maurice Godelier, o teórico que, criticamente, buscou enxertar o marxismo na etnologia a partir da matriz estruturalista.

A leitura dos principais textos teóricos de Maurice Godelier nos impressiona, de saída, pela constante referência a'*O Capital*, visto que o seu objeto central de estudo são os sistemas de parentesco em sociedades primitivas. O que uma obra dedicada a desvendar uma relação social específica que, até então, se realiza na Europa ocidental do século XIX, poderia acrescentar ao trabalho de Godelier?

Filósofo de formação, Godelier inicia em fins dos anos de 1950 um compenetrado estudo sobre a Economia Política, tendo como objetivo compreender as noções de racionalidade e irracionalidade na economia. Segundo seu próprio relato, tal empreitada

> foi o ato voluntário de um filósofo que tentava situar-se além da filosofia e, nesse movimento, procurava abolir radicalmente qualquer forma especulativa de atividade filosófica.[38]

O marxismo – aqui bem entendido como o 'método' delineado n' *O Capital*, que será explicitado mais adiante – surge para Godelier como o grande sistema teórico que, por seu viés materialista, possibilitaria sua ruptura com a filosofia especulativa.

---
38. Maurice Godelier, *Racionalidade e Irracionalidade na Economia*, p. 11.

Ao se indagar sobre a racionalidade dos sistemas econômicos – inicialmente com o objetivo de comparar capitalismo e socialismo – Godelier é conduzido ao estudo da antropologia econômica, sub-área que ele pretenderá reformular a partir da crítica tanto do formalismo quanto do substantivismo.

Assim, embora tenhamos, em concordância com Moniot, listado o substantivismo como um fator de influência para os antropólogos marxistas franceses, é preciso agora demonstrar o ponto crítico que separa estas duas correntes. Quanto ao formalismo, a discordância de Godelier frente a esta tendência teórica se dá nos moldes da crítica de Marx aos economistas neoclássicos.

Vejamos o que diz Godelier, primeiro sobre o formalismo:

> A tese formalista – e é a sua fraqueza radical – atribui à antropologia econômica o estudo dessa variedade de comportamentos humanos que consistem em combinar o melhor possível meios determinados e raros para atingir fins específicos. Deste modo, a ciência econômica perde todo o objetivo, uma vez que deveria, no limite, tratar de qualquer atividade humana com um dado fim, quer este fim seja a acumulação de riquezas materiais, de poder político, quer seja o de conseguir a salvação sobrenatural. A ciência econômica dissolve-se para se confundir com a praxeologia, disciplina nova que apenas produziu, até agora, observações triviais sobre o comportamento intencional do homem (...) Cortada do conteúdo das relações sociais, incapaz de se ligar à sua história e disso se dar conta, a definição 'formal' de economia fica imediatamente

repleta de toda a velha mitologia do *Homo economicus* que exprime e legitima a visão 'burguesa' da sociedade e da racionalidade econômica (...).³⁹

Não se poderia esperar outra posição de quem está preocupado com a comparação das racionalidades econômicas, em relação à visão universalizante e a-histórica dos formalistas que, como vimos, diz serem os princípios da economia capitalista a base de uma teoria geral da atividade econômica.

Já sobre o substantivismo, Godelier afirma que a definição de economia proposta por Polanyi não é falsa, mas "radicalmente insuficiente". Explique-se: os modelos construídos por Polanyi são, para Godelier, formais e descritivos, frutos do que ele chama o 'empirismo crítico' empregado no método dos substantivistas.

> O enfoque empírico chega de fato a conceitos abstratos, formais, que privilegiam as aparentes semelhanças entre os fatos mas deixam de lado suas diferenças. (...) Só um enfoque estruturalista ou um enfoque marxista se ocupam explicitamente em buscar, sob a diversidade das semelhanças e diferenças, uma ordem subjacente, a lógica invisível das propriedades objetivas das relações sociais e de suas leis de transformação. O grande mérito – e ao mesmo tempo a limitação – do esforço de Polanyi foi ter explicitado e codificado claramente em um corpo coerente os conceitos descritivos empíricos que eram já de uso corrente entre historiadores e antropólogos. Mas Polanyi

---

39. Maurice Godelier, *Horizontes da Antropologia*, p. 42.

já se havia condenado de antemão a não poder descobrir mais que o 'lugar' cambiante da economia nas diversas sociedades, sem poder jamais colocar-se verdadeiramente o problema teórico do 'papel' da economia, de seus efeitos sobre o funcionamento e a evolução das sociedades, de seu papel na história.[40]

Tanto o formalismo quanto o substantivismo são, para Godelier, vertentes do funcionalismo empirista britânico e, por isso, só são capazes de apreender as lógicas aparentes dos processos econômicos, constituídas a partir das representações espontâneas sobre tais relações, saídas das cabeças dos agentes que intervêm na produção.

"[Formalistas e substantivistas] se encontram então de acordo para afirmar, como empiristas, que as coisas são bem o que parecem, que o salário é o preço do trabalho, que o trabalho é um fator de produção entre outros, que a fonte de valor das mercadorias não está somente no dispêndio de trabalho social etc. As duas correntes se acham pois de acordo sobre as teses essenciais da economia política não marxista e sobre as definições 'empíricas' das categorias de valor, de preço, de salário, de lucro, de renda, de juros, de acumulação etc. A diferença, entretanto, está em que os substantivistas se recusam a aplicar à análise de todos os sistemas econômicos estas categorias teóricas empíricas, cuja utilização restringem à análise das economias de mercado.[41]

---

40. Godelier, *Presentacíon*, p. 28 (Tradução livre do espanhol).
41. Godelier, *Horizontes da Antropologia*, p. 45.

As duas correntes são, portanto, incapazes de adotar a forma que Godelier julga adequada para a antropologia econômica, cuja tarefa central é a investigação dos modos de produção:

> A análise dos vários modos de produção e de circulação dos bens deve ser conduzida de tal modo que 1) seja procurada e descoberta, para além de sua lógica aparente, visível, uma lógica subjacente, invisível e 2) sejam procuradas e descobertas as condições estruturais e históricas de sua aparição, de sua reprodução e de sua desaparição na história.[42]

Nesta curta declaração de princípios epistemológicos, especialmente no primeiro ponto, Godelier revela o busílis do seu esforço teórico: todas as sociedades exibem, então, um modo de produção em que há uma 'lógica invisível, subjacente' que está encoberta pelas relações sociais visíveis. Ao modo dos formalistas, ele descobre um princípio universal e a-histórico vigente em todas as sociedades no que diz respeito às relações econômicas e cujo fundamento estaria em Marx. Sigamos os argumentos do artigo "*Sistema, Estrutura e Contradição em 'O Capital'*",[43] que julgamos ser a obra teórica fundamental, ainda que breve, de Godelier:

> Para Marx, portanto, como para Claude Lévi-Strauss, as "estruturas" não se confundem com as "relações sociais visíveis", mas constituem um nível da realidade, invisível mas

---

42. *Ibidem*, p. 47.
43. In: *Horizontes da Antropologia*, p. 209-237.

presente para além das relações sociais visíveis. A lógica destas e, mais geralmente, as leis da prática social, dependem do funcionamento destas estruturas ocultas, e a descoberta destas últimas deveria permitir "dar conta de todos os fatos observados". Resumiremos muito grosseiramente a tese de Marx do modo seguinte: na prática do sistema capitalista tudo se passa como se o salário pagasse o trabalho do operário, e como se um capital tivesse em si próprio a propriedade de se acrescentar automaticamente, de trazer um lucro ao seu proprietário. Na prática quotidiana não há qualquer prova direta de que o lucro capitalista é trabalho operário não pago, nenhuma experiência imediata da natureza exata da exploração do trabalhador pelo capitalista.[44]

Isso mostra apenas que Godelier compreendeu a mais-valia; mas não é ela um fenômeno histórico pertencente a um determinado tipo de modo de produção?

A 'descoberta' de Marx é comparada à 'descoberta' de Lévi-Strauss a respeito do sistema de parentesco Murngin. Esse grupo australiano possuía um sistema de parentesco que não obedecia à tipologia dos sistemas australianos ditos clássicos. Sem entrar nos detalhes etnográficos, mencionemos somente que Lévi-Strauss encontrou uma lógica que não era conscientemente conhecida pelos Murngin – que ele denominou como troca generalizada – e que forneceu uma explicação teórica para o ordenamento das regras de parentesco. Destarte, para Godelier, Lévi-Strauss deu

---

44. Godelier, *Horizontes da Antropologia*, p. 210-211.

o primeiro passo em direção à Marx: descobriu um lógica invisível.[45]

O segundo princípio de Godelier para analisar os modos de produção exige uma nova explicação. Ao modo althusseriano, Godelier defende a prioridade do estudo das estruturas sobre o de sua gênese e formação, mais precisamente, que o primeiro seja realizado antes do segundo:

> Mais fundamentalmente, a análise lógica de uma estrutura permite revelar as suas possibilidades e as suas capacidades de evolução. As pesquisas sobre a origem e a gênese de uma

---

[45]. É preciso deixar claro a posição de Lévi-Strauss: a tal lógica invisível advogada por Godelier é a estrutura profunda, inconsciente, que para Lévi-Strauss explicaria a fundo os padrões culturais. Este 'inconsciente estruturado' é preexistente aos homens, universal e a-histórico. "Se, como cremos, a atividade inconsciente do espírito consiste em impor formas a um conteúdo, e se as formas são fundamentalmente as mesmas para todos os espíritos, antigos e modernos, primitivos e civilizados – como o estudo da função simbólica tal como se exprime na linguagem, o mostra de maneira notável – é preciso e basta atingir a estrutura inconsciente subjacente a cada instituição ou a cada costume, para obter um princípio de interpretação válido para outras instituições e costumes, sob a condição, naturalmente, de estender bastante a análise" (*Antropologia Estrutural*, p. 37). E mais adiante: "Com efeito, os modelos conscientes – que se chamam comumente 'normas' – incluem-se entre os mais pobres que existem, em razão de sua função, que é de perpetuar as crenças e os usos, mais do que de expor-lhes as causas. Assim, a análise estrutural se choca com uma situação paradoxal, bem conhecida pelo linguista: quanto mais nítida é a estrutura aparente, mais difícil torna-se apreender a estrutura profunda, por causa dos modelos conscientes e deformados que se interpõem como obstáculos entre o observador e seu objeto" (*Ibidem*, p. 318).

estrutura são, então, de alguma maneira 'guiadas' pelo conhecimento do seu mecanismo próprio.[46]

Foi por 'conhecer' a estrutura de parentesco Murngin que Lévi-Strauss pôde supor que o grupo tinha tomado de empréstimo uma estrutura clássica australiana de algum outro povo, mas que acabou sendo transformada dada a peculiaridade Murngin a respeito das regras de filiação, que coincidem com as de residência. Comparando o modelo clássico ao Murngin, teorizou Lévi-Strauss que o sistema de parentesco da troca generalizada é sempre instável e harmônico, enquanto o da troca restrita é sempre estável e desarmônico. Diz Godelier:

(...) aí residia o fundamento da capacidade desigual do aparecimento e da evolução destas duas famílias de estruturas. Estas capacidades são, portanto, propriedades objetivas das estruturas, propriedades que não dependem dos indivíduos e das quais estes continuam a não ter consciência. Por exemplo, se o sistema Murngin é o produto de um empréstimo e de uma adaptação, é, por isso mesmo, o produto de uma atividade consciente e desejada, mas, no essencial, as capacidades de evolução do seu novo sistema permaneceram inconscientes entre os Murngin e, de qualquer maneiram não dependiam de suas intenções. (...) Esta análise, demasiado breve, de alguns fragmentos da obra mais antiga de Lévi-Strauss é suficiente, no entanto, para legitimar uma comparação entre Marx e o estruturalismo moderno. Permitiu-nos isolar na

---

46. Godelier, *Horizontes da Antropologia*, p. 215.

prática de Lévi-Strauss dois princípios da análise estrutural: o primeiro, é que uma estrutura faz parte do real mas não das relações visíveis; o segundo, que o estudo do funcionamento interno de uma estrutura deve preceder e aclarar o estudo de sua gênese e de sua evolução.[47]

Se prestamos atenção ao excerto de Godelier, vemos que ele repete os dois pontos-chaves – a descoberta da lógica invisível por trás das relações visíveis e a preeminência do estudo do funcionamento interno da estrutura sobre o de sua origem e evolução – e acrescenta um novo elemento: as estruturas possuem propriedades objetivas que independem dos indivíduos. Retenhamos por enquanto estes três princípios e abramos espaço para que Godelier nos mostre como pretende aliar princípios da análise estrutural ao método do materialismo histórico.

Como havíamos visto, desde R. Firth o questionamento sobre a capacidade de uma teoria econômica dar conta das atividades de produção, distribuição e consumo de bens e serviços entre as sociedades primitivas recaía continuamente na dificuldade/impossibilidade de se isolar quais componentes seriam propriamente econômicos nas relações sociais em jogo e atribuir-lhes identidade/similaridade aos conceitos econômicos relativos às sociedades capitalistas. Godelier vê nas sociedades primitivas o exemplo real de imbricação das estruturas sociais (rela-

---

47. *Ibidem*, p. 216 (Grifo nosso).

ções de parentesco e político-religiosas), em que a análise deve se pautar exatamente no conjunto:

> Na realidade, todo o problema reside no fato de os antropólogos funcionalistas e, frequentemente, aqueles que se dizem marxistas, conceberem, de maneira espontânea e não científica, que as relações de produção só podem existir sob uma forma que as distinga e as separe de outras relações sociais, como é o caso das relações de produção no modo de produção capitalista (...) Ninguém contestará que representa um progresso em relação ao empirismo abstrato e associassonista a recusa de estudar as relações sociais separadamente, para as tomar, pelo contrário, no seu conjunto e nas suas relações recíprocas, quer dizer, supondo que elas formam um sistema de relações.[48]

Esta visão de conjunto, que busca abordar o sistema social, permite a Godelier utilizar o seu arsenal de conceitos retirados da exegese althusseriana a fim de descobrir a dominância e a eficácia das estruturas. Tentemos explicar detalhada e coerentemente a operação epistemológica de Godelier: essas estruturas que se articulam na organização social não são apenas 'funcionalmente interdependentes', obedecendo a uma simetria derivada da complementaridade; ao contrário, há uma hierarquia que prediz a dominância de uma estrutura sobre as demais, baseada no princípio da "determinação, em última instância, pelo econômico". Logo, a estrutura dominante é aquela que assume as funções de relações de produção, cuja eficácia causal reside no

---

48. *Ibidem*, p. 60-62.

controle do acesso aos meios de produção e aos produtos do trabalho social. Assim teoriza Godelier sobre o parentesco:

> O parentesco domina a organização social quando regula não apenas as relações de descendência e de aliança que existem entre os grupos e entre os indivíduos, mas regula os seus respectivos direitos sobre os meios de produção e os produtos do trabalho, define as relações de autoridade e de obediência, portanto as relações políticas, no interior do grupo ou entre eles, e serve eventualmente de código, de linguagem simbólica, para exprimir ao mesmo tempo as relações dos homens entre si e com a natureza.[49]

As relações de produção, assumidas pela estrutura do parentesco (ou pela estrutura político-religiosa) atuam como a estrutura dominante no conjunto das estruturas relacionadas em um dado modo de produção e cabe ao etnólogo descobrir o por quê:

> Ora, se na realidade as várias instâncias sociais estão hierarquizadas segundo as funções que assumem e se a função de relações de produção é o princípio primeiro da sua hierarquia, então a formulação rigorosa da problemática das ciências sociais vem a ser: em que condições e por que razões esta instância assume as funções de relações de produção e controla a reprodução destas relações e através dela a das relações sociais no seu conjunto?[50]

---

49. *Ibidem*, p. 62.
50. *Ibidem*, p. 63.

Godelier nos fornece a amostra da execução desse procedimento por meio de um estudo consagrado ao modo de produção e à organização social dos pigmeus Mbuti do Congo.[51] Neste grupo de caçadores-coletores, as condições de produção determinam três espécies de constrangimentos internos ao modo de produção, formando um sistema que traduz as condições de reprodução deste próprio modo de produção. Todas as outras instâncias sociais sofrem a ação deste sistema, a partir da determinação de elementos da forma e do conteúdo destas instâncias que devem ser compatíveis com o sistema para que sua reprodução seja assegurada.[52] Eis os constrangimentos:

1) constrangimento à dispersão dos grupos de caçadores e limitação mínima e máxima de seu efetivo;

2) constrangimento à cooperação dos indivíduos segundo a sua idade e sexo no processo de produção;

3) constrangimento à fluidez do grupo, ao não-fechamento, ou seja, à variação rápida e frequente dos seus efetivos.

---

51. A fonte utilizada por Godelier é o trabalho de Colin Turnbull (diversos livros e artigos e, particularmente, Wayard Servants).

52. Cf. Godelier, *Horizontes da Antropologia*, p. 82-83. Apresentemos um panorama breve da organização social Mbuti: os homens caçam coletivamente com o arco e a rede (antílopes e elefantes). As mulheres são responsáveis pela coleta (tubérculos, plantas selvagens e moluscos). Os bandos possuem um efetivo de caçadores entre sete e trinta homens, porque abaixo disso não seria possível caçar presas grandes e acima disso a caça não seria suficiente para o abastecimento do grupo. O produto da caça e da coleta é partilhado por todos os membros do bando. Os indivíduos deixam frequentemente o bando em que nasceram e vão viver em outro. Estes bandos não têm chefe, mas os velhos e os grandes caçadores gozam de uma autoridade maior.

Godelier nos mostra, então, que a inexistência de direitos exclusivos dos bandos sobre o seu território é um efeito do constrangimento número 1. A ênfase que a terminologia de parentesco atribui à diferença de gerações e de sexo reflete o constrangimento número 2. As regras de casamento preferencial entre bandos longínquos e de interdição do casamento entre bandos vizinhos de territórios adjacentes, bem como a proibição quanto a tomar uma esposa do bando de onde provêm a mãe e a avó paterna, são normas que ampliam o leque de alianças de acordo com o constrangimento número 3.[53]

A organização política dos Mbuti encontra-se articulada com as regras de propriedade e de parentesco: o fato de não haver concentração de poder individual ou guerras por território e de as desavenças cotidianas serem resolvidas pela encenação ritual a cargo de uma espécie de 'bobo da corte'[54] é mais um efeito da ação dos constrangimentos oriundos da ordem produtiva-material sobre as outras instâncias da vida social.[55]

A dimensão religiosa Mbuti também opera sob as mesmas bases. A floresta representa o conjunto de todos os seres animados e inanimados e é tratada como divindade. É

---

53. O parentesco consanguíneo também observa o disposto no constrangimento número 3. Não há uma organização de linhagem, já que a não reprodução de casamentos similares aos dos antepassados impede a formação de grupos consanguíneos de grande profundidade genealógica. Cf. *Ibidem*, p. 86.

54. Este 'bobo da corte' é responsável por aumentar artificialmente um conflito menor para desviar a atenção de um conflito mais sério, e o faz por meio da zombaria, da diversão e da algazarra.

55. *Ibidem*, p. 87-88.

ela quem prodigaliza a caça e a coleta, afasta as doenças e pune os culpados. No ritual molimo, que ocorre quando um adulto respeitado morre, intensificam-se os expedientes de caça e há mais abundância para todo o bando, celebrada de maneira festiva por meio de cantos e danças. Nesta ocasião, o reforço da cooperação e da reciprocidade faz baixar os níveis de tensão social, ou seja, faz adormecer as contradições contidas no interior das relações sociais.[56]

Exemplo dado, passemos agora às nossas considerações. Godelier expõe sua tese de uma maneira que nos faz pensar ser ele o mais mecanicista dos marxistas. Embora faça constante menção à diferença entre o que ele propõe e o 'reducionismo' dos materialistas culturais americanos ou de outros marxistas – especialmente Claude Meillassoux, como veremos adiante – a construção de seus argumentos nos conduz ao entendimento de que há uma determinação unilateral do que ele chama de constrangimentos relativos ao modo de produção – ou seja, concernentes à forma de propriedade, à divisão social do trabalho e ao pertencimento comunitário – sobre a atividade simbólica do grupo – parentesco, política e religião (no jargão corrente, da infraestrutura sobre a superestrutura).

---

56. *Ibidem*, p. 89-92. É importante fazer referência ao fato de que Claude Meillassoux (*Mujeres, Graneros y Capitales*, p 32, nota 12), diz que esta cerimônia molimo não pertence à cultura original dos Mbuti, mas sim aos Bantu, que são agricultores e travam relações complicadas com os Mbuti. Nas épocas em que a caça se rarefaz, os Mbuti trabalham nas plantações Bantu em troca de alimentos e, segundo o próprio Meillassoux, os Bantu exploram os Mbuti nesta troca. Adotar a cerimônia molimo, seria então, um processo de identificação dos Mbuti com a população que os domina.

Contudo, não poderia ser essa a visão de Godelier, já que o sabemos influenciado por Althusser e, logo, pela teoria da autonomia relativa das esferas. E é quando fala da religião Mbuti que conseguimos enxergar a concepção dialética de uma pressão recíproca entre a prática simbólica e a atividade material.

> A prática religiosa constituiu, portanto, um verdadeiro trabalho sobre as contradições determinadas pela estrutura do modo de produção e das outras relações sociais, trabalho que é uma das condições essenciais para a reprodução destas relações, das relações de produção, como das outras instâncias sociais. Longe de nada ter a ver com a base material e o modo de produção, como quereriam certos idealistas, a prática religiosa é ao mesmo tempo uma prática material e uma prática política e situa-se no centro do processo de reprodução deste modo de produção. Mas, uma vez mais, a prática social é representada ao 'contrário' e vivida de maneira 'fetichizada', pois a harmonia restaurada, o bom entendimento excepcional, a abundância, a felicidade que são o produto da cooperação mais intensa, da reciprocidade mais vasta, da comunhão emocional mais profunda que nascem das próprias relações dos homens entre si em circunstâncias excepcionais são representadas e vividas como o efeito e a prova da presença mais próxima, da generosidade mais intensa da floresta, do ser imaginário que personifica a unidade do grupo e as próprias condições de sua reprodução.[57]

---

57. *Ibidem*, p. 92.

Mas mais uma vez compreendemos que, sob o efeito da leitura althusseriana, a preocupação de Godelier é com a reprodução do modo de produção. A superestrutura atua como a ideologia que reforça o modo de produção, que no nível consciente do sujeito age para eludir as reais contradições presentes nas relações sociais.

> Teoria e prática viradas ao mesmo tempo para o lugar em que se suturam as sua relações sociais num todo que deve reproduzir-se como tal, a religião é ao mesmo tempo uma forma de apresentação e de presença dessa sutura reforçada por uma forma de ação sobre ela, representação e ação tais que, no próprio momento em que se apresenta na consciência e se a oferece à ação, essa sutura torna-se objeto de desconhecimento teórico e objetivo ilusório da ação prática. Ao mesmo tempo presente e dissimulada no seu modo de apresentação, a articulação invisível das relações sociais, o seu fundo e a sua forma interiores, torna-se o lugar em que o homem se aliena, em que as relações reais entre os homens e entre as coisas se apresentam ao contrário, fetichizadas'.[58]

Aqui atingimos um ponto com dois desdobramentos que, na verdade, provêm de um mesmo equívoco. O primeiro deles diz respeito a uma espécie de estrangulamento da possibilidade de transformação social: a atividade 'econômica' determina, em última instância, a forma e o conteúdo das demais instâncias sociais; estas, por sua vez, moldadas que estão à imagem e semelhança do

---

58. *Ibidem*, 92-93.

ordenamento das atividades econômicas, ao se efetivarem em construções simbólicas, atuam para reforçar a reprodução daquelas e de si próprias.

O segundo reside na validade mesma de se falar em contradições fetichizadas e alienação na sociedade Mbuti. Por meio do exemplo de Godelier, somos apresentados a uma sociedade em que a atividade material parece não se encontrar em profundo desacerto com as necessidades sociais do grupo. Ainda que mencione conflitos em que um membro tenta se apropriar de um quinhão maior do que lhe caberia de acordo com a convenção coletiva de 'caçar junto, comer junto', não nos parece haver uma contradição interna entre as relações de produção e as forças produtivas que justifique os uso das categorias das quais Marx se valeu para compreender o modo de produção capitalista na análise da sociedade Mbuti.

Quanto ao primeiro desdobramento, entendemos que no caso da sociedade Mbuti, o estrangulamento realmente existe. Conforme disse Marx:

> Quanto mais tradicional for o próprio modo de produção, isto é, quanto mais o processo real de apropriação permanecer o mesmo, tanto mais imutáveis serão as velhas formas de propriedade e, portanto, também a comunidade como um todo. (...) [Nestes tipos de modo de produção – sociedades de caçadores-coletores e de agricultura e manufatura de subsistência – a perda da existência coletiva em prol da existência individual] seria difícil a menos que ocorra como resultado de influências completamente externas, pois os membros da comunidade

nunca estabelecem com ela relações tão independentes que tornem possível a ruptura de suas ligações (econômicas, objetivas) com a mesma.[59]

Quanto ao segundo, é preciso buscar os elementos de discussão na leitura de Godelier sobre *O Capital*, para que possamos compreender de fato a pertinência de se aplicar um mesmo método e suas categorias a objetos tão diferentes – no caso, sociedades humanas que se baseiam em princípios organizativos completamente distintos. Mas não só isso: retomando o primeiro desdobramento e também um ponto deixado em stand by no início deste tópico, ainda é necessário avaliar se essa quase impossibilidade de mudança social acompanha a análise de Godelier sobre a própria sociedade capitalista e, em caso afirmativo, se esta postura teria fundamento na concepção de sujeito advogada por Godelier.

Voltemos, portanto, às considerações de Godelier sobre *O Capital*. Para ele, há duas noções de contradição distintas expressas por Marx n' *O Capital*. A primeira delas é aquela entre capital e trabalho, entre a classe capitalista e a classe operária; esta contradição é interior às relações de produção capitalistas e, portanto, uma contradição interna a uma estrutura.

A segunda é aquela entre a estrutura das forças produtivas – sua socialização cada vez mais avançada – e

---

59. Karl Marx, *Formen*, p. 88-89.

a estrutura das relações de produção – a propriedade privada dos meios de produção.

A ideia desta segunda contradição está fundamentada no fato de que no início do estabelecimento do modo-de-produção capitalista, não há contradição entre o desenvolvimento das forças produtivas e as relações de produção capitalistas:

> Portanto, longe de haver, na origem, antagonismo entre o capitalismo e o desenvolvimento das forças produtivas, há uma correspondência, uma compatibilidade funcional, fundamento do dinamismo do progresso técnico e da classe capitalista.[60]

Essa correspondência reflete as propriedades objetivas da estruturas: é uma propriedade das forças produtivas capitalistas se desenvolverem incessantemente e é uma propriedade das relações de produção capitalistas manterem-se inflexivelmente calcadas na propriedade privada dos meios de produção. A contradição existente entre estas duas estruturas expressa

> os limites objetivos das relações de produção em manterem-se invariantes quando variam em certas proporções as forças produtivas.[61]

Esta contradição seria, então, fundamental para esclarecer a evolução de um sistema [modo de produção] para

---

60. Godelier, *Horizontes da Antropologia*, p. 224 (grifo nosso).
61. *Ibidem*, p. 227.

outro. Mas o mais interessante é que esta contradição entre estruturas significa, para Godelier, a prova de que a mudança de um modo de produção para outro, ou seja, a transformação das relações sociais de produção, se dá mecanicamente sem a interferência dos homens, sem que seja preciso haver nenhuma ação consciente dos sujeitos de carne e osso envolvidos nestas mesmas relações.

Novamente resvalando nas teses 'anti-humanistas' althusserianas, diz Godelier:

> Em *O Capital*, pela análise das contradições do sistema capitalista, a ciência econômica separa-se radicalmente de toda a ideologia, e Marx já nada tem a ver com o jovem Marx. Porque a ideologia consiste precisamente em transformar num caráter da 'natureza humana' a necessidade 'puramente histórica, transitória' de um modo de produção.[62]

Assim, para que se negue absolutamente que a mudança social – aqui entendida como a transformação radical das relações de produção – seja reconhecida como resultado também da ideia, da ação humana consciente, eleva-se ao paroxismo a 'mecanização do mundo', isto é, a visão de que existem estruturas que caminham com as próprias pernas, que se movimentam por meio dos 'princípios objetivos' que lhe são imanentes, embora não se possa compreender qual o misté-

---

62. *Ibidem*, p. 226-227.

rio que as dota de vida própria. Curiosamente, poderíamos dizer que essa é uma visão 'fetichizada' da história.⁶³ Godelier insiste na nobre tarefa dos marxistas anti-humanistas em livrar Marx do fardo hegeliano. Para ele, a existência dessas duas noções de contradição na análise dos modos de produção já invalida o instrumental hegeliano, porque a contradição entre capital e trabalho não contém no interior de si própria as condições de sua solução, já que o desenvolvimento das forças produtivas é o verdadeiro 'motor' da mudança social:

> As contradições de classe no interior das relações de produção podem 'ferver', que não sairá daí necessariamente solução se não houver desenvolvimento das forças produtivas (pelo contrário, poderá haver reprodução cíclica dos conflitos sociais, estagnação etc).⁶⁴

A segunda contradição, por sua vez, aquela entre relações de produção e forças produtivas, é central para definir o caráter de exterioridade da solução dialética, já que

> as forças produtivas são uma realidade completamente distinta das relações de produção e irredutível a estas, realidade

---

63. Nas palavras de Lucien Sève (*Método Estrutural e Método Dialético*, p. 135): "Opondo estrutura e processo, e separando radicalmente o vivido histórico e os invariantes subjacentes que constrói, o método estrutural tende a identificar as estruturas com as relações entre coisas e a enviar assim as relações humanas vivas ao domínio puramente superficial da consciência ideológica". Acrescentemos que as coisas (estruturas) é que agem como se fossem vivas.
64. *Ibidem*, p. 228.

que tem suas condições internas de desenvolvimento e a sua temporalidade próprias.⁶⁵

Numa operação um tanto quanto arriscada, Godelier afirma que as relações de produção capitalistas são destruídas por sua simples incompatibilidade externa com o desenvolvimento das forças produtivas, sugerindo um fatalismo econômico que, não-raro, encontramos nas teses de muitos marxistas.⁶⁶

Tratando de ponto caro aos marxistas, qual seja, o referente ao 'momento' revolucionário, Godelier nos mostra uma visão do processo histórico em que a invariância de uma estrutura (as relações de produção) só pode ser neutralizada por meio de determinadas combinações das estruturas variáveis (forças produtivas e, em menor medida, superestruturas). Para justificar o movimento que a sua visão de estrutura imprime ao processo, Godelier lança mão da similaridade de sua tese com a cibernética (!):

---

65. *Ibidem*, p. 228.
66. Eric Hobsbawm (*Prefácio*, p. 15-16), embora não diga exatamente isso, parece ter feito coro com os que julgavam ser necessário justificar o marxismo não como uma escolha ética, mas como desenvolvimento científico necessário da história: "Nem os que negam a existência do progresso histórico nem os que (muitas vezes baseados nos trabalhos do jovem Marx) veem o pensamento de Marx meramente como uma exigência ética de libertação do homem, encontrarão qualquer apoio aqui. Para Marx, o progresso é algo objetivamente definível, que indica, ao mesmo tempo, o que é desejável. A força da crença marxista no triunfo do livre desenvolvimento de todos os homens não depende do vigor das esperanças de Marx neste sentido, mas da pretendida justeza da análise segundo a qual é neste rumo que o desenvolvimento histórico, finalmente, conduzirá a humanidade".

[A noção fundamental de contradição] explicitaria certas propriedades objetivas das estruturas, os limites objetivos da sua possibilidade de se reproduzirem, de continuarem no essencial invariantes, tendo em conta as variações das suas condições internas e externas de funcionamento e, mais profundamente, reproduzir a sua relações, a sua conexão com outras estruturas. O aparecimento de uma contradição seria, de fato, o aparecimento de um limite, de um limiar, para as condições de invariância de uma estrutura. Para além desse limite, impunha-se uma mudança de estrutura. Nesta perspectiva, a noção de contradição que apresentamos talvez vá ao encontro de algumas noções da cibernética. Esta explora as possibilidades-limites e as regulações internas que permitem seja a que sistema for, fisiológico, econômico ou outro, manter-se através de jogos determinados de variações das suas condições internas e externas de funcionamento.[67]

Dito tudo isso, nos parece que a leitura estrutural que Godelier faz do Marx de *O Capital*, não acrescenta quase nada de novo ou mesmo de diverso. A tentativa de promover a 'estruturalização' da dialética está muito mais ligada a uma simples 'reescrita' do que já é suficientemente claro em vários textos de Marx, apenas tentando vestir os argumentos com a roupa do estruturalismo. Dizer, por exemplo, que o descompasso entre forças produtivas e as relações de produção é uma das condições necessárias para que o modo de produção seja transformado é letra corrente na obra de Marx.

---

67. Godelier, *Horizontes da Antropologia*, p. 231-232.

Já o pouco que surge de novo é absolutamente discutível. Desmerecer o fato de que o desenvolvimento das forças produtivas é, justamente, uma das condições do movimento histórico que resulta na transformação das relações de produção e, portanto, conceder-lhe uma dimensão de determinação absoluta, é negar que as próprias forças produtivas sofrem ação das relações de produção, como demonstra cabalmente o fato de que um dos 'lados' das relações de produção, a classe operária, é ao mesmo tempo a principal força produtiva.[68]

De fato, o que buscávamos em Godelier – o fundamento da utilização de categorias concernentes ao modo de produção capitalista no estudo de sociedades primitivas – surge tangencialmente ao final de sua explanação sobre *O Capital*. Suprimida a "identidade dos contrários", já que as estruturas presentes em um determinado sistema são todas irredutíveis umas às outras,[69] Godelier pode afirmar que "nenhuma finalidade interna regula a evolução da natureza

---

68. Esta passagem de Lucien Sève (*op. cit.*, p118-119), explicita nossa visão: "o crescimento das forças produtivas não se choca simplesmente de fora com as relações de produção, mas ele as modifica ao mesmo tempo de dentro, e cria ao mesmo tempo as condições externas de uma transformação das relações de produção e as condições internas de uma solução imanente do antagonismo das classes. É essa tese dupla (por oposição à tese unilateralmente externa sustentada por Maurice Godelier) que faz o fundo de todas as passagens d'*O Capital* nas quais Marx trata o problema do movimento de conjunto da sociedade capitalista".

69. Note-se que Godelier faz essa afirmação, cujo princípio antes estava restrito à irredutibilidade entre forças produtivas e relações de produção, sem nenhuma explicação para esse 'pulo do gato' que alarga essa condição para abrigar aí todas as estruturas

e da história".⁷⁰ Para, logo em seguida, tentar esclarecer sua posição frente à tese marxista do papel determinante da economia, que poderia 'contradizer' sua afirmação. Godelier nos explica, então, que no capitalismo, as relações de produção parecem independentes dos laços religiosos, políticos e familiares que podem ter entre si e, portanto, a correspondência entre as estruturas seria 'externa'. No caso das sociedades primitivas, contudo,

> a situação já não é a mesma. O economista marxista, por exemplo, distinguirá facilmente as forças produtivas destas sociedades (postas em ação no processo de caça, de pesca, de agricultura etc.), mas não distinguirá relações de produção 'isoladas'. Ou, pelo menos, distingui-las-á, por exemplo, no próprio funcionamento das relações de parentesco. Estas determinam os direitos dos indivíduos sobre o solo e os produtos, as suas obrigações de trabalhar para outrem, de receber, ou de dar. Determinam igualmente a autoridade de alguns sobre outros em matéria política, religiosa. Portanto, numa tal sociedade, as relações de parentesco dominam a vida social.⁷¹

Godelier prossegue afirmando que, nas sociedades primitivas, economia e parentesco não podem ser considerados, respectivamente, como infraestrutura e superestrutura, mas que, ao contrário, nas ditas sociedades arcaicas

---

70. Godelier, *Horizontes da Antropologia*, p. 232.
71. *Ibidem*, p. 234.

> as relações de parentesco funcionam frequentemente como relações de produção, funcionando também como relações políticas. Portanto, no vocabulário de Marx, as relações de parentesco são aqui simultaneamente infraestrutura e superestrutura e pode supor-se que a complexidade das relações de parentesco nas sociedades arcaicas está relacionada com as múltiplas funções que elas assumem neste tipo de sociedade.[72]

Neste ponto, Godelier julga ter se distanciado da leitura althusseriana porque a causalidade da economia é pensada por ele como uma relação entre funções e não entre instâncias. Assim, não se trata de uma instância econômica que determina outras instâncias, mas sim que outras instâncias funcionem com as qualidades de uma instância econômica.[73]

É impossível, a esta altura, não nos recordarmos novamente que tanto formalistas como R. Firth quanto os substantivistas em geral apontavam essa 'imbricação' das relações econômicas com outras relações sociais; o fato, em si, já estava constatado, as diferenças recaem na linguagem teórica que o justifica. O que queremos dizer com isso é que, aos nossos olhos, Godelier se esforça em demonstrar uma pretensa novidade crucial sobre o estudo dos aspectos econômicos das sociedades primitivas a partir da junção entre o fenômeno mais em voga na etno-

---

72. *Idem* (grifo nosso).
73. Cf. Godelier, *The Emergence and development of Marxism in Anthropology in France*, p. 08.

logia da época – o estudo das relações de parentesco[74] – e sua crença na cientificidade do materialismo histórico. O problema é que não o pode fazer sem extrapolar os limites do próprio materialismo histórico. Foi necessária uma digressão teórica colossal, envolvendo até a relação de Marx com Hegel para que Godelier finalmente anunciasse que as relações de parentesco 'funcionam' como relações de produção nas sociedades primitivas. Sua explicação mais acabada – e que nada mais é que uma suposição – a respeito desta funcionalidade tão peculiar resume-se a este parágrafo:

> Pode igualmente supor-se que o papel dominante e a estrutura complexa das relações de parentesco nas sociedades arcaicas estão relacionadas com a estrutura geral das forças produtivas, com o seu fraco nível de desenvolvimento que impõe a cooperação dos indivíduos, e portanto a vida em grupo, para subsistir e reproduzir-se.[75]

De fato, como veremos mais adiante, é possível chegar a esta conclusão – e não suposição – a partir de uma outra perspectiva também influenciada pelo marxismo.

Mas retomemos nossas considerações sobre a pletora teoricista de Godelier para, de uma vez por todas, esclarecer a questão das relações invisíveis por trás das relações visíveis. Mesmo que ao examinarmos a aplicação 'prática' do método de Godelier aprendamos que o 'invisível'

---

74. Cf. Lévi-Strauss, *Antropologia Estrutural*, p. 315.
75. Godelier, *Horizontes da Antropologia*, p. 235.

descoberto nada mais é que o parentesco organizando as relações de produção, consideramos importante insistir nesta questão por dois motivos: o primeiro deles é apontar alguns equívocos da leitura estruturalista/anti-humanista a respeito das contradições do capital (tanto a de Althusser quanto a de Godelier); o segundo diz respeito à impropriedade de se atribuir contradições e fetichizações – similares ou deformadas em relação àquelas encontradas no modo de produção capitalista – às sociedades primitivas.

De início, recorramos ao que diz Grespan sobre a presença da dialética hegeliana na obra de Marx:

> É preciso ficar claro, em primeiro lugar, que sua [de Marx] retomada da dialética na crítica do capitalismo e da economia política não decorre de uma mera adesão a esse método, como se ele devesse valer por si mesmo, independente do objeto ao qual se aplicasse. Esta indiferença entre método e objeto, forma e conteúdo, seria em si mesma totalmente não-dialética. Ao contrário, é porque seu objeto se constitui de modo contraditório que Marx percebe ter de investigá-lo dialeticamente.[76]

Ora, a contradição entre capital e trabalho alcança sua condição de verdadeira contradição por meio do divórcio entre o trabalho e a apropriação privada da natureza, quando ocorre

---

76. Jorge Grespan, *A Dialética do Avesso*, p. 27 (grifo nosso).

a desigualdade decisiva, configurando uma oposição de capital e trabalho que determina todas as outras do sistema capitalista.[77]

É neste momento histórico (entendido aqui como processo dinâmico) que a realidade passa a encontrar-se cindida em dois níveis (igualmente reais, não nos esqueçamos) – o da essência e o de suas manifestações.[78] O capital, compreendido como uma relação social determinada historicamente, é um objeto contraditório, capaz de produzir manifestações reais que diferem da realidade em essência, que o permitem parecer e agir como o que não é. Faz-se necessário, então, o uso da dialética como o método que pode desembaciar a realidade, concedendo às aparências seu caráter real, mas avançando para além delas ao desvendar a porção do real que elas escondem.

Destarte, Marx desmembra o capital em *O Capital* demonstrando que desde sua forma mais elementar – a mercadoria, cujo caráter fetichista se manifesta no fato de que uma determinada relação social entre os homens assume a 'forma fantasmagórica' de uma relação entre coisas – até a visão do 'todo do capital', em que ao se encontrarem opostas sua parte constante e sua parte variável (trabalho morto X trabalho vivo), a primeira aparece como o responsável pela valorização, quando sabemos que a substância criadora de valor reside na segunda; é

---

77. *Ibidem*, p. 38.
78. Cf. Grespan, *op. cit*, p. 27.

este conteúdo histórico e não outro que possui a capacidade de produzir essas formas de manifestação.[79] Tentaremos demonstrar melhor essa relação do 'todo do capital', ainda que seja necessária uma explanação demasiado longa. Mas consideramos tal tarefa importante porque ela demonstra que a contradição entre capital e trabalho, ao contrário do que pensa Godelier, apresenta sim uma solução interna.

A tarefa de ser "valor que se valoriza a si mesmo" do capital só se realiza na medida em que ele "transforma valor, trabalho passado, objetivado, morto, em capital". Todavia, já se encontra explícito que não é o capital que produz valor. O sujeito do processo de valorização é o trabalho, mas o capital rouba sua condição de substância do valor na medida em que destitui a força de trabalho dos meios de produção, excluindo-a do todo formal que ele representa, como organizador do processo produtivo, ao mesmo tempo em que a inclui, mediante sua compra, e a utiliza a seu serviço. Sob o controle do capital, o trabalho produz valor e mais-valor,

---

79. Parece-nos que esta discussão está relacionada ao fato de Marx procurar entender por que um dado conteúdo, sob dadas condições históricas, assume uma determinada forma e não outra. Mas, neste caso, o segredo a ser revelado está na própria forma, não no desvelamento do conteúdo oculto por trás dela. Cf. Marx, O Capital, p. 71: "De onde provém, então, o caráter enigmático do produto do trabalho, tão logo ele assume a forma mercadoria? Evidentemente, dessa forma mesmo". E ainda (Ibidem, p. 76): "A Economia Política analisou, de fato, embora incompletamente, valor e grandeza de valor e o conteúdo oculto nessas formas. Mas nunca chegou a perguntar por que esse conteúdo assume aquela forma, por que, portanto o trabalho se representa pelo valor e a medida do trabalho – por meio de sua duração – pela grandeza de valor do produto do trabalho".

mas é o capital quem se arvora a sujeito desta criação. Surge então o fetiche de que é ele o criador do valor. Como este fetiche é uma manifestação real, o capital assume a condição de um pseudo-sujeito – embora se ache um sujeito real – na medida em que comanda a finalidade da produção como mera produção, que aglutina os trabalhadores sob seu comando e toma a ciência para si.

Entretanto, ao incluir a força de trabalho, seu oposto, como parte de si, como capital variável, o capital revela sua dimensão contraditória. A força de trabalho é e não é capital, pois quando termina o processo produtivo, ela deixa de ser capital. Ora, força de trabalho como capital variável se opõe ao próprio capital e opor-se a si mesmo é contradizer-se. O capital exclui parte de si ao se opor à força de trabalho, mas não exclui tudo de si porque também é o conjunto dos meios de produção. Mas meios de produção nada mais são que trabalho morto.

A relação real entre trabalho e capital se expressa, então, no fato de que o capital é trabalho morto. O todo substancial é composto pelo trabalho abstrato, aí incluídos o trabalho vivo (substância de valor) e o trabalho morto (capital). O trabalho, no entanto, não se sabe como sujeito, não se autodetermina. Ele também se encontra fetichizado, como acontece com todos os elementos e relações na sociedade capitalista.

Para que este todo substancial se torne formal, para que a substância se torne sujeito consciente dessa condição, ela tem que destruir aquele que a destituiu da capacidade de sujeito. É preciso então que se suprima a oposição entre trabalho vivo e trabalho morto, decorrente da apropriação dos meios de trabalho pelos capitalistas. É preciso tirar a última gota de sangue que alimenta o vampiro. Esta é uma tarefa histórica da classe trabalhadora, só viabilizada pela ação revolucionária.[80]

Demo-nos o direito de também cometer uma digressão teórica para reafirmar o caráter histórico e determinado do método e das categorias de Marx referentes ao estudo do capital. Revela-se, assim, que a questão da 'lógica invisível por trás das relações visíveis', que Maurice Godelier viu como o traço de identidade entre o estruturalismo de Claude Lévi-Strauss e análise do capital feita por Marx – sobretudo se nos remetermos ao 'inconsciente estruturado' do primeiro – resulta em grosseira tentativa de – escrevamos com todas as letras – tornar-se estruturalista com vergonha de deixar de ser marxista, isto é, propugnar uma visão teórica e fazê-la combinar a todo custo com a sua posição político-ideológica.

O então militante do famigerado Partido Comunista Francês reconhece que o fato de haver duas correntes distintas no seio da chamada antropologia marxista francesa – a dele e a de Claude Meillassoux – está intimamente ligado aos caminhos distintos que trilharam a partir de suas escolhas políticas no leque de tendências do movimento marxista.

Pois é na obra de Claude Meillassoux – que preferia ser chamado de sociólogo – que encontramos a real influência de dois dos pontos elencados por Moniot: a antropologia

---

80. Cf. Marx, *O Capital*, mormente o Capítulo V, Seção III, Livro I (p. 149-163), o Capítulo VIII, Seção III, Livro I (p. 187-238) e o Capítulo XV, Seção III, Livro III, (p. 183-200).

das técnicas de André Leroi-Gourhan e o impacto dos processos de descolonização na África (bem como seu produto mais relevante no campo das ciências humanas: a sociologia política de Georges Balandier).

No obituário escrito por Emmanuel Terray, consta uma definição bastante precisa da filiação política de Meillassoux, falecido em 2005:

> Ele era marxista, sem dúvida (...), mas o marxismo para ele não significava a restrição a uma doutrina, mas a utilização livre das categorias eficazes para a compreensão.[81]

É justamente essa 'utilização livre das categorias', ou seja, a negação da necessidade de que elas se conformem a uma teoria intelectual previamente elaborada, a fim de provar que elas fazem parte do arcabouço marxista, o que julgamos ser um dos pontos marcantes da distinção entre Meilassoux e Godelier.

Este último aponta, em um balanço da antropologia marxista francesa publicado em 1980,[82] as diferenças entre ele e Meillasoux:1) quanto à distinção entre infraestrutura e superestrutura: para Meillasoux, o parentesco é somente uma superestrutura que mascara a essência da realidade das relações sociais, isto é, as relações econômicas;2) quanto ao estruturalismo: Meillassoux nega o valor científico do estruturalismo; para ele, tal método reduz a realidade

---

81. Terray, *Claude Meillassoux: 1925-2005*, disponível na Internet.
82. Godelier, *The emergence and Development of Marxism in Anthropologie in France*, p. 3-5.

a abstrações e é fundamentalmente idealista;3) quanto à orientação política: Meillassoux era ativo nos círculos trotskistas franceses.

Para o membro do Partido Comunista Francês, estruturalista e estudioso do 'parentesco como relação de produção", estes três aspectos definem a distância entre ele e Meillasoux. Embora quanto ao terceiro ponto não possamos tecer muitos comentários, posto tratar-se de uma questão que exigiria que conhecêssemos as atividades político-partidárias de ambos e isso não nos afigurou acessível, arriscamo-nos a dizer que o notável engajamento de Meillassoux na defesa da independência das colônias africanas contrasta com a hesitação do PCF em apoiar a causa dos argelinos, por exemplo.[83]

Quanto aos outros dois temas, é patente que o que Godelier assevera sobre Meillassoux é uma simplificação da obra deste último, baseada nos interesses teóricos do primeiro. De qualquer maneira, Godelier acertou em sua análise, porque tanto a distinção entre a infraestrutura e a superestrutura nas formas de organização social primitivas quanto o antiestruturalismo estão presentes nos estudos antropológicos de Meillassoux.

Em resumo, o objetivo de Meillassoux é estudar as sociedades primitivas a partir de sua base econômica para particularizar o que Marx e Engels deixaram generalizado.[84] Para ele, definir o modo de produção da comunidade

---

83. Tal hesitação deveu-se à linha imposta pelo Partido Comunista soviético de não apoiar lutas anticolonias que não fossem dirigidas pelos comunistas.
84. Cf. Meillassoux, *Mujeres, Graneros y Capitales*, p. 14.

doméstica a partir de alguns traços comuns foi o possível para os referidos autores e não exclui a validade da visão lógica do materialismo histórico. Mas a tarefa do etnólogo marxista seria, então, realizar o inventário compreensivo de diversas formas de economia doméstica e salientar as transformações que ocorriam à medida que os grupos domésticos eram incorporados por processos produtivos determinados por seus colonizadores.

Podemos entrever a influência clara da escola substantivista nesta concepção 'particularista' de Meillassoux. Contudo, sobejam algumas críticas a Polanyi:

> O que descobre Polanyi é que, nas sociedades antigas, a economia está submetida a um projeto político unificado e não às decisões individuais e diversas dos empresários. (...) A economia lhe parece, por causa disso, integrada no tecido social, e não, como ocorre na sociedade de mercado, surgida dele para ocupar um domínio submetido às suas próprias leis. Na realidade, a economia está integrada na sociedade capitalista do mesmo modo que nas outras. Aqui Polanyi confunde a economia como disciplina, produto de uma divisão do trabalho intelectual, e seu objeto. Marx demonstrou que aquilo que aos economistas liberais aparecia como puramente econômico e material – por exemplo, a mercadoria ou o capital – era, de fato, a cristalização de relações sociais, em particular do assalariamento.[85]

---

85. *Ibidem*, p. 17.

Aqui Meillassoux demonstra que o fundamento de seu particularismo revela, na verdade, uma generalização. É porque em todas as sociedades as relações econômicas são parte das relações sociais e estas assumem formas distintas de acordo com as condições sob as quais os homens produzem que o estudo deve ser particularizado.

> Como vimos, a economia primitiva permanece como uma categoria relativamente vaga no interior da qual só aparecem como distintivas certas atividades dominantes. Fala-se, assim, de sociedades de caça, de pesca, de rebanho. (...) Entretanto, não foi estabelecida a relação lógica entre estas diferentes atividades, que não se excluem necessariamente, e as formas de organização sociais. (...) Marx nos ensina que o importante não é o que produzem os homens e sim a maneira como produzem. (...) A pesca, a caça, e a agricultura são cada uma atividades multiformes às quais não se pode outorgar um determinismo unívoco. Para cada uma destas atividades, existem numerosas práticas. Umas são coletivas e outras individuais. Exigem mais ou menos investimentos em trabalho. As relações que se estabelecem entre produtores dependem dos meios empregados, dos processos de trabalho, da natureza e do uso do produto. É a partir da relação que se estabelece entre o produtor e seus meios de produção (em particular à terra) e das relações sociais necessárias para a ativação destes meios que se deve realizar a análise.[86]

---

86. *Ibidem*, p. 22-23.

Não obstante, a afirmação das características particulares de cada sociedade, expressa nas suas formas diversas de apropriação da natureza e de organização social desta apropriação, não implica a inexistência de traços comuns; ao contrário, estes traços existem e Meillassoux os reúne sob o teto comum do determinismo calcado na lógica de reprodução física dos grupos sociais. Na introdução de seu estudo sobre os Gouro da Cote d'Ivoire, ele nos deixa claro qual é o significado deste determinismo:

> A orientação desta pesquisa remete à economia. Esta escolha não implica a adoção, de nossa parte, da tese de um determinismo causal e unilateral do fato econômico bruto (por exemplo, as ferramentas, a natureza dos recursos ou mesmo o gênero de vida) sobre as outras estruturas da sociedade. A importância dos fenômenos econômicos é de uma outra ordem. A necessidade de produzir cumpre um papel decisivo na organização social pela simples razão que a produção é a condição mesma da existência da sociedade. Uma sociedade pode interromper o exercício de seus cultos, renunciar aos seus ritos, suas danças, sua arte sem deixar de existir, mas ela não pode deixar de produzir sem desaparecer fisicamente. As relações de trabalho amarradas (noués) em torno desta exigência são quotidianas e estreitas. A partilha dos gêneros alimentícios para a alimentação comum é uma instituição que cimenta os grupos e os delimita socialmente (...) No entanto, os Gouro não são dominados pela organização material das coisas nem mesmo pelo meio natural do qual eles extraem

sua subsistência. Às exigências da produção que, estando satisfeitas permitem à sociedade viver, se agregam, mais delimitadas (contraignantes), aquelas da reprodução natural e social pelas quais ela [a sociedade] se perpetua nos mesmos quadros. As relações matrimoniais e de filiação que permitem esta repetição das condições sociais da produção entram, então, necessariamente, no estudo da economia tradicional.[87]

Efetivamente, a questão de fundo sob a qual emergem estas asserções de Meillassoux nos informa sobre sua concepção de materialismo. Ao criticar a postura das escolas sociológicas alemã e britânica do século XIX – em que são listados autores como Henry Maine, Morgan, os próprios Marx e Engels, Ferdinand Tönnies e Max Weber – quanto à distinção entre as sociedades que se acumularam na história, Meillassoux brada contra a ênfase nos traços jurídicos que determinariam tais distinções.[88] Mais uma vez, estamos diante da clássica discussão 'materialismo X idealismo': não se pode explicar o modo de vida das sociedades a partir das construções sociais que não são, efetivamente, construções que surgem do nada, mas de uma relação funcional com as condições de atividade material dos homens.

Basta que vejamos como se posiciona Meillassoux ante a teoria do parentesco de Claude Lévi-Strauss para que tal visão nos seja clarificada. Segundo nosso autor, à atribuição de universalidade – e, logo, de pertencimento ao domínio da

---

87. Meillassoux, *Anthropologie Économique des Gouro de Cote d'Ivoire*, p. 10-11 (grifo nosso).
88. *Ibidem*, p. 15-16.

natureza – quanto à proibição do incesto, Lévi-Strauss usa como contrapeso sociológico a necessidade do intercâmbio de mulheres. Contudo, mesmo esta "necessidade" não parece a Lévi-Strauss ser fruto das regras de direito e moral 'produzidas pelas condições gerais da sociedade', mas sim novamente um dado natural sobre o qual os homens não teriam nenhum poder.[89] Para Meillassoux, o incesto não provoca repulsão natural na maioria dos indivíduos e há diversos registros de sua prática.[90] Assim, sua proibição obedeceria às necessidades de reprodução do grupo, quer dizer, da reprodução dos próprios indivíduos produtores, em determinadas categorias de sexo e idade. Um grupo constituído apenas por mãe-filhos esbarraria no fato de que a coincidência de maturidade sexual entre os indivíduos é mais restrita neste âmbito do que é entre indivíduos de grupos distintos, o que acarretaria em número insuficiente de produtores no interior do grupo.

É evidente que, em uma sociedade organizada para a sobrevivência, os grupos constitutivos são aqueles capazes de prover suas necessidades materiais e, mais particularmente, nutritivas. Deste ponto de vista, o grupo mãe-filhos, abandonado à sorte da fecundidade, não é um grupo constitutivo funcional. Não se compõe necessariamente de indivíduos capazes de produzir e satisfazer as necessidades materiais de todo o

---

89. Cf. *Ibidem*, p. 23-24.
90. *Ibidem*, p. 24: "É exercido [o incesto] legitimamente entre irmãos no Havaí, no seio das dinastias faraônicas, entre pai e filha Azande, entre mãe e filho Mbuti, e até entre gente comum no Egito romano".

grupo. Sua existência física está subordinada à sua inserção em uma célula de produção de distinta dimensão e distinta composição, econômica e socialmente determinada pelas condições gerais de produção. As condições e as capacidades de reprodução do grupo mãe-filhos estarão subordinadas à natureza da célula de produção na qual se insere. (...) Sendo o número de reprodutoras, em relação ao conjunto da população, sempre menor que o dos produtores, são menores as possibilidades de que uma célula constituída ao redor de atividades estritas de produção disponha a todo o momento de um número suficiente de mulheres púberes aptas a que sua progenitura possa substituir continuamente os efetivos do grupo em sexo e idade. (...) A mobilidade dos indivíduos por entre um conjunto de células de produção é, portanto, necessária para assegurar esta distribuição.[91]

Este tipo de análise, cujas linhas gerais são compartilhadas também por Pierre-Phelippe Rey e Emmanuel Terray, ressalta o que Maurice Godelier já nos havia adiantado sobre a antropologia de Meillassoux: infraestrutura e superestrutura são irredutíveis; portanto, relações de produção em sociedades domésticas, de linhagem e segmentares[92] são

---

91. *Ibidem*, p. 25-27.
92. Eis como Terray explica o emprego da noção de sociedades de linhagens e segmentares (*O Marxismo diante das Sociedades Primitivas*, p. 96, nota 2): "Tomamos a noção de sociedade de linhagens e segmentares da terminologia corrente da etnologia. Sabe-se que uma linhagem é um grupo de pessoas que descende, de maneira real ou fictícia, de um ancestral comum, homem ou mulher, quer seja em linha masculina ou em linha feminina; pode ser decomposta em segmentos de diferentes níveis que reúnam as pessoas nascidas de tal ou

distintas das relações de parentesco, já que estas constituem uma instância jurídica e ideológica.

Não reproduziremos a vasta argumentação de Meillassoux que fundamenta a separação entre infraestrutura e superestrutura, mas agregaremos um novo exemplo para esclarecer ainda mais os princípios que a discussão sobre o incesto já havia apresentado. Trata-se, da diferença fundamental postulada por Meillassoux entre os bandos de caçadores-coletores e as comunidades agrícolas. Os primeiros, ao explorarem a terra como objeto de trabalho – e recolherem imediatamente o produto do trabalho, também rapidamente consumido – não precisam necessariamente criar laços sociais estáveis. Explique-se: a cooperação entre os indivíduos se dá necessariamente, como é o caso da caça de grandes animais, mas, repartido o produto do trabalho, não há nada que necessariamente obrigue o grupo a se reconstituir do ponto de vista da produção:

> A repartição do produto] desliga a cada um de todas as obrigações frente aos outros. Nada exige, do ponto de vista da produção que os mesmos produtores reconstituam o mesmo grupo posteriormente. É certo que outros laços estabelecidos pelo bando, à margem das atividades produtivas, podem impulsionar a reconstituição dos mesmos grupos. (...) Se a

qual descendente ou fundador. Em uma sociedade de linhagem e segmentar, os grupos locais – aldeias, bairros etc. – estão constituídos sob a base de pertinência à linhagem: a linhagem ou o segmento é o núcleo do grupo local; a relação entre os diferentes grupos locais é ao mesmo tempo de antagonismo e de complementaridade; não existe autoridade política centralizada".

atividade comum exigiu a fabricação de um meio de produção coletivo suscetível de ser utilizado repetidas vezes, os membros do grupo são instigados a permanecer juntos durante todo o tempo que o utilizem. Entretanto, estes vínculos não são obrigatórios e podem durar somente o tempo que dura a utilização do objeto coletivo. (...) O ciclo da reprodução da força de trabalho, da energia humana, é curto. As subsistências, que não se prestam à conservação, são consumidas à medida que são produzidas. Não existe acumulação de produto. O ciclo de transformação dos alimentos em energia é cotidiano: a cada dia – ou quase – o produtor põe em ação a energia adquirida por meio das subsistências que absorveu durante as horas passadas para produzir as subsistências necessárias durante as horas seguintes.[93]

Já as comunidades agrícolas – como os Gouro – exploram o solo como meio de trabalho, ou seja, investem na terra um trabalho humano que controla a sua capacidade produtiva; têm que prepará-la, plantar e aguardar o fim do processo produtivo para obter o produto. Isto exige uma ligação mais estável entre os produtores, que permanecem ligados pelos estoques armazenados e pelas sementes que serão utilizadas no próximo ciclo reprodutivo.[94]

(...) as práticas agrícolas implicam a formação de células produtivas adaptadas a um processo de produção que exige uma inversão de energia na terra como meio de trabalho,

---

93. Meillassoux, *Mujeres, Graneros y Capitales*, p. 30.
94. Cf. Moniot, *op. cit.*, p. 73.

uma continuidade e um encadeamento das tarefas durante um período de vários meses e a espera de que o produto amadureça. O ritmo lento da produção contribui para manter juntos os produtores durante toda a duração do ciclo agrícola e para além dele. (...) Com este tipo de atividade repetitiva e cíclica se desenvolvem a manutenção da coesão da célula produtiva, a organização de sua reprodução e de sua proteção. De maneira tal que, diferentemente dos bandos caçadores-coletores, a família (pais, cônjuges e descendência imediata dos cônjuges), cujas relações internas – estão associadas às práticas agrícolas ao mesmo tempo que à reprodução, adquire uma existência social e funcional.[95]

Assim, as relações de parentesco nas comunidades agrícolas adquirem uma função política que, para Meillassoux, está intimamente ligada ao controle dos produtores e à reprodução destes produtores. Daí a importância da circulação de mulheres púberes, que é controlada pelos mais velhos do grupo. De fato, nestas sociedades, a divisão do trabalho obedece principalmente à divisão sexual e a uma divisão em função da idade. Os mais velhos atuam politicamente como os chefes que comandam a vida do grupo, controlando o acesso às

---

95. Meillassoux, *Mujeres, Graneros y Capitales*, p. 47. Esta concepção de que a família emerge da sociedade agrícola é muito similar àquela apresentada por Engels em seu *A Origem da Família, da Propriedade Privada e do Estado*. Contudo, Engels enfatiza a relação entre propriedade/herança da terra e a necessidade da monogamia/família, enquanto para Meillassoux esse seria um traço do já tratado privilégio concedido às relações jurídicas em detrimento das necessidades próprias às atividades produtivas.

mulheres, negociando os mais jovens como força de trabalho ativa, deliberando sobre as atividades dos escravos. Meillassoux, contudo, ao contrário de Rey, não considera que esta seja uma relação entre classes – mais velhos em oposição aos mais jovens – porque os mais jovens ocuparão, quando mais velhos, as mesmas prerrogativas de dominação de seus predecessores.

> Se os maiores constituem uma classe exploradora, cada um dos membros que a compõe só poderia chegar a ela tendo sido previamente membro da classe inferior explorada, portanto após ter ele mesmo sido explorado. (...) O exercício, por parte do maior, de uma autoridade sobre os menores, não cria por si só uma relação de classe. Para que isso ocorresse, seria necessário que se acompanhasse de uma relação organizada de exploração. Mas nenhuma classe dominante cede de bom grado os instrumentos de poder à classe dominada. (...) O mais velho, ao contrário, para assegurar a reprodução doméstica, deve conceder uma esposa aos seus dependentes.[96]

Já as mulheres representariam, com efeito, uma classe explorada, porque a despeito de sua função central na reprodução do grupo, elas estão sempre em condições de submissão política:

> A subordinação ao homem das capacidades reprodutivas da mulher, a privação de sua descendência em proveito dele, sua incapacidade para criar relações de filiação, são

---

96. *Ibidem*, p. 117-118.

acompanhadas de uma similar incapacidade da mulher para adquirir um estatuto a partir das relações de produção. À mulher, em que pese o lugar dominante que ocupa às vezes tanto na agricultura como nos trabalhos domésticos, não é admitida uma condição de produtora. Ao estar submetida às suas relações de conjugalidade, que prevalecem sobre suas relações de filiação, o produto do seu trabalho entra no circuito doméstico somente por intermédio de um homem. (...) Marx tinha razão, então, ao considerar que as mulheres constituíam sem dúvida a primeira classe explorada.[97]

Rey, por sua vez, sustenta a divisão de classe entre 'velhos' e 'jovens'. Para ele, o dote – pago à família da mulher nubente – significa uma extorsão, bem como na atribuição das tarefas produtivas que exigem mais esforço aos jovens não-casados revela-se uma exploração.[98] Terray, embora reconheça a exploração dos jovens pelos mais velhos e das mulheres pelos homens, diz que essas condições revelam a existência de classes 'em si', mas não de classes 'para si' – elas existem pela oposição de lugares sociais no processo produtivo, mas não são reconhecidas conscientemente pelos sujeitos que delas fazem parte. A prevalência de uma solidariedade vertical – no interior da unidade produtiva, geralmente familiar, que congrega velhos, adultos, jovens e mulheres – sobre uma horizontal – entre todos os jovens, entre todas as mulheres, leva Terray a concluir que o reconhecimento da exploração e

---

97. *Ibidem*, p. 113-114. Mesmo em sociedades matrilineares, o irmão da mãe é a figura masculina que ocupa o papel do cônjuge masculino nas patrilineares.
98. Rey, "Contradictions de Classe dans les Sociétés Lignagères", p. 129.

da divisão em classes dificilmente poderia ocorrer no interior das comunidades agrícolas.

Isto posto, eis que nos defrontamos com o ponto principal a ser abordado. Argumentamos, a respeito de Godelier, sobre a improcedência de utilizar categorias construídas para analisar um modo de produção historicamente determinado – o capitalismo – no processo compreensivo das sociedades primitivas. Contudo, o que dizer a respeito de Meillassoux e outros por ele influenciados – notadamente os já citados Rey e Terray – enxergarem nestas sociedades divisão de classes e exploração? Embora estes três autores apresentem divergências entre si,[99] todos defendem que a organização social das sociedades de linhagem, baseada na economia doméstica, apresenta oposições de classe, observadas nas formas de exploração que um grupo exerce sobre outro.

Em primeiro lugar, é preciso dizer que estas análises marxistas contribuíram para a derrubada do mito do igualitarismo nas sociedades primitivas.[100] As relações que se

---

99. Cf. Bloch, *Marxism and Anthropology*, p. 158-160; Meillassoux, *Mujeres, Graneros y Capitales*, p. 116.

100. José Sávio Leopoldi (*Igualdade: uma Visão Antropológica*, p. 561) assevera: "Não é preciso enfatizar que, a rigor, não existe, e nem poderia existir, um igualitarismo em termos absolutos, assim como não há duas pessoas exatamente iguais em suas capacidades e qualidades. Mas a antropologia estabeleceu um consenso de que se considerem 'sociedades igualitárias' aquelas que, na realidade, são 'mais igualitárias' do que todas as outras que se conhecem. E essas são as sociedades caçadoras-coletoras de economia mais simples, também chamada de 'economia do retorno imediato' (...). Acima de tudo esses grupos desenvolvem uma atitude, que se pode chamar de ética do igualitarismo,

estabelecem nestas sociedades não denotam, de fato, uma simetria total entre os agentes; há hierarquias, posições sociais mais ou menos valorizadas, divisão social do trabalho e controle político sobre os fatores de produção.

Entretanto, a utilização do conceito de classe como categoria operatória no estudo das sociedades tradicionais nos parece equivocado. A apropriação de um produto que é fruto do trabalho alheio, o uso dos homens como parte das condições de produção e a divisão sexual do trabalho são todos fenômenos que realmente transcendem a historicidade do capitalismo; mas dizer que em todas as sociedades em que tais fenômenos ocorrem há uma divisão de classes elimina, a nosso ver, a historicidade do conceito.

Em linhas gerais, a definição das classes sociais no marxismo assenta-se na posição ocupada por tal ou qual grupo no processo de produção. Entretanto, a tradição marxista vai mais longe que a mera divisão formal da sociedade em classes: Terray já adiantara a importância da diferenciação de classe em si e classe para si, e esta será uma das chaves que utilizaremos aqui para compreender o conceito de classe para o marxismo.

À guisa de preâmbulo, mencionemos que há uma dificuldade de reconhecer o conceito de classe na obra de Marx como uma construção acabada e claramente demarcada quanto a sua definição. A interrupção do último livro d'*O Capital* justamente no capítulo intitulado *As Classes*

---

baseada em mecanismo niveladores, sempre acionados quando um indivíduo, por qualquer circunstância, pretende impor-se de maneira abusiva aos demais, ameaçando o equilíbrio do sistema".

nos privou de conhecer um desenvolvimento mais profundo do tema advindo da pena do próprio Marx. Nas poucas linhas ali traçadas, Marx nos informa apenas que as três grandes classes da sociedade moderna, que se baseia no modo de produção capitalista, são os proprietários da mera força de trabalho (assalariados), os proprietários do capital (capitalistas) e os proprietários da terra, cujos rendimentos provêm, respectivamente, do salário, do lucro e da renda fundiária.[101]

Contudo, a famosa asserção presente no Manifesto do Partido Comunista de que "a história de todas as sociedades até os nossos dias é a história da luta de classes" indicaria que o termo classe transcende a historicidade do capitalismo. Mas quais seriam os critérios históricos que permitiriam que uma dada formação social apresentasse uma divisão em classes? Vejamos como Engels pode nos auxiliar a responder esta pergunta. Em 1883, ele escreve:

> A ideia fundamental que perpassa todo o "Manifesto" – a saber: que a produção econômica e a estrutura social dela derivada necessariamente em cada época histórica, constituem a base sobre a qual descansa a história política e intelectual de nossa época; que, portanto, toda a história (desde a dissolução do regime primitivo de propriedade comum da terra) tem sido uma história de luta de classes, de luta entre

---

101. Cf. Marx, *O Capital*, Livro III, Seção VII, Capítulo LII.

classes exploradoras e exploradas, dominantes e dominadas, nas diferentes fases de desenvolvimento social (...)[102]

Já em 1884, Engels afirma:

> A sociedade antiga, baseada nas uniões gentílicas, vai pelos ares, em consequência do choque das classes sociais recém-formadas; dá lugar a uma nova sociedade organizada em Estado (...), uma sociedade em que o regime familiar está completamente submetido às relações de propriedade e na qual têm livre curso as contradições de classe e a luta de classes, que constituem o conteúdo de toda a história escrita, até nossos dias.[103]

Finalmente, em 1888, encontramos o seguinte em Engels:

> Na história moderna, ao menos, fica demonstrado, portanto, que todas as lutas políticas são lutas de classes e que todas as lutas de emancipação de classes – em que pese sua inevitável forma política, posto que toda luta de classe é uma luta política – giram, em última instância, em torno da emancipação econômica.[104]

Ora, as classes e a luta que elas travam não marcam, então, a história de todas as sociedades, mas sim aquelas

---

102. Engels, *Prefácio à edição alemã de 1883 do 'Manifesto do Partido Comunista'*, p. 15 (grifo nosso).
103. Engels, *Prefácio à primeira edição de "A Origem da Família..."*, p. 3 (grifo nosso).
104. Engels, *Ludwig Feuerbach e o Fim da Filosofia Clássica Alemã*, p. 393 (grifo nosso).

que sugiram no bojo da dissolução da comuna primitiva, as que possuíam história escrita ou, ao menos, as que se inscrevem na história moderna. A despeito das imprecisões, Engels deixa claro que não considera apropriada a existência de classes em sociedades tradicionais de linhagem, por exemplo.

Em trecho de carta a J. Weydemeyer, Marx esclarece:

> No que se refere a mim, não me cabe o mérito de ter descoberto a existência das classes na sociedade moderna e nem a luta entre elas. Muito antes de mim, alguns historiadores burgueses haviam exposto o desenvolvimento histórico desta luta de classes e alguns economistas burgueses haviam descrito sua anatomia econômica. O que eu acrescentei de novo foi 1) que a existência das classes está condicionada a determinadas fases históricas do desenvolvimento da produção (...).[105]

Podemos afirmar que em todas as sociedades há divisões sociais, há grupos cujos interesses entram em conflito com os de outros grupos, sejam eles conflitos entre senhores feudais e a burguesia nascente, seja entre mestres de ofício e aprendizes, seja entre patrícios e plebeus. Mas a divisão da sociedade em classes surge em determinadas fases históricas do desenvolvimento da produção. Este é, então, nosso primeiro critério histórico para a utilização do conceito de classe.

Na última citação de Engels, referente à história moderna, encontramos indícios de um outro critério: a classe é uma

---

105. Marx, *Lettres sur 'Le Capital'*, p. 59 (grifos nossos).

realidade econômica, mas a luta entre as classes antagônicas assume a forma de luta política. A mediação desta luta se dá, então, por meio de instituições políticas, sendo o Estado burguês a instituição correspondente à moderna sociedade capitalista. Este poder central que detém o monopólio da força para frear as lutas internas de uma sociedade não encontra similares nas sociedades de linhagem ou em outras sociedades do tipo "comunal primitiva", justamente porque não há um desenvolvimento da produção que separe estas sociedades internamente.[106] As assimetrias de prestígio, de controle social e, eventualmente, de riqueza material, não atingem o estatuto de diferenciação social no que tange aos processos produtivos.

O próprio Meillassoux reconhece que o poder de 'organizar a produção e a reprodução' concedido aos mais velhos não é questionado pelos mais jovens porque eles serão também velhos no futuro e, logo, depositários deste mesmo poder, reproduzindo ciclicamente uma estrutura de poder em perfeita harmonia com a reprodução material simples da sociedade.

---

106. Pierre Clastres (*A Sociedade contra o Estado*, p. 17-20) diz que o poder é universal, existente em todas as sociedades; mas que há duas formas de poder: o coercitivo e o não coercitivo. O poder coercitivo é marca das sociedades históricas, isto é, das sociedades que trazem em si a inovação, a mudança. Para ele, o poder coercitivo só pode existir em sociedades onde as forças sociais estão em conflito. Até aqui, Clastres corrobora nossas afirmações sobre o poder e as classes. Contudo, este autor não reconhece no desenvolvimento das forças produtivas um fator preponderante de diferenciação social, optando por uma visão inspirada em Rousseau e La Boètie, em que a emergência do poder em geral se explica pela vontade de obedecer e mandar.

Se elas podem ser definidas de acordo com a posição que ocupam num modo de produção – o que possuem, de onde provêm seus rendimentos, elas também podem ser reconhecidas quando, a partir do grau de centralização do poder numa dada sociedade, enxergamos mais nitidamente sua linhas definidoras ao examinarmos qual classe detém o acesso ao poder.

Este poder centralizado em uma instituição 'mediadora' dos antagonismos sociais nos remete a outro ponto fundamental na discussão sobre as classes: o auto-reconhecimento como classe, a capacidade de um grupo social reconhecer os antagonismos e indispor-se contra o poder e contra a classe que o controla. A luta política entre estas classes não se desenvolve somente em decorrência do fato de que os interesses contrários existem; é preciso que estas classes tomem consciência do conflito e atuem para eliminá-lo.

Marx e Engels declaram no Manifesto:

> Nossa época, a época da burguesia, se distingue, entretanto, por ter simplificado as contradições de classe. Toda a sociedade vai dividindo-se, cada vez mais, em dois grandes campos inimigos, em duas grandes classes, que se enfrentam diretamente: a burguesia e o proletariado.[107]

De fato, é esta generalização forçada, em que a sociedade se divide em duas grandes classes, o que concede força ao conceito de classe no capitalismo. Ao preconizar a transformação dos 'resquícios' de classes sociais de épocas

---

107. Marx e Engels, *Manifiesto del Partido Comunista*, p. 20.

anteriores – artesãos, camponeses, pequenos comerciantes – em proletários, Marx e Engels apostavam no potencial de uma classe formada pela 'imensa maioria' para, ao tomar consciência de que não tinha nada a perder, transformasse a sociedade em proveito desta mesma 'imensa maioria'.[108] Esta dimensão política do conceito de classe obviamente não faz nenhum sentido no âmbito das sociedades de linhagem, e os próprios autores que utilizam tal conceito assim afirmam. O que nos parece, então, é que a tradição do materialismo histórico adota o seguinte procedimento: a partir do momento que se descobre que as sociedades primitivas exibem traços de distinção social assimétrica, o materialismo histórico deve identificar os traços e os grupos para que sejam compreendidos seus desdobramentos no desenvolvimento histórico. Até aqui, nenhum problema; mas e quanto a caracterizar estes grupos como classes? O que nos parece é que mais uma vez uma certa pressão política para utilizar categorias marxistas suplantou a falta de necessidade real de o fazê-lo para avançar no conhecimento das sociedades primitivas. Georg Lukács apresenta bons argumentos para reforçar nosso ponto de vista:

> Como resultado para as épocas pré-capitalistas e para o comportamento no capitalismo de numerosas camadas sociais, cujas origens econômicas se encontram no pré-capitalismo, a consciência de classe não é capaz de assumir uma

---

108. *Ibidem*, p. 30.

forma plenamente clara nem de influenciar conscientemente os acontecimentos históricos. Isso ocorre sobretudo porque os interesses de classe na sociedade pré-capitalista nunca conseguem se distinguir claramente no que concerne ao aspecto econômico. A divisão da sociedade em castas, em estamentos etc, implica que, na estrutura econômica objetiva da sociedade, os elementos econômicos se unem inextricavelmente aos elementos políticos, religiosos etc. É somente com a hegemonia da burguesia, cuja vitória significa a supressão da organização em estamentos, que se torna possível uma ordem social em que a estratificação da sociedade tende à pura estratificação em classes.[109]

Como vemos, a própria definição de classe só atinge um sentido claramente determinado com o desenvolvimento do capitalismo. E, embora insistamos na correção do procedimento do materialismo histórico em identificar estes traços de antagonismo social em sociedades caracterizadas como comunidades primitivas, consideramos que a divisão destas sociedades em classes constitui um equívoco metodológico, na medida em que 1) não há, nestas sociedades, uma divisão entre proprietários e não-proprietários de meios de produção e de meios de trabalho que os conduza a uma diferenciação interna conflitiva; 2) não havendo esta diferenciação, não há necessidade de que um grupo social detenha um poder central – uma 'chefia' apartada do resto da sociedade que domina

---

109. Georg Lukács, *História e Consciência de Classe*, p. 148-149.

mecanismos de coerção[110] – para garantir seus privilégios e 3) se as relações da produção material não são passíveis de identificação como fonte de antagonismos internos, a dimensão política do autorreconhecimento como classe não é factível nessas sociedades.

Com efeito, revela-se um terreno pantanoso a definição de classe social para além da moderna sociedade capitalista, já que somente nela podemos observar as classes com nitidez tanto no que se refere a sua definição formal quanto a sua definição política. Thompson referenda tal dificuldade:

> Nenhuma categoria histórica foi mais incompreendida, atormentada, transfixada e des-historicizada do que a categoria de classe social; uma formação histórica autodefinidora, que homens e mulheres elaboram a partir de sua experiência de luta, foi reduzida a uma categoria estática (...).[111]

Finalmente, é preciso salientar que a análise dos marxistas filiados à tradição de Meillassoux possui aspectos positivos, advindos exatamente do cumprimento do procedimento do materialismo histórico. Embora tenhamos listado alguns dos seus argumentos como generalizações, todos os autores trabalharam intensamente sobre etnografias próprias ou de colegas e esmeravam-se em

---

110. Lembremos que nas *m*, Marx caracteriza o modo de produção asiático como um desenvolvimento da comuna primitiva em que este tipo de chefia se instaura especialmente por conta da necessidade de construção e gerenciamento de obras coletivas, como a irrigação.

111. E. P. Thompson, *A Miséria da Teoria*, p. 57.

particularizar os traços característicos de cada grupo estudado. Além disso, estas análises da realidade em seus aspectos sincrônicos ganharam sentido teórico muito mais amplo quando postas em perspectiva histórica: é no momento que relacionam suas descobertas sobre o funcionamento do 'modo de produção de linhagem' com as transformações impostas pela situação colonial que podem, por exemplo, enxergar como as divisões sociais existentes no interior dos grupos foram utilizadas pelos dominadores coloniais,[112] como a produção agrícola da comunidade doméstica é paulatinamente substituída pela agricultura comercial sob controle da colônia, que elege um produto no quadro das vantagens comparativas e transfere boa parte da força de trabalho até então empregada nas atividades de subsistência para o trabalho assalariado.[113]

---

112. Cf. Meillassoux, *Antrhopologie Économique des Gouro de Cote d'Ivoire*, p. 315-316 e 348.

113. *Ibidem*, p. 319-346.

6 | Por uma antropologia materialista e histórica

ARISTÓTELES ATENTAVA PARA o fato de que os assuntos relativos à vida política dos homens não deviam ser investigados visando alcançar mais do que esboços de verdade. Da mesma maneira, seria tolice aceitar de um matemático um raciocínio apenas presumível e exigir de um retórico provas científicas.[1]

Os estudos necessários à elaboração deste trabalho nos conduziram à compreensão desta advertência aristotélica. A ciência do mundo social não se comporta como a ciência do mundo natural; na segunda, as leis newtonianas, por exemplo, prevalecem em qualquer época e lugar, enquanto na primeira as "leis" que organizam a sociedade e os conflitos que elas espelham variam imensamente no tempo e no espaço. Mas para não cair na 'noite relativista onde todos

---

1. Aristóteles, *Nichomachean Ethics*, p. 339-340.

os gatos são pardos', conforme ilustração de Michel Löwy acerca do 'vale-tudo' metodológico e político que se alastrou no meio acadêmico com especial força após o colapso da União Soviética, reafirmamos – novamente na esteira de Löwy – que embora as ciências sociais produzam um conhecimento ligado à visão de mundo de uma classe social, isso não quer dizer que não haja possibilidade de um conhecimento objetivo da realidade. O que ele chama de 'ponto de vista do proletariado' e que chamaríamos hoje, na tentativa de alargar a matriz, do 'ponto de vista dos proletários e excluídos em geral', conserva em si as melhores condições de acesso ao conhecimento objetivo, pelo simples fato de que é sob este ponto de vista que podemos fazer a crítica da pretensa naturalidade e eternidade das 'leis' capitalistas, tal qual a ordem burguesa insistentemente proclama.[2]

O marxismo, ou o materialismo histórico,[3] surge, então, como a ciência capaz de revelar as verdades objetivas escondidas sob a capa ideológica da burguesia. Mas, ao contrário da infalibilidade apregoada nos velhos dogmas da ciência proletária da era stalinista, é preciso analisar quais são os limites dessa 'ciência marxista'.

Em primeiro lugar, é preciso ressaltar que o marxismo não se pretende um sistema metafísico de ordenamento do mundo e, portanto, não intenta fornecer resposta para todas as manifestações e fenômenos. Embora muitos marxistas

---

2. Cf. Michel Löwy, *Método Dialético e Teoria Prática*, p. 9-34.

3. Trataremos os temas marxismo e materialismo histórico como coincidentes, já que estamos tratando o marxismo como um método de conhecimento, cuja expressão é o materialismo histórico.

posteriores tenham querido descobrir no marxismo esta totalidade epistemológica[4] e muitos não-marxistas recusem a validade do marxismo justamente porque alegam que ele não apresenta 'resposta para tudo', de nossa parte rejeitamos tais posições e entendemos que o marxismo nos fornece, ao mesmo tempo, a) uma matriz ilimitada historicamente para nortear investigações e b) uma aplicação historicamente limitada dos conceitos que produziu.

No primeiro caso, a matriz ilimitada refere-se à centralidade das atividades materiais na produção e reprodução da vida dos homens. Mas esta centralidade – às avessas de uma interpretação vulgar que grassa nos meios acadêmicos nos dias atuais (mormente nas avaliações anti-marxistas da obra de Marx) – não é restritiva; ao contrário, ela se apresenta como um elemento relacional de base frente às demais atividades humanas. Examinar a história da humanidade partindo das condições determinadas sob as quais os homens podiam reproduzir sua existência em tal ou qual época e compreender como a combinação entre as mudanças nos fatores objetivos de produção e a ação de um ou mais grupos – seja ela violenta ou pacífica, revolucionária ou reformadora – resultou na evolução das formas de organização social das quais tivemos conhecimento ao longo da história é, a nosso ver, o autêntico procedimento marxista de produção de conhecimento.

---

4. O próprio Engels em muito contribui para tal, especialmente mediante suas obras que tentavam encaixar o materialismo dialético nas ciências da natureza.

Contudo, em qualquer época histórica as relações econômicas são relações sociais. Ainda que no capitalismo se tenha a ilusão de que a economia é uma esfera separada que atua sob leis próprias (provavelmente vindas de outra galáxia, já que são somente coisas e números que se relacionam!), a definição de economia sob a qual Marx orienta sua obra deixa claro que se trata da produção social da vida e, portanto, todas as relações – de produção material propriamente ditas, as jurídico-políticas, as religiosas, as filosóficas e científicas, compõem uma totalidade indivisível.

Quando Meillassoux nos dizia, algumas páginas atrás, que uma sociedade pode renunciar 'aos seus ritos, seus cultos, suas danças e suas artes' sem deixar de existir, mas não pode interromper a 'produção' sem 'desaparecer fisicamente', devemos, agora, responder-lhe que sem os ritos, os cultos, as danças e as artes certamente não haveria a 'produção'. Da mesma maneira, podemos dizer que se ele apenas dissesse que uma sociedade que não produz os meios de vida necessários à reprodução física cotidiana de seus membros está fadada a perecer, incorreria em um truísmo que, estranhamente, parece-nos necessário reafirmar constantemente.

Como já havíamos mencionado, a questão sobre a determinação da infraestrutura (ou base material) sobre a superestrutura assenta-se, para nós, tanto neste truísmo quanto nas limitações postas durante o tempo de reprodução de uma dada formação econômico–social, ou seja, o fato de que 'os homens fazem a história sob condições dadas e herdadas do passado', o que não quer dizer que estes homens não atuam sobre estas condições para mantê-las ou modificá-las, de acordo com os seus interesses socialmente determinados.

> A localização do momento preponderante no modo como os indivíduos manifestam sua vida não elimina a reciprocidade entre este modo objetivo e a representação destes indivíduos, isto é, não elimina o caráter reflexivo da determinação do momento real sobre o momento ideal, da estrutura sobre a superestrutura. Tanto isto é verdade que esta última, longe de um reflexo passivo, pode agir (ou retroagir) sobre a estrutura material em maior ou menor grau, sempre, entretanto, no interior das 'condições, possibilidades ou impedimentos' que esta lhe determina.[5]

Nesta concepção de história, os seres sociais não são meros suportes das estruturas: um modo de produção determinado inclui em sua dinâmica a ação recíproca entre as condições de produção e a ação efetiva dos homens que criam e recriam constantemente as condições de reprodução ou superação deste modo de produção.

> Foi o velho erro do materialismo mecânico – e também das analogias com o 'processo natural' utilizado como suporte de questões humanas – supor que um mecanismo é um mecanismo. Mas numa inspeção mais atenta, os fabricantes ideológicos do mecanismo foram identificados e as finalidades foram descobertas não só no término do processo – mas

---

5. Rubens Enderle, *Ontologia e Política*, p. 117.

também implantadas nos movimentos automáticos dos mecanismos. Pois se um modo de produção pretende implicar uma forma regular e racional de desenvolvimento sequencial, e uma estruturação relacional complexa (mas uniforme), independente da racionalidade e agência dos atores humanos que efetivamente produzem e se relacionam, então, dentro em pouco serão feitas perguntas como: de quem é a vontade divina que programou essa estrutura automática, onde está o "poder inconsciente" ulterior?[6]

As construções teóricas de Godelier, baseadas na concepção mecânica de história de Althusser e na estase social de Lévi-Strauss, vão de encontro à concepção de história e de conhecimento da realidade que defendemos aqui e que acreditamos seja aquela que molda o marxismo. Não há categorias lógicas que informem o método marxista 'de fora' da realidade, como estes novos eleatas nos querem fazer acreditar.[7]

> (...) as categorias sempre dizem respeito a um modo de produção determinado; é neste sentido que não se pode confundir a história da formação de um modo de produção com a história de sua realização, porque a estes distintos momentos históricos correspondem distintas categorias; ora, isto não significa a restrição a uma análise da "essência" (ou "estrutura") de um modo de produção recortado do fluir histórico; ao contrário,

---

6. E. P. Thompson, *op. cit.*, p. 103.

7. Cf. Henri Léfebvre, *Claude Lévi-Strauss e o Novo Eleatismo* e *Sobre uma Interpretação do Marxismo: Louis Althusser*, passim.

o materialismo histórico analisa a "essência" sob a condição absoluta de considerá-la histórica, da única forma que lhe é compatível, isto é, como "essência" de um modo de produção historicamente determinado.[8]

E é neste ponto que concentramos nossas críticas à antropologia marxista francesa. Desigual em suas formulações, pecando ora por excesso de teoricismo (Godelier), ora por excesso de reducionismo econômico (Meillassoux), o conjunto dos trabalhos analisados pertinentes a esta escola de investigação antropológica nos permitiu chegar ao nosso segundo ponto sobre o marxismo, aquele da limitação histórica do uso de suas categorias.

Meillassoux, Terray e Rey se inscrevem, entretanto, numa linha de pesquisa e reflexão teórica menos apelativa quanto ao uso inapropriado das categorias do marxismo. Excluindo a visão equivocada do conceito de classe, que ao fim e ao cabo não desmerece o conteúdo de seus trabalhos, estes autores adotam com precisão a única forma possível de aplicar o marxismo nas sociedades primitivas: desvendando suas relações particulares de produção, que se encontram – assim como nas outras sociedades de outros tempos históricos – imbricadas nas demais manifestações da vida social.

Poderíamos atribuir a eles o mesmo erro dos formalistas: tentar encontrar as categorias que acreditam existir – livre da determinação histórica – em todas as sociedades,

---

8. Paulo Silveira, *op. cit.*, p. 53.

como aconteceu com o conceito de classe. E se, de fato, aos nossos olhos, este erro ocorreu, foi de longe Maurice Godelier quem o cometeu sem acrescentar nada de positivo ao marxismo e ao conhecimento da história. Transmudar as categorias do estruturalismo lévi-straussiano em categorias compreensivas pertinentes ao estudo que Marx fez do capital não só representa uma impropriedade diante da própria historicidade do marxismo, como confunde a compreensão deste último ao violentá-lo com a introdução de categorias que lhe são estranhas.

Como vimos, portanto, o que denominamos como uma "escola" francesa da antropologia marxista está longe de coincidir com uma corpo de proposições uniformes e totalmente concordantes. Os principais autores reunidos sob esta legenda apresentam inúmeras divergências e, de fato, o que nos permite reuni-los é a postura teórica comum orientada pelo marxismo, ainda que este se apresente privado de sua própria historicidade.

É fato que a produção deste conhecimento sofre a ação da luta política que o marxismo desperta na sociedade e, em consequência, nos meios acadêmicos. A perpetuação da concepção errônea de que o marxismo é uma ciência exata do mundo social responde ao temor de que, ao reconhecermos que as noções do marxismo baseiam-se em categorias históricas – e, portanto, estão sujeitas a transformações e modificações que obedecem à conformação histórica da realidade estudada – estaríamos destruindo a força compreensiva do marxismo e, mais ainda, abandonando a luta política, a luta de classes, que é o *leitmotiv* de toda a obra de Marx –[9] segundo a compreendemos.

É possível que a própria correlação de forças na luta de classes dos dias de hoje, que apresenta um refluxo da luta anticapitalista de cunho classista, nos permita escrever as afirmações aqui contidas sem que considerem-na "revisão" ou "traição" do marxismo, como era comum nas décadas de 1960-1970. Mas ainda que o temor deste tipo de perseguição política tenha sido um fator que influenciou a produção da antropologia marxista francesa – e é compreensível que os traços desta "caça às bruxas" se refletissem em suas obras – permanece injustificado o uso de categorias próprias à análise do modo de produção capitalista em sociedades que apresentam outras ordenações sociais.[10]

---

9. Em carta a Engels, datada de 30 de abril de 1868, Marx expõe os seus planos para a discussão, no último livro d'*O Capital*, sobre a taxa de lucro, os juros e a renda fundiária e nos explica qual seria o ponto nodal com que terminaria seu livro: "Enfim, dado que estes três elementos (salário, renda fundiária e lucro) são as fontes de rendimento das três classes, a saber a dos proprietários de terra, a dos capitalistas e dos trabalhadores assalariados – como conclusão, a luta de classes, na qual o movimento se decompõe e que é o desenlace de toda essa merda..." (*Lettres sur "Le Capital"*, p. 213).

10. Pierre Clastres (*Os Marxistas e sua Antropologia, passim*) critica – de maneira bem menos respeitosa, diga-se de passagem – Godelier e Meillassoux por utilizarem categorias historicamente determinadas pertinentes ao capitalismo no estudo das sociedades primitivas e, embora concordemos com muitos dos seus argumentos, ele não os formula a partir do próprio campo do materialismo histórico, como pretendemos ter feito aqui; ao contrário, já mencionamos anteriormente que Clastres é afeito às vontades humanas, não às determinações históricas.

Ademais, se reconhecemos a historicidade das categorias, ou seja, a historicidade dos elementos da realidade a partir dos quais elas foram elaboradas, podemos dizer que, assim como já enxergavam Meillassoux e outros, é na ação que o capital exerce sobre as formações sociais não-capitalistas, no processo de destruição das velhas relações de produção e na substituição dos processos de trabalho tradicionais por aqueles controlados pela necessidade de valorização do capital[11] que a antropologia encontra-se realmente com o marxismo. E da maneira mais surpreendente, carece de formulações que não encontramos nas obras de Marx, mas que não poderíamos formular sem conhecer as que lá estão.

Citemos, como exemplo, o caso de uma comunidade rural negra do Vale do Ribeira, estado de São Paulo, agraciada por uma organização não-governamental com a possibilidade de estabelecer um contrato de fornecimento de farinha de mandioca artesanal para comerciantes holandeses. Tal contrato previa que a remessa seria de XX sacas da farinha por mês. Conscientes de que o extenuante trabalho de obter farinha de mandioca na 'soca' do pilão não lhes permitiria, por impossibilidade física mesmo, produzir a quantidade exigida, os membros da comunidade indagaram sobre a possibilidade de que a organização não-governamental lhes provesse com um

---

11. Esta discussão da passagem do controle – e a consequente alteração – das formas tradicionais de produção para o capital é discutida no chamado *Capítulo VI Inédito d'O Capital*, especialmente onde se trata da subsunção formal e da subsunção real do trabalho ao capital.

moedor de mandioca elétrico. Infelizmente, tal não foi possível, porque sem o trabalho manual os holandeses não considerariam a farinha artesanal e, enfim, o negócio não se concretizou.

A forma de exploração do trabalho aqui expressa contraria nossa visão corrente do processo de dominação das atividades tradicionais pelo capital. O processo de trabalho tradicional, cujo produto visa á subsistência e a uma eventual comercialização em escala mais que reduzida, é agora valorizado por uma operação puramente ideológica. Os países desenvolvidos aderem ao 'ecologicamente correto', desde que os pobres 'em desenvolvimento' lhes deem, mais uma vez, o seu sangue embutido nas mercadorias.

Este tipo de situação, com a qual se defrontam amiúde os antropólogos, revela novos padrões de relação entre as imposições da ordem capitalista e os grupos sociais que se encontram nela inseridos marginalmente. Recorrer ao 'ponto de vista' marxista é indispensável para que os compreendamos e possamos criar as novas categorias historicamente pertinentes nas quais inscrevê-los.

As questões de fundo que formulamos no início deste trabalho a respeito do marxismo referiam-se à determinação da superestrutura pela infraestrutura e à possibilidade de um único aparato teórico-instrumental ser utilizado para o conhecimento das diversas formações econômico-sociais ao longo da história.

Sobre a primeira questão, compreendemos que não há uma relação mecânica entre estas estruturas, ou seja, os seres sociais são ao mesmo tempo produto e produtores das relações sociais e econômicas – no sentido que Marx confere a elas. As determinações econômicas do materialismo histórico correspondem, com efeito, aos condicionamentos variados aos quais a atividade econômica dos homens – interagir com a natureza em busca de sobrevivência – está submetida em seus desenvolvimentos ulteriores. Neste sentido, tal determinismo contém, em aparente paradoxo, uma fonte de relativismos históricos, em consonância com leitura de Karl Polanyi e dos demais substantivistas.

Quanto à segunda, vimos que se, por um lado, o marxismo nos confere uma referência objetiva de investigação – a produção social da vida dos homens e os conflitos que dela emergem, por outro as categorias usadas por Marx na análise do capital encontram-se permeadas pela sua historicidade própria; ao contrário das disposições e leis 'naturais', que fundamentavam as formulações dos economistas clássicos e neoclássicos e dos antropólogos formalistas, o marxismo não apresenta verdades eternas e imutáveis. Cremos que as únicas concepções relativas à uma 'natureza humana' presentes em Marx dizem respeito à modificação da natureza externa a partir da atividade sensível dos homens – o que os difere dos outros animais – e à afirmação da produção da vida como atividade social. O resto é, literalmente, história...

Referências bibliográficas

ALCKMIN, Rodrigo Maciel. *Feuerbach e Marx: da sensibilidade à atividade sensível*, Dissertação de Mestrado, Belo Horizonte, FAFICH/UFMG, 2003. Disponível em http://www.adhominem.com.br

ALTHUSSER, Louis. "*Acerca del Trabajo Teórico*" In: ALTHUSSER. L. *La Filosofia como Arma de la Revolución*, Córdoba: Ediciones Pasado y Presente, 1972.

_____. *Éléments d'Auto-critique*, Paris: Hachette, 1974.

_____. *A Favor de Marx (Pour Marx)*, Rio de Janeiro: Zahar, 1979 (2ª edição).

_____. *Ideologia e Aparelhos Ideológicos de Estado*, Lisboa: Editorial Presença, 1980 (3ª edição).

_____. et alii. *Ler o Capital*, Rio de Janeiro: Zahar, 1979 (2 Volumes).

ANDERSON, Perry. *Considerações sobre o Marxismo Ocidental*, São Paulo: Brasiliense, 1999 (1ª reimpressão).

ARISTÓTELES. *Nicomachean Ethics*, Great Books, nº 9, Volume II, Chicago: University of Chicago, 1952.

BISHOP, John D. Moral Motivation and the Development of Francis Hutcheson's Philosophy In: *Journal of the History of Ideas*, Vol. 57 (p. 277-295), Baltimore: The Johns Hopkins University Press,1996.

BLOCH, Maurice. *Marxism and Anthropology – The History of a Relationship*, Oxford: Oxford University Press, 1985.

CARVALHO, Edgar de Assis (org.). *Antropologia Econômica*, São Paulo: Livraria Ed. Ciências Humanas, 1978.

CHESNAUX, Jean. *O Modo de Produção Asiático – algumas perspectives de pesquisa*. In: C.E.R.M.(Centre des Éstudes et Recherches Marxistes). *O Modo de Produção Asiático (publicação coletiva)*, Lisboa: Seara Nova, 1974.

CLASTRES, Pierre. Os Marxistas e sua Antropologia. In: *Arqueologia da Violência – ensaios de antropologia política*, São Paulo: Brasiliense, 1982.

_____. *A Sociedade contra o Estado – Pesquisas de Antropologia Política*, Rio de Janeiro: Francisco Alves, 1990 (5ª ed.).

DALTON, George. "Economic Theory and Primitive Society" In: LE CLAIR. Edward. E. &. SCHNEIDER, Harold K. *Economic Anthropology – Reading in Theory and Analysis*, Nova York, Holt, Rinehart and Winston, 1968.

DÉMONIO, Lucien. *A Problemática Anglo-saxônica: economia política e antropologia* In: POUILLON, François (org). *A Antropologia Econômica – Correntes e Problemas*, Lisboa: Edições 70, 1976.

ENDERLE, Rubens Moreira. *Ontologia e Política: a formação do pensamento marxiano de 1842 a 1846*, Dissertação de Mestrado, Belo Horizonte, FAFICH/UFMG, 2000. Disponível em http://www.adhominem.com.br

ENGELS, Friedrich. *Ludwig Feuerbach y el fin de la Filosofía Clasica Alemana*. In: *Obras Escogidas en dos Tomos*, Tomo II, Moscou: Editorial Progresso, 1955.

_____. *Carta a Joseph Bloch* (03/09/1890). In: MARX, K. e ENGELS, F. *Sobre Literatura e Arte* (excertos escolhidos), Lisboa: Editorial Estampa, 1974.

_____. *Carta a Piotr Lavrov* (12/11/1875) In: MARX, K. e ENGELS, F. *Lettres sur "Le Capital"*, Paris: Éditions Sociales, 1964.

_____. *Anti-Duhring*, México D. F.: Ediciones Roca, 1972.

_____. *A Origem da Família, da Propriedade Privada e do Estado*, Rio de Janeiro: Civilização Brasileira, 1977.

FERNANDES, Florestan. *Introdução* In: MARX, Karl. *Contribuição à Crítica da Economia Política*, São Paulo: Flama, 1946.

FIRTH, Raymond. *Primitive Polynesian Economy*, Londres: George Routledge & Sons, 1939.

_____. *Elementos da Organização Social*, Rio de Janeiro: Zahar, 1974.

GARCIA, Maria José G. F. *Em Busca do Conceito de Valor – uma abordagem semiolinguística*. Tese de Doutorado, FFLCH/USP, 1991.

GELLNER, Ernest. *Antropologia e Política – Revoluções no Bosque Sagrado*, Rio de Janeiro: Jorge Zahar, 1997.

GODELIER, Maurice. *Un Domaine Constesté: L'anthropologie Économique*, Paris: Mouton Éditeur, 1974.

_____. *A Noção de Modo de Produção Asiático e os Esquemas Marxistas de Evolução das Sociedades*. In: C.E.R.M. (Centre des Éstudes et Recherches Marxistes). *O Modo de Produção Asiático* (publicação coletiva), Lisboa: Seara Nova, 1974.

_____. *Presentación*. In: POLANYI, Karl *et alii*. *Comercio y Mercado en los Imperios Antiguos*, Barcelona: Editorial Labor: 1976.

_____. *Horizontes da Antropologia*, Lisboa: Edições 70, 1977.

_____. *The Emergence and development of Marxism in Anthropology in France*. In: GELLNER, Ernest (org.). *Soviet and Western Anthropology*, Nova York: Columbia University Press, 1980.

_____. *L'Idéel et le Material – pensée, économies, sociétés*, Paris: Fayard, 1984.

_____. *Racionalidade e Irracionalidade na Economia*, Rio de Janeiro: Tempo Brasileiro, s/d.

GODELIER, Maurice *et alii*. *Marxismo, Antropologia e Religião*. México D.F.: Ed. Roca,1974

GOLDMANN, Lucien *et alii*. *Debate Sobre o Estruturalismo: Uma Questão de Ideologia*. São Paulo: Ed. Documentos, 1968.

GRESPAN, Jorge L. S. *A Dialética do Avesso*. In: *Crítica Marxista*, nº 14, São Paulo: Boitempo, 2002.

_____. *A Crise na Crítica da Economia Política* In: BOITO JR., Armando *et alii* (org.). *A Obra Teórica de Marx – Atualidades, Problemas e Interpretações*, Campinas/São Paulo: IFCH/Xamã, 2002.

HERSKOVITS, Mellville J. *Antropologia Económica – Estudio de Economía Comparada*, México-Buenos Aires: Fondo de Cultura Económica, 1954.

HUME, David. *Tratado da Natureza Humana*, São Paulo: Editora da Unesp, 2000.

HOPKINS, Therence K. *La Sociología y la Concepción Empírica de Economia* In: POLANYI, Karl *et alii*. *Comercio y Mercado en los Imperios Antiguos*, Barcelona: Editorial Labor, 1976.

HUNT, E. K. *História do Pensamento Econômico*, Rio de Janeiro: Ed. Campus, 1981 (7ª ed.).

KRADER, Lawrence. *The Ethnological Notebooks of Karl Marx*, Assen: Ed. Van Gorkun & Comp. B.V.,1974.

LE CLAIR Jr, Edward E. *Economic Theory and Economic Anthropology*. In: LE CLAIR Jr, Edward E. e SCHNEIDER, Harold K. *Economic Anthropology – Reading in Theory and Analysis*, Nova York: Holt, Rinehart and Winston, 1968.

LÉFEBVRE, Henri *Claude Lévi-Strauss e o Novo Eleatismo*. In: GOLDMANN, Lucien *et alii*. *Debate Sobre o Estruturalismo – uma questão de ideologia*, São Paulo: Documento,1968.

_____. Sobre uma Interpretação do Marxismo: Louis Althusser" In: GOLDMANN, Lucien *et alii*. *Debate Sobre o Estruturalismo – uma questão de ideologia*, São Paulo: Documento,1968.

LÉVI-STRAUSS, Claude. *Antropologia Estrutural*, Rio de Janeiro: Tempo Brasileiro, 1991 (4ª ed.).

_____. *Antropologia Estrutural Dois*, Rio de Janeiro: Tempo Brasileiro, 1993 (4ª ed.).

LÉVI-STRAUSS, C., GODELIER, M. & AUGÉ, M. *Anthropologie, Histoire, Idéologie*. In: *L' Homme*, julho-dezembro, XV (3-4), Paris: Mouton&Co., 1975.

LEOPOLDI, José Sávio. *Igualdade: uma visão antropológica*, Tese de Doutorado, São Paulo: FFLCH/USP, 2001.

LÖWY, Michael. *Método Dialético e Teoria Política*, Rio de Janeiro: Paz e Terra, 1989.

_____. *As Aventuras de Karl Marx contra o Barão de Munchhausen*, São Paulo: Cortez, 2000 (7ª edição).

LUKÁCS, Georg. *História e Consciência de Classe*, São Paulo: Martins Fontes, 2003.

MALINOWSKI, Bronislaw. *Os Argonautas do Pacífico Ocidental*, Col. Os Pensadores, São Paulo: Ed. Abril, 1984.

MARX, Karl. *Contribuição à Crítica da Economia Política*, São Paulo: Flama, 1946.

_____. *Introdução a uma Crítica da Economia Política* a) In: MARX, Karl. *Contribuição à Crítica da Economia Política*, São Paulo, Flama, 1946 – Tradução de Florestan Fernandes – e b) In: HOROWITZ, David (org.). *A Economia Moderna e o Marxismo*, Rio de Janeiro: Zahar, 1972.

_____. *Grundrisse – Elementos Fundamentales para la Crítica de la Economía Política (Borrador)*, Vol. I, Buenos Aires: Siglo Veintuno, 1971.

_____. *O Capital* – livros I, II e III, São Paulo: Nova Cultural, 1985.

_____. *A Miséria da Filosofia*, São Paulo: Global,1989.

_____. *Formações Econômicas Pré-capitalistas* (Introdução de Eric Hobsbawm), Rio de Janeiro: Paz e Terra, 1991.

_____. *O 18 Brumário e Cartas a Kugelmann*, Rio de Janeiro: Paz e Terra, 2002 (7ª edição).

_____. *Capítulo VI Inédito de 'O Capital'*, São Paulo: Editora Moras, s/d.

MARX, Karl & ENGELS, Friedrich. *Manifiesto del Partido Comunista, Obras Escogidas en dos Tomos*, Tomo I, Moscou: Editorial Progresso, 1955.

_____. *Lettres sur "Le Capital"*, Paris: Éditions Sociales, 1964.

_____. *Textos* – Volume 1, São Paulo: Edições Sociais, 1977.

_____. *A Ideologia Alemã*, São Paulo: Hucitec, 1993.

MAUSS, Marcel. *Ensaio sobre a Dádiva*, Lisboa: Ed. 70, 1988.

MEILLASSOUX, Claude. *Anthropologie Economique des Gouro de Côte de D'Ivoire*, Paris: Mouton, 1964.

_____. *Mujeres, Graneros y Capitales*, México: Siglo Veintuno, 1977.

_____. *Lettre sur l'esclavage*. In: *Dialectiques*, n° 21, Paris: 1977.

MONIOT, Henri. *Em França: uma antropologia de inspiração marxista*. In: POUILLON, François (org). *A Antropologia Econômica – Correntes e Problemas*, Lisboa: Edições 70, 1976.

MORGAN, Lewis H. *La Sociedad Primitiva (Ancient Society)*, Buenos Aires: Editorial Lautaro, 1946.

NAPOLEONI, Claudio. *Smith, Ricardo, Marx*, São Paulo: Graal, 2000 (8ª ed.).

PANNEKOEK, Anton. *Marxism and Darwinism*, 1912. Disponível em: http://www.marxists.org/archive/pannekoe/1912/marxism-darwinism.htm

PEARSON, Harry W. *La economia sin excedente: crítica de una teoría del desarrollo*. In: POLANYI, Karl et alii. *Comercio y Mercado en los Imperios Antiguos*, Barcelona: Editorial Labor, 1976.

_____. *Parsons y Smelser y la Economía*. In: POLANYI, Karl et alii. *Comercio y Mercado en los Imperios Antiguos*, Barcelona: Editorial Labor, 1976.

PETROVA-AVERKIEVA, Yuliya. *Historicism in Soviet Ethnographic Science*. In: GELLNER, Ernest (org.). *Soviet and Western Anthropology*, Nova York: Columbia University Press, 1980.

PLEKHANOV, George. *A Concepção Materialista de História*: São Paulo, Editorial Vitória, 1963.

POUILLON, François. *A Determinação de um Modo de Produção: as forças produtivas e a sua apropriação*. In: POUILLON, François (org). *A Antropologia Econômica – Correntes e Problemas*, Lisboa: Edições 70, 1976.

POLANYI, Karl et alii. *Comercio y Mercado en los Imperios Antiguos*, Barcelona: Editorial Labor, 1976.

PRADO JR, Caio. *Estruturalismo de Lévi-Strauss, Marxismo de Louis Athusser*. São Paulo: Brasiliense, 1971.

REY, Pierre-Philippe. *Contradictions de Classe*. In: *Dialectiques*, nº 21, Paris, 1977.

RICARDO, David. *Princípios de Economia Política e Tributação*, Lisboa, Fundação Calouste Gilbenkian, 1983.

SAHLINS, Marshall. *Cultura e Razão Prática*, Rio de Janeiro: Jorge Zahar, 2003.

SEMENOV, Yuri I. *Theoretical Problems of 'Economic Anthropology'* In: *Philosophy of the Social Sciences*, 4, nº3, 1974.

SÈVE, Lucien. *Método estrutural e método dialético*. In: MOULOD, Noël et alii. *Estruturalismo e Marxismo*, Rio de Janeiro: Zahar, 1968.

SILVEIRA, Paulo. *Do Lado da História*, São Paulo: Polis, 1978.

SMITH, Adam. *A Riqueza das Nações – Investigação sobre sua natureza e suas causas*, São Paulo: Nova Cultural, Col. Os Economistas, 1996.

TERRAY, Emmanuel. *De L'exploitation*. In: *Dialectiques*, nº 21, Paris: 1977.

_____.*O Marxismo diante das Sociedades Primitivas*. São Paulo: Graal, 1979.

_____. "Claude Meillassoux: 1025-2005" In: *L'Homme*, 174 – Moitiés d'hommes, 2005. Disponível em http://lhomme. revues.org/document1795.html

THOMPSON, E. P. *A Miséria da Teoria ou um Planetário de Erros – uma crítica ao pensamento de Althusser*. Rio de Janeiro: Zahar, 1981.

THURNWALD, Richard. *L' Économie Primitive*, Paris: Payot, 1937

TRAUTMANN, Thomas R. *Lewis Henry Morgan and the Invention of Kinship*. Los Angeles: University of California Press, 1987.

VALENSI, Lucette. *História e Antropologia Econômica: a obra de Karl Polanyi*. In: RANDLES, W. G. L. *et alii*. *Para uma história antropológica*. Lisboa: Ed. 70, 1974.

Agradecimentos

Agradeço à minha família, aos meus amigos, ao meu orientador Renato da Silva Queiroz, aos professores Jorge da Silva Grespan e Alvaro Bianchi, à Fapesp e à Alameda pelos distintos apoios prestados. E a todas as comunidades 'tradicionais' – que anseiam por não ver negado seu direito à (sua própria) história – pela inspiração.

Esta obra foi impressa em Santa Catarina no inverno de 2011 pela Nova Letra Gráfica & Editora. No texto foi utilizada a fonte Palatino Linotype, em corpo 10,5 com entrelinha de 16,5 pontos.

REFUGIADOS

ALAN GRATZ

REFUGIADOS

Tradução de
Petê Rissatti

5ª edição

—— **Galera** ——
RIO DE JANEIRO
2023

CIP-BRASIL. CATALOGAÇÃO NA PUBLICAÇÃO
SINDICATO NACIONAL DOS EDITORES DE LIVROS, RJ

G81r
5ª ed.
    Gratz, Alan
    Refugiados / Alan Gratz; tradução Petê Rissatti. – 5ª ed. – Rio de Janeiro: Galera Record, 2023.

    Tradução de: Refugee
    ISBN 978-85-01-11646-8

    1. Ficção. 2. Literatura infantil americana. I. Rissatti, Petê. II. Título.

19-55077
    CDD: 808.899282
    CDU: 82-93(73)

Leandra Felix da Cruz – Bibliotecária – CRB-7/6135

Título original norte-americano:
Refugee

Copyright © 2017 Alan Gratz

Publicado mediante acordo com a Scholastic Inc., 557 Broadway, New York, NY, 10012, USA.

Direitos de tradução negociados por Ute Köner Literary Agent, Barcelona – www.uklitag.com

Todos os direitos reservados. Proibida a reprodução, no todo ou em parte, através de quaisquer meios. Os direitos morais do autor foram assegurados.

Texto revisado segundo o novo Acordo Ortográfico da Língua Portuguesa.

Direitos exclusivos de publicação em língua portuguesa somente para o Brasil adquiridos pela
EDITORA RECORD LTDA.
Rua Argentina, 171 – Rio de Janeiro, RJ – 20921-380 – Tel.: (21) 2585-2000, que se reserva a propriedade literária desta tradução.

Impresso no Brasil

ISBN 978-85-01-11646-8

Seja um leitor preferencial Record
Cadastre-se no site www.record.com.br
e receba informações sobre nossos
lançamentos e nossas promoções.

EDITORA AFILIADA

Atendimento e venda direta ao leitor
sac@record.com.br

Para John Gratz

JOSEF

BERLIM, ALEMANHA — 1938

CRACK! BANG!

Josef Landau levantou-se da cama em um pulo, com o coração acelerado. Aquele som — como se alguém tivesse chutado a porta da frente. Ou foi um sonho?

Josef ficou à espreita, tentando escutar na escuridão. Não estava acostumado aos sons daquele novo lugar, o pequeno apartamento em que ele e os familiares foram forçados a morar. Não puderam se manter na casa antiga desde que os nazistas disseram que o pai de Josef não tinha mais permissão para advogar porque era judeu.

Do outro lado do quarto, a irmã mais nova de Josef, Ruth, ainda dormia. Josef tentou relaxar. Talvez tivesse sido apenas um pesadelo.

Algo na escuridão de fora do quarto se moveu com um grunhido e uma pancada.

Tinha alguém na casa!

Josef se encolheu na cama, os olhos arregalados. Veio um som de algo se quebrando no quarto ao lado — *crisssh!* Ruth acordou e gritou. Gritou por puro terror. Tinha apenas seis anos.

— *Mama!* — gritou Josef. — *Papa!*

Sombras imensas irromperam no quarto. O ar parecia estalar ao redor deles como a estática de um rádio. Josef tentou esconder-se no canto da cama, mas mãos sombrias estenderam-se na direção dele. Tentaram agarrá-lo. Ele gritou ainda mais alto que a irmãzinha, abafando sua voz. Ele chutou e se debateu em pânico, mas uma das sombras agarrou seu tornozelo e o arrastou, seu rosto virado para a cama. Tentou segurar-se nos lençóis, mas as mãos eram fortes demais. Josef ficou tão assustado que se molhou, o líquido quente espalhando-se em seu pijama.

— Não! — gritou Josef. — *Não!*

As sombras o jogaram no chão. Outra sombra agarrou Ruth pelos cabelos e a estapeou.

— Fique quieta! — gritou a sombra, e jogou Ruth no chão ao lado de Josef. O choque calou Ruth, mas apenas por um momento. Em seguida, ela chorou com mais intensidade e ainda mais alto.

— *Xiu, Ruthie. Xiu* — implorou Josef. Ele a tomou nos braços e a envolveu em um abraço protetor. — Fique quietinha.

Eles se encolheram juntos no chão quando as sombras ergueram a cama de Ruth e a jogaram contra a parede. *Crash!* A cama quebrou-se em pedaços. As sombras rasgaram fotos, arrancaram gavetas das cômodas e jogaram roupas para todo lado. Quebraram abajures e lâmpadas. Josef e Ruth ficaram grudados, apavorados e com o rosto molhado de lágrimas.

As sombras agarraram-nos de novo e os arrastaram para a sala de estar. Jogaram os dois no chão mais uma vez e acenderam a luz da sala. Quando se acostumou à luminosidade, Josef viu os sete estranhos que invadiram sua casa. Alguns deles usavam roupas normais: camisa branca com mangas enroladas, calça cinza, touca de lã marrom, botas de couro. Mas a maioria usava camisa marrom e braçadeira vermelha com a suástica da *Sturmabteilung*, as "tropas de assalto" de Adolf Hitler.

A mãe e o pai de Josef também estavam lá, deitados no chão, aos pés dos camisas marrons.

— Josef! Ruth! — gritou *mama* quando os viu. Ela avançou na direção das crianças, mas um dos nazis agarrou sua camisola e a puxou para trás.

— Aaron Landau — disse um dos camisas marrons para o pai de Josef —, o senhor continuou a advogar mesmo com a proibição da prática aos judeus segundo a Lei de Restauração do Serviço Civil de 1933. Pelo crime contra o povo alemão, você será levado à prisão em caráter preventivo.

Josef olhou para o pai, em pânico.

— Isso tudo é um mal-entendido — disse *papa*. — Se vocês apenas me dessem uma chance para explicar...

O camisa marrom ignorou *papa* e meneou a cabeça para os outros homens. Dois dos nazistas fizeram o pai de Josef se erguer e o arrastaram na direção da porta.

— Não! — gritou Josef. Ele precisava fazer alguma coisa. Ficou em pé em um pulo, agarrou o braço de um dos homens que carregavam seu pai e tentou afastá-lo. Dois outros homens puxaram Josef e o seguraram enquanto ele lutava contra eles.

O camisa marrom no comando riu.

— Olhe para este aqui! — disse ele, apontando para o pijama molhado de Josef. — O garoto se mijou!

Os nazistas riram, e o rosto de Josef queimou de vergonha. Ele se debateu nos braços dos homens, tentando se libertar.

— Vou ser homem em breve — Josef disse a eles. — Vou ser um homem em seis meses e onze dias.

Os nazistas riram de novo.

— Seis meses e onze dias! — disse o camisa marrom. — Isso nem conta. — O camisa marrom de repente ficou sério. — Talvez seja a hora de levarmos você para um campo de concentração também, como seu pai.

— Não! — gritou *mama*. — Não, meu filho só tem doze anos. É um menino. Por favor... não.

Ruth agarrou a perna de Josef e chorou.

— Não leve ele! Não leve ele!

O camisa marrom franziu a testa diante do barulho e deu um aceno indiferente para os homens que carregavam Aaron Landau. Josef viu seu *papa* ser arrastado aos sons dos soluços de *mama* e do choro de Ruth.

— Não se apresse tanto em crescer, garoto — disse o camisa marrom a Josef. — Logo voltamos para te buscar.

Os nazistas bagunçaram o restante da casa de Josef, quebrando mobília, estilhaçando pratos e rasgando cortinas. Saíram tão de repente quanto entraram, e Josef, sua irmã e sua mãe ficaram de joelhos, encolhidos e juntos no meio da sala. Por fim, depois de os três terem chorado tudo o que podiam chorar, Rachel Landau levou as crianças para seu quarto, arrumou a cama e ficou abraçada com Josef e Ruth até o amanhecer.

* * *

Nos dias seguintes, Josef soube que sua família não era a única que os nazistas haviam atacado naquela noite. Outras casas, empresas judaicas e sinagogas foram destruídas em toda a Alemanha, e dezenas de milhares de homens judeus foram presos e enviados a campos de concentração. O evento tornou-se conhecido como *Kristallnacht*, a Noite dos Cristais.[*]

---

[*] A *Noite dos Cristais* aconteceu entre os dias 9 e 10 de novembro de 1938, na Alemanha e na Áustria. Nessa noite, nazistas invadiram casas e quebraram lojas e estabelecimentos de propriedade dos judeus. O nome se deve às vitrines de lojas e janelas de residências que foram quebradas durante as horas de terror para a população judaica. (N. T.)

Os nazistas não expressaram com palavras, mas a mensagem foi direta: Josef e sua família não eram mais bem-vindos na Alemanha. Mas eles não iriam a lugar nenhum. Ainda não. Não sem o pai de Josef.

Mama passou semanas indo de um gabinete do governo a outro, tentando descobrir onde estava seu marido e como trazê-lo de volta. Ninguém lhe dizia nada, e Josef começou a se desesperar com a ideia de nunca mais rever seu pai.

E então, seis meses depois de ele ter sido levado, a família recebeu um telegrama. Um telegrama de *papa*! Ele havia sido liberado de um campo de concentração chamado Dachau, mas apenas sob a condição de deixar o país dentro de catorze dias.

Josef não queria ir embora. A Alemanha era seu lar. Aonde iriam? Como viveriam? Mas já era a segunda vez que os nazistas diziam para eles saírem da Alemanha, e a família Landau não esperaria para ver o que fariam em seguida.

ISABEL

NAS CERCANIAS DE HAVANA, CUBA — 1994

Bastaram apenas duas tentativas para que a gatinha magrela, de pelos malhados, saísse de baixo da casa de tijolo vermelho e viesse comer na mão de Isabel Fernandez. A gata estava faminta, como todo mundo em Cuba, e seu estômago rapidamente venceu o medo.

A gata era tão pequena que só conseguia mordiscar os feijões. Sua barriga roncava como um motor de popa, e ela batia a cabeça na mão de Isabel entre as mordidas.

— Você não é lá grandes coisas, não é, gatinha? — disse Isabel. Seu pelo estava bagunçado e opaco, e Isabel conseguia sentir os ossos por baixo do pelo. Isabel percebeu que a gatinha não era muito diferente dela: magra, faminta e precisando de um banho. Isabel tinha onze anos e era só braços e pernas magricelos. Seu rosto marrom era sarapintado de sardas, o fino cabelo preto estava curtinho por conta do verão, e jogado para trás das orelhas. Estava descalça como sempre e vestia regata e shorts.

A gatinha devorou o último dos feijões e miou como em um lamento. Isabel queria ter outra coisa para lhe dar, mas aquela comida já era mais do que ela podia separar. Seu almoço não havia sido muito maior que o da gata — apenas alguns feijões e uma pilha pequena de arroz branco. Quando Isabel era pequena, havia racionamento e talões de cupons alimentícios. Mas alguns anos antes, em 1989, a União Soviética havia caído, e Cuba bateu no fundo do poço. Cuba era um país comunista, como a Rússia havia sido, e por décadas os soviéticos compraram açúcar cubano por um preço onze vezes maior que o normal, e, em troca mandavam para a ilhota comida, gasolina e remédios de graça.

Mas quando a União Soviética desapareceu, o apoio também se foi. A maioria das fazendas de Cuba plantava apenas cana-de--açúcar. Sem ninguém para pagar a mais por ela, os campos de cana secaram, as refinarias de açúcar fecharam e as pessoas perderam o emprego. Sem a gasolina da Rússia, não era possível abastecer os tratores para mudar os campos e produzir comida, e, sem comida extra, o povo cubano começou a passar fome. Todas as vacas, os porcos e as ovelhas foram abatidos e comidos. As pessoas chegaram a invadir o Zoológico de Havana e comeram os animais, e gatos, como aquela pequenina ali, acabavam na mesa do jantar.

Mas ninguém comeria *aquela* gata.

— Você será nosso segredinho — sussurrou Isabel.

— Ei, Isabel! — disse Iván, dando um susto nela. A gata saiu em disparada para baixo da casa.

O vizinho Iván era um ano mais velho que Isabel. Ele e Isabel eram amigos desde que ela conseguia se lembrar. Iván tinha a pele mais clara que a de Isabel, com cabelos escuros encaracolados. Usava sandálias, shorts, uma camisa de manga curta de botão e um boné bordado com a letra *I* — o logotipo da equipe de beisebol de Havana, os *Industriales*. Ele queria ser jogador profissional de beisebol quando crescesse, e jogava tão bem que aquele não era um sonho impossível.

Iván sentou-se no chão de terra ao lado de Isabel.

— Olha! Encontrei um pedaço de peixe morto na praia. Para a gata.

Isabel encolheu-se com o cheiro, mas a gatinha voltou correndo, comendo avidamente da mão de Iván.

— Ela precisa de um nome — disse Iván. Iván dava nomes para tudo: cães vira-latas que perambulavam pela cidade, sua bicicleta, até a luva de beisebol. — Que tal Jorge? Ou Javier? Ou Lázaro?

— São todos nomes de meninos! — comentou Isabel.

— Sim, mas são todos jogadores dos Leões, e ela é um leãozinho! — Os Leões era o apelido dos *Industriales*.

— Iván! — o pai dele chamou da casa ao lado. — Preciso da sua ajuda no barracão.

Iván levantou-se.

— Tenho que ir. Estamos construindo... uma casa de cachorro — disse ele, antes de sair correndo.

Isabel balançou a cabeça. Iván pensava que conseguia enganá-la, mas Isabel sabia exatamente o que ele e o pai estavam construindo no barracão, e não era uma casa de cachorro. Era um barco. Um barco para navegar até os Estados Unidos.

Isabel tinha medo de que os Castillo fossem pegos. Fidel Castro, o homem que governava Cuba como presidente e primeiro-ministro, não permitia que ninguém deixasse o país — especialmente para ir aos Estados Unidos —, *el norte*, como os cubanos chamavam. *O Norte*. Se alguém fosse pego tentando ir de barco para *el norte*, Castro mandava para a cadeia.

Ela sabia disso porque seu pai tentou e ficou na cadeia por um ano.

Isabel notou que o pai e o avô estavam indo para a estrada na direção da cidade para ficar na fila da comida. Ela pôs a gatinha de volta no esconderijo e correu para buscar o trompete em casa. Isabel amava acompanhar as viagens a Havana para ficar em uma esquina e tocar trompete em troca de pesos. Nunca ganhava muito. Não porque não fosse boa. Como a mãe gostava de dizer, Isabel conseguia tocar e afastar as nuvens de tempestade do céu. As pessoas sempre paravam para ouvi-la, e acompanhavam a música batendo palmas ou com os pés. Mas só quem conseguia lhe dar pesos eram os turistas — visitantes do Canadá, da Europa ou do México. Desde que a União Soviética havia desmoronado, a única moeda que a maioria dos cubanos tinha eram os talões que eram carimbados nas lojas, quando se retirava comida. E os talões de ração alimentícia eram bem inúteis de qualquer maneira; não havia comida suficiente, com ou sem talão.

Isabel alcançou o pai e o avô, em seguida se separou deles no Malecón, a ampla avenida que se curvava ao longo da mureta do mar no Porto de Havana. De um lado da avenida ficavam blocos de casas e lojas pintadas de azul-bebê, verde, amarelo e rosa. A pintura estava descascando e os prédios eram antigos e desgastados, mas ainda pareciam grandiosos para Isabel. Ela parou na via larga, onde todos em Havana pareciam se exibir. Mães carregavam bebês em *slings*. Casais beijavam-se embaixo das palmeiras. Artistas de rua tocavam rumba em guitarras e tambores. Garotos revezavam-se nos mergulhos no mar. Turistas tiravam fotos. Era o lugar favorito de Isabel em toda a cidade.

Isabel jogou um velho boné de beisebol no chão, para o caso de um dos turistas realmente ter um peso para dar. Levou o trompete aos lábios. Quando soprou, os dedos apertaram as notas que ela sabia de cor. Era uma salsa que costumava tocar, mas dessa vez ela ouviu além da música. Além do ruído dos carros e caminhões no Malecón, além das pessoas falando enquanto passavam, além do estrondo das ondas contra a mureta lá atrás.

Isabel tentava ouvir a *clave* além da música, a batida misteriosa, oculta dentro da música cubana, que todos pareciam ouvir, menos ela. Um ritmo irregular que cobria a batida regular, como o palpitar do coração embaixo da pele. Por mais que tentasse, nunca tinha ouvido nem sentido aquela batida. Tentou naquele momento ouvir intensamente as batidas do coração de Cuba em sua música.

O que ela ouviu em vez disso foi o som de vidro se quebrando.

MAHMOUD

ALEPO, SÍRIA — 2015

Mahmoud Bishara era invisível, exatamente como queria. Ficar invisível era sua maneira de sobreviver.

Não era literalmente invisível. Se alguém realmente olhasse para Mahmoud, desse uma olhada por baixo do capuz que sempre mantinha sobre o rosto, veria um menino de doze anos com um nariz longo, forte, sobrancelhas pretas grossas e um cabelo bem curto e preto. Era troncudo, os ombros largos e musculosos apesar da falta de comida. Mas Mahmoud fazia tudo o que podia para esconder seu tamanho e seu rosto, ficar abaixo do radar. A morte por um míssil de um caça ou de um foguete sem destino certo talvez viesse a qualquer momento, quando menos se esperasse. Caminhar por aí e ser notado pelo exército sírio ou pelos rebeldes que o combatiam era simplesmente chamar problema.

Mahmoud sentou-se na fileira do meio da sala de aula, onde a professora não o chamaria. As mesas tinham largura para acomodar três alunos, e Mahmoud se sentou entre dois garotos chamados Ahmed e Nedhal.

Ahmed e Nedhal não eram seus amigos. Mahmoud não tinha amigos.

Assim era mais fácil ficar invisível.

Um dos professores andou de um lado para o outro no corredor, tocando um sino, e Mahmoud pegou a mochila e foi encontrar o irmão mais novo, Walid.

Walid tinha dez anos de idade e estava duas séries abaixo de Mahmoud na escola. Também tinha o cabelo bem curto e preto, mas parecia mais com a mãe: ombros mais estreitos, sobrancelhas mais finas, um nariz mais achatado e orelhas maiores. Seus dentes pareciam grandes demais para a cabeça e, quando ele sorria, parecia um esquilo de desenho animado. Não que Walid sorrisse muito. Mahmoud não conseguia se lembrar da última vez que vira seu irmão rir, ou chorar, ou mostrar qualquer emoção que fosse.

A guerra deixava Mahmoud nervoso. Agitado. Paranoico. Tinha transformado seu irmão mais novo em um robô.

Embora não morassem em um apartamento distante, Mahmoud levava Walid para casa por uma rota diferente todos os dias. Às vezes, passavam pelos becos; podia haver combatentes nas ruas, que sempre eram alvos da oposição. Prédios bombardeados também eram bons. Mahmoud e Walid podiam desaparecer entre as montanhas de metal retorcido e cimento despedaçado, e não havia paredes para cair sobre eles se um obus passasse zunindo. Porém, se um avião lançasse uma bomba de barril, as paredes eram necessárias. Bombas de barril eram cheias de pregos e pedaços de metal e, se não houvesse uma parede atrás da qual se esconder, a pessoa era retalhada.

Nem sempre fora assim. Apenas quatro anos antes, sua cidade natal, Alepo, era a maior cidade da Síria, a mais brilhante e moderna. Uma joia da coroa do Oriente Médio. Mahmoud lembrava-se dos shoppings cintilando em neon, os arranha-céus reluzentes, os estádios de futebol, os cinemas, museus. Alepo tinha história também — uma longa história. A Cidade Antiga, no coração de Alepo, fora construída no século XII, e as pessoas viveram naquela área por mais de oito mil anos. Crescer em Alepo tinha sido incrível.

Até 2011, quando a Primavera Árabe chegou à Síria. Esse não era o nome na época. Ninguém sabia que uma onda de revoluções varreria o Oriente Médio, acabando com governos, derrubando ditadores e iniciando guerras civis. Tudo o que sabiam, por imagens na TV e posts do Facebook e Twitter, era que as pessoas na Tunísia, na Líbia e no Iêmen estavam se revoltando nas ruas e, como cada país se levantou e disse "Chega!", assim fez o próximo, e o outro, até por fim a Primavera Árabe chegar à Síria.

Mas os sírios sabiam que protestar nas ruas era perigoso. A Síria era governada por Bashar al-Assad, que tinha sido "eleito" duas vezes presidente quando ninguém tinha permissão de concorrer contra ele. Assad fazia desaparecer as pessoas de quem não gostava. Para sempre. Todos tinham medo do que ele faria se a Primavera Árabe varresse a Síria. Havia um antigo provérbio árabe que dizia: "Feche a porta que traz o vento e relaxe", e foi exatamente o que eles fizeram; enquanto o restante do Oriente Médio protestava, os sírios ficaram dentro de casa, trancaram as portas e esperaram para ver o que aconteceria.

Mas não fecharam tão bem a porta. Um homem em Damasco, capital da Síria, foi preso por falar abertamente contra Assad. Alguns garotos em Daraa, uma cidade no sul da Síria, foram presos e maltratados pela polícia por escrever frases anti-Assad em muros. E assim o país inteiro pareceu enlouquecer de uma vez. Dezenas de milhares de pessoas foram às ruas, exigindo a soltura de prisioneiros políticos e mais liberdade para todos. Dentro de um mês, Assad voltou tanques, soldados e bombardeiros contra os manifestantes — seu próprio *povo* — e, desde então, tudo o que Mahmoud, Walid e todos na Síria conheciam era a guerra.

Mahmoud e Walid viraram em uma viela cheia de escombros, diferente daquela do dia anterior, e paralisaram. Bem diante deles, dois garotos estavam prendendo outro menino contra o que restava de uma parede, prestes a pegar a sacola de pão que ele carregava.

Mahmoud puxou Walid para trás de um carro queimado, seu coração a mil. Ultimamente, incidentes como esse eram comuns em Alepo. Era cada vez mais difícil conseguir comida na cidade. Mas, para Mahmoud, a cena trazia lembranças de outro tempo, de pouco depois do início da guerra.

Mahmoud estava indo encontrar seu melhor amigo, Khalid. No fim de uma rua lateral como aquela, o viu sendo espancado por dois garotos mais velhos. Khalid era muçulmano xiita em um país de maioria sunita. Era inteligente. Esperto. Sempre rápido para levantar a mão em classe e sempre com a resposta correta. Ele e Mahmoud se conheciam fazia anos, e, embora Mahmoud fosse sunita e Khalid xiita, aquilo não importava para eles. Gostavam de passar as tardes e os fins de semana lendo quadrinhos, assistindo a filmes de super-heróis e jogando videogames.

Mas, bem naquele momento, Khalid estava encolhido como uma bola no chão, as mãos ao redor da cabeça, enquanto os garotos mais velhos o chutavam.

— Não é tão esperto agora, hein, seu porco? — disse um deles.

— Os xiitas deviam saber qual é seu lugar! Isso aqui é a Síria, não o Irã!

Mahmoud ficou furioso. As diferenças entre sunitas e xiitas eram apenas uma desculpa. Aqueles garotos só queriam bater em alguém.

Com um grito de guerra que deixaria o Wolverine orgulhoso, Mahmoud lançou-se sobre os agressores de Khalid.

E foi tão espancado quanto o amigo.

A partir desse dia, eles ficaram marcados. Os dois garotos mais velhos se tornaram os *bullies* pessoais de Mahmoud e Khalid, dando repetidas surras neles entre as aulas e depois da escola.

Foi quando Mahmoud e Khalid aprenderam como era valioso ser invisível. Mahmoud ficava na sala de aula o dia todo, não ia ao banheiro ou ao playground. Khalid nunca respondeu a outra pergunta em sala, nem mesmo quando o professor o chamava diretamente. Se os *bullies* não os notassem, não bateriam neles. Foi quando Mahmoud percebeu que, juntos, ele e Khalid eram alvos maiores; sozinhos, era mais fácil ficarem invisíveis. Não que tenham dito isso um ao outro, mas foi uma coisa que compreenderam e, dentro de um ano, haviam se afastado, a ponto de nem se dirigirem a palavra quando passavam um pelo outro no corredor.

De qualquer forma, um ano depois disso, Khalid morreu em um ataque aéreo.

Na Síria de 2015, era melhor não ter amigos.

Mahmoud observou aqueles dois garotos atacarem o menino com os pães, um garoto que ele nem conhecia. Sentiu os conflitos da indignação, da raiva, da compaixão. Sua respiração ficou rápida e forte, e suas mãos se fecharam em punhos. "Eu devia fazer alguma coisa", sussurrou. Mas sabia muito bem que não podia.

Cabeça baixa, capuz sobre ela, olhos no chão. O truque era ficar invisível. Misturar-se. Desaparecer.

Mahmoud pegou o irmão mais novo pela mão, deu meia--volta e encontrou um caminho diferente para casa.

JOSEF

BERLIM, ALEMANHA – 1939
1 DIA LONGE DE CASA

Era como se fossem invisíveis.

Josef e Ruth seguiram a mãe pela multidão na Lehrter Bahnhof, a principal estação de trem de Berlim. Os irmãos carregavam, cada um, uma mala, e a mãe carregava mais duas — uma para ela e outra para o pai de Josef. Nenhum carregador correu para ajudá-los com as bagagens. Nenhum agente da estação parou para perguntar se precisavam de ajuda para encontrar seu trem. As Estrelas de Davi brilhantes e amarelas nas braçadeiras que os Landau usavam eram como talismãs mágicos que os faziam desaparecer. Ainda assim, ninguém tropeçava neles, Josef percebeu. Todos os atendentes da estação e outros passageiros abriam caminho, fluindo ao seu redor como água em torno de uma pedra.

As pessoas escolhiam não os ver.

No trem, Josef e sua família sentaram-se em um compartimento com uma placa de *J*, de *Judeus*, assim nenhum alemão "de verdade" sentaria ali por engano. Seguiram para Hamburgo, na costa norte, onde seu pai os encontraria para embarcar no navio. No dia em que receberam o telegrama de *papa*, a mãe de Josef comprou quatro passagens para o único lugar que os aceitaria: uma ilha a meio mundo de distância chamada Cuba.

Desde que os nazistas subiram ao poder, seis anos antes, os judeus fugiam da Alemanha. Naquele momento, em maio de 1939, a maioria dos países havia parado de aceitar refugiados judeus ou tinham muitos pedidos oficiais que precisavam ser preenchidos, apresentados e pagos antes que deixassem a pessoa entrar. Josef e sua família esperavam chegar à América um dia, mas era simplesmente impossível entrar pelo Porto de Nova York. Os Estados Unidos permitiam apenas um número determinado de judeus por ano, então a família de Josef planejava viver em Cuba enquanto esperava.

— Estou com calor — disse Ruthie, puxando o casaco.

— Não, não — disse a mãe. — Precisa ficar com o casaco e não pode ir a lugar nenhum sem ele, entendeu? Não até chegarmos a Cuba.

— Não quero ir para Cuba — lamentou Ruth enquanto o trem começava a se movimentar.

Mama puxou Ruth para o colo.

— Eu sei, meu amor. Mas temos que ir para ficarmos todos em segurança. Vai ser uma aventura.

Ruthie teria começado o jardim da infância naquele ano se os judeus ainda tivessem permissão para ir à escola. Tinha olhos brilhantes, cabelo castanho rebelde cortado chanel e jogado para um dos lados, e um pequeno espaço entre os dois dentes da frente fazia com que ela parecesse um esquilo. Usava um vestido de lã azul-escuro com um colarinho branco de marinheiro, e aonde ia carregava seu coelho de veludo branco, Bitsy.

Ruthie nasceu no ano em que Adolf Hitler foi eleito chanceler da Alemanha. Não conhecia nenhuma outra vida além daquela. Mas Josef lembrava como era. Lá atrás, quando as pessoas os viam. Lá atrás, quando eles eram alemães.

Acordaram cedo, e aquele tinha sido um dia estressante; logo Ruthie dormiu no colo de *mama*, e *mama* dormitava com ela. Enquanto as observava dormir, Josef imaginou se alguém seria mesmo capaz de dizer que eram judeus se não estivessem em um compartimento judeu, usando braçadeiras com a Estrela de Davi.

Josef lembrou-se de uma época quando podia ir à escola. Seu professor, *Herr* Meier, chamou-o à frente da sala. No início, Josef pensou que o professor pediria para ele resolver um problema de matemática na lousa. Em vez disso, *Herr* Meier abaixou uma tela com rostos e perfis de homens e mulheres judeus sobre a lousa e começou a usar Josef como exemplo de como diferenciar um alemão genuíno de um judeu. Virou Josef para lá e para cá, apontando a curva de seu nariz, a inclinação do queixo. Josef sentiu todo aquele constrangimento novamente, a humilhação de falarem dele como se fosse um animal. Um espécime. Algo sub-humano.

Sem essas braçadeiras idiotas, sem a letra *J* estampada em seu passaporte, alguém saberia que ele era judeu?

Josef decidiu descobrir.

Saiu em silêncio do compartimento e caminhou ao longo do corredor, passando por outras famílias judias em seus compartimentos. A partir da próxima porta estava a parte "alemã" do trem.

Com o coração na garganta e a pele arrepiada, Josef tirou do braço a braçadeira de papel com a Estrela de Davi, enfiando-a no bolso do casaco, e saiu pela porta.

O menino atravessou o corredor na ponta dos pés. O vagão "alemão" não parecia diferente do vagão judeu. Famílias alemãs conversavam, riam e discutiam em seus compartimentos, como os judeus. Comiam, dormiam e liam livros como os judeus.

Josef flagrou seu reflexo em uma das janelas. O cabelo castanho liso penteado para trás de sua testa branca pálida, os olhos castanhos atrás de óculos com armação de arame que pousavam sobre o nariz curto, orelhas que se espichavam talvez um pouco demais para o lado. Tinha a altura média para a sua idade e usava um jaquetão cinza risca de giz, calça marrom, camisa branca e gravata azul. Nada nele realmente se encaixava com as imagens da apresentação de *Herr* Meier sobre como identificar um judeu. Josef não conseguia pensar em nenhum judeu, entre seus conhecidos, que *parecesse* com aquelas imagens.

O próximo vagão era o vagão-restaurante. As pessoas estavam sentadas em mesas pequenas, fumando, comendo e bebendo enquanto conversavam, liam jornais ou jogavam cartas. O homem no balcão de conveniência vendia jornais, e Josef pegou um e pôs uma moeda no balcão.

O homem no balcão de conveniência sorriu.

— Comprando um jornal para seu pai? — perguntou ele a Josef.

Não, pensou o menino. *Meu pai acabou de sair de um campo de concentração.*

— Não. Para mim — disse Josef em vez disso. — Quero ser jornalista um dia.

— Ótimo! — disse o jornaleiro. — Precisamos de mais escritores. — Ele estendeu a mão para todas as revistas e jornais. — Assim, terei mais coisas para vender!

Ele riu, e Josef sorriu. Ali estavam eles, conversando como duas pessoas normais, mas Josef não havia esquecido que era judeu. Não havia esquecido que, se estivesse usando sua braçadeira, aquele homem não estaria falando e rindo com ele. Estaria chamando a polícia.

Josef estava prestes a sair quando pensou em comprar um doce para Ruthie. O dinheiro era pouco desde que o pai perdera o emprego, e ela gostaria desse agrado. Josef pegou uma bala de um jarro e procurou outro fênigue do bolso. Encontrou, pôs no balcão e pagou pelo doce. Mas, junto com a moeda, a braçadeira surgiu.

Pairou até o chão, caindo com a Estrela de Davi para cima, para todo o mundo ver.

Josef sentiu como se um punho apertasse o coração, e se abaixou com tudo para pegar a braçadeira.

Pam. Um sapato preto cobriu a braçadeira de Josef antes que ele pudesse pegá-la. Devagar, trêmulo, Josef ergueu os olhos dos sapatos pretos até as meias brancas, os shorts marrons, a camisa marrom e a braçadeira vermelha de um membro da Juventude Hitlerista. Um menino da idade de Josef, jurado para viver e morrer pela pátria. Estava em cima da braçadeira de Josef, seus olhos arregalados de surpresa.

O sangue sumiu do rosto de Josef.

O menino abaixou-se, pegou a braçadeira e agarrou Josef pelo braço.

— Vamos — disse o garoto, e marchou levando Josef de volta pelo vagão-restaurante.

Josef mal conseguia andar. Suas pernas eram como chumbo, e os olhos perderam o foco.

Depois de *Herr* Meier chamá-lo na frente da classe para mostrar como os judeus eram inferiores a alemães genuínos, Josef voltou à carteira ao lado de Klaus, seu melhor amigo na sala. Klaus estava usando o mesmo uniforme daquele outro garoto. Ele havia entrado na Juventude Hitlerista não porque queria, mas porque garotos alemães — e suas famílias — eram humilhados e maltratados se não entrassem.

Klaus encolheu-se para mostrar a Josef como sentia muito por *Herr* Meier ter feito aquilo com ele.

Naquela tarde, um grupo de garotos da Juventude Hitlerista estava esperando Josef do lado de fora da escola. Caíram em cima dele, com tapas e chutes por ele ser judeu, e xingando-o de todo o tipo de nomes.

E a pior parte foi que Klaus se juntou a eles.

Usando aquele uniforme, garotos se transformavam em monstros. Josef viu aquilo acontecer. Tinha feito tudo o que podia para evitar a Juventude Hitlerista desde então, mas naquele momento tinha se entregado bem na mão de um de seus membros — e tudo porque havia tirado a braçadeira para caminhar por um trem e comprar um jornal! Ele, sua mãe e irmã seriam postos para fora do trem, talvez até enviados a um campo de concentração.

Josef bancou o idiota, e então ele e sua família pagariam o preço.

ISABEL

HAVANA, CUBA — 1994

Isabel abriu os olhos e tirou o trompete dos lábios. Tinha certeza de que havia acabado de ouvir o som de vidro se quebrando, mas os carros e bicicletas não paravam de passar sob o sol brilhante do Malecón, como se nada tivesse acontecido. Isabel fez que não com a cabeça, convencida de que estava ouvindo coisas, e de novo levou o trompete aos lábios.

Então, de repente, uma mulher gritou, uma pistola disparou — *pá!* —, e o mundo enlouqueceu.

As pessoas saíram das ruas laterais. Centenas delas. Eram homens em sua maioria, muitos deles sem camisa no calor de trinta e sete graus de agosto, as costas brancas, marrons e negras brilhando ao sol. Gritavam e cantavam. Atiravam pedras e garrafas. Inundaram as ruas, e os poucos policiais no Malecón rapidamente ficaram assoberbados. Isabel viu a vitrine de um armazém se estilhaçar, e homens e mulheres invadiram o local para roubar sapatos, papel higiênico e sabonetes. Um alarme soou. Fumaça subiu detrás de um prédio de apartamentos.

Havana estava um caos, e seu pai e avô estavam em algum lugar no meio da confusão.

Algumas pessoas fugiram do tumulto, mas a maioria corria na direção dele, e Isabel correu com elas. Buzinas de carro tocavam. Bicicletas desviavam e pedalavam. Havia mais gente na rua que cana-de-açúcar no campo. Isabel ziguezagueava pelas pessoas, segurando firme o trompete embaixo do braço, à procura de *papi* e Lito.

— Liberdade! Liberdade! — cantavam alguns dos manifestantes.

— Fora, Castro!

— Já basta!

Isabel não conseguia acreditar no que estava ouvindo. As pessoas pegas criticando Fidel Castro eram levadas para a cadeia e nunca mais se ouvia falar delas de novo. Mas agora as ruas estavam cheias de gente gritando "Abaixo ao Fidel! Abaixo ao Fidel!".

— *Papi!* — gritou Isabel. — Lito! — O nome do avô era Mariano, mas Isabel o chamava de Lito, uma abreviação de *abuelito*, vovô.

Fuzis dispararam, e Isabel se encolheu. Mais policiais chegavam em motocicletas e caminhões militares, e o protesto estava ficando sangrento. Os manifestantes e a polícia trocavam pedradas e tiros, e um homem com a cabeça ensanguentada cambaleava perto de Isabel. Ela se virou, horrorizada. Dedos a agarraram, causando um sobressalto, e ela deu um giro. Lito! Ela se jogou nos braços do avô.

— Graças a Deus você está a salvo! — ele lhe disse.

— Onde está *papi*? — perguntou ela.

— Não sei. Não estávamos juntos quando começou — respondeu o avô.

Isabel deixou o trompete nos braços dele.

— Tenho que encontrá-lo.

— Chabela! — seu avô gritou. Tinha o costume de usar seu apelido de infância, como sempre fez. — Não! Espere!

Isabel o ignorou. Ela precisava encontrar o pai. Se ele fosse pego de novo pela polícia, seria enviado de volta à prisão — e desta vez não o deixariam sair.

Isabel correu se esquivando pela multidão, tentando ficar longe do local onde a polícia havia formado uma fileira.

— *Papi!* — chamou ela. — *Papi!*

Mas ela era pequena demais, e havia muita gente.

Bem acima de todos, Isabel viu pessoas subirem na grande placa elétrica que pendia na lateral de um hotel turístico, e aquilo lhe deu uma ideia. Ela conseguiu chegar até um dos carros presos na manifestação, um antigo Chevy americano com barbatana cromada, ainda da época anterior à Revolução dos anos de 1950. Subiu no para-choque e depois no capô. O homem atrás do volante buzinou e tirou o charuto da boca para gritar com ela.

— Chabela! — berrou o avô quando a viu. — Chabela, desça já daí!

Isabel ignorou os dois e virou-se para lá e para cá, chamando o pai. Lá! Ela viu *papi* bem quando ele se afastou para trás e jogou uma garrafa que se quebrou na fileira de policiais ao longo da mureta quebra-mar. Foi a última gota. Ao comando de seu líder, os policiais avançaram na multidão, prendendo os insurgentes e batendo neles com cassetetes de madeira.

Em toda aquela confusão, um policial alcançou seu pai e o agarrou pelo braço.

— Não! — gritou Isabel. Ela desceu do capô do carro com um salto e abriu caminho pelo pandemônio. Quando chegou ao *papi*, o encontrou jogado ao chão, e o policial batia nele com o cassetete.

O policial ergueu a arma de novo, e Isabel saltou entre eles.

— Não! Não bata! Por favor! — gritou ela.

Os olhos do policial mudaram da raiva para a surpresa e, então, de volta para a raiva. Ele se afastou para golpear Isabel, e ela se esquivou. Mas ele não desferiu o golpe. Outro policial havia agarrado o braço dele! Isabel piscou. Ela reconhecia o novo policial. Era Luis Castillo, o irmão mais velho de Iván.

— O que você acha que está fazendo? — urrou o policial mais velho.

Luis não teve tempo de responder. Um apito soou. A polícia tinha sido convocada em outro lugar.

O policial nervoso soltou o braço preso por Luis com um empurrão e apontou o cassetete para *papi*.

— Eu vi o que você fez — disse ele. — Vou te encontrar de novo. Quando tudo isso acabar, vou te encontrar e te prender, e vão te mandar embora de uma vez por todas.

Luis puxou o policial nervoso para longe, parando apenas o suficiente para lançar a Isabel um olhar preocupado.

Luis não precisou dizer nada. Quando o avô chegou e ajudou Isabel a botar o pai em pé, ela entendeu.

Papi tinha que ir embora de Cuba.

Naquela noite.

MAHMOUD

ALEPO, SÍRIA — 2015

O Azan da tarde de uma mesquita próxima ecoou pelas ruas bombardeadas de Alepo, a voz melodiosa, etérea do muezim louvando Alá e chamando a todos para a reza. Mahmoud estava fazendo a lição de casa de matemática à mesa da cozinha, mas automaticamente pôs o lápis de lado e foi à pia se lavar. A água havia acabado de novo, então ele despejou água sobre as mãos usando garrafas de plástico que a mãe havia buscado do poço da vizinhança. Do outro lado do cômodo, Walid estava sentado como um zumbi na frente da televisão, assistindo a um episódio das Tartarugas Ninja dublado em árabe sírio.

A mãe de Mahmoud saiu do quarto, onde estava dobrando roupas, e desligou a TV.

— Hora de rezar, Walid. Vá se lavar.

A mãe de Mahmoud, Fatima Bishara, ergueu o iPhone rosa em uma das mãos. Em sua mão livre, carregava a irmã mais nova de Mahmoud, Hana. Fatima tinha cabelos longos e escuros, presos em um penteado no topo da cabeça, e olhos castanhos intensos. Naquele dia estava vestindo roupas comuns de ficar em casa: jeans e uma camiseta rosa de enfermeira que costumava usar para trabalhar. Tinha deixado o emprego no hospital quando Hana nasceu, mas não antes de a guerra ter começado. Não antes de voltar todos os dias para casa com histórias horríveis de pessoas que ajudara a curar. Não soldados — civis. Homens com ferimentos a bala. Mulheres com queimaduras. Crianças com membros amputados. Não tinha ficado quase catatônica como Walid, mas em algum momento havia ficado tão mal que parou de falar desses casos.

Quando terminou de se lavar, Mahmoud foi até a sala de estar, parando no canto voltado a Meca. Desenrolou dois tapetes — um para ele e outro para Walid. A mãe rezaria sozinha em seu quarto.

Mahmoud começou sem Walid. Ergueu as mãos na altura das orelhas e disse *"Allahu Akbar"*, Deus é maior. Então, juntou as mãos sobre a barriga e fez uma breve oração antes de recitar o primeiro capítulo do Corão, o livro mais sagrado do islã. Ele se curvou e louvou Alá de novo três vezes, levantou-se e louvou Alá de novo, em seguida se abaixou com mãos e joelhos no chão e encostou a cabeça no chão, louvando Alá mais três vezes. Ao fim, ajoelhou-se e terminou as orações virando a cabeça para a direita e em seguida para a esquerda, reconhecendo os anjos que registraram seus bons e maus feitos.

Mahmoud levou sete minutos para finalizar a oração. Enquanto estava rezando, Walid se juntou a ele. Mahmoud esperou o irmão terminar, em seguida enrolou os tapetes e voltou ao dever de casa. Walid voltou a assistir aos desenhos.

Mahmoud acabara de começar uma nova equação quando ouviu um som que abafou a música-tema das Tartarugas Ninja. Um rugido como um vento quente subindo lá fora. No segundo que levou para o som aumentar de uma brisa para um tornado, Mahmoud deixou o lápis de lado, levou as mãos às orelhas e se jogou embaixo da mesa da cozinha.

Nesse momento ele soube como era o som de um míssil chegando.

ShhhhhHHHHHH... TUUUUUM!

A parede do apartamento explodiu, lançando pedaços de concreto e vidro pela sala. O chão cedeu embaixo de Mahmoud e o jogou junto com mesa e cadeiras contra a parede da cozinha. O mundo era um turbilhão de tijolos, pratos quebrados, pernas de mesa e calor, e Mahmoud bateu em um armário. Sem conseguir respirar, ele caiu com um baque sobre uma pilha de metal e reboco.

Os ouvidos de Mahmoud zumbiram com um apito agudo, como a TV fazia quando o satélite estava em busca de sinal. Sobre ele, o que restou da luz do teto soltava faíscas. Nada mais importava naquele momento além do ar. Mahmoud não conseguia encher os pulmões. Era como se alguém estivesse sentado sobre seu peito. Ele se debateu nos escombros, em pânico. Não conseguia respirar. *Não conseguia respirar!* Ele se debateu furiosamente nas ruínas, cavando e arranhando os destroços como se pudesse de alguma forma abrir caminho com as unhas até um lugar onde houvesse ar.

E então os pulmões voltaram a funcionar, se enchendo em grandes golfadas. O ar estava cheio de pó, arranhando e ferindo a garganta, mas Mahmoud nunca havia sentido um gosto tão doce. Os ouvidos ainda apitavam, mas através do zumbido ele conseguiu ouvir mais *tuns* e *cabrums*. Mahmoud percebeu que a explosão não tinha atingido somente o seu prédio. Havia atingido a vizinhança inteira.

A cabeça de Mahmoud estava quente e molhada. Ele encostou a mão nela, e seus dedos saíram manchados de sangue. O ombro doía e o peito ainda queimava a cada respiração difícil, desesperada, mas a única coisa que importava era chegar à mãe. À irmã. Ao irmão.

Mahmoud levantou-se dos escombros e viu o prédio do outro lado da rua à luz bruta do dia, como se estivesse no meio do ar ao lado dele. Piscou, ainda zonzo, e então compreendeu.

As paredes ao redor do apartamento de Mahmoud haviam desaparecido.

JOSEF

EM UM TREM PARA HAMBURGO, ALEMANHA — 1939
1 DIA LONGE DE CASA

O membro da Juventude Hitlerista o levava pelo corredor estreito do vagão de passageiros alemão. Lágrimas escorriam dos olhos de Josef. O camisa marrom que levou seu pai embora na *Kristallnacht* tinha dito "Logo voltamos para te buscar", mas Josef não esperou. Ele *foi* até eles com essa travessura imbecil.

Chegaram a um compartimento em que estava um homem de uniforme da Gestapo, a Polícia Estatal Secreta dos Nazistas, e Josef cambaleou. O homem da Gestapo olhou para eles pela vidraça que havia na porta.

Não. Não aqui. Não agora. Não assim, Josef rezou...

... e o garoto da Juventude Hitlerista empurrou Josef adiante.

Chegaram à porta do vagão judeu, e o membro da Juventude Hitlerista virou Josef. Olhou para trás para garantir que ninguém estivesse ouvindo.

— *Onde você estava com a cabeça?* — sussurrou.

Josef não conseguiu falar.

O garoto empurrou a braçadeira contra o peito de Josef.

— Ponha isso. E *nunca mais* faça isso de novo — disse. — Entendeu?

— Eu... sim — gaguejou Josef. — Obrigado. Obrigado-obrigado-obrigado.

O membro da Juventude Hitlerista respirou fundo, o rosto vermelho como se fosse ele quem estivesse encrencado. Viu o doce que Josef havia comprado para Ruth e o pegou. Endireitou o corpo, puxou a barra da camisa para arrumá-la, virou-se e marchou para longe.

Josef entrou ainda trêmulo no seu compartimento e caiu no banco. Ficou ali o restante da viagem, a braçadeira bem presa no lugar e o mais visível quanto possível. Ele nem sequer saiu para ir ao banheiro.

Horas depois, o trem parou na Estação Central de Hamburgo. A mãe de Josef o levou com sua irmã pelas multidões do porto, onde o navio esperava por eles.

Josef nunca tinha visto algo tão grande. Se fosse possível colocar o navio em pé, ficaria mais alto que qualquer prédio de Berlim. Duas chaminés marrons gigantes brotavam do meio da embarcação, uma delas cuspindo fumaça preta e cinza do motor a diesel. Uma rampa íngreme corria até o topo do casco preto alto, e centenas de pessoas já estavam a bordo, caminhando sob as bandeirolas coloridas tremulantes e acenando para amigos e familiares nas docas. Esvoaçando bem acima das pessoas, como se para lembrar a todos quem estava no comando, estava a bandeira branca e vermelha dos nazistas com a suástica preta no meio.

O navio se chamava MS *St. Louis*. Josef lembrou que St. Louis era o nome de uma cidade nos Estados Unidos. Parecia um bom presságio. Um sinal de que eles chegariam à América no fim das contas. Talvez um dia visitassem a verdadeira St. Louis.

Um homem de aparência desleixada cambaleou detrás de caixas e bagagens empilhadas nas docas, e Ruthie gritou. Josef teve um sobressalto, e a mãe deu um passo assustado para trás.

O homem estendeu a mão para eles.

— Vocês chegaram! Finalmente!

Aquela voz, pensou Josef. *Podia mesmo ser...?*

O homem abraçou *mama*. Ela se deixou abraçar, embora ainda estivesse com as mãos cruzadas sobre o peito, como se para afastá-lo.

Ele recuou um passo e a segurou pelos ombros.

— Rachel, meu amor! — disse ele. — Pensei que nunca mais veria você de novo!

Era. Era ele. O homem desleixado que tinha saído das sombras como um fugitivo de um hospício era o pai de Josef, Aaron Landau.

Josef estremeceu. Seu *papa* não parecia em nada com o homem que havia sido levado de sua casa seis meses antes. Os cabelos castanhos volumosos e a barba cheia haviam sido raspados, e a cabeça e o rosto estavam cobertos de cabelos e pelos curtos e eriçados. Aaron estava mais magro também. Magro demais. Um esqueleto em um terno surrado três vezes maior que ele.

Os olhos de Aaron Landau arregalaram-se no rosto magro quando ele se virou para olhar os filhos. Josef ficou sem fôlego, e Ruthie gritou e enterrou o rosto na barriga de Josef quando seu *papa* os puxou para um abraço. Ele tinha um cheiro tão forte — como os fundos de um açougue — que Josef precisou virar a cabeça para o outro lado.

— Josef! Ruth! Meus queridos! — Ele beijou o topo da cabeça dos filhos várias vezes, em seguida deu um pulinho para trás. Olhou ao redor de um jeito enlouquecido, como se houvesse espiões em todo canto. — Temos que ir. Não podemos ficar aqui. Temos que subir antes que eles nos parem.

— Mas eu tenho passagens — disse *mama*. — Vistos.

Papa sacudiu a cabeça rápido demais.

— Não importa — disse ele. Os olhos pareciam que iam saltar das órbitas. — Eles vão nos parar. Vão me levar de volta.

Ruthie agarrou-se a seu irmão. *Papa* estava assustando a menina. Estava assustando Josef também.

— Depressa! — disse *papa*. Ele puxou a família para as pilhas de caixas, e Josef tentou acompanhá-lo enquanto ele corria de um lugar para o outro, desviando de inimigos imaginários. Josef lançou um olhar apavorado para a mãe, como se dissesse *O que há de errado com* papa? A mãe apenas balançou a cabeça, os olhos cheios de preocupação.

Quando chegaram perto da rampa, *papa* abaixou-se atrás das últimas caixas.

— Quando eu contar até três, a gente entra correndo — disse ele à família. — Não parem. Não parem por *nada*. Temos que chegar àquele navio. Estão prontos? Um. Dois. *Três*.

Josef não estava pronto. Ninguém estava. Eles ficaram parados, olhando Aaron Landau correr para a rampa, onde outros passageiros já haviam formado uma fila para entregar as passagens a um homem sorridente com uniforme de marinheiro. O pai de Josef lançou-se para cima do marinheiro e saiu cambaleando pelo corrimão da rampa até se endireitar e correr pelo passadiço.

— Espere! — gritou o marinheiro.

— Vamos, depressa, crianças — disse *mama*. Juntos eles tentaram se apressar para chegar à rampa, carregando todas as malas. — Eu estou com a passagem dele — disse ela ao marinheiro. — Desculpe. Podemos esperar nossa vez.

O homem assustado à frente da fila acenou para eles seguirem em frente, e a mãe de Josef agradeceu.

— Meu marido só está... ansioso para ir embora — disse ela ao marinheiro.

— Entendo. Ah... — Constrangido, ele sorriu e marcou as passagens. — Ah... vou pedir para alguém ajudar com essas malas. Carregador?

Josef ficou surpreso quando outro marinheiro — um alemão sem a braçadeira da Estrela de Davi, um homem que não era judeu — pôs uma mala embaixo de cada braço e uma em cada mão e as levou pelo passadiço. Tratou-os como passageiros de verdade. Como *gente* de verdade. E não foi o único. Cada marinheiro que encontraram ergueu a boina para eles, e o comissário de bordo que os levou à cabine garantiu que poderiam chamá-lo para qualquer coisa que precisassem a bordo. Qualquer coisa. O quarto era impecável, as roupas de cama recém-lavadas, e as toalhas de mão tinham sido passadas e empilhadas com esmero.

— É uma armadilha — disse *papa* quando a porta foi aberta. Ele olhou ao redor da pequena cabine como se as paredes estivessem se estreitando. — Logo virão nos buscar.

Foi aquilo o que o camisa marrom havia falado a Josef.

Mama pousou as mãos na cabeça de Josef e Ruthie.

— Por que não vão dar um passeio no convés? — disse ela baixinho. — Vou ficar aqui com seu pai.

Josef e Ruth ficaram felizes demais por poderem se afastar de *papa*. Algumas horas mais tarde, do convés, observaram os reboques empurrarem o MS *St. Louis* para longe das docas, enquanto os passageiros jogavam confetes, celebravam e sopravam beijos de despedida. Josef e sua família estavam a caminho de um novo país. De uma nova vida.

No entanto, Josef só conseguia pensar nas coisas terríveis que deviam ter acontecido com seu pai para deixá-lo com uma aparência tão ruim e ainda torná-lo tão amedrontado.

ISABEL

NAS CERCANIAS DE HAVANA, CUBA — 1994

Isabel e seu avô ajudaram papi a sentar-se em uma cadeira na pequena cozinha, e a mãe de Isabel, Teresa Padron de Fernandez, correu até o armário embaixo da pia. Isabel foi atrás dela. *Mami* estava muito grávida — daria à luz em algumas semanas —, então a filha se ajoelhou para encontrar o iodo.

O pai de Isabel, Geraldo Fernandez, sempre fora um homem bonito, mas não agora. Tinha sangue nos cabelos, e a região ao redor de um dos olhos já estava ficando preta. Quando tiraram sua camisa branca de linho, suas costas estavam cobertas de marcas.

Isabel observou *mami* limpar os ferimentos dele com um pano úmido. *Papi* chiava enquanto ela os desinfetava com iodo.

— O que aconteceu? — perguntou a mãe de Isabel.

Um jogo de beisebol dos *Industriales* estava passando na televisão ao canto, e o avô de Isabel abaixou o volume.

— Teve manifestação no Malecón — explicou. — Acabaram com a comida rápido demais.

— Não posso ficar aqui — disse *papi*. Ele abaixou a cabeça, mas manteve a voz alta e clara. — Não por muito mais tempo. Vão vir me pegar.

Todos ficaram em silêncio. O único som era o estalo suave de um bastão e o urro da torcida na televisão.

Papi já havia tentado fugir de Cuba duas vezes. Na primeira vez, ele e outros três homens construíram uma jangada e tentaram remar até a Flórida, mas uma tempestade tropical os fez voltar. Da segunda vez, seu barco tinha um motor, mas ele foi pego pela Marinha cubana e acabou na cadeia.

Agora, era ainda mais difícil escapar. Por décadas, os Estados Unidos haviam resgatado refugiados cubanos que encontravam no mar, levando-os para a Flórida. Mas a falta de comida levava cada vez mais cubanos a *el norte*. Cubanos demais. Os norte-americanos tinham uma nova política que todos chamavam de "Pé Molhado, Pé Seco". Se refugiados cubanos fossem pegos no mar com os "pés molhados", seriam enviados para a base naval na Baía de Guantánamo, ao sul de Cuba. De lá, podiam optar por retornar a Cuba — e a Castro — ou padecer em um campo de refugiados enquanto os Estados Unidos decidiam o que fazer com eles. Mas se conseguissem sobreviver à viagem pelos Estreitos da Flórida e se esquivar da Guarda Costeira dos EUA, pondo de verdade os pés em solo norte-americano — ou seja, fossem pegos com os "pés secos" —, recebiam o *status* de refugiados especiais, e então podiam permanecer e se tornar cidadãos norte-americanos.

Papi estava prestes a fugir de novo e, dessa vez, se fosse pego com pés molhados ou pés secos, não voltaria.

— Não tem por que você se jogar em uma balsa no oceano — disse Lito. — Pode ficar escondido por um tempo. Conheço uma cabaninha nos campos de cana. As coisas vão melhorar. Você vai ver.

Papi deu um murro na mesa.

— E como exatamente vão melhorar, Mariano? Acha que a União Soviética de repente vai decidir se juntar de novo e nos mandar comida como antes? Ninguém vai vir nos ajudar. E Castro só está piorando as coisas.

Como se o ato de dizer o nome dele o fizesse aparecer, o jogo de beisebol foi interrompido na televisão por uma mensagem especial do presidente cubano.

Fidel Castro era um homem com manchas de sol na testa, cabelos grisalhos, uma grande barba cheia e grisalha e bolsas embaixo dos olhos. Usava a mesma roupa sempre que aparecia na televisão — um casaco militar verde e um boné arredondado — e se sentava atrás de uma fileira de microfones.

Todos ficaram quietos quando Lito aumentou o volume. Castro condenou a violência que havia irrompido no Malecón, culpando agentes norte-americanos.

Papi bufou.

— Não foram agentes americanos. Foram cubanos famintos.

Castro continuou o discurso sem roteiro, citando romances e contando anedotas pessoais sobre a Revolução.

— Ai, desligue isso — disse *papi*. Mas antes que *mami* chegasse ao aparelho, Castro disse algo que fez todos se sentarem para ouvir.

— Não podemos mais vigiar as fronteiras dos Estados Unidos enquanto eles enviam seus agentes da CIA para incitar revoltas em Havana, pois quando incidentes como esse ocorrem, o mundo chama o governo cubano de cruel e desumano. E assim, até que haja uma solução rápida e eficiente, vamos suspender todos os obstáculos para que aqueles com desejo de sair de Cuba possam fazê-lo legalmente, de uma vez por todas. Não ficaremos no seu caminho.

— O que ele acabou de dizer? — perguntou *mami*.

Os olhos de *papi* arregalaram-se enquanto se levantava da mesa da cozinha.

— Castro acabou de dizer que qualquer um que quiser pode ir embora!

Isabel sentiu como se seu coração tivesse sido arrancado do peito. Se Castro deixasse qualquer um ir embora, seu pai iria antes de o sol nascer no dia seguinte. Ela percebeu isso em seu olhar sonhador.

— Agora você não pode ir! — disse Lito a *papi* — Tem uma família para cuidar. Uma mulher! Uma filha! Um filho a caminho!

O pai e o avô de Isabel gritaram um com o outro sobre ditadores, liberdade, famílias e responsabilidade. Lito era o pai da mãe dela, e ele e *papi* nunca tinham se dado bem. Isabel cobriu os ouvidos e se afastou. Precisava pensar em alguma resposta para tudo aquilo, alguma solução que mantivesse sua família unida.

Então, ela teve a ideia.

— Vamos todos! — gritou.

Aquilo fez todos silenciarem. Até mesmo Castro parou de falar, e a TV voltou a exibir o jogo de beisebol.

— Não — disseram *papi* e Lito ao mesmo tempo.

— Por que não? — quis saber Isabel.

— Para começar, sua mãe está grávida! — respondeu Lito.

— Mas aqui não tem comida para alimentar o bebê — retrucou Isabel. — Não tem comida para nenhum de nós, nem dinheiro para comprar, se tivesse. Mas nos Estados Unidos tem comida. E liberdade. E trabalho.

E um lugar onde o pai dela não seria espancado ou preso. Ou de onde não fugiria.

— Vamos todos, enquanto Castro está deixando as pessoas saírem — continuou ela. — Lito também.

— Quê? Mas eu... não — protestou Lito.

Ficaram todos quietos por um momento, até seu pai falar:

— Mas eu nem tenho um barco.

Isabel assentiu com a cabeça. Poderia dar um jeito nisso também.

Sem dizer nada, Isabel correu até a casa dos Castillo. Luis, o rapaz mais velho que a salvou do cassetete do policial, não havia voltado para casa ainda, e nem a mãe, Juaneta, que trabalhava no escritório de advocacia gratuita. Mas Isabel encontrou Iván e seu pai, Rudi, bem onde pensou que estariam — trabalhando na construção do barco, no barracão.

Era uma coisa azul feiosa, montada com velhas placas de metal, placas de sinalização e barris de óleo. Mal dava para se dizer que era um barco, mas tinha tamanho suficiente para os quatro Castillo — e talvez mais quatro convidados.— Ora, se não é o Furacão Isabel — disse o Señor Castillo. Ele costumava pentear os cabelos brancos para trás e, embora não houvesse comida, tinha uma pancinha de meia-idade.

— O senhor precisa nos levar também! — disse Isabel.

— Não, não precisamos — retrucou o Señor Castillo. — Iván, prego.

— As pessoas estão fazendo tumulto em Havana! — insistiu Isabel.

— Me conte algo que eu não saiba — disse o Señor Castillo. — Iván, *prego*.

Iván entregou para ele outro prego.

— Meu pai quase foi preso — comentou Isabel. — Se o senhor não nos levar, eles vão jogá-lo na prisão.

Señor Castillo parou de martelar por um momento, em seguida balançou a cabeça.

— Não tem espaço. E não precisamos de um fugitivo a bordo.

Iván olhou para ele de um jeito engraçado, mas apenas Isabel percebeu.

— *Por favor* — implorou Isabel.

— De qualquer forma, não temos gasolina — disse Iván. Ele pôs a mão no motor de motocicleta que tinham montado dentro do barco. — Não vamos a lugar nenhum tão cedo.

— Eu posso dar um jeito nisso! — disse Isabel.

Ela correu de volta para casa. Seu pai e avô ainda estavam brigando na cozinha, então ela foi para os fundos. Pegou o trompete, deu um olhar longo e triste e saiu pela porta dos fundos. Estava quase na rua quando parou, correu até o quintal e pegou também a gatinha miadora. Com o trompete em um braço e a gatinha no outro, correu alguns quarteirões até a praia, onde bateu à porta de um pescador que seu avô conhecia. Seu barco pesqueiro movido à gasolina balançava suavemente no pequeno píer ali perto.

O pescador atendeu à porta, lambendo os dedos e franzindo a testa. Isabel o pegou no meio do jantar. O ar cheirava a peixe frito. A gatinha farejou e miou com avidez. O estômago de Isabel roncou.

— Você é neta do Mariano Padron, não é? — disse o pescador.

— O que você quer?

— Preciso de gasolina! — Isabel lhe disse.

— É mesmo? Bem, eu preciso de dinheiro.

— Não tenho dinheiro — disse Isabel. — Mas tenho isso aqui.
— Ela estendeu o trompete. Isabel lamentava-se porque o latão estava um pouco manchado, mas era a coisa mais valiosa que tinha. O pescador *tinha* que pegá-lo como pagamento.

— O que vou fazer com isso? — perguntou ele

— Venda — sugeriu Isabel. — É francês, antigo e toca que é um sonho.

O pescador suspirou.

— E por que você precisa tanto de gasolina?

— Para sair de Cuba antes que meu pai seja preso.

O pescador limpou os lábios com as costas da mão. Isabel ficou parada pelo que pareceram horas, suas entranhas se revirando como um turbilhão. Por fim, ele estendeu a mão e pegou o trompete.

— Espere aqui — disse.

Isabel segurou o fôlego, e logo o pescador voltou com dois galões de plástico enormes com gasolina. Cada um chegava até o peito de Isabel.

— É suficiente? — perguntou Isabel.

— Para levar vocês até Miami? Sim. E de volta para cá.

O coração de Isabel explodiu, e ela pulou para lá e para cá.

— *Obrigada-obrigada-obrigada-obrigada!* — Isabel lhe disse.

— Ah, e o senhor precisa ficar com o gatinho também. — Ela estendeu a criatura sacolejante para ele, mas o pescador apenas o encarou.

— É mesmo? — perguntou o pescador.

— Por favor — disse Isabel. — Ou outra pessoa vai pegar e comer a gatinha. Mas o senhor tem peixes para comer. Ela pode comer os restos.

O pescador encarou o gato com desconfiança.

— É boa de caçar rato?

— É! — confirmou Isabel, embora tivesse certeza de que até um camundongo daria trabalho para aquela magrelinha. — O nome dela é Leona.

O velho pescador suspirou e pegou a gatinha, que se contorcia toda.

Isabel sorriu, em seguida percebeu como os galões de gasolina eram grandes e pesados.

— Ai, eu também preciso que o senhor me ajude a carregar esses galões para casa.

MAHMOUD

ALEPO, SÍRIA — 2015

Através do imenso buraco onde antes ficava a parede do apartamento, Mahmoud viu se espalharem as nuvens cinza e brancas geradas com o lançamento dos mísseis. Balançou a cabeça, tentando se livrar do retinido, e espiou o irmãozinho. Walid estava sentado no mesmo lugar de antes do ataque, no chão diante da TV.

Só que a TV não estava mais ali. Tinha caído cinco andares até a rua, junto com a parede. E Walid estava a centímetros de se juntar a elas.

— Walid! Não se mexa! — gritou Mahmoud. Correu pela sala, os tornozelos se torcendo dolorosamente nos pedaços quebrados de parede. Walid parou como uma estátua e fitou o nada exatamente como uma. Estava coberto com um fino pó cinza dos pés à cabeça, como se tivesse tomado um banho de uma mistura de cimento seco. Mahmoud finalmente chegou até ele, levantando-o nos braços e o afastando do abismo que era antes a parede.

— Walid... Walid, você está bem? — perguntou Mahmoud, virando-o.

Os olhos de Walid estavam vivos, mas vazios.

— Walid, fale comigo. Você está bem?

Walid finalmente olhou para ele.

— Você está sangrando — foi tudo o que disse.

— *Mahmoud? Walid?* — gritou a mãe. Ela cambaleou até a porta do quarto, Hana chorando em seus braços. — Ai, graças a Deus vocês estão vivos! — disse. Ela caiu de joelhos e puxou os dois para um abraço. O coração de Mahmoud estava disparado, os ouvidos ainda zumbiam e seu ombro queimava, mas estavam vivos. Estavam todos vivos! Ele sentiu as lágrimas brotarem nos olhos e as limpou.

O chão embaixo de seus pés rangeu e se moveu.

— Temos que sair daqui! — disse a mãe de Mahmoud, deixando Hana nos braços do garoto. — Vá, vá. Leve seu irmão e sua irmã. Estarei bem atrás de você. Vou só pegar algumas coisas.

— Mamãe, não!

— *Vá* — ela disse a Mahmoud, empurrando todos eles na direção da porta.

Com um dos braços, Mahmoud agarrou Hana. Em seguida, ele pegou a mão do irmão e o arrastou até a porta de entrada, mas Walid puxou de volta.

— E meus bonequinhos? — perguntou Walid, olhando para trás como se quisesse voltar e buscar os brinquedos.

— Vamos comprar novos! — Mahmoud lhe disse. — Temos que sair daqui!

Do outro lado, a família Sarraf havia enchido o corredor — mãe, pai, as filhas gêmeas, as duas mais novas que Walid.

— O que aconteceu? — perguntou o sr. Sarraf, que logo notou a falta da parede, arregalando os olhos.

— O prédio foi atingido! — disse Mahmoud. — Temos que sair!

O sr. e a sra. Sarraf correram de volta ao apartamento, e Mahmoud carregou Hana pelas escadas, puxando Walid atrás deles. No meio do caminho até o térreo, o prédio se moveu de novo e as escadas de concreto se despregaram da parede, deixando uma rachadura de cinco centímetros. Mahmoud agarrou o corrimão para se equilibrar, e, sem respirar, esperou por um momento longo para ver se as escadas desabariam. Como não desabaram, ele correu o restante do caminho até o térreo e irrompeu rua afora, Hana ainda nos braços e seu irmão logo atrás deles.

Havia escombros espalhados por todo canto. Mísseis e bombas espocavam por perto, o suficiente para sacudir as partes soltas das paredes. Um prédio estremeceu e desabou, a fumaça e as ruínas caindo em uma avalanche na rua. Mahmoud teve um sobressalto com o desmoronamento, mas Walid ficou parado, como se aquele tipo de coisa acontecesse todos os dias.

Com um solavanco de surpresa, Mahmoud percebeu que esse tipo de coisa *acontecia* todos os dias. Mas não com eles. Até aquele momento.

Em todos os lugares ao redor deles, as pessoas fugiam para as ruas, cobertas de pó cinza e sangue. Nenhuma sirene soou. Nenhuma ambulância veio ajudar os feridos. Nenhum carro de polícia ou equipes de emergência correram para o local.

Não havia mais ambulâncias ou carros de polícia.

Mahmoud observou o prédio. A frente inteira havia desabado, e Mahmoud sentiu como se estivesse olhando para uma casa de bonecas gigante. Cada andar tinha uma sala de estar e uma cozinha como a deles, todas decoradas de um jeito diferente.

O prédio grunhiu de novo, e uma cozinha do último andar começou a tombar na direção da rua. Caiu sobre o sexto andar, e depois dentro do apartamento de Mahmoud e daí em diante, como peças de dominó. Mahmoud mal teve tempo de gritar "*Corram!*" e arrastar Walid e a irmã para longe e o prédio despencou na rua, fazendo um estrondo como o de um caça.

Em segurança na calçada do outro lado da rua, agarrando Hana e Walid, Mahmoud de repente se deu conta de que a mãe ainda estava no prédio.

— Mãe! *Mãe!* — gritou Mahmoud.

— *Mahmoud? Walid?* — ele ouviu o grito da mãe, e ela saiu detrás da pilha de escombros com a família Sarraf, todos cobertos de poeira cinza. Ela correu na direção de Mahmoud e o abraçou junto com Walid e Hana.

— Saímos pelas escadas dos fundos — ela lhes disse. — E bem na hora.

Mahmoud olhou para cima, onde antes ficava o apartamento. Não estava mais lá. Sua casa foi totalmente destruída. O que fariam agora? Aonde iriam?

A mãe de Mahmoud estava carregando as mochilas da escola e as trocou por Hana. Mahmoud não conseguia entender por que a mãe pensou em salvar suas mochilas até ver que estavam cheias de roupas e fraldas. Tinha voltado para pegar tudo o que pudesse do apartamento.

Tudo o que tinham estava naquelas duas mochilas.

— Não consigo falar com seu pai — disse a mãe de Mahmoud, digitando no telefone. — Sem serviço de novo.

O pai de Mahmoud era engenheiro de uma empresa de telefonia móvel. Se os telefones estavam fora do ar, provavelmente ele estava trabalhando para tentar consertá-los. Mas e se o pai tivesse sido atingido por uma das bombas? O estômago de Mahmoud revirou-se com o pensamento.

Mas então seu pai chegou, correndo pela rua na direção deles, e Mahmoud sentiu como se pudesse flutuar.

— Fatima! Mahmoud! Walid! Hana! — gritou o pai. Ele envolveu todos em um abraço e beijou a pequena Hana na testa.

— Graças a Deus vocês todos estão vivos!

— Pai, não temos mais casa! — disse Mahmoud. — O que vamos fazer?

— O que deveríamos ter feito há muito tempo. Vamos embora de Alepo. Agora. Estacionei o carro aqui perto. Podemos chegar à Turquia amanhã. Podemos vender o carro e partir para o Norte, para a Alemanha.

Todos pararam enquanto o pai de Mahmoud continuou caminhando.

— *Alemanha?* — perguntou a mãe de Mahmoud.

Mahmoud ficou tão perplexo quanto a mãe. Alemanha? Ele se lembrava do mapa-múndi pendurado na sala de aula. A Alemanha ficava em algum lugar ao Norte, no coração da Europa. Ele não conseguia se imaginar em uma viagem tão longa.

— Só por um tempinho — disse o pai de Mahmoud. — Vi na televisão que estão aceitando refugiados. Podemos ficar lá até tudo isso acabar. Até podermos voltar para casa.

— É frio na Alemanha — disse Mahmoud.

— *Você quer brincar na neve?* — cantarolou o pai. Tinham visto *Frozen* no cinema, quando conseguiam chegar ao lado da cidade que agora era controlado pelo governo, e onde antes *havia* cinemas.

— Yussef... — alertou a mãe de Mahmoud.

O pai de Mahmoud pareceu encabulado.

— *Não precisa ser um boneco de neve.*

— Isso é sério — disse a mãe. — Sei que estávamos conversando sobre ir embora. Mas agora? Assim? Íamos fazer as malas. *Planejar.* Comprar passagens aéreas. Reservar quartos de hotel. Tudo o que temos agora são duas mochilas e nossos celulares. A Alemanha fica longe. Como vamos chegar lá?

— Primeiro de carro. — O pai de Mahmoud deu de ombros.

— Depois de barco? Trem? Ônibus? A pé? Não sei. Que opção

nós temos? Nossa casa foi destruída! Você conseguiu pegar o dinheiro que guardamos?

A mãe de Mahmoud assentiu, mas era nítido que ainda estava preocupada.

— Então, temos dinheiro! Compramos as passagens no caminho. O mais importante, temos nossa *vida*. Mas se ficarmos em Alepo mais um dia, talvez não tenhamos nem isso. — O pai de Mahmoud olhou de sua mulher para Hana, depois para Mahmoud e para Walid. — Passamos tempo demais falando sobre isso sem fazer nada. Não é seguro aqui. Já não é há meses. Anos. Deveríamos ter ido muito tempo atrás. Prontos ou não, se quisermos viver, temos que deixar a Síria.

JOSEF

EM ALGUM LUGAR NO OCEANO ATLÂNTICO – 1939
6 DIAS LONGE DE CASA

Ruthie saiu saltitando à frente de Josef pelo convés ensolarado, mais feliz do que ele jamais a vira antes. E por que não? O MS *St. Louis* era um paraíso. Banida dos cinemas na Alemanha porque era judia, Ruthie tinha visto seu primeiro desenho animado durante uma sessão noturna e amou — mesmo com um cinejornal com Hitler gritando sobre judeus na sequência. Três vezes ao dia faziam deliciosas refeições em uma sala de jantar adornada com toalhas de mesa de linho, copos de cristal e talheres brilhantes, além de garçons que os serviam o tempo todo. Jogavam *shuffleboard* e badminton, e a tripulação estava montando uma piscina, que prometeram encher com água do mar assim que o *St. Louis* chegasse às quentes correntes do Estreito do Golfo.

Todo mundo na tripulação tratava Josef e sua família com gentileza e respeito, apesar dos repetidos alertas de seu pai de que todos os alemães queriam pegá-los. (Em cinco dias, *papa* não havia saído da cabine nenhuma vez, nem mesmo para as refeições, e a mãe de Josef mal tinha saído do lado dele.) E a tripulação não estava sendo legal apenas por não saber que Josef e sua família eram judeus. Ninguém usava as braçadeiras dos judeus no navio, e não havia um *J* sobre nenhuma das cabines de passageiros, porque *todos* os passageiros eram judeus. Todos os novecentos e oito! *Todos* estavam indo a Cuba para fugir dos nazistas, e agora que finalmente estavam longe das ameaças e da violência que os perseguiam em todos os lugares na Alemanha, havia cantoria, danças e risadas.

Duas garotas mais ou menos da idade de Ruthie, com vestidos floridos combinando, estavam recostadas na amurada e davam risadinhas. Josef e Ruthie foram até lá ver o que estavam fazendo. Uma das garotas havia encontrado um longo pedaço de cordão e estava balançando o fio sobre a amurada, fazendo cócegas no nariz dos passageiros que estavam dormindo nas cadeiras no convés A. Sua vítima atual batia no nariz como se houvesse uma mosca sobre ele. Um dos tapas foi tão forte que o acordou, e Ruthie riu histericamente. As garotas puxaram o cordão com tudo, e todos se esconderam atrás da amurada, onde o homem não podia vê-los rindo.

— Sou Josef — disse ele às outras garotas quando se recompuseram. — E esta aqui é a Ruthie.

— Josef acabou de fazer treze anos! — contou Ruthie às garotas. — Ele vai ter seu *bar mitzvah* no próximo *shabbos*.

O *bar mitzvah* era a cerimônia na qual um garoto oficialmente se torna um homem segundo a lei judaica. Era realizada no primeiro *shabbos* — o sabá, o dia de descanso judeu — depois do aniversário de treze anos de um garoto. Josef mal podia esperar por seu *bar mitzvah*.

— *Se* houver gente suficiente — Josef lembrou a irmã.

— Sou Renata Aber — disse a mais velha das garotas —, e esta é Evelyne. — Eram irmãs e, incrivelmente, estavam viajando sozinhas.

— Nosso pai está esperando por nós em Cuba — Renata lhes disse.

— Onde está sua *mama*? — perguntou Ruthie.

— Ela... quis ficar na Alemanha — disse Evelyne.

Josef notou o desconforto que o assunto causou às irmãs.

— Ei, eu sei de uma coisa divertida que podemos fazer — ele lhes disse. Era uma brincadeira que ele e Klaus fizeram com *Herr* Meier uma vez. Pensar em Klaus fazia Josef pensar em outras coisas, mas ele piscou para afastar as lembranças ruins. O MS *St. Louis* havia deixado tudo isso para trás.

— Primeiro — disse Josef —, precisamos de um pouco de sabão.

Assim que encontraram uma barra, Josef mostrou para elas como ensaboar uma maçaneta até ficar tão escorregadia que era impossível girá-la. Fizeram isso nas maçanetas das cabines de cima a baixo no corredor do convés A, depois se esconderam em um canto e esperaram. Logo um garçom equilibrando uma grande bandeja de prata veio pelo corredor da outra ponta e bateu à porta. Josef, Ruthie, Renata e Evelyne tiveram que engolir as risadinhas quando o garçom estendeu a mão livre e tentou sem sucesso abrir a porta. O garçom não conseguia enxergar por causa da grande bandeja que segurava, e, enquanto mexia na maçaneta, perdeu o equilíbrio da bandeja, e tudo veio abaixo com um estrondo imenso.

Os quatro deram gargalhadas, e Josef e Renata saíram arrastando as duas crianças mais novas antes que pudessem ser pegos. Caíram atrás de um dos botes salva-vidas, arfando e rindo. Enquanto secava os olhos, Josef percebeu que não brincava assim, não ria assim havia anos.

Josef queria que pudessem ficar a bordo do *St. Louis* para sempre.

ISABEL

NAS CERCANIAS DE HAVANA, CUBA — 1994

O barco pesava nos braços de Isabel, e ela ficou com medo de derrubá-lo, embora houvesse outras cinco pessoas carregando-o com ela. Ela e Iván seguravam as laterais, cada um de um lado, enquanto os pais de Iván e o pai e o avô de Isabel carregavam a frente e o fundo.

A Señora Castillo, a mãe de Iván, tinha a pele escura e era cheia de curvas, usava um lenço branco sobre os *dreadlocks*. A mãe de Isabel, com quase nove meses de gravidez, era a única que não estava ajudando a carregar o barco. Era grande e pesado, para começo de conversa, e eles tinham posto nele os galões de gasolina, algumas garrafas plásticas de refrigerante cheias de água fresca, leite condensado, queijo e pão, além de remédios. Tudo o mais havia ficado para trás.

Nada era mais importante do que chegar à Flórida.

Era noite, e a lua minguante espreitava por trás de nuvens esparsas. Uma brisa quente ergueu os cabelos curtos e encaracolados de Isabel e fez seus braços se arrepiarem. Fidel Castro tinha dito que qualquer um que quisesse ir embora poderia ir, mas isso foi horas antes. E se ele tivesse mudado de ideia? E se houvesse uma fileira de policiais esperando para prendê-los na praia? Isabel levantou o barco para segurá-lo melhor e tentou apertar o passo.

Saíram da estrada de cascalho do vilarejo e puxaram o barco sobre as dunas até o mar. Tudo o que Isabel conseguia ver era a lateral de metal do barco na frente do rosto, mas ouviu uma comoção atrás dela. Havia pessoas na praia! Muitas! Ela entrou em pânico, com os piores medos se transformando em verdade, e de repente uma luz ofuscante a iluminou. Isabel deu um grito e soltou o barco.

À frente dela, a Señora Castillo cambaleou e perdeu a firmeza das mãos, e a frente do barco bateu com tudo na areia.

Isabel virou-se, pondo a mão diante dos olhos e esperando ver um refletor da polícia brilhando sobre ela. O que viu em vez disso foi uma câmera de televisão.

— Vocês estão na CNN — disse uma mulher em espanhol, seu rosto era apenas uma silhueta contra a luz. — Podem nos contar por que vocês decidiram ir embora?

— Rápido! — disse o Señor Castilho do outro lado do barco. — Levantem o barco de novo! Estamos quase na água!

— Eu... — disse Isabel, paralisada com a luz forte da câmera.

— Vocês têm algum parente em Miami para quem queiram mandar uma mensagem? — perguntou a repórter.

— Não, nós...

— Isabel! O barco! — gritou *papi*.

Os outros já haviam erguido o barco da areia e estavam avançando na direção do som de ondas batendo. As luzes fortes da câmera afastaram-se de Isabel e iluminaram o que parecia uma festa na praia. Mais da metade do vilarejo estava na areia, batendo palmas, comemorando e acenando para os barcos.

E havia *tantos* barcos. A família de Isabel havia trabalhado em segredo durante a noite toda com os Castillo, todos preocupados se alguém os ouviria, mas aparentemente todo mundo estava fazendo a mesma coisa. Havia balsas infláveis. Canoas com suportes de remo feitos em casa. Balsas feitas com canos amarrados. Barcos feitos com isopor e tambores de óleo.

Uma balsa de aparência frágil de paletes de madeira e canos de plástico ergueu uma vela de lençol, e, quando a armação pegou vento, os aldeões na praia comemoraram. Quando outra balsa feita de um refrigerador antigo afundou, todos riram.

As luzes da câmera rodaram de novo, e foi quando Isabel viu a polícia.

Havia um pequeno grupo deles, lá em cima, nas pedras, observando a baía. Nem chegava perto da quantidade que havia em Havana, mas era o suficiente. Suficiente para prender sua família por tentar deixar Cuba. Mas esses policiais não estavam fazendo nada. Estavam apenas ali, observando. A ordem de Castro de deixar as pessoas irem embora ainda estava valendo!

— Chabela! — chamou a mãe. — Chabela, vamos!

Mami já estava no barco, e *papi* estava ajudando Iván a entrar. O Señor Castillo tentava ligar o motor.

Isabel entrou na água, as ondas batendo na barra de seus shorts. Estava prestes a alcançar os braços estendidos de *papi* quando viu os olhos dele se arregalarem.

Ela olhou para trás. Dois dos policiais haviam se separado do grupo e estavam correndo na direção da água.

Na direção *deles*.

— Não... não! Estão vindo me pegar! — gritou *papi*. Isabel caiu na água e nadou o restante do caminho, mas o pai já estava subindo na lateral do barco.

— Ligue o motor! — gritou ele.

— Não, esperem por mim! — gritou Isabel, cuspindo água do mar. Ela agarrou a lateral do barco e olhou para trás. Os dois policiais tinham chegado à linha d'água e estavam avançando pelas ondas, erguendo as pernas para correr. Pior, os outros policiais também estavam correndo — e todos na direção do barco dos Castillo!

Mãos agarraram Isabel e a ajudaram a subir na lateral do barco — Iván! Mas quando ela entrou a bordo, Iván e sua mãe estenderam as mãos para os dois policiais que os perseguiam. O que estavam fazendo?

— Não! — gritou *papi*, cambaleando para o mais longe que pôde. Iván e a Señora Castillo agarraram os braços dos dois policiais e os puxaram a bordo, e todos despencaram no assoalho do barco. Os policiais tiraram a boina, e Isabel reconheceu um deles imediatamente — era Luis, o filho mais velho dos Castillo. O outro policial balançou os longos cabelos pretos, e Isabel ficou surpresa em perceber que não era *um* policial, mas uma. Ao vê-la pegar a mão de Luis, Isabel imaginou que fosse sua namorada.

Aquele devia ter sido o plano dos Castillo o tempo todo — Luis e a namorada iriam fugir com eles! Mas ninguém contou a Isabel e a sua família.

Pam! Um tiro ressoou de novo sobre as ondas, e a multidão na praia gritou em pânico. A pistola disparou de novo — *pam!* — e — *ping!* — o casco do barco dos Castillo retiniu quando a bala o atingiu.

A polícia estava atirando neles! Mas por quê? Castro não disse que ficaria tudo bem se fossem embora?

Os olhos de Isabel recaíram sobre Luis e sua namorada, e ela entendeu. Tinham se alistado na polícia e não tinham permissão para ir embora. Eram desertores, e desertores eram alvejados.

O motor ligou, tossindo, e o barco avançou por uma onda, espirrando água do mar em Isabel. Os aldeões na praia comemoraram por eles, e o Señor Castillo virou o motor, deixando os policiais que avançavam em seu rastro.

Isabel escorou-se entre dois bancos, tentando recuperar o fôlego. Levou um momento para processar, mas estava realmente acontecendo. Estavam deixando Cuba, a aldeia, seu lar — tudo o que conhecia — para trás.

O pai de Isabel atravessou o barco que balançava com as ondas, e agarrou o Señor Castillo pela camisa.

— O que você está fazendo, deixando que eles subam a bordo? — questionou. — E se nos seguirem? E se mandarem um barco da Marinha atrás da gente? Você colocou todos nós em perigo!

O Señor Castillo afastou os braços de Geraldo Fernandez com um tapa.

— Não pedimos para vocês virem junto com a gente!

— É nossa gasolina! — berrou o pai de Isabel.

Continuaram brigando, mas o motor e o barco batendo contra as ondas abafavam suas palavras para Isabel. Ela não estava mais prestando atenção, de qualquer forma. Tudo em que conseguia pensar era nos cento e quarenta quilômetros que ainda precisavam percorrer e na água que entrava pelo buraco de bala na lateral do barco.

MAHMOUD

NAS CERCANIAS DE ALEPO, SÍRIA — 2015
1 DIA LONGE DE CASA

O pai de Mahmoud parou o Mercedes *station wagon* para abastecer em um pequeno posto de gasolina na beira da estrada a norte de Alepo. Walid e Mahmoud ficaram no carro com a mãe enquanto ela amamentava Hana sob um cobertorzinho. Fatima tinha posto um vestido preto de manga longa e um *hijab* rosa florido que cobria a cabeça e os ombros. Ela e Yussef concordaram que ela deveria se cobrir mais do que costumava fazer em Alepo, para o caso de encontrarem muçulmanos mais rígidos fora da cidade. Em alguns lugares, mulheres estavam sendo apedrejadas e mortas por não cobrirem o corpo inteiro, especialmente em áreas controladas pelo Daesh — que o resto do mundo chamava de ISIS. O Daesh pensava que estava lutando a guerra final do apocalipse, e qualquer um que não concordasse com sua ideia deturpada de islamismo era um infiel que deveria ser decapitado. Mahmoud e sua família planejavam ficar o mais longe do Daesh quanto fosse possível, mas, dia após dia, os combatentes radicais estavam chegando cada vez mais perto da Síria.

Mahmoud estava olhando pela janela empoeirada do carro quando um caça riscou o ar sobre eles, seguindo para Alepo. Um mural pintado na lateral do posto de gasolina mostrava o presidente Assad, seus cabelos pretos curtos e um bigode fino embaixo do nariz pontudo. Usando terno e gravata, estava à frente de uma bandeira síria, e pombas da paz e uma luz amarela brilhante o cercavam.

Uma linha irregular de buracos cavados por tiros cortava o rosto de Assad em dois.

O pai de Mahmoud voltou para o carro.

— Consegui uma rota para nós — disse a mãe. Finalmente tinha captado algum sinal e abriu o Google Maps em seu iPhone. Mahmoud inclinou-se para ver. *Essa rota cruza uma fronteira de país*, disse o Google Maps para eles, fazendo o alerta com um pequeno triângulo amarelo. Era o que eles queriam — sair da Síria usando o caminho mais rápido possível. O pai ligou o motor, engatou a marcha no carro, e eles partiram.

Uma hora depois, quatro soldados acenaram para eles encostarem na estrada. Mahmoud ficou paralisado. Talvez os soldados estivessem do lado do Exército sírio, ou do lado dos rebeldes sírios. Podiam até mesmo ser do Daesh. Era difícil dizer. Alguns desses soldados usavam calças e camisetas camufladas, mas outros usavam moletons da Adidas, casacos de couro e calças de corrida. Todos tinham barbas pretas e curtas como o pai de Mahmoud, além de lenços na cabeça com diferentes cores e padronagens.

Mas cada um deles tinha um fuzil automático, que era realmente tudo o que importava.

— Seu *hijab* — disse o pai. — Rápido.

A mãe de Mahmoud puxou a ponta do lenço sobre o rosto até que apenas seus olhos estivessem à mostra.

Mahmoud afundou para o chão do velho Mercedes *station*

wagon e tentou desaparecer. No banco ao lado dele, Walid estava sentado com as costas retas ao lado da janela aberta, imóvel e tranquilo.

— Todo mundo fique calmo — disse o pai, reduzindo a velocidade do carro — e deixem que eu fale.

Um dos soldados parou na frente do carro, o fuzil mais ou menos apontado para o para-brisa, enquanto os outros caminharam para as laterais, espreitando pelas janelas. Os soldados eram silenciosos, e Mahmoud fechou os olhos com força, esperando os tiros chegarem. O suor corria pelas costas.

— Estou apenas tentando levar minha família para um lugar seguro — o pai disse aos homens.

Um dos homens parou ao lado da janela do motorista e apontou o fuzil para o pai de Mahmoud.

— Que lado você apoia?

A pergunta era tão perigosa quanto a arma. A resposta correta e eles viveriam; a resposta errada e todos morreriam. Mas qual era a resposta certa? Assad e o Exército sírio? Os rebeldes? Daesh? O pai hesitou, e Mahmoud segurou o fôlego.

Um dos soldados engatilhou o rifle. *Tchi-TCHAK!*

Foi Walid que falou.

— Somos contra qualquer um que esteja jogando bombas em nós — disse ele.

O soldado riu, e os outros soldados riram com ele.

— Somos contra qualquer um que esteja jogando bombas em nós — repetiu o soldado na janela. — Que em geral é aquele cachorro do Assad.

Mahmoud respirou de novo com alívio. Walid não sabia, mas havia salvado o dia.

— Aonde estão indo? — o soldado na janela perguntou.

— Para o Norte — disse o pai. — Por Azaz.

O soldado abriu a porta traseira do carro e entrou, empurrando Walid para trás da *station wagon*.

— Não, não, vocês não podem mais ir por Azaz — explicou o soldado. — O Exército Livre da Síria e a al-Qaeda estão lá agora.

A porta ao lado de Mahmoud se abriu, e um dos soldados o empurrou do assoalho para trás com Walid. Mais dois soldados se apertaram no banco traseiro, e o último se uniu a Mahmoud e a Walid no porta-malas, junto das bagagens. Ele estava empoeirado e cheirava como se não tomasse banho havia meses, e o calor da estrada irradiava dele e de seu fuzil como um forno.

Aparentemente, todos pegariam uma carona.

Um dos soldados no banco de trás pegou o iPhone da mãe e olhou para a rota.

— Use o Apple Maps — disse outro soldado.

— Não, seu idiota, o Google Maps é melhor — disse o amigo.

— Veja só — disse ele ao pai de Mahmoud —, você vai ter que passar por Qatmah, e depois para norte por Qestel Cindo. Os rebeldes, o Exército e o Daesh estão todos aqui — disse ele, apontando para lugares no mapa. — Muitas armas e artilharia. E os curdos detêm todo este território aqui. Os ataques aéreos russos atingiram aqui e aqui em apoio àquele porco alauita do Assad, e os drones americanos estão atacando os Daesh aqui e aqui.

Os olhos de Mahmoud arregalaram-se. Tudo o que o soldado estava descrevendo ficava entre eles e a Turquia.

— Volte para o Sul — um dos soldados disse ao pai de Mahmoud. — Pode nos deixar na rodovia 214.

O pai virou o carro e partiu.

O soldado com o iPhone rolou a tela para cima do mapa para ver qual seria o destino.

— Vocês vão para a Turquia?

— Eu... fiz escola de engenharia lá — disse o pai de Mahmoud.

— Não deveria estar saindo da Síria — disse um dos soldados.
— Deveria defender seu país! Lutar contra o tirano do Assad!

Entre Assad, Daesh, Rússia e Estados Unidos, pensou Mahmoud, não restava muito da Síria pelo que lutar.

— Só quero dar segurança para a minha família — disse o pai.

— Minha família foi morta em um ataque aéreo — comentou um dos soldados. — Talvez, quando a sua também for, vai pegar em armas. Mas, até lá, vai ser tarde demais.

Mahmoud lembrou-se do horror que sentiu quando o prédio desmoronou e ele pensou que sua mãe ainda estivesse lá dentro. O medo que sentiu quando não conseguiram falar com o pai. Se seus pais tivessem morrido no ataque aéreo, ele se vingaria dos assassinos? Em vez de fugir, Mahmoud e seu pai deveriam se juntar aos rebeldes e lutar para retomar seu país?

O pai de Mahmoud continuou dirigindo. Estavam quase na rodovia quando um tiroteio irrompeu por perto — *tá-tátátátá! tátátá!* — e balas atingiram o carro. Mahmoud gritou, se jogando no chão, e vidro quebrado se espalhou sobre ele. Um dos pneus traseiros estourou, e o carro derrapou por um longo trecho, cantando pneu, enquanto o pai lutava para manter o controle. Mahmoud e Walid tombaram, e o soldado lá atrás rolou sobre eles.

O soldado tinha um buraco na cabeça.

Mahmoud gritou de novo e empurrou o homem para longe enquanto o carro deslizava até parar. Balas passaram zunindo, em seguida atingiram de novo o carro — *ping-ping-ping*. O pai de Mahmoud abriu a porta do motorista e puxou a mãe e Hana com ele.

— Saiam do carro! — gritou.

Os soldados no banco traseiro chutaram a porta esquerda e saíram do carro. Mais balas zuniram sobre eles, e logo os soldados rebeldes que antes estavam no carro atiravam também, seus fuzis automáticos espocando nos ouvidos de Mahmoud como se ele estivesse em um barril e batessem no lado de fora com martelos.

Tudo o que Mahmoud queria fazer era se enrodilhar como uma bolinha e desaparecer. Mas sabia que, se ele e Walid ficassem no carro, terminariam como o soldado morto ao seu lado.

Precisava se erguer. Sair. *Se mover.* Seu coração palpitava tão forte que Mahmoud pensou que o peito explodiria, mas ele encontrou coragem para agarrar Walid pelo braço, arrastá-lo sobre o banco e mergulhar de cabeça porta afora. Tombaram na vala ao lado dos pais. Hana estava choramingando, mas Mahmoud quase não conseguia ouvi-la com o som dos tiros.

O pai de Mahmoud esperou uma pausa no tiroteio, em seguida voltou para o barranco para chegar ao carro.

— Yussef, não! — gritou a mãe. — *O que você está fazendo?*

O pai de Mahmoud mergulhou no banco da frente do carro. Puxou o iPhone e o carregador do Mercedes bem quando as balas bateram no veículo de novo. Ele caiu e deslizou de volta para a trincheira.

— Precisei pegar o celular — disse a eles. — Como eu ficaria sem jogar Angry Birds?

Estava brincando de novo. Mahmoud sabia que precisavam de celulares para ajudá-los a chegar à Turquia. Sem mapas, estariam perdidos.

O pai de Mahmoud esperou outra trégua nos tiros, e então todos correram para longe do carro, deixando para trás tudo o que tinham.

JOSEF

EM ALGUM LUGAR NO OCEANO ATLÂNTICO — 1939
8 DIAS LONGE DE CASA

Finalmente chegou *shabbos*. Era o dia em que Josef deixaria para trás a infância e se tornaria um homem, e ele mal conseguia se conter de empolgação. O quadro de avisos do navio anunciou que o salão social da primeira classe seria convertido em uma sinagoga, uma casa de oração judaica, o que significava que Josef talvez tivesse mesmo seu *bar mitzvah* no fim das contas. No entanto, ele teve o cuidado de não mostrar seu entusiasmo na frente de seu pai. O que teria sido uma ocasião feliz na casa dos Landau agora era algo repleto de ansiedade, graças à paranoia de seu pai.

— Uma sinagoga a bordo do navio? — perguntou *papa*. Balançou a cabeça enquanto caminhava de um lado para o outro no pequeno aposento em seu pijama grande demais.

— O próprio capitão foi quem arranjou isso — disse *mama*.

— Ridículo! Ninguém mais viu a bandeira nazista lá em cima quando subimos a bordo?

— Então você não vai ao *bar mitzvah* do seu filho? — A mãe de Josef e Ruthie já estavam com seus vestidos de *shabbos* mais bonitos.

— *Bar mitzvah?* Não vai haver homens o bastante lá para formar um *minyan!* — disse *papa*. Por tradição, dez ou mais homens judeus, um *minyan*, eram necessários para uma cerimônia pública.
— Não. Ninguém que viveu na Alemanha nos últimos seis anos seria tão estúpido a ponto de ir a uma cerimônia judaica a bordo de um navio nazista. — *Papa* correu a mão pela cabeça raspada. — Não. É uma armadilha. Feita para nos atrair. É quando vão nos pegar. Uma armadilha.

Mama suspirou.

— Tudo bem, então. Vamos sem você.

Eles o deixaram andando pelo quarto, murmurando sozinho. Josef sentiu como se alguém houvesse arrancado seu coração do peito. Todas as vezes que sonhou com esse dia, o pai sempre estava lá para recitar uma bênção com ele. *Mas talvez seja isso que significa se tornar homem*, pensou Josef. *Talvez se tornar homem signifique não confiar mais em seu pai.*

Josef, a mãe e Ruthie pararam pouco antes de entrar no salão social da primeira classe. Não havia os dez homens necessários para a cerimônia — havia *uma centena* de homens, provavelmente mais, todos usando solidéus na cabeça e o *talit* branco e preto — os xales de oração — sobre os ombros. As mesas de carteado haviam sido empurradas para as laterais do salão, e os garçons estavam trazendo mais cadeiras para acomodar a multidão. Uma mesa à frente tinha um pergaminho da Torá.

Josef parou e observou. Parecia que já havia se passado uma eternidade desde que ele estivera em uma sinagoga. Tinha sido antes da *Kristallnacht*, antes das Leis de Nuremberg que transformaram os judeus em cidadãos de segunda classe, antes dos boicotes e da queima dos livros. Antes de os judeus temerem se reunir em locais públicos. Quando iam à sinagoga nos *shabbos*, os pais de Josef sempre o levavam, mesmo quando outros pais deixavam as crianças com as babás. Todas as lembranças vieram à tona agora — balançar-

-se e murmurar junto das orações, estender o pescoço para ver a Torá ser tirada da arca e torcer pela chance de tocá-la e depois beijar os dedos quando o pergaminho rodasse em procissão. Josef sentiu a pele formigar. Os nazistas tiraram tudo isso deles, dele, e agora ele e os passageiros no navio estavam tomando isso de volta.

Gustav Schroeder, o diminuto capitão do navio, estava lá para cumprimentá-los à porta. Na galeria sobre o salão, vários tripulantes em seu dia de folga se reuniram para assistir.

— Capitão — chamou um rabino, um dos homens que estavam conduzindo a cerimônia —, queria saber se poderíamos retirar o retrato do *Führer*, dadas as circunstâncias. Parece... inadequado celebrar um momento sagrado como esse na presença de Hitler.

Josef tinha visto pinturas do líder nazista em todo o navio, e o salão social do convés A não era exceção. Um grande retrato de Hitler pendia no meio do salão, observando a todos. Josef sentiu o frio correr pelas veias. Odiava aquele homem. Odiava-o por tudo o que tinha feito aos judeus, mas principalmente pelo que Hitler havia feito com seu pai.

— Claro — concordou o capitão Schroeder. Rapidamente chamou dois garçons, e logo eles tiraram o retrato e o levaram para fora do salão.

Na galeria acima, Josef viu um dos tripulantes dar um murro no parapeito e sair pisando firme.

A mãe de Josef deu-lhe um beijo no rosto, e ela e Ruthie foram se sentar na seção reservada para as mulheres. Josef ocupou um assento na seção dos homens. O rabino ficou de frente para a multidão e leu o livro de Josué. Em seguida veio o momento de Josef recitar a bênção que vinha decorando por semanas. Sentiu um frio na barriga quando se levantou diante de uma plateia tão grande, e sua voz vacilou, enrolada com as palavras em hebraico, mas ele conseguiu. Encontrou sua mãe na multidão. Os olhos dela estavam marejados.

— Hoje — disse Josef —, eu sou um homem.

Muitas mãos estenderam-se em cumprimentos e houve muitas congratulações depois da cerimônia, mas tudo passou como um borrão para Josef. Era como se ele estivesse caminhando em um sonho. Desde que conseguia se lembrar, ele queria aquilo. Não ser mais uma criança. Ser um adulto.

A mãe e a irmã de Josef saíram para ver como estava o pai na cabine. Josef caminhou pelo convés sozinho, um novo homem.

Renata e Evelyne saltaram detrás de um barco salva-vidas e agarraram Josef pela mão. Sem seus pais no navio, elas tinham fugido da ida à sinagoga para brincar.

— Josef! Venha montar guarda para nós! — gritou Renata.

Antes que pudesse protestar, as meninas o arrastaram até o banheiro das mulheres. Ele teve medo de que elas o puxassem para dentro, mas, em vez disso, deixaram-no à porta.

— Grite se vir alguém vindo — disse Renata sem fôlego. — Vamos trancar todas as cabines por dentro e rastejar embaixo da porta para que ninguém use os reservados!

— Não, não... — Josef tentou dissuadi-las, mas elas já haviam sumido. Ele ficou lá parado, envergonhado, sem saber se deveria ficar ou ir embora. Logo as irmãs saíram, pendurando-se uma na outra às gargalhadas.

Uma jovem passou cambaleando, agarrando o estômago e esverdeada. Renata e Evelyne ficaram quietas, e Josef conseguiu ouvir a mulher testando desesperadamente as portas dos reservados, procurando uma privada. A mulher correu para a porta do banheiro, parecendo ainda mais verde e desesperada, e cambaleou para longe.

Renata e Evelyne explodiram de rir.

Josef levantou-se.

— Isso não é engraçado. Entrem lá e destranquem as portas neste minuto.

— Só porque você teve seu *bar mitzvah* não significa que você é adulto — retrucou Renata, e Evelyne mostrou a língua para ele.

— Vamos, Evie... vamos fazer o mesmo nos banheiros do deque de primeira classe.

As garotas saíram em disparada, e Josef bufou de raiva. Elas tinham razão. Só um *bar mitzvah* não fazia dele um adulto. Ser responsável, sim. Ele caminhou pelo convés, procurando um garçom para falar sobre as cabines de banheiro. Viu dois garçons que haviam parado para olhar o mar na amurada e chegou por trás deles.

— Deve estar a seis nós, tranquilamente — disse um dos garçons. — O capitão botou os motores no máximo.

— Deve ter botado — disse o outro. — Os outros dois navios são menores e mais rápidos. Vão chegar em Cuba primeiro e descarregar os passageiros, e quem sabe o que vai acontecer? Cuba talvez decida que está cheia de judeus quando *nós* chegarmos lá e nos mandem de volta.

Josef olhou para o mar. Não havia outro navio no horizonte pelo que ele podia ver. De que outros navios eles estavam falando? Mais navios cheios de refugiados? E por que importava qual deles chegaria primeiro? Todos a bordo já não haviam dado entrada nos vistos, pagando por eles? Cuba não poderia mandá-los embora.

Poderia?

Um dos garçons fez que não com a cabeça.

— Tem alguma coisa que não estão nos contando. Algo que não contaram a Schroeder. O capitão está em apuros, está sim. Eu não queria estar na pele dele nem por todo o açúcar de Cuba.

Josef recuou. Já havia até se esquecido das cabines do banheiro feminino.

Se ele e sua família não chegassem a Cuba, se não tivessem permissão para entrar, aonde iriam?

ISABEL

ESTREITO DA FLÓRIDA, EM ALGUM LUGAR A NORTE DE CUBA — 1994
1 DIA LONGE DE CASA

O Señor Castillo estava no comando do barco. Ninguém havia votado ou o nomeado capitão, mas, no fim das contas, ele tinha construído o barco e era quem estava no remo, controlando, então aquilo o deixava no comando. No entanto, ele não parecia feliz com aquilo. Franzia a testa para o motor e o remo como se houvesse algo de errado, mas, além de ter feito um rápido conserto enfiando uma meia no buraco de bala, tudo estava bem. As luzes de Havana haviam diminuído até virarem uma mancha no horizonte atrás deles, e eles tinham deixado os outros barcos para trás.

Isabel agarrou-se ao banco de madeira no qual estava sentada, apertada entre seu avô e Iván. O barco mal tinha espaço para sete pessoas, e com Luis e sua namorada todos estavam praticamente sentando-se uns sobre os outros.

— Acho que é hora de conhecermos a outra pessoa a bordo conosco — disse o avô de Isabel. Isabel pensou que ele se referia à namorada de Luis, mas, em vez disso, ele tirou alguns sacos de comida e garrafas d'água do caminho e apontou para o fundo do barco.

O rosto imenso de Fidel Castro os encarava!

A namorada de Luis ofegou e então, de repente, explodiu em uma gargalhada. Logo todos eles estavam rindo com ela. Isabel riu tanto que sua barriga até doeu.

Mesmo irritado, Señor Castillo deu uma risadinha.

— Precisava de algo largo e espesso para o fundo do barco — disse ele. — E como na cidade havia tantas placas com a cabeça de *El Presidente*...

Era verdade. O rosto de Castro estava em todos os lugares em Cuba — nos outdoors, nos táxis, em molduras nas paredes das salas de aula, pintado nas laterais dos prédios.

Embaixo dessa pintura havia as palavras: LUTE CONTRA O IMPOSSÍVEL E VENÇA.

— Bem, Fidel *é* um cabeção — disse Luis.

Isabel levou a mão à boca, mas não conseguiu segurar o riso de novo, com todo mundo. Não era permitido dizer esse tipo de coisa em Cuba. Mas eles não estavam mais em Cuba. Estavam?

— Vocês sabem quais são as maiores conquistas da Revolução Cubana? — perguntou o pai de Isabel.

— Educação, saúde pública e esportes — todos disseram em uníssono. Era um refrão constante nos longos discursos de Castro.

— E vocês sabem o que mais faz falta? — perguntou ele.

— Café da manhã, almoço e jantar! — responderam os adultos, como se tivessem ouvido aquilo muitas vezes também. Isabel sorriu.

Isso fez com que alguém pegasse comida e as bebidas, embora fosse tarde.

Isabel bebericou de uma garrafa de refrigerante.

— Quanto tempo até chegarmos à Flórida? — perguntou ela.

Señor Castillo deu de ombros.

— Amanhã à noite, talvez. Amanhã de manhã teremos o sol para nos guiar.

— Tudo o que importa agora é nos afastarmos cada vez mais de Cuba — disse a namorada de Luis.

— E qual é seu nome, bonita? — Lito lhe perguntou.

— Amara — respondeu ela. Era muito bonita, mesmo no uniforme azul de policial. Tinha uma pele marrom-clara impecável, cabelos pretos longos e lábios vermelhos e carnudos.

— Não, não, não — disse Lito. Ele abanou o rosto. — Seu nome deve ser Verão, porque me faz suar!

A garota sorriu, mas a mãe de Isabel deu um tapa na perna de Lito.

— *Papi*, pare com isso. Você tem idade para ser avô dela.

Lito tomou aquilo como um desafio e pôs a mão sobre o coração.

— Queria que eu fosse sua canção favorita — disse ele a Amara —, para poder ficar em seus lábios para sempre. Se seus lábios fossem o mar, eu me afogaria neles.

Lito estava lançando *piropos*, cantadas que homens cubanos repetiam às mulheres na rua. Nem todo mundo fazia isso mais, mas para Lito era como uma forma de arte. Amara gargalhava, e Luis sorria.

— Talvez não devêssemos falar sobre afogamentos — disse *papi*, agarrando a lateral do barco quando eles cruzaram uma onda.

— Como vocês acham que serão os Estados Unidos? — perguntou a mãe de Isabel a todos.

Isabel parou e pensou sobre a questão. Como *seriam* os Estados Unidos? Ela não teve muito tempo para imaginar.

— Prateleiras cheias de comida nas lojas — disse a Señora Castillo.

— Poder viajar para onde quisermos, quando quisermos! — falou Amara.

— Quero escolher em quem votar — opinou Luis.

— Quero jogar beisebol no New York Yankees! — comentou Iván.

— Quero que você vá para a faculdade primeiro — afirmou a mãe dele.

— Quero assistir à televisão americana — falou Iván. — *Os Simpsons!*

— Eu *vou* abrir meu escritório de advocacia — disse a Señora Castillo.

Isabel prestava atenção, e todos listavam mais e mais coisas que ansiavam ter nos Estados Unidos. Roupas, comida, esportes, filmes, viagens, escola, oportunidade. Tudo parecia muito maravilhoso, mas, no fim das contas, tudo o que Isabel realmente queria era um lugar onde ela e seus familiares pudessem ficar juntos e felizes.

— Como você acha que será *el norte, papi?* — perguntou Isabel.

Ele olhou para ela, surpreso com a pergunta.

— Sem "Ministério de Dizer às Pessoas o Que Pensar ou Fazer" — respondeu. — Sem ser jogado na cadeia por discordar do governo.

— Mas o que você quer fazer quando chegar lá? — perguntou o Señor Castillo.

Ele hesitou enquanto todos o olhavam. Procurou o rosto de Castro no fundo do barco, como se houvesse respostas escondidas ali.

— Ser livre — disse por fim *papi*.

— Vamos cantar — disse Lito. — Chabela, toque uma música para nós em seu trompete.

O peito de Isabel ficou apertado. Ela disse aos pais o que havia feito, mas não a Lito. Ela sabia que ele nunca deixaria que fizesse isso.

— Troquei meu trompete — confessou ela. — Por gasolina.
O avô ficou chocado.

— Mas aquele trompete era tudo para você!

Não, não tudo, pensou Isabel. *Não era minha mãe e meu pai, nem você, Lito.*

— Vou conseguir outro nos Estados Unidos — disse ela.

Lito balançou a cabeça.

— Ora, vamos cantar de qualquer forma.

Ele começou a cantar uma salsa e batucar o ritmo na lateral do barco de metal. Logo o barco todo estava cantando, e Lito se levantou e estendeu a mão para Amara, convidando-a para dançar.

— *Papi!* Sente aí! Vai cair do barco! — disse a mãe de Isabel.

— Não posso cair do barco, porque já caí de quatro por esta princesa do mar! — disse ele.

Amara riu e tomou sua mão, e os dois dançaram o melhor que puderam no barco sacolejante. *Mami* começou a contar a *clave* batendo palma, e Isabel franziu a testa, tentando seguir a batida.

— Não consegue ouvir ainda, Chabela? — perguntou Lito.

Isabel fechou os olhos e se concentrou. Quase conseguiu ouvir... quase...

E então o motor pipocou e morreu, e a música parou.

MAHMOUD

KILIS, TURQUIA — 2015
2 DIAS LONGE DE CASA

Mahmoud conseguiu ouvir a música além da cerca.
    Era difícil ver com toda aquela gente. Ele estava em uma longa fila com a família, esperando na fronteira para conseguir a admissão na Turquia, perto da cidade de Kilis. Ao redor deles havia inúmeras famílias sírias, todas esperando serem aceitas. Carregavam tudo o que tinham, às vezes em malas e bolsas de lona, mas fronhas e sacos de lixo eram mais frequentes. Os homens usavam jaquetas jeans, camiseta e calça de moletom; as mulheres usavam vestidos, *abayas* e *hijabs*. As crianças pareciam com eles, versões em miniatura, e também agiam como adultos em miniatura; havia pouco choro e lamento, e nenhuma das crianças estava brincando.
    Todos tinham caminhado demais e visto coisas demais.
    Depois de deixar o carro para trás, Mahmoud e sua família seguiram o mapa pelo telefone, evitando ao máximo as cidades em que havia presença do Daesh, do Exército sírio, dos rebeldes e curdos. O Google Maps lhes disse que seria uma caminhada de oito horas, e eles dividiram a jornada dormindo em um campo. Fazia calor durante o dia, mas esfriava à noite, e, na pressa de

escapar, Mahmoud e sua família deixaram todas as roupas extras no carro.

Na manhã seguinte, eles viram as pessoas.

Dezenas delas. Centenas. Refugiados, como Mahmoud e sua família, que haviam saído de casa na Síria e estavam caminhando na direção norte, rumo à Turquia. Rumo à segurança. Mahmoud e sua família tinham alcançado os outros e desaparecido entre suas fileiras. Invisíveis, como Mahmoud gostava. Junto da multidão confusa de refugiados, ele era ignorado pelos drones norte-americanos, pelos lançadores de mísseis rebeldes, pelos tanques do Exército sírio e pelos jatos russos. Mahmoud ouvia explosões e via nuvens de fumaça, mas ninguém se importava com centenas de sírios saindo do campo de batalha.

E agora estavam na fila com ele, todas aquelas centenas de pessoas e mais milhares, e não eram mais invisíveis. Guardas turcos em roupas camufladas verde-claras, com armas automáticas e máscaras cirúrgicas brancas no rosto andavam do começo ao fim da fila, encarando cada um deles, um por vez. Mahmoud sentiu que algo podia acontecer com ele. Queria desviar o olhar, mas ficou preocupado, talvez isso fizesse os guardas pensarem que estava escondendo algo. Mas se olhasse direto para eles, eles o notariam, talvez o tirassem da fila junto com a família.

Mahmoud olhou adiante para as costas de seu pai, cuja camisa estava manchada nas axilas, e com uma rápida fungada nas próprias axilas Mahmoud percebeu que fedia também. Caminharam por horas no sol quente sem um banho, sem uma muda de roupas. Pareciam cansados, pobres e arrasados. Se fosse um guarda de fronteira turco, ele não deixaria passar nenhuma dessas pessoas sujas e esquálidas, inclusive ele próprio.

O pai de Mahmoud mantinha os documentos dentro das calças, embaixo da camisa, junto com todo o seu dinheiro — as únicas coisas que tinham agora além de dois telefones e dois carregadores.

Quando Mahmoud e a família finalmente chegaram à frente da fila, tarde naquele dia, o pai de Mahmoud apresentou os documentos oficiais ao agente de fronteira. Depois do que pareceu uma eternidade de verificação dos papéis, o guarda finalmente grampeou nos passaportes os vistos temporários e os deixou passar.

Estavam na Turquia! Mahmoud não conseguia acreditar. Passo a passo, quilômetro a quilômetro, ele havia começado a pensar que nunca, jamais escapariam da Síria. Porém, por mais aliviado que estivesse, sabia que ainda tinham um longo caminho pela frente.

Diante deles se estendia uma cidadezinha com tendas brancas de lona, os topos pontudos balançando como chapéus brancos em um mar agitado. Não havia árvores, nem sombras, tampouco parques, campos de futebol ou rios. Apenas um mar de tendas e uma floresta de postes e fios elétricos.

— Ei, estamos com sorte! — brincou o pai de Mahmoud. — O circo está na cidade!

Mahmoud olhou ao redor. Havia uma "rua" principal no acampamento, uma via larga onde os refugiados montaram pequenas lojas para vender chips de celular, fogões de acampamento, roupas e coisas que as pessoas traziam consigo, mas não queriam ou não precisavam mais ter. Era como uma venda de garagem gigante, e parecia que todos no acampamento estavam lá. O caminho era lotado de sírios, todos caminhando como se não tivessem outra coisa a fazer e lugar nenhum para ir.

— Tudo bem — o pai de Mahmoud estava dizendo. — Um homem no grupo que encontramos me deu o nome de um contrabandista que consegue nos levar da Turquia para a Grécia.

— Um *contrabandista*? — perguntou a mãe. Mahmoud também não gostava dessa palavra; para ele, contrabandista significava ilegal, e ilegal significava perigoso.

O pai fez um gesto para espantar o medo.

— Tudo bem. É o que eles fazem. Eles põem as pessoas para dentro da UE.

Mahmoud sabia que UE era a União Europeia. Também sabia que era muito mais rígida para deixar as pessoas entrarem do que a Turquia. No entanto, assim que se chegava a um dos países da UE, como a Grécia, a Hungria ou a Alemanha, era possível pedir asilo e receber o *status* de refugiado oficial.

Chegar lá que era a parte difícil.

— Estava falando com ele no WhatsApp — continuou o pai, erguendo o telefone. — Vai ser caro, mas podemos pagar. E teremos que chegar a Esmirna, na costa da Turquia. Considerando que vamos parar para dormir todas as noites, é uma caminhada de dezenove dias. Ou uma viagem de carro de doze horas sem parar. Vou ver se conseguimos encontrar um ônibus.

Mahmoud e a mãe, a irmã e o irmão caminharam pela rua de lojas. As pessoas gritavam em árabe umas para as outras, e a música dos rádios e das televisões enchia o ar. Outras crianças saíam em disparada para lá e para cá entre os adultos, rindo e correndo uma atrás das outras nas vielas entre as tendas que desembocavam na rua principal. Mahmoud percebeu que estava sorrindo. Depois de Alepo — os tiroteios e explosões quase constantes, pontuados pelo silêncio opressivo de uma cidade inteira tentando não chamar atenção para si —, aquela cidade parecia *viva*, mesmo que fosse empoeirada e lotada.

Mahmoud viu uma caixa de papelão de brinquedos usados em uma das lojas e se ajoelhou para fuçá-la enquanto a mãe, o irmão e a irmã continuaram a caminhar. Ele fuçou com esperança — sim! Uma Tartaruga Ninja! Era aquela de bandana vermelha. E não havia outras Tartarugas Ninja na caixa, mas Walid ficaria empolgado com aquela. Ao menos Mahmoud esperava. Walid não parecia muito empolgado naqueles dias. Mahmoud pagou dez libras sírias por ela — cerca de cinco centavos do dinheiro norte-americano.

Um carro buzinou atrás de Mahmoud, e ele se virou como todo mundo. Era um velho táxi azul Opel, avançando tão devagar que Mahmoud conseguiria andar mais rápido. Era o único carro que Mahmoud tinha visto no acampamento, e a multidão se abriu quando ele se aproximou. Tocava no último volume uma música pop síria, e os homens e mulheres jovens dançavam e riam junto com o táxi. Quando o carro passou, Mahmoud viu um jovem casal no banco de trás. A mulher estava com um vestido de cetim branco e um véu.

Mahmoud percebeu que era uma procissão de casamento. Na Síria, era tradição que os noivos tivessem a escolta de uma fila de carros até o casamento, para ajudar a levá-los até sua nova vida. Mahmoud lembrou-se do casamento de seu tio, antes da guerra. O tio usara um fraque e a noiva estava com um vestido coberto de joias cintilantes e uma tiara, e eles foram escoltados por uma dezena de carros até uma festa na qual Mahmoud comeu uma fatia do delicioso bolo de sete camadas e dançou com a mãe ao som de uma banda de verdade. Ali, a única escolta do casal era um grupo de garotos arruaceiros correndo atrás do táxi, e seu destino era uma tenda branca suja e, dentro dela, qualquer tipo de comida que tivessem sido capazes de comprar. Mas todo mundo parecia estar se divertindo.

O escapamento do velho táxi fez um som de tiro — *PÁ!* — e, instintivamente, todo mundo se abaixou. Por um momento, o encanto de felicidade e segurança foi interrompido pelas lembranças inesquecíveis do caos do qual haviam acabado de fugir.

O coração de Mahmoud ainda estava acelerado quando alguém pôs a mão em seu ombro, e ele teve um sobressalto.

Era seu pai.

— Mahmoud, onde está sua mãe? Onde estão Walid e Hana? — quis saber. — Encontrei uma carona, mas precisamos ir embora *agora*.

JOSEF

EM ALGUM LUGAR NO OCEANO ATLÂNTICO — 1939
10 DIAS LONGE DE CASA

Josef seguiu o pequeno grupo de crianças pela entrada elevada até o passadiço do *St. Louis*. O passadiço era uma sala estreita, curva, que se estendia de um lado ao outro do navio. A luz brilhante do sol entrava por duas dúzias de janelas, que ofereciam uma visão panorâmica do vasto Atlântico verde azulado e das nuvens brancas delicadas. Em toda a sala revestida em madeira havia bancadas de metal repletas de mapas e réguas, e as paredes eram sarapintadas com medidores e contadores misteriosos de latão brilhante.

Havia vários tripulantes no passadiço, alguns deles usando uniformes azuis e brancos de marinheiros, como os atendentes, e três mais de casacos azuis com botões de latão e faixas douradas nos punhos, e quepes de oficial com detalhes em dourado. Um dos marinheiros comuns estava diante de um timão, cheio de arestas do tamanho de um pneu de caminhão e rodeado de manoplas. Pareciam os timões que Josef tinha visto nas pinturas de navios piratas, mas este era de metal e era ligado a um grande pedestal retangular.

O mais baixo dos três homens em uniforme chique aproximou-se do grupo a passos largos, com um grande sorriso no rosto. Josef reconheceu-o da cerimônia do *shabbos*.

— Bem-vindos ao passadiço, meninos e meninas — disse ele. — Meu nome é capitão Schroeder.

O capitão cumprimentou cada criança com um aperto de mão, embora nenhum deles tivesse mais que treze anos. Um dos pais a bordo do navio havia arranjado um passeio ao passadiço e à sala de máquinas para qualquer criança que quisesse comparecer, e oito delas haviam se candidatado. Ruthie e Evelyne não tiveram interesse, mas Renata estava lá, junto com algumas crianças mais velhas.

O capitão Schroeder apresentou-os a seu primeiro-oficial e a outros tripulantes do passadiço e lhes mostrou o que alguns dos medidores e botões significavam. Josef ouviu com avidez.

— Este é o controle de motores do *St. Louis* — explicou o capitão Schroeder. — Quando queremos mudar a velocidade, pegamos essas manoplas, as deslizamos até bem lá na frente e depois as puxamos para trás com a nova configuração. — Ele sorriu. — Não vou mudar a velocidade agora, porque já configuramos os motores bem do jeito que queríamos.

Josef percebeu que as duas manoplas estavam no ponto de força total.

— Estamos em velocidade total porque estamos disputando com dois outros navios, para ver quem chega primeiro a Cuba? — perguntou Josef.

O capitão pareceu surpreso e, em seguida, um pouco irritado.

— Onde você ouviu que estamos disputando a chegada a Cuba com outros navios? — perguntou ele a Josef.

— Dois atendentes estavam falando disso outro dia — respondeu Josef, sentindo-se um pouco nervoso. — Disseram que, se não chegamos lá primeiro, talvez não nos deixem entrar.

O capitão apertou os lábios e deu uma olhada significativa a seu primeiro-oficial, que pareceu preocupado.

O capitão voltou ao seu sorriso.

— Não estamos em uma espécie de corrida — disse ele, olhando de Josef para as outras crianças. — Só estamos dando o máximo possível de velocidade porque temos águas calmas e um vento contínuo. Vocês não têm por que se preocupar. Agora, talvez o suboficial Jockl possa mostrar a vocês a sala de máquinas.

Se o passadiço ficava no ponto mais alto do navio, a sala de máquinas ficava no mais baixo. Depois de passarem por uma porta corta-fogo de ferro na qual se lia "Somente Tripulação" pintado em letras grandes, Josef e o grupo desceram escadaria após escadaria, e ainda não haviam chegado à sala de máquinas.

Os porões eram muito diferentes daquilo com que Josef estava acostumado lá em cima, nas cobertas. Enquanto os conveses A, B e C eram arejados e confortáveis, ali não havia escotilhas, nem cabines espaçosas. O ar era úmido e cheirava a cigarros, repolho e suor. Espreitando os quartos, Josef conseguiu ver que os aposentos da tripulação ali embaixo tinham duas camas por quarto e quase não havia espaço para se mexer. Os corredores eram estreitos, e os tetos baixos. O suboficial Jockl tinha que se curvar quando passava pelas portas. Josef nunca tivera medo de lugares estreitos, mas aquilo mexia com ele. Sentia como se estivesse visitando um mundo alienígena. As outras sete crianças devem ter se sentido da mesma forma, porque todas estavam em silêncio. Até mesmo Renata.

No fim do corredor veio o som de homens cantando, e o suboficial Jockl reduziu a velocidade. Quando se aproximaram, Josef reconheceu a canção. Era "A Canção de Horst Wessel", o hino do partido nazista. A pele de Josef arrepiou-se, ele e as outras crianças olharam-se com nervosismo. Josef tinha ouvido "A Canção de

Horst Wessel" centenas de vezes nas semanas que seguiram ao sequestro de seu pai. Do dia para a noite tinha se transformado, de canção obscura que os nazistas cantavam em comícios a hino nacional não oficial da Alemanha — e isso era assustador. A última vez que Josef tinha ouvido a canção foi no mesmo dia em que seus vizinhos haviam se enfileirado na rua para saudar os soldados nazistas que passavam.

O suboficial Jockl tentou levar as crianças até uma pequena sala comum, onde os tripulantes estavam bebendo e cantando, mas de repente alguém na sala gritou:

— Parem! Passageiros não têm permissão para descer aqui!

Jockl ficou paralisado, assim como Josef.

De cara feia, um dos homens levantou-se da mesa. Era um homem parrudo, com o nariz bulboso, bochechas de buldogue e sobrancelhas escuras, grossas. Josef conhecia aquele rosto de algum lugar. Tinha sido garçom no jantar? Arrumado a cama deles à noite? Não, Josef se lembrou. Era o homem que estava na galeria, na manhã da cerimônia do *shabbos*. O homem que tinha ficado irritado porque o retrato de Hitler havia sido retirado da parede e removido da sala.

O homem cambaleava um pouco, batendo nas coisas enquanto tentava se mover pela saleta apertada. Josef já vira pessoas bêbadas saindo de bares em Berlim do mesmo jeito.

— O capitão deu a essas crianças permissão especial para visitar a sala de máquinas — disse o suboficial Jockl.

— O *capitão* — disse Schiendick, a voz cheia de reprovação. Mesmo de onde estava, Josef conseguia sentir o cheiro de álcool no hálito do homem.

— Sim — disse Jockl, empertigando-se. — O *capitão*.

Na parede da sala comum, Josef viu um quadro de avisos em que estavam pregados lemas e manchetes nazistas do raivoso jornal antissemita *Der Sturmer*. Ele sentiu um arrepio de medo.

— *Ratos judeus* — disse Schiendick, desdenhando de Josef e das outras crianças. Muitos deles abaixaram os olhos, e mesmo Josef desviou o olhar, tentando não chamar atenção do homenzarrão. Josef cerrou os punhos, e suas orelhas queimaram com frustração e vergonha pela sua impotência.

Depois de alguns momentos tensos, Schiendick cambaleou para trás e voltou à cadeira. A ameaça da patente do capitão ainda valia alguma coisa, mesmo tão longe do passadiço.

O suboficial Jockl apressou as crianças a passarem, e Schiendick e seus amigos começaram outra canção nazista, ainda mais alto que antes. Josef ouviu-os cantar *"Quando o sangue judeu correr da faca, as coisas vão ficar muito melhores"*, antes de Jockl os levar às pressas por outro lance de escadas abaixo. As pernas de Josef quase perderam a força, e ele se agarrou ao corrimão. Pensou que haviam escapado de tudo isso no *St. Louis*. Mas o ódio os seguiu até ali, no meio do oceano.

Com os imensos motores e geradores a diesel, os botões, as bombas e os interruptores, a sala de máquinas deveria ter sido fascinante, mas Josef teve dificuldade em se empolgar. Nenhuma das crianças ficou entusiasmada. Não depois do que aconteceu com Schiendick. O passeio terminou de um jeito sério, e o suboficial Jockl voltou com eles à superfície, tendo o cuidado de levá-los de volta por um caminho diferente.

Havia um mundo *diferente* nos porões, pensou Josef. Um mundo à parte da pequena bolha mágica em que ele e outros judeus viviam nos conveses superiores do MS *St. Louis*.

Ali, nos porões, era o mundo real.

ISABEL

ESTREITO DA FLÓRIDA, EM ALGUM LUGAR A NORTE DE CUBA — 1994
1 DIA LONGE DE CASA

Isabel ficou olhando quando *papi*, Señor Castillo, Luis e Amara se debruçaram sobre o motor do barco, tentando descobrir por que ele não ligava. Tinha algo a ver com superaquecimento, disse o Señor Castillo. Amara estava jogando água do mar sobre ele, tentando resfriá-lo. Enquanto isso, Iván e Isabel receberam a tarefa de tirar a água do assoalho do barco. A meia enfiada no buraco de bala estava encharcada e a água pingava, *ping-ping-ping*, sobre o rosto de Castro no fundo do barco, como uma torneira vazando.

Estavam à deriva no norte da Corrente do Golfo, com o motor parado por mais de uma hora, e ninguém estava mais cantando, dançando ou rindo.

Diante de Isabel, sua mãe e a Señora Castillo dormiam, uma encostada à outra, no banco estreito à frente do barco, onde a proa fazia uma ponta. Lito estava sentado no banco do meio, bem acima de Isabel e Iván.

— Você *tem* família em Miami — disse o avô de Isabel enquanto ela e Iván trabalhavam. — Quando aquela moça da televisão perguntou se você tinha família em *el norte*, você disse que não. Mas tem — insistiu Lito. — Meu irmão, Guillermo.

Isabel e Iván olharam-se, surpresos.

— Não sabia que o senhor tinha um irmão — disse Isabel ao avô.

— Ele saiu nas pontes aéreas dos anos 1970. Os Voos da Liberdade, quando os Estados Unidos levaram dissidentes políticos da ilha — explicou Lito. — Mas Guillermo não era dissidente. Só queria morar nos Estados Unidos. Eu podia ter ido também. Na época eu era policial, como Luis e Amara. Sabia disso? Bem antes de Castro, quando Batista era o presidente.

Isabel sabia — e também que Lito havia perdido o emprego durante a Revolução e foi enviado para cortar cana nos campos.

— Eu poderia ter dado um jeito — disse Lito. — Cobrado uns favores. Tirado a mim e a sua avó da ilha.

— Então, você teria nascido em *el norte*! — Iván disse a Isabel. Ela parou de jogar água para fora, pensando em como sua vida teria sido diferente. Nascida nos Estados Unidos! Era quase inconcebível.

— Ficamos porque Cuba era nosso *lar* — disse Lito. — Não saí quando Castro assumiu o poder, em 1959, e não saí quando os Estados Unidos enviaram aviões nos anos 1970, e não saí nos anos oitenta, quando todas aquelas pessoas partiram do Porto Mariel.

Lito balançou a cabeça para o amontoado de gente debruçada sobre motor no fundo do barco e deu um soco ao lado da própria têmpora.

— Foi um erro, sair de lá neste caixão naufragável. Devia ter ficado quieto. Todos nós devíamos ter ficado. Como Cuba está pior do que nunca? Sempre estamos em dívida com alguém. Primeiro com a Espanha, depois com os Estados Unidos, então com a Rússia. Primeiro Batista, depois Castro. Deveríamos ter esperado. As coisas mudam. Sempre mudam.

— Mas alguma vez mudaram para melhor? — perguntou Iván.
Isabel achou que aquela era uma boa pergunta. Em toda a sua vida, as coisas só tinham piorado. Primeiro, o colapso da União Soviética, depois seus pais brigando, então seu pai tentando ir embora. Depois a avó morreu. Esperava que Lito lhe dissesse algo diferente, dissesse que as coisas melhorariam, mas, em vez disso, ele encarou a água escura. Isabel e Iván trocaram um olhar. O silêncio de Lito era resposta suficiente.

— Alguém teria feito alguma coisa — disse Lito por fim. — Devíamos ter esperado.

— Mas eles iam prender *papi* — disse Isabel.

— Eu sei que você ama seu pai, Chabela, mas ele é um idiota.

As bochechas de Isabel queimaram de raiva e vergonha. Ela amava Lito, mas amava *papi* também, e odiava ouvir Lito falar mal dele. E, ainda pior, ele estava dizendo aquelas coisas na frente de seu melhor amigo. Ela olhou rapidamente para Iván. Ele manteve os olhos no trabalho, fingindo não ter ouvido. Mas eles estavam bem aos pés de Lito. Ele pôde ouvir tudo. E Lito não havia terminado.

— Ele está arriscando a vida dele... está arriscando sua vida, a vida de sua mãe e do filho que ainda não nasceu... e para quê? — perguntou Lito. — Nem ele sabe. Não consegue dizer. Pergunte para ele por que quer ir aos Estados Unidos, e tudo que ele consegue dizer é "liberdade". Isso não é um plano. Como vai pôr um teto sobre sua cabeça e comida na mesa melhor do que fazia em Cuba? — Lito ergueu as sobrancelhas para Isabel. — Ele está afastando você de quem você *é*. *Do que* você é. Como você vai aprender a contar *clave* em Miami? Os Estados Unidos não têm alma. Em Havana, você teria aprendido sem nem tentar. A *clave* é a batida de coração do povo, escondida embaixo de qualquer canção, seja tocada por Batista ou Castro.

— Ai, fique quieto, *papi* — disse a mãe de Isabel, sonolenta. Ela estava acordada o bastante para ouvir, no fim das contas, ao menos a última parte. — Miami fica bem a norte de Cuba.

Mami virou-se e voltou a dormir, mas Isabel teve receio de que Lito estivesse certo. Nunca foi capaz de contar a *clave*, mas sempre achava que acabaria conseguindo. Que o ritmo de sua terra natal um dia sussurraria segredos para sua alma. Mas agora ela ouviria? Como ao negociar seu trompete, tinha trocado a única coisa que era realmente dela — sua música — pela chance de manter sua família unida?

— Vamos voltar — disse Lito. Ele cambaleou até ficar em pé. — Não fomos muito longe, e com Castro sendo tão leniente agora, não seremos punidos por termos ido embora.

— Não, Lito — disse Isabel. Não... por mais que ela temesse perder a música, sua alma, ela não a trocaria por sua família. Ela agarrou Lito e o segurou. — Não. Não podemos voltar. Vão prender o *papi*!

O pânico cresceu como o estrondar distante de trovão nos ouvidos de Isabel. Mas Iván e Lito olharam para cima, como se pudessem ouvir o barulho também.

Não era o medo de Isabel que sacudiu fundo na boca de seu estômago.

Era um enorme navio-tanque que seguia na direção deles.

MAHMOUD

ESMIRNA, TURQUIA — 2015
4 DIAS LONGE DE CASA

Mahmoud estava com a família em um estacionamento molhado, uma leve garoa deixando tudo escorregadio e úmido. À frente de uma praia de cascalho marrom, o Mar Mediterrâneo se revirava como uma máquina de lavar. Um navio cargueiro imenso, preto e vermelho, deslizava no horizonte.

— Não. Sem barcos hoje — disse o sírio que trabalhava para os contrabandistas turcos. — Amanhã.

— Mas me disseram que seria hoje — insistiu o pai de Mahmoud. — Corremos para chegar aqui hoje.

O contrabandista ergueu a mão e fez que não com a cabeça.

— Não, não. Vocês têm dinheiro, sim? Amanhã. Vai receber uma mensagem amanhã.

— Mas para onde vamos? — a mãe de Mahmoud perguntou ao contrabandista.

Mahmoud não conseguia acreditar. Havia passado dois longos dias em carros e ônibus, tentando chegar ali a tempo para pegar o barco, e seu pai havia pagado para embarcarem e partirem para a Grécia. Mas agora não havia barco.

— Tem um hotel no próximo quarteirão — disse o contrabandista. — Eles aceitam sírios.

— Estamos tentando guardar dinheiro. Vamos até a Alemanha — disse o pai.

— Tem um parque aqui perto — disse o contrabandista.

— Um parque? Quer dizer, dormir ao relento? Mas temos uma bebê... — disse a mãe, apontando para Hana em seus braços.

O contrabandista deu de ombros como se aquilo não importasse para ele. Seu telefone tocou, e ele se virou para atender.

— Amanhã — disse ele aos pais de Mahmoud por sobre o ombro. — Vão receber uma mensagem amanhã. Estejam prontos.

O pai de Mahmoud bufou, mas imediatamente se virou para a família e abriu um sorriso.

— Bem, sempre falamos sobre tirar umas férias no Mediterrâneo — comentou. — Temos uma noite extra em Esmirna. Quem quer sair para dançar?

— Só quero encontrar algum lugar seco onde eu possa dormir — respondeu a mãe.

O pai levou-os na direção do hotel. Todas as lojas estavam fechando, mas, enquanto eles caminhavam pela cidade, Mahmoud ficou maravilhado como tudo parecia limpo ali na Turquia. Não havia escombros, nem metal retorcido. As ruas de paralelepípedos estavam em perfeitas condições, e as flores cresciam na frente de casinhas perfeitas e lojas. Carros e vans brilhantes passavam pela rua, e as luzes estavam acesas nas janelas dos prédios.

— Lembra quando a Síria era assim? — perguntou Mahmoud ao irmão.

Walid estava tão boquiaberto quanto Mahmoud, mas não disse nada. Mahmoud deu um suspiro profundo, frustrado. Ele e Walid tiveram suas brigas — eram irmãos, no fim das contas —, mas, em todas as lembranças de Mahmoud, Walid sempre aparecia mais como um melhor amigo e companheiro constante. Jogavam juntos, rezavam juntos, dividiam o quarto. Walid era o mais agitado, pulando pelas paredes e saltando sobre móveis e chutando bola no corredor. Por mais que o irmão fosse chato às vezes, Mahmoud queria que ele mostrasse um pouco daquele seu antigo jeito maluco. Nem mesmo a Tartaruga Ninja que Mahmoud havia comprado para ele em Kilis deixou Walid animado.

Mais tarde, no saguão do hotel, Mahmoud ainda estava pensando em como poderia trazer o irmão de volta quando ouviu o recepcionista dizer que não havia quartos vagos.

— Talvez alguém queira dividir conosco — sugeriu o pai de Mahmoud para o recepcionista.

— Perdoem-me — disse ele —, mas os quartos já estão com três famílias cada um.

O coração de Mahmoud pesou. Três famílias em cada quarto! E o hotel estava cheio. Quais as chances de eles encontrarem um hotel em outro lugar?

O pai pesquisou no celular e tentou ligar para outros, mas a história se repetiu em todos os lugares.

— Mas como podem estar tão cheios? — perguntou a mãe de Mahmoud. — Não podem todos sair amanhã!

Sem lugar nenhum para ir, encontraram o parque do qual contrabandista havia falado. Mas também não havia espaço para eles ali. Todos os outros refugiados que foram rejeitados pelos hotéis estavam lá, alguns dormindo em bancos, na chuva, outros por sorte tinham tendas — tendas que pareciam estar ali por mais que um ou dois dias. Mahmoud despencou na chuva. Estava tão molhado. Tão cansado. Só queria algum lugar quente e seco para dormir.

— Deveríamos ter ficado no acampamento dos refugiados! — comentou a mãe.

— Não — retrucou o pai. — Não... vamos adiante. Sempre adiante. E não vamos parar até chegarmos à Alemanha. Não queremos terminar presos neste lugar. Vamos ver se conseguimos encontrar um lugar seco para passar a noite.

Mahmoud espiou um garoto sírio, magro e que aparentava ter mais ou menos a sua idade, aproximando-se de cada uma das famílias no parque, oferecendo-lhes alguma coisa. Mahmoud foi até mais perto para olhar. O garoto notou o interesse e foi até ele.

— Quer comprar alguns lenços? — perguntou o garoto. Ofereceu a Mahmoud um pacote plástico de lenços, pequeno e fechado. — Apenas dez libras sírias ou dez kuruş turcos.

— Não, obrigado — agradeceu Mahmoud.

— Precisam de água? Coletes salva-vidas? Carregador de celular? Posso conseguir para você por um bom preço.

— Precisamos de um lugar para ficar — respondeu Mahmoud.

O garoto olhou para Mahmoud e a família mais adiante.

— Conheço um lugar — disse o garoto. — Mostro a vocês por duas mil libras sírias ou vinte e cinco liras turcas.

Duas mil libras sírias eram quase dez dólares norte-americanos — muito dinheiro quando havia um continente inteiro para cruzar. Mas a chuva estava ficando mais forte, e não restava nenhum lugar seco no parque. Quando Mahmoud contou ao pai sobre a oferta do garoto, ele se dispôs a pagar.

O garoto levou-os para longe da costa, até uma vizinhança onde as ervas daninhas cresciam nas frestas dos paralelepípedos, e as casas tinham grades de metal nas janelas em vez de floreiras. Uma das lâmpadas dos postes piscava, conferindo à rua uma energia sinistra.

O garoto ergueu uma cerca de alambrado quebrada que levava a um estacionamento.

— Aqui — disse ele.

O pai de Mahmoud lançou ao restante da família um olhar duvidoso e levou-os por baixo da cerca. Seguiram o garoto até um prédio grande e quadrado com janelas fechadas por tábuas e paredes cobertas de grafites. Uma das tábuas que bloqueavam a porta contra invasores havia sido arrancada, e eles a empurraram para entrar.

Era um shopping center. Ou havia sido no passado. Um pátio grande aberto com uma fonte vazia no meio estava cercado de vitrines que subiam por quatro andares. Algumas lojas estavam iluminadas com lâmpadas ligadas por extensões, e outras queimavam lamparinas de querosene e velas. Mas a maioria das lojas não eram mais lojas — eram pequenos apartamentos onde as pessoas viviam. Invasores em um shopping center abandonado.

O garoto levou-os até uma loja de iogurte vazia no terceiro andar, ao lado de uma antiga loja de música que era lar de uma família síria de seis pessoas. Pareciam estar ali fazia um tempo. Tinham um sofá velho surrado e uma chapa elétrica, e lençóis pendiam de cordas para dividir o espaço em pequenos cômodos.

A loja de iogurte não tinha móveis e contava com um chão de linóleo rachado. Alguma coisa saiu pulando na escuridão quando eles entraram.

— É apenas por esta noite — disse o pai de Mahmoud.

— Vão partir amanhã? — quis saber o garoto. — Em um barco? Então, vocês precisam de coletes salva-vidas. Sem dúvida. Ou vão se afogar quando o barco virar.

Os olhos de Mahmoud arregalaram-se, e ele estremeceu nas roupas encharcadas. Não gostava de nenhuma parte daquele plano.

O pai ergueu a mão para a família.

— O barco não vai virar — ele lhes disse.

— Ou ficar sem gasolina. Ou bater nas rochas — disse o garoto. — Então, vocês se afogam.

O pai suspirou.

— Tudo bem. Tudo bem. Onde compramos coletes salva-vidas?

JOSEF

EM ALGUM LUGAR NO OCEANO ATLÂNTICO — 1939
11 DIAS LONGE DE CASA

A mãe de Josef estendeu a mão para agarrar os braços agitados do pai, mas Aaron Landau era forte demais para ela, mesmo estando tão magro.

— Não. *Não!* Estão vindo nos pegar — disse ele com um olhar frenético. — O navio está reduzindo a velocidade. Consegue sentir? Estamos indo mais devagar para que possam dar meia-volta e nos levar de novo para a Alemanha!

O pai de Josef estendeu o braço e derrubou uma luminária, que foi ao chão com um estouro. A luz se apagou.

— Josef, me ajude — implorou a mãe.

Josef afastou-se da parede e tentou agarrar um dos braços do pai, enquanto a mãe segurava o outro. No canto de sua cama, Ruthie enterrava o rosto nas orelhas de Bitsy e chorava.

— Não! — gritava o pai de Josef. — Precisamos nos *esconder*, está me ouvindo? Não podemos ficar aqui. Temos que sair deste navio!

Josef prendeu o braço do pai com força.

— Não, *papa*. Não vamos dar meia-volta — disse. — Estamos reduzindo por conta de um funeral. Um funeral no mar.

O pai de Josef ficou paralisado, mas Josef continuou segurando firme. Não queria contar ao pai sobre o funeral, mas esta pareceu ser a única maneira de acalmá-lo.

Os olhos arregalados e assombrados de Aaron Landau se voltaram para o filho.

— Um funeral? Quem morreu? Um passageiro? Foram os nazistas que fizeram isso! Sei que estão a bordo! Estão atrás de todos nós! — Ele começou a se debater de novo, com mais pânico que antes.

— Não, *papa*, não! — disse Josef. Ele lutou para conter o pai.

— Foi um senhor. Professor Weiler. Estava doente quando entrou no navio. Não foram os nazistas, *papa*.

Josef sabia tudo sobre a história. Ruthie havia implorado para ele ir nadar na piscina com ela, Renata e Evelyne naquela tarde. Mas Josef era um homem agora, não um garoto. Era velho demais para essas coisas de criança. Estava andando na passarela do convés B, atento ao homem da sala de máquinas, Schiendick, e seus amigos, quando ouviu um choro vindo de uma das escotilhas das cabines. Espreitando lá dentro, viu uma mulher com cabelos longos encaracolados e vestido branco. Soluçava, deitada sobre o corpo de um senhor. O capitão Schroeder e o médico do navio também estavam lá. O homem na cama estava perfeitamente imóvel, a boca aberta e os olhos vazios voltados ao teto.

Estava morto. Josef nunca tinha visto um cadáver tão de perto antes.

— Você aí! Garoto!

Josef teve um sobressalto. Uma mulher caminhando com um cachorrinho na passarela do convés B o pegou espionando. Ele saiu correndo quando o cãozinho latiu para ele, mas antes ouviu o médico do navio dizer que o professor Weiler havia morrido de câncer.

Algumas horas depois, na cabine da família, Josef ainda estava grudado no braço do pai, tentando tranquilizá-lo.

— Era velhinho e já estava doente fazia tempo! — contou Josef ao pai. — Vão lançá-lo ao mar porque estamos longe demais de Cuba.

Josef e a mãe contiveram o pai até essas palavras finalmente assentarem. *Papa* parou de tentar se desvencilhar deles e despencou, e de repente eles estavam erguendo-o do chão.

— Ele já estava doente? — perguntou *papa*.

— Sim. Tinha câncer — respondeu Josef.

O pai de Josef deixou que eles o levassem até a cama, onde ele se sentou. *Mama* foi até Ruthie para consolá-la.

— Quando é o funeral? — perguntou *papa*.

— Hoje à noite, bem tarde — respondeu Josef.

— Quero ir — disse o pai.

Josef não conseguia acreditar. *Papa* não havia saído da cabine por onze dias, e agora queria ir ao funeral de alguém que não conhecia? Naquela condição? Josef olhou com preocupação para a mãe, que segurava Ruthie no colo.

— Não acho que seja uma boa ideia — disse *mama*, ecoando os pensamentos de Josef.

— Vi homens demais morrendo sem ter um funeral em Dachau — disse *papa*. — Quero ir neste.

Era a primeira vez que o pai falava o nome do lugar onde estivera, e foi como se uma geada invernal cobrisse tudo no quarto. A conversa terminou tão rápido quanto havia começado.

— Então, leve Josef com você — disse *mama*. — Ruthie e eu ficaremos aqui.

Naquela noite, Josef levou o pai até a popa do convés A, onde o capitão e seu primeiro-oficial esperavam com alguns outros passageiros. As roupas dos passageiros pareciam surradas, e foi somente quando ele ouviu o pai rasgando a camisa que Josef entendeu: rasgar vestimentas era uma tradição judaica em funerais, e eles rasgaram as suas por solidariedade à sra. Weiler. Josef puxou a gola até a costura se soltar. O pai assentiu com a cabeça, em seguida levou-o até a caixa de areia ao lado da piscina e fez com que ele pegasse um punhado de areia. Josef não entendeu, mas fez o que o pai pediu.

O elevador do convés A chegou, e a sra. Weiler surgiu primeiro, com uma vela na mão. Atrás dela vieram o rabino e quatro marinheiros, que carregavam o corpo do professor Weiler em uma padiola. Ele estava bem amarrado em uma lona de vela branca, como um faraó egípcio.

— Esperem ali. — O homem dos conveses inferiores, Schiendick, abriu caminho na pequena multidão com dois camaradas da tripulação. — Sou Otto Schiendick, o líder do partido nazista neste navio — disse ele —, e a lei alemã diz que um corpo enterrado no mar deve ser coberto com a bandeira nacional. — Schiendick desenrolou a bandeira nazista branca e vermelha com a suástica preta no meio, e os passageiros arfaram.

Papa abriu caminho entre as pessoas.

— Nunca! Você me ouviu? *Nunca!* Isso é um sacrilégio! — Ele tremia mais que nunca. Josef nunca tinha visto o pai tão furioso e temia por ele. Schiendick não era o tipo de homem com quem se mexia.

Josef agarrou o braço do pai e tentou afastá-lo.

Papa cuspiu nos pés de Schiendick.

— É isso que penso de você e de sua bandeira!

Schiendick e seus homens avançaram para vingar o insulto, mas o capitão Schroeder rapidamente interveio.

— Parem com isso! Pare imediatamente, comissário! — ordenou o capitão Schroeder.

Schiendick falava com o capitão, mas não tirou os olhos do pai de Josef.

— É a lei alemã. E não vejo motivo para que uma exceção seja feita neste caso.

— Mas eu vejo — disse o capitão Schroeder. — Agora, pegue essa bandeira e a leve daqui, senhor Schiendick, ou vou dispensá-lo dos serviços e confiná-lo em seus aposentos.

Schiendick manteve o olhar em *papa* por mais um bom momento. Seus olhos se viraram para Josef, causando um arrepio no garoto, e então o comissário se virou e saiu pisando duro.

O peito de Josef subia e descia como se estivesse correndo uma maratona. Estava tão tenso que tremia mais que o pai. A areia havia se esvaído do punho trêmulo.

O capitão pediu desculpas em profusão pela perturbação, e o funeral continuou. O rabino entoou uma curta oração em hebraico, e os marinheiros deslizaram o corpo do professor Weiler pela lateral do navio.

Depois de um momento, houve um barulho baixo de água batendo, e os presentes disseram juntos "Lembre-se, Deus, que somos poeira". Um a um, eles foram até a amurada, onde soltaram punhados de areia — a areia que o pai de Josef havia indicado, para que ele pegasse da caixa. Josef se juntou ao pai na amurada, e eles espalharam a areia no mar.

O capitão Schroeder e seu primeiro-oficial puseram os quepes e saudaram. Josef percebeu que tocaram a aba dos chapéus em vez de fazer a saudação de Hitler.

Sem mais palavras, a cerimônia do funeral terminou. Josef esperava que seu pai voltasse à cabine imediatamente, mas, em vez disso, ficou na amurada, observando as águas escuras do Atlântico. *Em que está pensando?*, Josef se perguntou. *O que aconteceu com ele em Dachau que o transformou em um fantasma do homem que foi no passado?*

— Ao menos não teve de ser enterrado no inferno do Terceiro *Reich* — disse o pai.

O navio roncou baixo, e Josef soube que o capitão havia religado os motores. Estavam a caminho de Cuba novamente. Porém, quanto tempo haviam perdido?

ISABEL

ESTREITO DA FLÓRIDA, EM ALGUM LUGAR A NORTE DE CUBA — 1994
1 DIA LONGE DE CASA

O navio-tanque surgiu da escuridão como um leviatã gigantesco vindo para engoli-los. Tinha ao menos sete andares de altura a partir da superfície da água e era tão largo que preenchia o horizonte. A proa pontuda enviava ondas imensas que arrebentavam, e duas âncoras enormes se projetavam das laterais como chifres de um monstro. Isabel encolheu-se de medo. Aquilo tinha saído direto de um pesadelo.

— *Um navio!* — gritou Lito. — *Estamos à deriva em rotas marítimas!*

Mas, nesse momento, todos tinham visto. O roncar dos motores gigantescos do navio acordou *mami* e a Señora Castillo, e todos estavam cambaleando pelo barco em pânico, fazendo-o chacoalhar perigosamente.

— *Está vindo direto para cá!* — gritou Amara.

Isabel subiu em Iván, tentando ficar o mais longe possível do navio-tanque. Ela escorregou e caiu no fundo do barco, lançando água para cima.

— Calma, todo mundo! — gritou o Señor Castillo, mas ninguém estava ouvindo.

— Temos que ligar o motor! — gritou *papi*. Em frenesi, ele puxou a corrente de ignição, mal dando ao motor tempo para tossir e morrer antes de puxar de novo.

— Não! Você vai afogá-lo e ele nunca vai ligar — disse Luis, tentando arrancar a corrente de *papi*.

— Onde estão os fósforos? — gritou Lito. — Temos que acender uma fogueira. Eles não conseguem nos ver no escuro!

— Aqui! — disse Iván. Ele ergueu a caixa de fósforo do isopor em que mantinham alguns suprimentos de emergência.

— Não! — gritou *papi*. Ele se lançou para a mão estendida de Iván e, juntos, eles caíram contra a lateral do barco, inclinando-o. A mãe de Isabel caiu na água empoçada no fundo da embarcação e deslizou para a lateral do barco com um baque. Isabel arrastou-se para ajudá-la.

Lito agarrou *papi* pela camisa.

— *O que você está fazendo?* — perguntou.

Papi estendeu a caixa de fósforo para longe do alcance de Lito.

— *Não queremos* ser vistos, seu velho idiota! — gritou ele acima do estrondo crescente do navio-tanque. — Se nos virem, vão nos resgatar! É a lei marítima! E se nos "resgatarem", vão nos mandar direto de volta a Cuba!

— *Você prefere que nos mandem para o fundo do oceano?* — berrou Lito.

Isabel não pôde evitar e olhou para a frente enquanto puxava a mãe para fora d'água.

— Está chegando perto! — gritou. O navio-tanque estava ainda a centenas de metros de distância, mas era tão grande que parecia estar em cima deles. Nunca conseguiriam sair do caminho. O coração de Isabel palpitava tão forte que ela achou que ele explodiria.

— Se não quisermos que eles saibam que estamos aqui, talvez nem devêssemos ligar o motor! — gritou Amara.

— Eles nunca vão ouvir, não importa o que a gente faça! — disse o Señor Castillo. O navio-tanque era tão barulhento que parecia um motor de avião. Ele e Luis giraram um interruptor no motor do barco e puxaram de novo a corrente de ignição, fazendo sair uma baforada de fumaça cinza. Mas o motor não pegou.

O navio-tanque aproximou-se ainda mais. Mais perto. Isabel encolheu-se. Estava a ponto de atingi-los!

Luis puxou a corrente. Uma tosse. Uma engasgada. Nada.

Tosse. Engasgada. Nada.

Tosse. Engasgada. Nada.

O mar subiu na frente do navio-tanque, empurrando-os para cima e para longe, e por um instante as esperanças de Isabel também aumentaram. Mas, então, a onda passou, e eles foram atraídos de volta pelo empuxo poderoso do navio-tanque. O pequeno barco azul girou de lado, e avançou na direção da grande proa do navio.

O navio-tanque, avançando bem no meio deles, partiria o barco em dois.

Isabel ergueu o rosto e viu os olhos aterrorizados de Iván quando ele percebeu o mesmo, e eles gritaram. Então, de repente, os dois foram lançados ao fundo do barco, e algo zumbiu como um mosquito por baixo do uivo do navio-tanque.

Luis tinha conseguido ligar o motor!

O barquinho avançou na água, disparando para fora do caminho da proa do navio-tanque. Mas as ondas lançadas pelo grande navio ergueram a traseira do barco de Isabel e jogaram um oceano de água do mar sobre eles.

Isabel engoliu um bocado de água salgada e despencou no barco. Bateu em algo duro, e seu ombro explodiu de dor. Ela se levantou cuspindo. Estava com água até a cintura, e o motor havia parado de novo, mas nada daquilo importava agora.

O pai de Iván havia caído para fora do barco.

Isabel viu a cabeça branca se erguendo da água. Señor Castillo buscou ar, então desapareceu quando uma onda do rastro gigante do navio-tanque rolou sobre ele.

— Señor Castillo! — gritou Isabel.

— *Papa!* — berrou Iván. — Onde ele está? Você o viu?

Isabel e Iván buscaram freneticamente pela água escura, observando se o Señor Castillo emergiria de novo. Tinham se safado da imensa proa do navio por alguns metros, mas as ondas que o monstro criou quando passou eram tão perigosas quanto ele. O oceano subia e descia, o pequeno barco tombando de lado quando as ondas batiam à meia-nau.

Todos estavam voltando do chão do barco quando foram derrubados de novo. Iván rolou para o outro lado do barco, mas Isabel se segurou. Lá! Ela viu a cabeça do Señor Castillo aparecer na superfície, mas apenas por um segundo de respiração — rápido demais para que tomasse fôlego suficiente.

Em um piscar de olhos, Isabel se lembrou da avó desaparecendo do mesmo jeito sob ondas dois anos antes, e sem pensar duas vezes, ela mergulhou atrás do Señor Castillo.

MAHMOUD

ESMIRNA, TURQUIA — 2015
11 DIAS LONGE DE CASA

Mahmoud gritou.

Uivou mais alto que um caça, e seus pais nem sequer lhe disseram para ficar quieto. Luzes acenderam-se nas casas próximas, e cortinas voejaram quando as pessoas foram olhar o que era aquele barulho. A mãe de Mahmoud irrompeu em lágrimas, e o pai deixou caírem no chão os coletes salva-vidas que carregava.

O contrabandista tinha acabado de dizer para eles que o barco não sairia naquela noite.

De novo.

— Não tem barco hoje. Amanhã. Amanhã — ele dissera ao pai de Mahmoud.

Foi exatamente a mesma coisa que havia afirmado ao pai de Mahmoud no dia anterior. E no dia antes daquele. E em todos os dias na última semana. Uma mensagem de texto vinha, dizendo para eles se apressarem — depressa! — até a praia, e todas as vezes eles recolheram as poucas coisas que tinham, agarraram os coletes salva-vidas e correram pelas ruas de Esmirna até aquele estacionamento, e todas as vezes não havia barco esperando por eles.

Primeiro foi o clima, disse o contrabandista. Então, outra família que deveria ter ido com eles ainda não havia chegado. Depois, foram as patrulhas da Guarda Costeira turca. Ou o barco não estava pronto. Havia sempre um motivo para não poderem partir. Era como algum jogo cruel de manter a distância de alguém na hora do recreio.

Mahmoud e sua família estavam no fim de sua sanidade. Esse negócio de vai-e-não-vai estava acabando com eles. Com todos, menos com Walid. O Walid sem vida, que não se encolhia quando as bombas explodiam.

— Quero voltar para a Síria! Não me importa se vamos morrer — disse Mahmoud depois de soltar seu grito. — Só quero sair daqui! — Enquanto dizia aquilo, ouviu o choramingo em sua voz, a frustração patética e infantil. Parte dele ficou envergonhada; era velho para aquilo, mais maduro. Era quase um homem. Mas outra parte dele só queria bater o pé e dar um chilique, e estava ficando cada vez mais difícil manter essa parte quieta.

A pequena Hana também começou a chorar, e a mãe de Mahmoud tentou acalmar ambos puxando Mahmoud para um abraço.

— Olhe por esse lado — disse o pai —, agora temos mais tempo para praticar nosso turco.

Ninguém riu.

— Vamos voltar ao shopping antes que alguém tome nosso lugar — disse a mãe, exausta.

Como Walid tinha caído rapidamente no sono sobre o ombro do pai, Mahmoud carregou os coletes salva-vidas. A mãe carregava Hana. Embora Mahmoud odiasse a sensação desesperada de derrota por ter que voltar para o shopping, ao menos isso significava que eles não dormiriam no parque.

Mas, dessa vez, tinha alguém esperando por eles na entrada do shopping.

Havia dois deles, homens turcos, em roupas esportivas azuis, combinando. Um deles era musculoso, com cabelos pretos encaracolados, uma barba rala, e tinha no pescoço uma corrente grossa de ouro. O outro era gordo e usava óculos de sol espelhados, embora fosse noite.

Era quem tinha a pistola enfiada na cintura da calça.

— Se quiserem entrar, precisam pagar aluguel — o homem parrudo disse para eles.

— Desde quando? — perguntou o pai de Mahmoud.

— Desde agora — disse o homem. — Somos donos deste prédio e estamos cansados de vocês, sírios parasitas.

Mais valentões, pensou Mahmoud. *Como na Síria*. Suas pernas ficaram dormentes, e ele pensou que fosse cair. Não conseguia suportar a ideia de ter que andar mais. Procurar outro lugar para viver.

— Quanto? — perguntou o pai de Mahmoud, exausto.

— Cinco mil libras por noite — disse o musculoso.

O pai suspirou e começou a abaixar Walid para conseguir pagar.

— Cada um — disse o homem.

— *Cada um?* Por noite? — questionou o pai. Mahmoud sabia que o pai estava calculando na cabeça. Eram cinco, e eles já estavam ali fazia uma semana. Como poderiam pagar vinte e cinco mil libras por dia e ainda ter o bastante para o barco e fosse lá o que viesse depois dele?

— Não — disse o pai de Mahmoud. A mãe começou a protestar, mas ele balançou a cabeça. — Não... já estamos com todas as nossas coisas. Vamos encontrar algum lugar para ficar. É só até amanhã.

O homem grande deu uma risadinha.

— Claro. Amanhã.

Mahmoud saiu cambaleando atrás dos pais enquanto eles perambulavam pelas ruas de Esmirna, procurando algum lugar para dormir. Seus pais carregavam Walid e Hana, mas não ele. Era velho demais para ser levado e, pela primeira vez, desejou não ser.

Finalmente encontraram a marquise recuada de uma agência de viagens, e ninguém estava dormindo ali. Estavam acabando de se acomodar quando uma viatura da polícia turca desceu a rua. Mahmoud encolheu-se no canto, tentando ficar invisível, mas as luzes da viatura se acenderam e a sirene eletrônica apitou para eles — *pein-pein*.

— Vocês não podem dormir aí — disse um policial por um alto-falante. E assim tiveram que se levantar e caminhar de novo.

Mahmoud estava tão cansado que começou a chorar, mas chorou baixinho para que seu pais não ouvissem. Não chorava assim desde aquela primeira noite, quando as bombas começaram a cair em Alepo.

Outro carro desceu pela estrada, e Mahmoud já temia que fosse outro carro de polícia. Mas era uma BMW sedã. Em um salto, Mahmoud correu para a frente dos faróis do carro e agitou os coletes salva-vidas nos braços.

— Mahmoud! Não! — gritou a mãe.

A BMW reduziu a velocidade, os faróis brilhando no rosto do garoto. O motorista buzinou para ele, e Mahmoud correu até a janela do motorista.

— Por favor, pode nos ajudar? — implorou Mahmoud. — Minha irmãzinha...

Mas o carro já estava saindo em disparada. Outro carro seguiu aquele e passou direto por Mahmoud.

— Mahmoud! Saia da rua! — chamou o pai. — Você vai se matar aí!

Mahmoud não se importava mais. Devia ter alguém para ajudá-los. Acenou com os coletes salva-vidas para o próximo carro e, milagrosamente, ele parou. Era um Skoda marrom e velho, e o motorista abaixou o vidro com a manivela. Era um senhor enrugado com barba branca e curta, usando um *kufiya*, lenço palestino preto e branco.

— Por favor, pode nos ajudar? — perguntou Mahmoud. — Minha família e eu não temos aonde ir, e minha irmã é um bebê ainda.

O pai correu até ele e tentou afastar Mahmoud.

— Mil perdões — disse ao homem. — Não tínhamos a intenção de incomodar. Estamos indo embora.

Mahmoud ficou irritado. Finalmente tinha conseguido parar alguém, e agora seu pai estava tentando mandá-lo embora!

— Minha casa é pequena demais para todos vocês — disse o homem —, mas tenho uma pequena concessionária de carros, e vocês podem ficar no escritório. — Árabe! Mahmoud ficou entusiasmado; o homem falava árabe fluente.

— Não, não, não poderíamos... — O pai de Mahmoud começou a falar, mas Mahmoud o interrompeu.

— Sim! Obrigado! — gritou. Acenou para a mãe vir. — Ele fala árabe e diz que vai nos ajudar!

O pai tentou pedir desculpas de novo e se recusar a aceitar a ajuda, mas Mahmoud já estava subindo no banco traseiro com os coletes salva-vidas. A mãe entrou ao lado dele com Hana, e o pai trocou o lado de Walid nos braços para conseguir, relutante, sentar-se no banco da frente.

— Mahmoud... — disse, descontente. Mas Mahmoud não se importava. Não estavam mais em pé e já partiam a caminho de algum lugar onde poderiam dormir.

A embreagem do pequeno Skoda arranhou enquanto o homem os levava.

— Meu nome é Samir Nassir — disse o homem para eles, e o pai de Mahmoud apresentou todos.

— Vocês são sírios, certo? Refugiados? — perguntou o homem. Sei como é. Também sou refugiado, da Palestina.

Mahmoud franziu a testa. Aquele homem era um refugiado e tinha carro próprio e uma empresa?

— Há quanto tempo o senhor mora na Turquia? — perguntou Mahmoud ao sr. Nassir.

— Há sessenta e sete anos! — disse o sr. Nassir, sorrindo para Mahmoud pelo espelho retrovisor. — Fui forçado a sair da minha casa em 1948, durante a primeira Guerra Árabe-Israelense. Ainda estão brigando lá, mas, algum dia, quando minha terra natal for devolvida, vou voltar para casa!

O telefone apitou, surpreendendo a todos e fazendo Walid se mexer. O pai leu a tela brilhante.

— É o contrabandista. Ele diz que o barco está pronto agora.

Mahmoud já sabia que não devia ficar empolgado com aquelas mensagens, mas mesmo assim ainda sentiu um palpitar de esperança no peito.

— Vão pegar um barco para a Grécia? Hoje à noite? — perguntou o sr. Nassir.

— Talvez — disse o pai de Mahmoud. — Se ele estiver lá.

— Eu levo vocês — ofereceu o sr. Nassir — e, se não estiver lá, podem voltar e ficar comigo.

— O senhor é muito gentil — disse a mãe. Mahmoud não sabia por que, mas a mãe o puxou para perto e lhe deu um abraço.

Levou pouco tempo até a praia e, quando estacionaram o carro, todos ficaram quietos, observando.

Dessa vez, finalmente, um barco estava lá.

JOSEF

EM ALGUM LUGAR NO OCEANO ATLÂNTICO — 1939
14 DIAS LONGE DE CASA

A um dia de Cuba, houve uma festa no *St. Louis*. Serpentinas e balões pendiam do teto e decoravam o parapeito da galeria do salão social da primeira classe. Cadeiras e mesas foram afastadas para o lado, dando espaço para os dançarinos. Havia um sentimento de alívio gigantesco, como se estivessem dançando para afastar todo o estresse de sair da Alemanha. Os garçons sorriam para os passageiros como se entendessem, mas nenhum deles podia realmente entender, pensou Josef. Não até *suas* vitrines serem estilhaçadas e *seus* negócios serem fechados. Não até os jornais e rádios falarem *deles* como monstros sub-humanos. Não até homens sombrios invadirem *suas* casas, destruírem *suas* coisas e levarem embora alguém que *eles* amavam.

Não até dizerem para eles partirem de sua terra natal e nunca, nunca mais voltarem.

Ainda assim, Josef aproveitou a festa. Dançou com a mãe, enquanto Ruthie, Renata e Evelyne corriam para lá e para cá entre as pernas das pessoas a noite toda. Josef tinha ficado nervoso quanto a Cuba no início, apavorado pelo desconhecido, mas agora estava empolgado para chegar a Havana, começar uma nova vida — especialmente se fosse daquele jeito.

O pai de Josef ficou escondido na cabine a noite toda, certo de que aquilo tudo era apenas outro truque nazista.

Na manhã seguinte, o café da manhã na sala de jantar do navio foi interrompido pelos estrondos e estalos de âncoras sendo abaixadas. Josef correu até a janela. Era alvorada, e Josef pôde ver o Malecón, a famosa avenida à beira-mar de Havana. Os garçons haviam contado para eles sobre os teatros, cassinos e restaurantes, e sobre o Hotel Miramar, onde todos os garçons usavam fraque. Mas o *St. Louis* ainda estava muito longe de lá. Por algum motivo, o navio havia ancorado a quilômetros da costa.

— É para a quarentena médica — explicou um médico de Frankfurt à pequena multidão que havia se reunido com Josef nas escotilhas, olhando para Cuba. — Eu os vi içarem a bandeira amarela nesta manhã, antes do café. Só precisamos ser aprovados pelas autoridades médicas do porto primeiro. Procedimento padrão.

Josef fez questão de estar no convés quando o primeiro barco da Autoridade Portuária de Havana chegasse ao *St. Louis*. O cubano que subiu as escadas do convés C vindo da lancha era muito bronzeado e usava um terno branco leve. Josef observou quando o capitão Schroeder e o médico do navio receberam o homem a bordo. O capitão prestou um juramento de que nenhum dos passageiros era louco, criminoso ou tinha uma doença contagiosa. Aparentemente as exigências se limitavam àquilo, porque, quando o médico do porto insistiu que ainda precisaria examinar todos os passageiros, o capitão Schroeder pareceu irritado. Cerrou os punhos e respirou fundo, mas não ofereceu resistência. Deu uma ordem rápida ao médico do navio para reunir os passageiros no salão social e depois se afastou.

Josef correu de volta à cabine e irrompeu no quarto quando a mãe arrumava as últimas coisas da bagagem. Ruthie a ajudava, enquanto *papa* estava deitado na cama.

— O... o médico de Cuba... ele vai fazer todos os passageiros... passarem por um exame — disse Josef a sua mãe, ainda ofegante com a corrida. — Eles estão reunindo todo mundo no salão social neste momento.

O olhar de choque da *mama* lhe revelou que ela havia entendido. *Papa* não estava bem. E se o médico cubano dissesse que ele estava mentalmente perturbado demais para entrar em Havana? Aonde iriam se Cuba os rejeitasse? O que fariam?

— Reunindo a gente? — disse *papa*. Ele pareceu ainda mais assustado do que a mãe de Josef. — Como... como uma lista de chamada? — Ele se levantou e se recostou à parede. — Não — disse ele. — As coisas que aconteciam na chamada. Os enforcamentos. Os açoitamentos. Os afogamentos. Os espancamentos. — Ele abraçou o corpo, e Josef soube que seu pai estava falando daquele lugar. Dachau. Josef e a mãe ficaram como estátuas, com medo de romper o encanto. — Uma vez, vi um homem morrer com um tiro de fuzil — sussurrou o pai. — Ele estava em pé, bem do meu lado. Estava em pé bem do meu lado, e eu não podia me mexer, não podia fazer nenhum som, ou seria o próximo.

— Não vai ser assim, meu querido — disse *mama*. Ela estendeu a mão para ele, hesitante, gentil, e ele não se encolheu. — Você ficou firme daquela vez, naquele lugar. Só precisamos que você fique firme de novo. E então estaremos em Cuba. Estaremos seguros para sempre. Todos nós.

Estava evidente para Josef que o pai ainda estava perdido nas lembranças de Dachau quando o levaram para o salão social. *Papa* parecia assustado. Inquieto. Josef se apavorava quando o pai ficava assim, mas o apavorava ainda mais que o médico visse a condição de *papa* e os rejeitasse.

Josef e sua família juntaram-se aos outros passageiros nas filas, e o médico caminhou entre eles. *Papa* ficou ao lado de Josef e, quando o doutor se aproximou, ele começou a fazer um som de choramingo baixinho, como um cão ferido. Começou a atrair a atenção dos passageiros ao redor. Josef sentiu uma gota de suor rolar pelas costas embaixo da camisa, e Ruthie chorou baixinho.

— Fique firme, meu amor — Josef ouviu a mãe sussurrar para o pai. — Fique firme, como você ficou antes.

— Mas eu não fiquei — murmurou o pai de Josef. — Eu *não fiquei* firme. Eu só tive sorte. Poderia ter sido eu. Deveria ter sido eu.

O médico cubano estava se aproximando. Josef tinha que fazer alguma coisa. Mas o quê? O pai estava inconsolável. As coisas que ele disse que viu... Josef não podia sequer imaginar. Seu pai havia sobrevivido apenas ficando quieto. Sem chamar a atenção para si. Mas agora ele faria com que fossem rejeitados.

De repente, Josef viu o que precisava fazer. Deu um tapa na cara do próprio pai. Com força.

Papa cambaleou, surpreso, e Josef sentiu-se tão chocado quanto o pai. Josef não conseguiu acreditar no que tinha acabado de fazer. Seis meses antes, nunca teria nem sonhado em bater em *nenhum* adulto, muito menos em seu pai. *Papa* o teria punido por tal desrespeito. Mas, nos últimos seis meses, Josef e seu pai haviam trocado os papéis. *Papa* estava agindo como criança, e Josef era o adulto.

Mama e Ruthie encaravam Josef, perplexas, mas ele as ignorou e puxou o pai de volta para a fila.

— Você quer que os nazistas te peguem? Quer ser enviado de volta para aquele lugar? — Josef sibilou para *papa*.

— Eu... não — respondeu o pai, ainda zonzo.

— Aquele homem ali — sussurrou Josef, apontando para o médico —, ele é um nazista disfarçado. Ele decide quem volta para Dachau. Ele decide quem vive e quem morre. Se você tiver sorte, ele não vai te escolher. Mas se você falar, se você se mover, se fizer o mínimo som, ele vai tirar você da fila. Te mandar de volta. Entendeu?

O pai de Josef assentiu rapidamente com a cabeça. Ao lado dele, *mama* cobriu a boca com a mão e chorou, mas não disse nada.

— Agora, limpe-se. Rápido! — disse Josef ao pai.

Aaron Landau soltou a mão da esposa, passou a manga do casaco grande demais no rosto e parou rigidamente em posição de sentido, os olhos adiante.

Como um prisioneiro.

O doutor passou pela fileira em que estavam, olhando cada pessoa por vez. Quando chegou a vez dele, Josef segurou o fôlego. O doutor olhou o pai de Josef de cima a baixo, em seguida continuou. Josef murchou de alívio. Eles conseguiram. O pai passou na inspeção do médico!

Josef fechou os olhos e lutou para conter as lágrimas. Sentiu-se péssimo por assustar o pai daquele jeito, por piorar os medos de *papa* em vez de diminuí-los. E se sentiu terrível por tomar o lugar do pai como o homem da família. Durante toda a vida, Josef admirou o pai. Idolatrou. Agora era difícil ver qualquer coisa além de um velho destruído.

Mas tudo mudaria quando saíssem daquele navio e entrassem em Cuba. Então, tudo voltaria ao normal. Eles encontrariam uma maneira de curar o pai.

O médico cubano terminou a ronda e fez que sim com a cabeça para o médico do navio, indicando que havia aprovado os passageiros. A mãe de Josef abraçou o pai, e Josef sentiu o coração leve. Pela primeira vez em toda aquela tarde, ele sentiu esperança.

— Ora, isso foi uma vergonha — disse o homem que estava ao lado dele na fila.

— Como assim? — perguntou Josef.

— Isso não foi uma inspeção médica. O negócio inteiro foi uma farsa. Uma perda gigantesca de tempo.

Josef não entendeu. Se não era uma inspeção médica de verdade, o que tinha sido tudo aquilo?

Ele entendeu quando se enfileirou com a família na escada do convés C, para saírem do navio. O médico cubano tinha ido embora e deixou policiais cubanos para trás no seu lugar. Estavam bloqueando a única saída do navio.

— Passamos pela inspeção médica e temos todos os documentos em ordem — uma passageira disse ao policial. — Quando poderemos entrar em Havana?

— *Mañana* — disse o policial em espanhol. "*Mañana*." Josef não falava espanhol. Não sabia o que significava *mañana*.

— Amanhã — um dos passageiros traduziu para eles. — Hoje não. Amanhã.

ISABEL

ESTREITO DA FLÓRIDA, EM ALGUM LUGAR A NORTE DE CUBA – 1994
1 DIA LONGE DE CASA

Isabel bateu na água e mergulhou na morna Corrente do Golfo. Ao redor tudo era um breu, e o oceano estava *vivo*. Não vivo com peixes — vivo como se fosse uma criatura viva. Virava, revirava e rugia com bolhas e espuma. Chocava-se contra ela, empurrando e puxando, como um gato brincando com o rato que estava prestes a comer.

Isabel esforçou-se para voltar à superfície e tomar ar.

— Isabel! — berrou a mãe, os braços estendidos para ela. Mas a mãe não tinha como alcançá-la. O barco já estava tão longe! Isabel entrou em pânico. Como ele já estava longe assim?

— Temos que virar o barco! — Isabel ouviu Luis gritar. — Se não enfrentarmos as ondas diretamente, elas vão nos cobrir!

— Pai! — gritou Iván.

Isabel girou na água, e uma onda bateu nela, enchendo a boca e o nariz de água salgada e a puxando de novo para baixo. A onda passou, e ela irrompeu na superfície, vomitando e engasgando, mas já estava avançando até o lugar onde tinha visto a cabeça do Señor Castillo.

Sua mão atingiu algo na água escura, e Isabel se encolheu até perceber que era o Señor Castillo. O mar estava jogando o homem para lá e para cá, mas ele não estava se movendo, não estava lutando para sair da água. Isabel tomou o máximo de fôlego que pôde e mergulhou embaixo de uma onda que chegava. Encontrou o corpo do Señor Castillo no escuro, envolveu-o com os braços e chutou o mais forte que pôde até a superfície. O oceano brigava com ela, puxando suas pernas por baixo e girando-a para todo lado, mas Isabel chutou, chutou, chutou até seus pulmões estarem prestes a estourar, e por fim ela explodiu para fora da água, no ar frio, arfando.

— Lá! Lá estão eles! — gritou Iván.

Isabel não conseguia sequer tentar olhar para o barco. Tudo que conseguia fazer era manter fora d'água a cabeça tombada do Señor Castillo e tomar ar rapidamente antes de as ondas rolarem sobre eles.

Mas as ondas pareciam menores agora. Ainda mortais, mas não tão altas e rápidas. Isabel começou a sentir o ritmo do mar, o embalo monótono dele, e foi fácil fechar os olhos, parar de chutar, parar de lutar. Estava tão cansada. Tão, tão cansada...

E, então, Iván estava lá na água com eles, os braços ao redor dela, como ficavam lá no vilarejo, brincando juntos nas ondas da praia.

— Aqui! Aqui! Estão aqui! — gritou Iván. O barco agora estava ao lado dela, e sua cabeça bateu na lateral de metal quando uma onda a cobriu. Mãos ergueram o Señor Castillo, e logo também a puxaram pela amurada do barco. Ela caiu no meio metro de água que enchia a embarcação. Mas estava longe das ondas, as ondas infinitas, e despencou nos braços da mãe.

— Rudi! Rudi! Ai, meu Deus — gritava a Señora Castillo, apertando a mão do marido. O Señor Castillo estava inconsciente. Luis e *papi* deitaram-no em um dos bancos, e o avô de Isabel passou a empurrar a barriga do homem como um acordeão. A água do mar borbulhou da boca do Señor Castillo e, de repente, ele se sacudiu, tossindo e cuspindo. Lito, *papi* e Luis o rolaram de lado, e ele vomitou o resto do oceano que havia engolido.

— Rudi... Rudi! — disse a Señora Castillo. Ela o abraçou e chorou, e depois tudo ficou quieto e silencioso, exceto pelo estalar gentil do mar contra a lateral do barco e o sacolejar da água dentro dele.

O navio-tanque havia passado.

Amara parou em pé no fundo do barco, mantendo o remo reto contra as ondas. Mas o motor havia morrido de novo. Como tudo o mais, ele estava afogado.

A Señora Castillo estendeu a mão para Isabel e a apertou.

— Obrigada, Isabel.

Isabel fez que sim com a cabeça, mas pareceu mais um arrepio. Estava congelando, molhada dos pés à cabeça, porém ao menos estava de volta aos braços da mãe. *Mami* puxou-a para mais perto, e Isabel estremeceu.

— Precisamos tirar a água do fundo do barco — disse *papi*. Era estranho para Isabel ouvir o pai falar de algo assim tão normal, tão prático, depois de o Señor Castillo quase ter se afogado e o barco quase ter naufragado. Mas ele tinha razão.

— E fazer o motor funcionar de novo — disse Iván.

— A água primeiro — concordou Lito, e juntos pegaram garrafas e jarros e começaram o trabalho tedioso e enchê-los e despejar a água de volta ao oceano. Isabel ficou enterrada nos braços da mãe, ainda exausta, e ninguém fez com que ela se levantasse.

— Onde está a caixa de medicamentos? — perguntou Luis.

Não havia muitos lugares onde ela poderia estar no barquinho, e rapidamente concluíram que devia ter caído do barco na confusão. Foram embora a aspirina e as ataduras, e o Señor Castillo ainda estava zonzo e fraco.

Aquilo era ruim, mas se conseguissem esvaziar o barco, se conseguissem fazer o motor funcionar, se voltassem à rota com o amanhecer do dia seguinte e se não encontrassem mais nenhum navio-tanque, poderiam chegar aos Estados Unidos sem precisar de remédios ou fósforos.

Se, se, se.

Tiraram a água pelo restante da noite, revezando-se em cochilos no barquinho desconfortável e apinhado. Isabel só percebeu que havia caído no sono quando despertou com o solavanco de um pesadelo em que um monstro gigante saído do mar escuro vinha atrás dela. Ela berrou, olhando para lá e para cá, mas por quilômetros e mais quilômetros ao redor deles não havia nada além da água preto-azulada e o céu cinzento tingido com o vermelho do sol. Ela cerrou os olhos e respirou fundo, tentando se acalmar.

O barco sacudiu de novo, e Amara se esforçou para manter firme o remo. Tinha assumido como piloto enquanto o Señor Castillo se recuperava, mas eles ainda não tinham ligado o motor de novo. A Corrente do Golfo os levaria para o norte, na direção da Flórida, mas precisariam do motor para chegar à costa.

A mãe de Isabel inclinou-se na lateral do barco e vomitou no mar. Quando voltou, estava esverdeada. O barco estava balançando tanto que Isabel não conseguia se sentar no banco sem se segurar. As ondas estavam ficando cada vez maiores.

— O que foi? — disse Iván, sonolento. — Outro navio-tanque?

— Não. Quando o céu vermelho desperta, o marinheiro fica alerta — disse Lito, olhando para as nuvens tingidas de vermelho. — Vem vindo uma tempestade.

MAHMOUD

ESMIRNA, TURQUIA — 2015
11 DIAS LONGE DE CASA

— Deus nos ajude... É *nisso* que vamos embarcar? — perguntou o pai de Mahmoud.

O barco não era um barco. Era uma balsa. Um bote preto inflável de borracha com um motor externo atrás. Parecia que havia espaço para uma dúzia de pessoas nele.

Trinta refugiados esperavam para subir a bordo.

Todos pareciam tão cansados quanto Mahmoud, e usavam coletes salva-vidas de cores diferentes. Eram em sua maioria homens jovens, mas havia famílias também. Mulheres com e sem *hijab*. Outras crianças, algumas que pareciam ter a idade de Mahmoud. Um garoto com uma camisa do Barcelona não estava de colete salva-vidas, mas agarrado a um tubo de borracha cheio de ar. Alguns outros refugiados tinham mochilas e sacos plásticos cheios de roupas, mas a maioria deles, como a família de Mahmoud, carregava apenas o que tinha nos bolsos.

— Vamos! Vamos! — disse um dos contrabandistas. — Duzentos e cinquenta mil libras sírias ou mil euros por pessoa! Crianças pagam preço integral, inclusive bebês — disse ele ao pai de Mahmoud. Havia mais dois turcos de uniforme de moletom como aqueles que os expulsaram do shopping, e ficavam separados, encarando os refugiados como se fossem algo nojento que tinha acabado de ser levado até a praia. Suas carrancas fizeram Mahmoud querer desaparecer de novo.

O pai entregou a eles os coletes salva-vidas, e eles vestiram.

A mãe observou o bote preto sacudindo nas águas pretas e cinzentas do Mediterrâneo. Agarrou o braço do marido.

— O que estamos fazendo, Yussef? Esta é a decisão correta?

— Temos que chegar à Europa — disse ele. — Que escolha temos? Deus vai nos guiar.

Mahmoud observou quando o pai pôs nas mãos de um dos contrabandistas o dinheiro que a família havia economizado. Então, seguiram o pai até o bote, e todos entraram a bordo. Walid e a mãe sentaram-se no fundo do bote, a mãe segurando Hana com firmeza nos braços. Mahmoud e o pai sentaram-se em uma das pontas de borracha infladas, de costas para o mar. Mahmoud já estava com frio, e o vento vindo das ondas o fazia estremecer.

Um homem grande e barbado usando uma camisa xadrez e um colete salva-vidas azul e volumoso sentou-se, quase espremendo Mahmoud para longe daquele canto. Ele deslizou para um pouco mais perto do pai, mas o homenzarrão ao lado dele simplesmente se acomodou no espaço extra.

— Quanto tempo ficaremos no barco? — perguntou Mahmoud ao pai.

— Apenas algumas horas, eu acho. Foi difícil falar por telefone.

Mahmoud assentiu com a cabeça. Os telefones e carregadores estavam em segurança, guardados em bolsas plásticas nos bolsos dos pais, caso eles se molhassem. Mahmoud sabia porque foi ele quem fuçou o lixo para encontrar saquinhos com fecho funcionando.

— Não temos que chegar até o continente grego — disse o pai. — Apenas à ilha grega de Lesbos, cerca de cem quilômetros de distância. Então, estaremos oficialmente na Europa e podemos tomar uma balsa de lá até Atenas.

Quando os contrabandistas lotaram o bote de refugiados, eles o empurraram para o mar. Nenhum dos contrabandistas seguiu com eles. Se os refugiados chegassem até Lesbos, teriam que se virar sozinhos.

— Alguém sabe se tem serviço de bordo neste cruzeiro? — perguntou o pai de Mahmoud, e houve algumas risadas nervosas.

O motor externo rugiu, e os refugiados comemoraram e choraram. O pai abraçou Mahmoud, em seguida estendeu as mãos para abraçar a mãe, Walid e Hana. Finalmente estavam a caminho. Finalmente estavam saindo da Turquia para a Europa. Nada daquilo parecia real. Ele começou a sentir como se nunca fosse partir.

Mahmoud estava tão cansado que mal conseguia manter os olhos abertos antes, mas agora o roncar do motor e o estalar do barco quando batia em onda após onda o inundaram com adrenalina, e ele não conseguiria dormir nem se quisesse.

As luzes de Esmirna diminuíram até virarem pontos brilhantes atrás deles, e logo eles estavam nas águas escuras e agitadas do Mediterrâneo. As telas dos celulares cintilaram na escuridão — passageiros verificando se conseguiam saber onde estavam.

O rugir do motor e os borrifos do mar que ofuscavam a visão e açoitavam impossibilitavam qualquer tipo de conversa, então Mahmoud olhou para os outros passageiros ao redor. A maioria deles mantinha a cabeça baixa e os olhos fechados, murmurando orações, tentando não enjoar ou ambos. O bote começou a sacudir não apenas para a frente e para trás, mas também de um lado para o outro, em uma espécie de oscilação, e Mahmoud sentiu a bile subir no fundo da garganta. Do outro lado do bote, um homem se virou rapidamente para fora para vomitar.

— Atenção para a Guarda Costeira! — gritou o homenzarrão ao lado de Mahmoud, acima do barulho. — Os turcos vão nos devolver para a Turquia, mas os gregos vão nos guiar até Lesbos.

Mahmoud não sabia como alguém podia ver alguma coisa na noite escura e encoberta. Mas seu enjoo melhorou quando olhou para fora e não para dentro do bote. Porém, não ajudava na sensação crescente de pânico. Ele não conseguia mais ver a terra, apenas ondas cinzentas tempestuosas que ficavam cada vez mais altas e estreitas, como se estivessem conduzindo um bote pelo alto das tendas pontudas de Kilis. Mais pessoas inclinaram-se sobre a lateral do bote para vomitar, e Mahmoud sentiu o estômago se revirar.

E então a chuva começou.

Uma chuva forte, fria, que emplastrou o cabelo de Mahmoud e o encharcou até as meias. A chuva começou a se acumular no fundo do bote, e logo a mãe de Mahmoud e os outros estavam sentados dentro de centímetros de água sacolejante. Os músculos de Mahmoud começaram a doer pela tremedeira e pela permanência na mesma posição tensa por tanto tempo, e não havia nada que quisesse mais do que sair daquele barco.

— Deveríamos voltar! — gritou alguém.

— Não! Não podemos voltar! Não teremos como tentar de novo! — gritou o pai de Mahmoud, e um coro de vozes concordou com ele.

Eles avançaram sob chuva violenta e através do mar agitado pelo que pareceu uma eternidade. Poderiam ser dez horas ou dez minutos, Mahmoud não sabia. Tudo o que ele sabia era que queria que terminasse, e que terminasse naquele instante. Era pior que Alepo. Pior que as bombas caindo e soldados gritando e drones zumbindo no céu. Em Alepo, ao menos, ele podia correr. Esconder-se. Ali estava à mercê da natureza, uma mancha marrom invisível em um bote preto de borracha invisível no meio de um grande mar preto. Se quisesse, o oceano podia abrir sua boca e engoli-lo, e ninguém no mundo inteiro jamais saberia que ele se foi.

E então foi exatamente o que ele fez.

— *Eu vejo pedras!* — alguém à frente do bote gritou, e ouviram um *PAAM!* alto, como uma bomba explodindo, e Mahmoud saiu rolando para dentro do mar.

JOSEF

NAS CERCANIAS DO PORTO DE HAVANA — 1939
17 DIAS LONGE DE CASA

A mão forte agarrou Josef pelo braço e o girou. Era um marinheiro, um dos bombeiros do navio, e Josef soube naquele instante que estava encrencado. Os bombeiros eram brutamontes grandes e grosseiros que deviam estar a bordo para extinguir incêndios. Mas, nos últimos tempos, caminhavam pelos conveses, assediando os passageiros judeus. Estavam causando problemas desde que os cubanos disseram que eles não podiam sair do navio.

Por três dias, o *St. Louis* teve de ficar ancorado a quilômetros da costa. Por três dias, enquanto os oficiais portuários iam e vinham, os policiais cubanos que guardavam a escada externa do navio diziam aos passageiros que não podiam sair.

— *Mañana* — eles diziam. — *Mañana*.

Amanhã. Amanhã.

Dois dias antes, o SS *Orduna*, um pequeno navio de carreira inglês, chegou e ancorou nas proximidades. Josef imaginou que fosse um dos outros dois navios que tinham apostado corrida até Cuba. Ele e os outros passageiros observaram quando lanchas chegavam e partiam do navio, quando a bandeira amarela da quarentena subiu e desceu. E depois o *Orduna* levantou âncora e avançou até parar no píer e desembarcar os passageiros! Por que eles receberam permissão, e o *St. Louis* não? O *St. Louis* havia chegado primeiro!

O capitão Schroeder não estava por perto para que perguntassem, e os oficiais e comissários não tinham respostas para os passageiros.

E, naquele dia, o mesmo aconteceu com o navio francês SS *Flandre*. Chegou, ancorou por perto, passou a quarentena, aportou no píer de Havana e desembarcou os passageiros. E já estava navegando de volta ao mar.

Os passageiros do *St. Louis* estavam cada vez mais inquietos, encurralando marinheiros no convés e repreendendo comissários no jantar. Josef sentiu a tensão aumentar no navio, o pandemônio ameaçando a fervilhar a cada vez que a tripulação lidava com os passageiros. Era tão sufocante e opressivo quanto o calor de quase quarenta graus.

Aparentemente, Schiendick e seus amigos nazistas também sentiram a tensão, porque foi quando as patrulhas dos bombeiros começaram. Não era nada oficial, disso Josef tinha certeza, porque o capitão não fizera qualquer anúncio. Eram apenas certos membros da tripulação que assumiram o papel de policiar o navio como faziam lá na Alemanha.

— Pela segurança dos judeus — disse Schiendick a eles, do mesmo jeito que a Gestapo levava judeus para a "custódia em caráter preventivo".

Outro bombeiro estava ao lado daquele que segurava o braço de Josef, bloqueando o sol. E entre eles estava o próprio Otto Schiendick.

— Exatamente o garoto que estávamos procurando — falou Schiendick. — Você vem conosco.

— Quê? Por quê? — perguntou Josef, erguendo os olhos para os dois homens grandes ao seu redor. Josef sentiu-se culpado, e imediatamente ficou furioso consigo mesmo. Por que tinha que se sentir culpado? Não tinha feito nada de errado! Mas se lembrou da sensação de antes, na terra natal, sempre que um nazista passava na rua.

Na Alemanha, simplesmente era crime ser judeu. E, aparentemente, ali também.

— A cabine de seus pais precisa ser revistada — respondeu Schiendick. — Você tem a chave?

Josef fez que sim com a cabeça, embora não quisesse. Aqueles homens eram adultos e eram nazistas. Ele aprendeu a ter respeito pelos primeiros. E medo dos segundos.

O grande bombeiro ainda segurava o braço de Josef e o puxou na direção do elevador. Josef não conseguiu acreditar que se deixou capturar. Foi alertado pela irmã, Ruthie, para evitar os bombeiros, que amavam intimidar as crianças a bordo, e ela conseguiu ficar longe deles. Mas ele se distraiu observando o *Flandre* sair do Porto de Havana, as costas viradas para o convés, e foi quando o pegaram.

Schiendick e os bombeiros o empurraram escada abaixo, e o estômago de Josef pesou quando ordenaram que ele abrisse a porta da cabine. Josef sentiu a mão tremer quando pôs a chave na fechadura. Desejou que houvesse uma maneira de sair daquela situação, alguma maneira de manter aqueles homens longe de sua mãe e de seu pai.

Otto Schiendick estendeu a mão e virou a maçaneta, abrindo a porta de uma vez. *Papa* estava deitado na cama em roupas de baixo, tentando esfriar o corpo no calor sufocante. *Mama* estava sentada ao lado, em uma cadeira, lendo um livro. Josef ficou contente ao ver que Ruthie ainda estava na piscina.

Quando viu os homens, Rachel Landau se levantou. Na cama, o pai de Josef ergueu o corpo com um olhar de pânico no rosto.

— O que está havendo aqui? — perguntou *mama*. — Josef?

— Eles me obrigaram a trazê-los aqui — disse Josef com olhos arregalados, tentando alertá-la do perigo.

— Sim — disse Schiendick, olhando o pai de Josef. — Ali está ele.

Schiendick e os dois bombeiros entraram. Schiendick fechou a porta e a trancou.

— Pela sua segurança, esta cabine precisa ser revistada — disse ele.

— Com que autorização? — perguntou *mama*. — O capitão sabe disso?

— Com *minha* autorização — disse-lhe Schiendick. — O capitão tem outras preocupações agora.

Schiendick assentiu, e os dois homens reviraram o quarto. Eles jogaram as maquiagens e o perfume da penteadeira de *mama* e quebraram o espelho. Derrubaram as luminárias das mesas de cabeceira e quebraram a pia. Abriram as malas da família, que estavam cuidadosamente feitas e prontas para ir a Cuba, e espalharam as roupas pela cabine. Arrancaram a cabeça do coelhinho de pelúcia de Ruthie. Arrancaram o livro das mãos de *mama* e rasgaram as páginas, jogando-as no ar como cinzas de uma fogueira.

A mãe de Josef gritou, mas não tão alto a ponto de alguém ouvi-la. *Papa* enrodilhou-se e cobriu a cabeça com as mãos, choramingando. Josef encolheu-se encostado à porta, irritado por sua impotência, mas assustado, pois, se resistisse, só seria mais castigado.

Quando não havia mais nada a quebrar ou espalhar, os bombeiros ficaram atrás de Schiendick à porta.

Schiendick cuspiu no chão.

— É isso o que eu acho de você e de sua raça — disse ele, e de repente Josef compreendeu; era uma vingança pelas palavras do pai a Schiendick no funeral.

Schiendick bufou com desdém para o homem encolhido na cama.

— É hora de rasparem sua cabeça de novo — disse ele ao pai de Josef.

Otto Schiendick saiu acompanhado dos dois bombeiros, deixando a porta escancarada. A mãe de Josef deslizou até o chão, chorando, e *papa* murmurava na cama. Josef estremeceu quando enterrou o rosto entre as mãos, tentando esconder as próprias lágrimas. Só queria correr para os braços da mãe, mas ela parecia estar a milhões de quilômetros dele. Como seu pai. Os três eram ilhas solitárias, separados por um oceano de sofrimento.

De todas as coisas que Schiendick e seus bombeiros quebraram, a família Landau era a única que Josef não sabia se poderiam consertar.

— Você disse que se eu ficasse quieto, se eu ficasse muito quieto, eles não viriam me pegar — disse *papa*. Levou um instante para Josef perceber que o pai estava falando com ele. Josef ficou sem fôlego. O pai estava falando da inspeção médica. Quando Josef assustou o pai para fazê-lo se endireitar.

Papa encarou-o, os olhos vermelhos de tanto chorar.

— Você disse que não viriam me pegar. Você disse que não me mandariam de volta. Você prometeu, e eles vieram mesmo assim.

Josef sentiu como se o pai tivesse lhe dado um tapa, embora *papa* não tivesse tocado nele. Josef cambaleou. Recuou até bater na mesinha de maquiagem da mãe, e um dos frascos que Schiendick não havia estourado rolou para longe e se estilhaçou no chão ao lado dele. Josef nem teve um sobressalto. Tinha mentido para o pai. Ele o traiu. Ele o fez pensar que estava de volta àquele lugar horrendo. Aterrorizou-o de novo. Mas não foi a pior coisa que fizera.

Josef fez a seu pai uma promessa que não conseguiu cumprir.

ISABEL

EM ALGUM LUGAR NO ESTREITO DA FLÓRIDA — 1994
2 DIAS LONGE DE CASA

A chuva batia em Isabel enquanto ela jogava água para fora do barco. Recolhe, joga fora. Recolhe, joga fora. O fundo do barco enchia-se mais rápido do que conseguiam esvaziar. Isabel, a mãe, o pai, o avô, Luis, Iván, Señora Castillo, todos trabalhavam com afinco, sem dizer qualquer palavra — até porque não conseguiriam se ouvir com a tempestade. Os únicos que não estavam jogando água fora do barco eram o Señor Castillo, que parecia um fantasma, e Amara, que se agarrava ao remo com mãos bem apertadas, os nós dos dedos brancos, e tentava impedir que o barco virasse nas ondas fortes. O motor não funcionava desde que haviam escapado do navio-tanque.

As nuvens tempestuosas transformaram o dia em noite, e a chuva torrencial encharcava Isabel até os ossos. Ela tremia com o vento frio, os pés dormentes na água que sacudia no fundo do barco. Os borrifos do mar ardiam nos olhos, e, entre os arremessos de água para fora do barco, ela passava o braço pelo rosto, tentando limpar as lágrimas salgadas de mar.

Quando observava as ondas subindo, Isabel se lembrava da última vez que vira sua *abuelita*, sua vovó. Lembrou-se da mão de Lita estendida buscando ajuda enquanto a maré a levava embora. Isabel tinha nove anos. Seus pais a mandaram ficar com Lito e Lita na cabaninha perto da costa. Não disseram o motivo, mas Isabel já tinha idade suficiente para saber que os pais estavam brigando de novo e queriam ficar sozinhos enquanto resolviam as coisas. Toda aquela primavera havia passado sem alegria à beira-mar, enquanto Isabel esperava pela tempestade vindoura que destroçaria sua família.

E então veio a verdadeira tempestade.

Não foi um furacão. Foi maior que um furacão — um ciclone gigantesco que se estendia do Canadá, passava pelos Estados Unidos e por Cuba até a América Central. Mais tarde a chamariam de Tempestade do Século, mas para Isabel era *A* Tempestade. O vento uivante arrancou o telhado das casas e as palmeiras do chão. A chuva caía quase de lado. Granizo estilhaçava janelas como um tiroteio sem fim. E o oceano, ele se erguia como uma mão gigante e cobria a terra firme, passando pela casinha de Lito e Lita à beira-mar, inundando-a com sua pata imensa e arrastando para seu covil os pedaços estilhaçados.

Lito e Lita não sabiam que a tempestade estava a caminho, ou não estariam ali. Teriam ido ao interior. Encontrado um terreno mais alto. Castro havia prometido protegê-los, mas não protegeu. Não naquela época. Não protegeu a avó de Isabel.

Lito conseguiu segurar Isabel, mas Lita foi arrastada. Deslizou para o fundo das ondas, os braços estendidos para Lito. Para Isabel.

E foi a última vez que eles a viram.

Os braços de Lito encontraram Isabel de novo agora e a envolveram em um abraço.

— Sei em que você está pensando — disse ele perto do ouvido dela, para que ela pudesse ouvi-lo. — Também estou pensando nisso.

— Tenho saudades dela — disse Isabel ao avô.

— Eu também — disse ele. — Todos os dias.

Lágrimas de verdade marejaram os olhos de Isabel, e Lito a abraçou com mais força.

— Foi o fim da canção dela — sussurrou Lito. — Mas a nossa continua a tocar. Venha. Continue a jogar a água, ou logo ela vai chegar até o pescoço.

Isabel assentiu e voltou a jogar água fora do barco. E se a vida dela *fosse* uma canção? Não, não uma canção. Uma vida era uma sinfonia, com movimentos diferentes e formas musicais complexas. Uma canção era algo mais curto. Um pedaço menor de uma vida.

Aquela jornada era uma canção, percebeu Isabel, um *son cubano*, e cada parte dela era um verso. O primeiro verso foi a revolta: um estrondar de trompetes, o ratatá de um tarol. Em seguida, o pré-coro, quando trocou o trompete por gasolina — o piano que dava seu ritmo ao *son* —, e aí o próprio coro: sair de casa. Ainda estavam saindo de casa, ainda não tinham chegado aonde estavam indo. Voltariam ao coro de novo, várias vezes, antes de chegarem.

Mas o que era o refrão? E quantos versos mais haveria antes de chegarem ao clímax da canção, aquele momento impetuoso no final de um *son cubano* que ecoava o refrão, e então a coda, aquelas breves e poucas notas que juntavam tudo?

Ela não conseguia pensar naquilo agora. Tudo o que conseguia fazer era jogar água para fora do barco. Jogar água para fora e rezar para que não se afogassem no solo de conga que tamborilava contra a lateral do barquinho de metal.

MAHMOUD

EM ALGUM LUGAR NO MAR MEDITERRÂNEO — 2015
11 DIAS LONGE DE CASA

A água fria foi como um tapa no rosto de Mahmoud. Antes que pudesse pensar ele arfou, sugando um bocado do escuro mar Mediterrâneo. Rolou para trás, a cabeça na água turva, os braços e pés se debatendo, tentando se endireitar. Alguma coisa — alguém — caiu por cima dele, empurrando-o para mais fundo na água. Ele engasgou. Tossiu. Engoliu mais água. Corpos despencavam na água sobre ele, ao lado dele, embaixo dele. Seu joelho bateu em algo duro e pontudo — uma pedra — e ele sentiu o lampejo frio de dor que rapidamente desapareceu no terror cego, sem sentido.

Estava se afogando. O bote de borracha havia estourado contra as pedras, e ele estava se afogando.

Mahmoud chutou. Deu braçadas. Debateu-se. Seu rosto saiu da água e ele engoliu ar, e, em seguida, uma onda o afundou. Ele bateu os pés até voltar à superfície e se esforçou para manter a cabeça fora d'água.

— Mãe! Pai! — gritou. Seus gritos misturavam-se aos berros e choros de outros passageiros que tinham voltado à superfície.

Ao redor de Mahmoud, os sobreviventes se debatiam e engasgavam, engolidos pelas ondas agitadas. Não havia restado nada do bote. O motor arrastou a borracha restante para o fundo.

Mahmoud viu algo boiando na água, brilhando. Um celular! Ainda estava bem selado no saquinho plástico, e o ar do saquinho o fazia flutuar. Mahmoud nadou até o ponto luminoso, desviando-se de uma onda e agarrando o saquinho com os braços.

A tela brilhante do telefone mostrava 2h32.

— Socorro... *socorro!* — soluçou a mãe de Mahmoud, sua voz reconhecível no caos. Mahmoud girou, orientou-se e nadou de peito pelas ondas na direção de uma forma que ele pensava ser da sua mãe. Avistou o lenço rosa em meio ao pandemônio vertiginoso e viu que ela estava lutando para erguer algo para fora da água.

Hana.

Mahmoud nadou até elas. Hana estava chorando — estava viva! —, a mãe de Mahmoud tinha dificuldades para conseguir manter a bebê e seu rosto sobre as ondas inclementes. Uma ou outra afundaria.

Mahmoud pôs os braços ao redor da mãe e tentou mantê-la junto com Hana na superfície, mas na metade do tempo ele parecia puxar as duas consigo para baixo.

— Fatima! Mahmoud! — ele ouviu o grito de seu pai. Mahmoud virou-se para vê-lo com Walid nos braços. — Os coletes salva-vidas são inúteis! — urrou ele, a cabeça aparecendo e desaparecendo atrás das ondas. — São falsos!

Falsos?!? Mahmoud ficou furioso, mas a raiva logo desapareceu. Cada pingo de energia estava concentrado em chutar, nadar. Se parasse, ele, a mãe e a irmã se afogariam.

Havia outras pessoas ao redor deles, gritando, buscando, lutando para flutuar, mas pelo que constava a Mahmoud, seu mundo estava em um raio de quatro metros. Aonde iriam dali? Como sairiam do mar e chegariam à terra seca? Estavam perdidos no tempestuoso mar Mediterrâneo, no meio da noite. O bote havia afundado, e, embora tivessem batido em pedras, não havia nenhum sinal de terra.

Eles morreriam ali. Todos eles.

Mahmoud aspirou água do mar pelo nariz e tossiu com força. Lutou para respirar, as ondas batendo nele, e a chuva e os borrifos ainda o chicoteavam. Mas os gritos da irmãzinha devolveram seu foco. Ele *não* podia perdê-la. Não podia perder nenhum deles.

Eles se aproximaram na água, Mahmoud, sua mãe e seu pai, todos ajudando Hana e Walid e uns aos outros a ficarem na superfície. Outras famílias e grupos fizeram o mesmo, mas, no fim das contas, os pequenos grupos se afastaram, todos sem saber que caminho deviam tomar. Tudo que conseguiam fazer era ficar sobre a próxima onda, a próxima onda, a próxima onda.

— Tirem os sapatos — disse o pai de Mahmoud a todos. — Tirem qualquer coisa que alivie o peso.

O tempo passou. A chuva parou. A lua crescente até espreitava detrás de uma nuvem. Mas escureceu mais rápido ainda, e o vento frio, os borrifos salgados e o mar crescente ainda os atormentavam. As pernas de Mahmoud estavam dormentes de frio e pela exaustão. Pareciam dois pesos de chumbo que ele lutava para erguer e movimentar para se manter flutuando. A mãe estava chorando baixinho pelo que parecia uma eternidade. Os braços não seguravam mais Hana sobre a água, mas apenas na superfície, como se estivesse empurrando uma pequena barcaça. O pai de Mahmoud fazia o mesmo com Walid, tentando economizar força. Hana tinha ficado tão quieta quanto Walid, e Mahmoud não sabia se ainda estavam vivos. Não podia perguntar. Não perguntaria. Se não perguntasse, não poderia ter certeza, e, enquanto não tivesse certeza, havia uma chance de ainda estarem vivos.

Mahmoud deslizou por baixo das ondas de novo, por mais tempo dessa vez. Estava ficando tão difícil emergir, manter-se flutuando. Ele subiu novamente, empurrando o ar pelo nariz, mas estava cansado. Muito, muito cansado. Queria parar de nadar por um instante, apenas um momento sem mexer braços e pernas. Fechar os olhos e ir dormir...

A água batia nas orelhas de Mahmoud, mas ele achou ter ouvido um drone bem acima do uivo do vento. Na Síria, aquele som teria feito com que se escondesse, mas agora fez os olhos se arregalarem, as pernas chutarem apenas um pouco mais forte, um pouco mais alto. Lá — chegando até eles da escuridão — outro bote cheio de gente!

Mahmoud, a mãe e o pai acenaram e gritaram pedindo socorro. Por fim, as pessoas a bordo os viram, mas quando o bote se aproximou, não reduziu a velocidade.

Não iam parar!

A frente do bote passou com tudo por Mahmoud, e ele avançou para alcançar uma das alças laterais. Pegou-a e agarrou a mãe antes que o bote o jogasse longe. Ele puxou a mãe até a lateral do bote, e ela segurou firme, seu rastro de água quase cobrindo Hana.

Atrás dele, o pai de Mahmoud também estendeu a mão para o bote, mas não conseguiu agarrar. Seus dedos escorregaram, sacudindo o corpo na água agitada, e o pai de Mahmoud e o irmão desapareceram na escuridão.

— Pai... *pai*! — gritou Mahmoud, ainda segurando o bote.

— Solte! — gritou uma mulher para ele. — Você está pesando!

— Deixem-nos entrar! Por favor! — implorou Mahmoud. Tudo o que a mãe conseguia fazer era se agarrar ao bote e a Hana.

— Não podemos! Não há espaço! — gritou um homem de dentro do bote.

— Por favor — implorou Mahmoud. — Estamos nos afogando.

— Vou ligar para a Guarda Costeira buscar vocês! — disse um homem. — Tenho o telefone deles aqui!

Outro homem abaixou-se e tentou tirar a mão de Mahmoud do bote.

— Você vai nos virar!

— Por favor! — gritou Mahmoud. Ele chorou com o esforço de resistir aos dedos do homem e se manter agarrado ao bote. — Por favor, nos levem com vocês!

— Não! Não há espaço!

— Ao menos leve minha irmã! — implorou Mahmoud. — Ela é um bebê. Quase não vai ocupar espaço.

Isso causou muita gritaria e discussão no barco. Um homem tentou soltar Mahmoud de novo, mas ele se manteve firme.

— *Por favor...* — implorou Mahmoud.

Uma mulher apareceu na lateral do barco, os braços estendidos para a mãe de Mahmoud. Estendidos para a bebê.

A mãe de Mahmoud ergueu a bolinha de cobertores molhados até a mulher.

— *O nome dela é Hana* — disse ela, lutando para ser ouvida acima do rugir dos motores e do bater das ondas.

Alguém finalmente soltou os dedos de Mahmoud da lateral. Ele deslizou para dentro d'água e rolou pelo rastro do bote. Quando emergiu, viu que a mãe havia soltado o bote também. Estava gritando, uivando e rasgando as roupas. Mahmoud nadou até ela e prendeu suas mãos até ela se acalmar um pouco, e ela recostou a cabeça no ombro de Mahmoud e chorou.

A irmã de Mahmoud não estava mais com eles, nem seu pai e seu irmão.

JOSEF

NAS CERCANIAS DO PORTO DE HAVANA — 1939
18 DIAS LONGE DE CASA

Josef tentou agarrar-se à cadeira, mas seu pai ainda era forte o bastante para arrancá-la de suas mãos. *Papa* empilhou-a na torre de mobília que já havia arrastado até a porta.

— Não podemos deixá-los entrar de novo! — gritou. — Eles virão atrás de nós e nos levarão embora!

Josef e sua mãe tinham levado uma noite e um dia para arrumar a cabine depois que Otto Schiendick e seus capangas reviraram o lugar. Mas em quinze minutos o pai havia desarrumado tudo de novo, erguendo tudo o que não estava pregado no chão e empilhando contra a porta.

Ruthie estava agachada no canto, chorando e abraçando Bitsy. A mãe de Josef havia costurado o coelhinho antes de qualquer coisa para que Ruthie não o visse sem cabeça.

— Aaron! Aaron! — disse a mãe de Josef. — Você precisa se acalmar! Está assustando sua filha!

Estava assustando Josef também, que encarava o pai. Aquele esqueleto, aquele fantasma maluco, não era seu pai. Os nazistas levaram seu pai e o substituíram por um doido.

— *Você não entende!* — disse o pai de Josef. — Não sabe o que fizeram com as pessoas. O que farão conosco!

Papa jogou uma mala aberta sobre a pilha, espalhando roupas pelo quarto. Quando pôs tudo o que pôde na barricada, rastejou para baixo da escrivaninha ao fundo do quarto, como uma criança brincando de esconder.

Mama parecia assustada enquanto tentava imaginar o que fazer.

— Ruthie — disse por fim —, ponha seu traje de banho e vá para a piscina.

— Não quero nadar — disse Ruthie, ainda chorando no canto.

— Faça o que estou mandando — disse *mama*.

Ruthie afastou-se da parede e procurou o traje de banho entre as roupas no chão.

— Josef — disse *mama* bem baixo apenas para ele ouvir. — Eu vou até o médico do navio, para pedir um sonífero. Algo para acalmá-lo. Vou levar Ruthie até a piscina, mas preciso que fique aqui e vigie seu pai.

Papa ainda estava em posição fetal embaixo da mesa, balançando e murmurando para si. A ideia de ficar sozinho com ele enchia Josef de medo.

— Mas se o médico souber que ele não está bem, talvez não nos deixe entrar em Cuba — sussurrou Josef, desesperado para encontrar um motivo para manter sua mãe com ele.

— Vou dizer ao doutor que estou ansiosa e que não tenho dormido bem — disse *mama*. — Vou dizer que o sonífero é para mim.

A mãe de Josef ajudou Ruthie a vestir o traje de banho e, juntas, conseguiram mover a pilha aleatória de mobília, afastando-a o suficiente para abrir a porta. O pai de Josef, agitado para construir a barricada poucos minutos antes, estava tão perdido em pensamentos que sequer notou.

Josef não sabia o que fazer, então começou a arrumar o quarto de novo. *Papa* ficou quieto e ainda embaixo da mesa. Josef esperava que ele fosse dormir. *Mama* voltou dentro de minutos, e Josef sentiu um alívio gigantesco — até perceber o olhar embotado e de pânico de *mama*, e voltar a ficar assustado também. Ela entrou aos tropeços na cabine, parecia que não lembrava como caminhar, e Josef correu para ajudá-la a chegar até uma das camas.

— *Mama*, o que foi? O que há de errado? — perguntou.

— Eu... eu disse ao médico que o sonífero era para mim — disse ela, suas palavras lentas —, e ele me fez... me fez tomar lá mesmo.

— *Você tomou?* — perguntou Josef.

As pálpebras da mãe piscaram.

— Tive que tomar — disse ela. — Depois do que eu disse... depois do que eu disse... não podia deixar que soubesse que era Aaron que precisava...

As pálpebras da mãe fecharam, e ela apagou.

Josef entrou em pânico. Ela não podia dormir. Não naquele momento. Como ele cuidaria de seu pai? Sozinho ele não conseguiria!

— *Mama!* Não durma!

Seus olhos abriram uma outra vez, mas tinham perdido o foco.

— Sua irmã — disse ela. — Não se esqueça... de sua irmã... ela está na piscina...

Os olhos pestanejaram até se fecharem de novo, e ela rolou de volta para a cama.

— Não. Não, não, não, não, não — disse Josef. Tentou dar tapinhas nas bochechas da mãe para acordá-la, mas ela havia apagado.

Josef levantou-se e caminhou pelo quarto, tentando pensar. Com a mãe adormecida, tinha de vigiar o pai a cada segundo. Josef olhou para ele embaixo da mesa. *Papa* estava em silêncio agora, mas qualquer coisinha poderia provocá-lo. Josef não poderia ir buscar ajuda de qualquer forma. Se alguém soubesse que o pai não estava bem, ele seria barrado de Cuba. Mas Josef também precisava ir buscar Ruthie em algum momento, lhe dar jantar e colocá-la na cama.

De repente, Josef era o homem da família — o único *adulto* na família —, quisesse ele ou não.

— Você já viu um homem afogado? — perguntou o pai em um sussurro, e Josef teve um sobressalto. Josef não sabia se *papa* estava falando com ele ou apenas falando, mas teve medo de perguntar, medo de romper o encanto silencioso sob o qual o pai estava.

O pai continuou a falar.

— Depois da chamada da noite, eles escolhiam alguém para afogar. Um a cada noite. Eles amarravam os tornozelos e as mãos para trás e punham uma mordaça na boca da pessoa, e então penduravam o corpo pelos pés, a cabeça dentro de um barril. Como um peixe. Como um grande peixe no píer, pendurado de cabeça para baixo pelo rabo. Então, enchiam o barril com água. Devagar. Assim, podiam se divertir com o pânico. Assim, podiam rir. E daí a água subia o suficiente para cobrir o nariz, e a pessoa respirava na água, pois não havia nada mais a fazer. Respirava na água como um peixe. Só que não era um peixe. Era um homem. Ele se debatia e respirava água até se afogar. Afogado de cabeça para baixo.

A respiração de Josef parou. Ele flagrou-se abraçando com força o coelhinho de pelúcia de Ruthie.

— Fizeram isso todas as noites, e todos tínhamos que ficar em pé e assistir — sussurrou o pai. — Tínhamos que ficar em pé e assistir, e não podíamos dizer uma palavra, não podíamos mover um músculo, ou seríamos os próximos.

Lágrimas rolavam pelo rosto de Josef. Ele pensou em como havia tratado seu pai no exame do médico cubano. Como fez o pai acreditar que estava de volta àquele lugar, onde tinha visto tantas coisas horríveis.

— Não posso voltar para lá — sussurrou o pai de novo. — Não posso voltar.

O pai fechou os olhos, pôs a cabeça entre os joelhos e logo dormiu. Josef ficou sentado com os pais adormecidos até a cabine começar a escurecer e ele não poder mais adiar a hora de buscar Ruthie. Teria que ser o mais rápido que pudesse.

Ele saiu da cabine e encontrou a irmã chapinhando na água da piscina com outras crianças. Ele pediu que um comissário levasse o jantar à cabine deles naquela noite e, quando voltou com Ruthie, se parabenizou por ter sobrevivido ao primeiro dia como adulto.

Até ele abrir a porta, e o pai ter desaparecido.

Josef soltou a mão de Ruthie e se abaixou para procurá-lo embaixo das camas, mas o pai não estava lá. Não estava mesmo na cabine.

— Não. Não! — gritou Josef. Sacudiu a mãe, implorou para que ela acordasse, mas o sonífero era forte demais. Josef girou no quarto, tentando imaginar o que fazer.

Pegou Bitsy e empurrou o coelhinho de pelúcia para os braços de Ruthie.

— Fique aqui — disse a Ruthie. — Fique aqui com *mama* e não saia da cabine. Entendeu? Preciso encontrar *papa*.

Josef correu porta afora até o corredor. Mas aonde ir agora? Aonde seu pai tinha ido? *Papa* não deixou a cabine durante a viagem toda, e *agora* decidiu sair?

Josef ouviu uma comoção e subiu correndo as escadas do convés A. Lá em cima, um homem estava ajudando uma mulher a se levantar, e os dois estavam olhando para trás com raiva, na direção em que *papa* devia ter corrido.

E foi quando Josef se lembrou: o pai havia saído da cabine uma vez. Para assistir ao funeral do professor Weiler no mar.

Em algum lugar lá em cima, uma mulher gritou, e Josef saiu em disparada. Sentiu como se estivesse fora de si, como se existisse fora da própria pele, e observou a si mesmo batendo na lateral do barco e olhando sobre a amurada.

Alguém gritou "Homem ao mar!", e a sirene do navio berrou.

O pai de Josef havia se jogado no mar.

ISABEL

EM ALGUM LUGAR NO MAR DO CARIBE — 1994
3 DIAS LONGE DE CASA

Isabel acordou com um brilho laranja e quente no horizonte e um mar prateado estendendo-se diante deles como um espelho. Era como se a tempestade tivesse sido uma espécie de pesadelo febril. Señor Castillo despertou do pesadelo também, sedento como um homem que esteve perdido no deserto. Em um longo gole, bebeu quase metade de um dos poucos galões de água que restaram, em seguida se recostou na lateral do barco.

Isabel estava preocupada com a mãe. Para *mami*, o pesadelo só havia começado. O mal-estar que sentiu quando a tempestade começou havia piorado à noite, e agora tinha uma febre mais forte que o sol nascente. Lito mergulhou um pedaço de camisa na água gelada do mar e pousou na testa da filha para resfriá-la, mas sem a aspirina da caixa de medicamentos não havia maneira de abaixar a febre.

— O bebê... — gemeu *mami*, segurando a barriga.

— O bebê vai ficar bem — Lito lhe disse. — Um bom menino, forte e saudável.

Lito e a Señora Castillo cuidaram da mãe de Isabel. *Papi* e Luis conseguiram religar o motor e o banhavam com água para mantê-lo resfriado. Amara, no remo, os conduzia para o norte, agora que o sol estava no céu. Todo mundo tinha um trabalho, ao que parecia, menos Isabel e Iván.

Isabel deu uma batidinha de ombro e cambaleou nas pontas dos pés até a proa do barco, onde estava Iván. Sentou-se ao lado dele com uma bufada de raiva.

— Eu me sinto uma inútil — disse.

— Sei como é — disse ele. — Eu também.

Ficaram sentados em silêncio até que Iván falou:

— Acha que teremos álgebra na escola americana nova?

Isabel deu risada.

— Claro.

— Vamos assistir a comícios políticos todo dia na escola dos Estados Unidos? Acha que teremos que trabalhar nos campos a tarde toda? — Os olhos deles arregalaram-se. — Acha que vamos ter que carregar armas para nos proteger de todos aqueles tiroteios?

— Não sei — Isabel lhe disse. Seus professores diziam o tempo todo como os sem-teto morriam de fome nas ruas dos Estados Unidos e como as pessoas que não podiam pagar por médicos ficavam doentes e morriam, e como milhares de pessoas eram mortas por armas todos os anos. Por mais feliz que estivesse em ir para *el norte*, Isabel de repente temeu não ser um lugar tão mágico quanto todos no barco acreditavam ser.

— Não importa, estou feliz por vocês terem vindo com a gente — disse Iván. — Agora podemos ser vizinhos para sempre.

Isabel ficou vermelha e abaixou os olhos. Ela gostava daquela ideia também.

O rosto de Castro estava ainda mais submerso agora, o que significava que estavam acumulando água. Entre o navio-tanque e a tempestade, o barquinho fora espancado — e, para começo de conversa, nunca tinha sido muito navegável. O Señor Castillo esperava que o barco ficasse na água por um dia, dois no máximo. Quanto tempo mais levaria para chegarem à Flórida?

E onde *exatamente* estavam?

— Ei, aquilo ali não é terra firme? — perguntou Iván.

Ele apontou para a lateral do barco. Isabel e os outros saíram aos tropeços tão rápido que o barco se inclinou perigosamente na água.

Sim... sim! Isabel conseguiu ver. Uma linha longa, fina, escura ao longo do horizonte azul. Terra firme!

— É a Flórida? — quis saber Iván.

— Se está deste lado do barco, não são os Estados Unidos — disse Luis, olhando para o sol. — A menos que tenhamos entrado de repente no Golfo do México durante a noite.

— Seja lá o que for, vou seguir para lá — Amara lhes disse.

Todos observaram em silêncio, vendo a linha verde se transformar em colinas, árvores, e a água ficar mais clara e rasa. Isabel segurou o fôlego. Nunca tinha ficado tão empolgada em toda a vida. Eram mesmo os Estados Unidos? Tinham conseguido? Amara os levou para perto da costa, em seguida virou e seguiu para o sul. Isabel procurou a costa. Lá! Apontou para guarda-sóis vermelhos e amarelos com cadeiras embaixo deles. E nas cadeiras de praia havia gente branca.

Uma mulher de biquíni ergueu os óculos escuros e apontou para eles, e o homem com ela ergueu o corpo e ficou olhando. Quando o barco contornou a praia, Isabel viu mais gente, todos observando, apontando e acenando.

— Oba! Oba! Conseguimos! Conseguimos! — disse Isabel, sacudindo os braços de Iván.

Iván pulava de um lado para o outro, tanto que o barco gemeu.

— Flórida! — gritou ele.

Um homem negro de uniforme branco correu até a praia na direção deles, acenando os braços sobre a cabeça para chamar a atenção. Gritou algo em inglês e apontou para eles irem mais a sul.

Amara seguiu pela costa, e depois de uma faixa de terra o oceano aberto dava espaço a uma pequena e calma baía com um longo píer de madeira. No píer havia um pequeno café com mesas e cadeiras. Barcos chiques para duas pessoas estavam ancorados na praia ao lado de quadras de vôlei, e havia mais guarda-sóis e cadeiras na areia. O coração de Isabel palpitava — os Estados Unidos eram ainda mais paradisíacos do que ela imaginava!

Luis dedilhou o interruptor, e o pipocar do motor morreu. As pessoas brancas levantaram-se das mesas do café para ajudá-los a chegar até o píer, e Isabel e os outros estenderam as mãos para alcançá-las. Seus dedos estavam quase se tocando quando o homem negro de uniforme branco de manga curta abriu caminho entre os turistas no píer e no barco.

Um deles disse algo em um idioma que Isabel não entendia.

— Acho que está perguntando se somos do Haiti — disse Lito aos outros do barco. — Somos de Cuba — disse ele devagar em espanhol ao homem uniformizado.

— São de Cuba? — perguntou o oficial, em espanhol.

— Sim! Sim! — gritaram eles.

— Onde estamos? — perguntou *papi*.

— Nas Bahamas — respondeu o homem.

Bahamas? A mente de Isabel voltou ao mapa do Caribe na parede de sala de aula, na escola. Bahamas eram ilhas a norte e a leste de Havana, pouco acima do meio de Cuba. Bem longe de Miami, a leste. A tempestade realmente os havia levado *tão* longe?

— Sinto muito — disse o oficial. — Mas vocês não podem ancorar. As leis das Bahamas proíbem a entrada de imigrantes ilegais. Se puserem os pés no solo, serão apreendidos e devolvidos a seu país de origem.

Atrás dos oficiais, um dos turistas que sabia espanhol estava traduzindo aos outros. Alguns deles pareceram chateados e começaram a discutir com as autoridades.

— Mas temos uma mulher grávida e doente aqui — disse Lito ao oficial. Ele se afastou para que os homens no píer pudessem ver a mãe de Isabel, e os turistas atrás dos oficiais deram gritos de preocupação.

Os oficiais conversaram, e Isabel prendeu a respiração.

— O comandante diz que, por motivos de saúde, a mulher grávida pode vir até a costa e receber cuidados médicos — disse o oficial que falava espanhol. Isabel e Iván abraçaram-se, esperançosos. — Mas ela não pode ter o filho aqui — continuou o oficial. — Assim que ela estiver bem, será deportada para Cuba.

Isabel e Iván murcharam, e todos os outros no barquinho ficaram em silêncio. Isabel ficou enjoada. Queria que a mãe melhorasse, mas não queria que fossem enviados de volta a Cuba. Será que as Bahamas não podiam permitir que ficassem? Que mal havia em deixar entrar mais uma família cubana? Ela olhou para o píer e para o belo café. Tinham espaço de sobra!

A situação foi explicada aos turistas no píer, e eles arfaram e esperaram.

— Tudo bem — disse Lito. — Minha filha está doente. Precisa de cuidados médicos.

— Não! — disse *papi*. — Você ouviu! Se sairmos deste barco, vão nos mandar de volta a Cuba. Eu não vou voltar.

— Então, *eu* vou com ela — disse Lito. — *Eu* me importo mais com a vida de Teresa que com *el norte*.

Lágrimas correram pelo rosto de Isabel. Não. *Não!* Não era assim que as coisas deviam acontecer! Sua família deveria ficar *unida*. Foi por isso que ela insistiu que *todos* fossem no barco. E se a mãe voltasse a Cuba e o pai seguisse para os Estados Unidos, com qual dos dois ela deveria ir?

Lito começou a erguer a mãe de Isabel, mas ela própria o afastou.

— Não! — disse a mãe de Isabel.

— Mas, Teresa... — começou Lito.

— Não! Não quero que meu filho nasça em Cuba.

— Mas você está doente! Não pode fazer outra viagem pelo oceano — contestou Lito.

— Não vou voltar — insistiu *mami*. Ela estendeu os braços e tomou as mãos do marido e da filha. — Vou ficar com a minha família.

Aliviada, Isabel se lançou nos braços da mãe. Ficou surpresa quando sentiu o pai ajoelhar-se no barco e abraçar as duas.

— Então, parece que estamos de saída — disse Luis a todos no barco.

Antes que conseguissem ligar o motor novamente, um dos turistas jogou uma garrafa de água para a Señora Castillo. Logo o restante dos turistas estava correndo até o café para comprar garrafas d'água e pacotes de salgadinhos para jogá-los nas mãos de todos no barco.

— Aspirina? Alguém tem aspirina? Para minha mãe? — implorou Isabel.

Lá no píer, uma senhora branca entendeu. Rapidamente fuçou na grande bolsa e jogou para Isabel um frasco plástico cheio de pílulas.

— Obrigada! Obrigada! — gritou Isabel. Seu coração encheu-se de gratidão por aquelas pessoas. Aquela gentileza momentânea de cada um deles talvez representasse a diferença entre a morte e a sobrevivência de sua mãe e de todos na pequena embarcação.

Quando finalmente religaram o motor e Amara virou o barco para partir, eles tinham mais comida e água do que haviam trazido consigo no início. Mas estavam muito mais longe da Flórida e da liberdade do que estavam antes.

MAHMOUD

EM ALGUM LUGAR NO MAR MEDITERRÂNEO — 2015
11 DIAS LONGE DE CASA

— Minha filha — lamentava a mãe de Mahmoud. — Minha Hana se foi.

O Mediterrâneo ainda os atacava, onda após onda, tentando afogá-los, e Mahmoud percebeu que a mãe não queria mais lutar. Tudo o que Mahmoud podia fazer era manter a cabeça da mãe fora da água.

— Ainda estou aqui — disse Mahmoud para ela. — *Eu* preciso de você.

— Eu dei minha filha para uma *estranha* — berrou a mãe de Mahmoud. — Eu nem sabia quem ela era!

— Ela está em segurança agora — disse Mahmoud. — Hana está fora da água. Vai sobreviver.

Mas a mãe de Mahmoud não se consolava. Boiou de costas na água, o rosto voltado ao céu, e chorou.

O bote que passou tinha reenergizado Mahmoud de novo, mas ele conseguia sentir a agitação se desfazendo rapidamente, sendo substituída por uma exaustão fria que deixava braços e pernas dormentes. O mar rolava sobre ele, ele afundava de novo e emergia cuspindo. Não podia manter a mãe e a si mesmo flutuando. Não por muito tempo.

Morreriam ali.

Mas ao menos Hana estava a salvo. Sim, tinha sido ele a pessoa que convenceu uma estranha a levar sua irmãzinha e, sim, a mãe talvez nunca se perdoasse por deixar Hana ir. Mas ao menos nenhum deles teria que viver muito tempo com seu remorso.

A chuva recomeçou, a chuva terrível, torrencial, embotadora, e para Mahmoud era como se Alá estivesse chorando por eles. Com eles.

Estavam se afogando em lágrimas.

Sob a água da chuva que o varria, Mahmoud ouviu algo parecido com uma batida de tambor. Água sobre algo que não era água. Ele procurou pelas ondas que subiam e desciam, até vê-lo — as costas de um colete salva-vidas ainda preso a um homem. Um homem que flutuava de bruços na água.

Na sua imaginação, Mahmoud imediatamente preencheu o rosto do homem afogado com o de seu pai, e seu coração palpitou contra o próprio colete salva-vidas inútil. Ele se sacudiu na água, meio nadando, meio arrastando a mãe na direção do corpo.

Mas não! O colete salva-vidas era azul, e o de seu pai era laranja, como o de Mahmoud. E aquele ali era um colete salva-vidas de verdade, funcional. Mahmoud soltou a mãe por um momento e virou o corpo que boiava. Era o homem grande que estava sentado ao lado dele no bote. Tinha olhos e boca abertos, mas sem vida. O homem estava morto.

Não era o primeiro cadáver que Mahmoud tinha visto. Não depois de quatro anos de guerra civil, com sua cidade natal bem no meio da batalha. Um homem havia sido morto ao lado dele no carro da família, ele percebeu com um estalo. Quanto tempo atrás tinha sido isso? Dias? Semanas? Parecia uma vida atrás. Mas não importava quantas vezes visse a morte, ela nunca deixava de ser horrível. Mahmoud estremeceu e recuou.

Mas se o homem estava morto, isso significava que não precisava mais do colete salva-vidas.

Mahmoud engoliu o medo e mexeu nas tiras do colete salva-vidas do homem. Os dedos de Mahmoud se moviam, mas ele não conseguia senti-los. As mãos eram como blocos de gelo. Só sabia que estava tocando as faixas porque podia enxergar. Por fim, conseguiu desafivelar uma faixa, e outra, e quando o corpo começou a se mover no colete, Mahmoud percebeu que estava condenando aquele homem ao fundo do mar. Nunca seria banhado e envolto em um *kafan*, não seria velado por quem o amava, nunca teria amigos e família rezando por ele, nunca seria enterrado voltado para Meca. Mahmoud estava pondo o homem em seu túmulo e tinha um dever para com ele.

Mahmoud tinha ouvido rezas fúnebres muitas vezes durante a curta vida, a maioria pouco tempo antes, para seu primo Said, que morrera com a explosão de uma bomba de barril. Mahmoud recitou uma delas em voz baixa.

— Ó, Deus, perdoai este homem, tende piedade dele e dai-lhe forças e misericórdia. Sê generoso com ele e fazei que sua entrada no céu seja tranquila e lavai-o com água, neve e granizo. Purificai-o de suas transgressões como o tecido branco é purificado de manchas. Dai-lhe morada melhor que sua casa e uma família melhor que sua família e uma mulher melhor que sua mulher. Levai-o ao Paraíso e protegei-o da punição do túmulo e da punição do fogo do inferno.

Quando terminou, Mahmoud abriu a última das tiras, e o corpo do homem rolou para fora do colete, afundando nas profundezas turvas do mar Mediterrâneo.

— Aqui, mãe, ponha isto — disse Mahmoud. Levou algum tempo para ela vestir o colete salva-vidas, sendo preciso que Mahmoud fizesse a maior parte do trabalho. Mas por fim ela o vestiu, e Mahmoud não precisou mais lutar para mantê-la flutuando. Ela se deitou, boiando, olhos fechados, murmurando algo sobre Hana, e Mahmoud agarrou-se ao colete. Ainda estava mexendo as pernas para não serem puxados para baixo, mas muito menos.

Ele não sabia aonde iriam ou como sairiam da água. Talvez à luz do dia eles veriam a terra firme e seriam capazes de nadar até lá.

Nesse meio-tempo, tinham de sobreviver à noite.

JOSEF

NAS CERCANIAS DO PORTO DE HAVANA — 1939
18 DIAS LONGE DE CASA

— *SOCORRO!* Meu pai pulou do navio! Socorro! — gritou Josef.

Bem lá embaixo, já a algumas centenas de metros de distância do navio, o pai de Josef se debatia loucamente na água. Gritava incoerências, mas não estava pedindo ajuda.

Nos conveses abaixo, passageiros correram para as amuradas e apontaram. A sirene do navio continuou a soar, mas ninguém estava *fazendo* nada. Josef girou, desesperado. O que ele deveria fazer? Pular atrás de seu pai? Era um caminho e tanto até lá embaixo, e ele não sabia nadar...

Lá embaixo, no convés C, um dos policiais cubanos jogou para o lado o quepe e o cinto com coldre, chutou para longe os sapatos e se lançou de cabeça na água verde. Ele bateu no oceano com um estalo e espirrou água para todo lado e, por muitos segundos, Josef prendeu o fôlego como se fosse ele o mergulhador. Os pulmões de Josef estavam prestes a estourar quando o homem irrompeu na superfície a poucos metros de onde mergulhara, buscando ar. Tirou os cabelos do rosto, girou até se orientar e começou a nadar na direção do pai de Josef.

O coração de Josef acelerou tão rápido quanto seus pés voaram escada abaixo. Ele abriu caminho pela multidão e correu até a amurada, mas o policial ainda não havia chegado ao seu pai. Uma mulher gritou, e Josef seguiu os dedos apontados — duas barbatanas de tubarão apareceram na água.

Josef ficou paralisado de terror.

Houve mais gritos quando seu *papa* afundou nas ondas, e Josef teve que se agarrar à amurada para não despencar.

Um dos botes salva-vidas do *St. Louis* bateu na água, e a sirene do navio atraiu as lanchas motorizadas da costa, mas nenhum deles chegaria a tempo. A única pessoa perto o bastante para salvar o pai de Josef era o policial cubano. Embora os tubarões ainda estivessem ao redor, o policial tomou fôlego e mergulhou nas ondas.

Josef contou os longos segundos até que o homem emergiu de novo, dessa vez com *papa* nos braços.

Os passageiros do navio comemoraram. Mas o pai de Josef não queria ser resgatado. Lutou nos braços do homem, agitando-se e se debatendo.

— Assassinos! — gritou ele. — Eles nunca vão me pegar!

Mas *papa* era fraco, e o policial tinha força. Uma das lanchas motorizadas da costa chegou até eles primeiro, e o policial ajudou os outros homens a erguerem o pai de Josef até o barco.

— Me deixem morrer! Me deixem morrer! — berrava o pai de Josef. As palavras atingiram Josef como um tapa na cara, e as lágrimas escorreram.

Seu pai preferia morrer a ficar com seu filho. Sua filha. Sua mulher.

O estalo de uma pistola fez Josef dar um pulo. Um dos homens no barco estava em pé, mirando uma arma na água próxima ao policial. *Pá! Pá!* Atirou mais duas vezes, e uma das barbatanas de tubarão se afastou do policial para atacar o tubarão que o homem feriu com a pistola.

Os homens deitaram o pai de Josef no fundo do barco e ajudaram o policial exausto a entrar a bordo. Houve suspiros de alívio e orações sussurradas no *St. Louis*. Mas o coração de Josef palpitou quando ele viu o pai chutar para longe o homem que tentou ajudá-lo. *Papa* avançou para a lateral do pequeno barco, tentando voltar ao mar.

— Me deixem morrer! — gritou ele de novo.

O policial o agarrou e o puxou de volta ao barco. Mais dois homens o prenderam, e o barco virou e avançou a toda velocidade para a costa.

A sirene do *St. Louis* parou de soar, e de repente tudo acabou.

Ao redor de Josef, os passageiros choravam. Mas Josef estava mais perplexo que triste. O pai havia partido. De muitas formas, o pai nunca havia regressado de verdade do campo de concentração. Não o pai que Josef conhecia e do qual se lembrava. Não o pai que ele amava. Seu corpo voltou, mas não o espírito.

O pai de Josef havia partido. A mãe estava inconsciente. A irmãzinha estava sozinha. E eles nunca levariam a família de Josef a Cuba agora, não depois de seu pai ter enlouquecido. Josef e a família seriam enviados de volta à Alemanha. De volta aos nazistas.

O mundo de Josef estava se desmantelando, e ele não via nenhuma maneira de mantê-lo de pé.

ISABEL

EM ALGUM LUGAR ENTRE AS BAHAMAS E A FLÓRIDA — 1994
4 DIAS LONGE DE CASA

O barquinho estava se desmantelando.

As junções entre as laterais tinham rachaduras. O motor sacudia-se no suporte, enfraquecendo o tempo todo os parafusos que o seguravam no lugar. Mesmo os bancos estavam se soltando. Apenas Castro não havia rachado. Encarava Isabel, tão sério e confiante como nunca, ordenando a ela: LUTE CONTRA O IMPOSSÍVEL E VENÇA.

Mas era difícil lutar contra o inevitável. A água no barco estava quase nos joelhos de Isabel. Ela e os outros trabalhavam com lentidão sob o calor abrasador do sol caribenho para recolher, jogar fora, recolher, jogar fora, mas ao mesmo tempo que retiravam o que havia se acumulado, mais água entrava. O barco estava afundando. Cada garrafa vazia de água e cada galão de gasolina estavam enfiados embaixo do banco para mantê-los flutuando, mas, se não chegassem logo à Flórida, todos se afogariam.

Lute contra o impossível e vença, Isabel disse a si mesma.

— Quando vamos chegar lá? — choramingou Iván.

— *Mañana* — disse Lito, exausto. — *Mañana.*

De repente, o avô de Isabel parou de jogar água para fora. Sentou-se mais empertigado, como se estivesse olhando algo à distância.

— *Mañana* — sussurrou ele.

— Lito? — perguntou Isabel.

O avô piscou, e seus olhos a reencontraram. Ele estava chorando ou era apenas suor e água salgada?

— Não é nada, Chabela. Só... uma lembrança. Algo em que não pensava fazia tempo.

O avô de Isabel olhou ao redor do barco, e ela achou que seus olhos de repente estavam mais tristes. Ela teria engatinhado e dado um abraço nele, mas não havia espaço para fazê-lo sem precisar que três pessoas se levantassem e abrissem espaço para ela chegar até lá.

— Não parem de esvaziar o barco — disse o Señor Castillo de onde estava deitado, no fundo do barco.

— Talvez você pudesse ajudar — *papi* lhe disse.

— Estou me recuperando! — retrucou o Señor Castillo. — Mal consigo me mover neste calor! Além disso, não estou vendo você tirando água.

— Estou cuidando da minha mulher — disse *papi*. Que está doente *de verdade*.

Desde as Bahamas, alguma coisa afetou o pai de Isabel. Estava mais atencioso com *mami*. Mais concentrado nela do que em qualquer outra coisa. Ninguém mais notou, mas Isabel, sim. Ela o viu segurando a mão da mãe, observou-o afastando com cuidado os cabelos dela do rosto, ouviu-o sussurrando que a amava, que precisava dela.

Coisas que Isabel nunca havia visto ele fazer ou ouvido ele dizer antes.

— Está dizendo que meu pai está fingindo? — contestou Luis.

— Estou só dizendo que é muito bom para ele que todos mantenham esse caixão de metal flutuando enquanto ele fica sentado relaxando — disse *papi*.

— Você não teria sequer este "caixão de metal" se não fosse por mim. Eu o construí!

— Não sei se "construir" é a palavra certa — disse a Señora Castillo, tentando juntar duas partes soltas. — Remendar é melhor.

Iván e o Señor Castillo estouraram ao mesmo tempo.

— Fizemos o melhor que pudemos! — gritou Iván.

— Ah, agora *você* está falando para nós sobre como construir coisas? — perguntou o Señor Castillo. — Onde você e Luis estavam quando passamos a noite toda acordados juntando essas coisas, hein? Vocês estavam no seu escritório de advocacia, fazendo sabe-se lá Deus o quê.

Isabel encolheu-se no assento e pôs as mãos sobre os ouvidos. Odiava quando os pais brigavam assim, e agora todos no barco estavam bravos uns com os outros.

— Eu estava *ajudando as pessoas* — disse a Señora Castillo ao marido. — Você nunca gostou do que eu faço...

— E o que eu devia fazer? — interrompeu Luis. — Falar com meu comandante que precisava ficar em casa e construir um barco para poder fugir?

— *Parem*, todos vocês — gritou Amara do fundo do barco. — Agora mesmo. Estão agindo como crianças.

Todos ficaram quietos e pareceram adequadamente castigados.

— Acho que é hora de uma pausa para tomar água — Amara disse a todos. — Isabel? Pode distribuir as garrafas?

Ainda não era hora da pausa de água racionada, mas nenhum deles reclamou. A água clara, deliciosa, era a melhor coisa que Isabel havia provado, e caiu para todos como leite materno para um bebê.

— Estamos todos com calor e cansados e, sim, estamos afundando — disse Amara. — Mas se perdermos a cabeça, vamos morrer mais rápido. Podemos resolver isso.

— Ela tem razão — disse o pai de Isabel. — Sinto muito.

— Também sinto muito — disse o Señor Castillo. — Deveria estar ajudando.

— Só se estiver em condições — disse *papi*, e pareceu que falava sério.

— Mas o barco *está* se desmantelando — disse Iván. — Estamos acumulando água demais.

— Temos peso demais — disse a Señora Castillo.

Ela estava certa, mas do que podiam abrir mão? Havia apenas o motor, a gasolina, a comida e a água, e as nove pessoas.

— E se um ou dois de nós mergulhasse na água por um tempo? — sugeriu *papi*. — Os dois poderiam se pendurar no barco. Flutuar na água ajudaria a tirar um pouco do peso.

— Mas seguraria o barco. Diminuiria nossa velocidade — disse Luis.

— Mas talvez mantenha o barco flutuando por mais tempo — disse o Señor Castillo.

— Acho que deveríamos tentar — disse Amara. — Vamos nos revezar na água. Isso vai nos manter mais frescos também.

E nesse momento, pensou Isabel, cabeças mais frias talvez fossem a coisa mais importante de todas.

MAHMOUD

EM ALGUM LUGAR NO MAR MEDITERRÂNEO — 2015
11 DIAS LONGE DE CASA

O sono de Mahmoud era intermitente. Ele acordava a cada poucos segundos, com o movimento das ondas. Minutos — horas? — passaram, e Mahmoud sonhou que um barco estava vindo buscá-los. Conseguia ouvir o motor sobre o estalar das ondas.

Mahmoud acordou de uma vez. Passou a mão fria e molhada no rosto, tentando se concentrar, e ouviu de novo — o som de um motor. Não estava sonhando! Mas onde estava? A chuva havia parado, mas ainda estava escuro. Ele não conseguia ver o barco, mas conseguia ouvi-lo.

— *Aqui!* — gritou ele. — *Aqui!*

Mas o som do motor ainda estava frustrantemente, agonizantemente longe. Se ao menos quem quer que estivesse no barco pudesse *vê-lo*, pensou Mahmoud. Por toda a vida ele vinha praticando a arte de ficar oculto. Passar despercebido. Agora, por fim, quando mais precisava ser visto, estava realmente invisível.

Mahmoud gritou, exausto e aflito. Queria refazer tudo. Queria voltar e defender o garoto no beco de Alepo, impedir que fosse surrado por causa de um pão. Queria gritar e berrar e acordar os cidadãos adormecidos de Esmirna para que o vissem, e a todas as outras pessoas que dormiam nas marquises e parques. Dizer a Bashar al-Assad e a seu exército para irem pro inferno. Queria parar de ser invisível, erguer-se e *lutar*. Mas agora nunca teria a chance de fazer nada daquilo. Era tarde demais. Não havia tempo.

Tempo. O telefone! Mahmoud ainda estava com o telefone no bolso! Ele o puxou e apertou o botão sobre o saquinho plástico, e a tela com o relógio se iluminou como um farol na noite. Mahmoud ergueu-o sobre a cabeça e o agitou na escuridão, gritando e berrando por ajuda.

O som do motor ficou mais alto.

Mahmoud chorou de alegria quando um barco emergiu da escuridão — um barco *de verdade* dessa vez, não um bote. Uma lancha com luzes, antenas e faixas azuis e brancas na lateral — as cores da bandeira grega.

Um barco da Guarda Costeira grega chegou para salvá-los.

E, na frente do barco, ajoelhado com as mãos entrelaçadas em agradecimento, estava o pai de Mahmoud.

Walid também estava lá, ao fundo, embaixo de um cobertor térmico, e logo Mahmoud e sua mãe estavam fora da água e enrolados também em cobertores térmicos para que o pouco calor corporal que ainda tinham se refletisse de volta para eles. A mãe de Mahmoud estava chocada demais para falar, então Mahmoud contou ao pai como tinham entregado Hana em vez de deixá-la se afogar com eles. O pai de Mahmoud chorou, mas puxou Mahmoud para si e o abraçou.

— Hana não está conosco, mas está viva. Eu sei disso — seu pai lhe disse. — Por sua causa, meu filho.

O barco da Guarda Costeira grega avançou no agitado Mediterrâneo pelo restante da noite, tirando mais pessoas da água. Por fim, a Guarda Costeira deixou Mahmoud, sua família e todos os outros refugiados na ilha de Lesbos. Eram quase seis da manhã, e o céu estava começando a clarear com a alvorada. Mahmoud não sabia ao certo, mas achava que ele e a mãe haviam passado mais de duas horas na água.

Quando saíram do barco, o pai de Mahmoud caiu de joelhos e beijou o chão, dando graças a Alá. De qualquer forma, era hora das orações matinais, e Mahmoud se juntou a ele. Quando terminaram, Mahmoud se ergueu aos tropeços na praia cinza e rochosa, estreitou os olhos para as colinas que se erguiam logo além da praia. Então, ele percebeu. Não eram colinas de verdade.

Eram pilhas e pilhas de coletes salva-vidas.

Montanhas deles, estendendo-se de ponta a ponta na costa, até onde Mahmoud conseguia enxergar. Do jeito que Alepo tinha suas pilhas de escombros, Lesbos tinha pilhas de coletes salva-vidas, abandonados por centenas de milhares de refugiados que chegaram antes deles, jogando fora os coletes não mais necessários e avançando pela estrada, rumo a outros lugares.

Havia corpos na praia também. Pessoas que não tinham sobrevivido à noite no mar, que não haviam sido encontradas pela Guarda Costeira a tempo. Homens, em sua maioria, mas algumas mulheres também. E uma criança.

A mãe de Mahmoud correu até o bebê, uivando o nome de Hana. Mahmoud correu atrás dela, horrorizado, mas a criança não era Hana. Era a filha de outra pessoa, os pulmões cheios de água do mar. A mãe de Mahmoud chorou em seu ombro até um homem grego de uniforme levá-los para longe do corpo e registrar a criança em um caderninho. Contando os mortos diários. Mahmoud saiu cambaleando, sentindo-se entorpecido, como se estivesse na água congelante de novo.

A mãe de Mahmoud passou por todos os outros refugiados que haviam desembarcado à noite e ainda estava lá, perguntando a cada um deles se tinham visto sua pequena Hana. Mas nenhum deles tinha visto a bebê. O barco com a irmã caçula de Mahmoud havia desaparecido — tinha alcançado a ilha e seus passageiros já haviam seguido em frente ou se espatifado nas rochas também.

A mãe de Mahmoud caiu de joelhos no chão pedregoso e chorou, e o pai de Mahmoud a abraçou e a deixou chorar.

Mahmoud ficou angustiado. A culpa era dele. Hana talvez ainda estivesse com eles se ele não tivesse feito alguém naquele bote levá-la. Ou talvez ela tivesse morrido durante as duas horas na água.

De qualquer forma, eles a perderam.

— Mahmoud — disse o pai baixinho sobre o choro da mãe —, cheque os outros corpos e veja se têm sapatos que nos sirvam.

JOSEF

NAS CERCANIAS DO PORTO DE HAVANA — 1939
19 DIAS LONGE DE CASA

Josef desejou ser invisível.

Assim que o restante dos passageiros descobriu quem havia saltado no mar no dia anterior, todos paravam para lhe dizer como sentiam muito. Como tudo ficaria bem.

Mas como tudo poderia ficar bem? Como *algum dia* tudo poderia ficar bem?

Josef recostou-se à amurada do convés A, de onde seu pai havia saltado. Lá embaixo, o mar não estava mais vazio. Estava apinhado com pequenos barcos motorizados e a remo. Alguns carregavam repórteres que gritavam perguntas e tentavam tirar fotografias do navio. Outros barcos ofereciam cachos de bananas frescas e sacolas com cocos e laranjas. Passageiros no convés C jogavam dinheiro para baixo, e a fruta era levada escada acima pelos policiais cubanos que a vigiavam, cada um em uma ponta. No entanto, nos últimos tempos, os barcos estavam cheios de parentes de pessoas a bordo. A maioria homens que tinham chegado antes em Cuba, para conseguir empregos e arranjar lugares para a família viver.

Um homem trazia o mesmo cachorrinho branco todos os dias e o erguia para sua mulher acenar.

Os barcos com parentes chegavam a uma distância suficiente para que as famílias conseguissem trocar mensagens aos berros, mas não chegavam mais perto que isso. Graças ao pai de Josef, um punhado de barcos da polícia cubana agora cercava o *St. Louis*, que mantinha barcos de resgate a certa distância e observava qualquer um que tentasse saltar para a liberdade.

Ou para a morte.

À noite, os barcos da polícia cubana varriam o casco com holofotes, e os membros da tripulação do *St. Louis*, por ordem do capitão, patrulhavam os conveses em busca de suicidas.

— Evelyne, lá está ele! Lá está *papa!* — gritou Renata. Ela estava a alguns passos de Josef na amurada, tentando apontar para um dos barquinhos a remo.

— Onde? Eu não o vejo! — choramingou Evelyne.

Josef estava mais interessado no pequeno barco policial que navegava pela flotilha e estava parando ao lado do *St. Louis*. Qualquer momento em que houvesse um visitante agora era motivo para conversa, e logo correu pelo navio o boato de que o barco havia trazido o policial cubano que havia salvado o pai de Josef.

Josef correu para buscar a mãe e a irmã, e juntos desceram até o salão social, onde um grupo de passageiros e de pessoas da tripulação juntou-se para dar ao policial cubano as boas-vindas de um herói. Eles fizeram festa para o policial, dando vivas, tapinhas nas costas e cumprimentando-o com apertos de mão quando ele passava. Era a primeira vez que ele voltara ao navio desde que pulou para salvar o pai de Josef, e Josef e sua família esforçaram-se para dar uma boa olhada nele sobre a cabeça dos outros passageiros. A mãe de Josef chorou e levou a mão à boca, e Josef sentiu uma onda de afeição pelo policial. Era o homem que havia salvado a vida de seu pai.

O policial parecia genuinamente lisonjeado e surpreso por toda a atenção. Era um homem baixo, atarracado, com pele marrom, um rosto largo e bigode espesso. Usava calças azuis, uma camisa cinza com dragonas nos ombros e uma boina cinza combinando. Ao redor da cintura trazia um cinto de couro com um cassetete e um coldre pendurados.

Seu nome, pelo que diziam, era Mariano Padron.

O capitão Schroeder chegou para agradecer ao policial Padron em nome dos passageiros e da tripulação. Josef sentiu a tensão espalhar-se por todo o salão. Josef via cada vez menos o capitão enquanto os dias quentes de espera se arrastavam para os que estavam no barco ancorado, e ele não tinha sido o único passageiro a perceber. Mas estavam lá para celebrar o policial Padron, não incomodar o capitão sobre o motivo por que eles ainda estavam no navio. O clima ficou feliz de novo quando o policial foi presenteado com uma doação de 150 *Reichsmarks* que tinham sido recolhidos dos gratos passageiros. O policial Padron ficou perplexo, assim como Josef — 150 *Reichsmarks* era muito dinheiro, especialmente para pessoas que talvez precisassem pagar vistos e taxas de entrada. Ele tentou recusar, mas os passageiros não quiseram saber de recusas.

— Eu só estava fazendo o meu trabalho — disse o policial Padron ao público por meio de um intérprete. — Mas nunca vou me esquecer disso. Nunca vou me esquecer de nenhum de vocês. Obrigado.

Os passageiros aplaudiram de novo e, embora muitos deles tivessem voltado a atenção ao capitão para pedir um relatório da situação, Josef, a mãe e a irmã abriram caminho para falar com o policial.

Os olhos do policial Padron iluminaram-se com a visão da mãe de Josef. Ele disse alguma coisa em espanhol, e o passageiro que havia falado por ele na frente da multidão sorriu ao traduzir suas palavras.

— *Señora!* Seu pai era um ladrão?

A mãe de Josef franziu a testa.

— Ladrão? Meu pai? Não... não entendo.

— Seu pai, ele deve ter sido um ladrão — disse o policial Padron por meio do tradutor. — Porque ele roubou as estrelas do céu e as pôs nos olhos da *señora*.

Josef finalmente entendeu — era algum tipo de elogio sobre como ela era bonita. Sua mãe sorriu com educação, mas estava impaciente.

— Policial Padron, e meu marido? — perguntou ela. — Ele está bem? Não me deixaram ir até a costa vê-lo.

O policial tirou o chapéu.

— Sinto muito, sinto muito mesmo. *Señora* Landau, certo? Seu marido está vivo — disse ele por meio do intérprete. — Ele está no hospital. Ele foi... — O policial Padron disse mais alguma coisa, mas o intérprete franziu o cenho. Estava além de seu espanhol limitado. O policial Padron conseguiu ver sua confusão e fez uma mímica do que quis dizer virando os pulsos para cima, fechando os olhos e deixando a cabeça cair como se tivesse adormecido.

— Sedado — disse *mama*. Havia dor em sua voz. Josef sabia que ela se culpava. Seu marido havia feito o que fez porque *ela* estava sedada e foi incapaz de impedi-lo.

O policial Padron assentiu com a cabeça.

— Não está bem — disse ele pelo intérprete. — Mas vai sobreviver.

A mãe de Josef tomou as mãos do policial e as beijou.

— Obrigada, policial Padron. — Ela falou em alemão, mas o policial pareceu compreender. Ele corou e meneou a cabeça. Em seguida, deu uma olhada em Ruthie, meio escondida atrás da saia da mãe, e se ajoelhou perto dela. Pôs a boina de policial na cabeça da menina e disse algo em espanhol, e ela sorriu.

— Ele diz que agora você é uma policial — disse o intérprete.
— Ele será o criminoso. Você precisa pegá-lo!

O policial Padron levou Ruthie a uma perseguição alegre pelo salão, Ruthie soltando gritinhos. A mãe de Josef riu entre soluços. Foi a primeira vez que Josef ouvia a mãe rir ou via seu sorriso em meses.

O policial Padron deixou Ruthie pegá-lo, tirou o chapéu da cabeça da pequena e o deixou na cabeça de Josef, falando em espanhol de novo.

— Ele diz que é sua vez — disse o intérprete.

— Ah, não — disse Josef. Acenou com a mão para garantir que o policial entendesse. Não estava a fim de diversão e jogos e, além disso, era velho demais para esse tipo de coisa.

O policial Padron deu pancadinhas no peito de Josef com as costas da mão, encorajando-o a brincar.

— Ele diz que é o passageiro — disse o intérprete. Policial Padron levantou-se com uma raiva fingida e falou em espanhol.

— Você! *Señor* policial! — disse o intérprete. — Quando vamos sair do navio?

O clima feliz de repente desapareceu. Josef, a família e o intérprete olharam-se sem jeito. O policial Padron só queria repetir o que todo mundo lhe perguntava o tempo todo, mas a pergunta fez Josef encolher os ombros. Parecia que *nunca* sairiam daquele navio. O policial Padron percebeu seu erro imediatamente e pareceu angustiado por ter trazido aquele assunto à tona. Assentiu com a cabeça, em um gesto de simpatia. Então, em uníssono, ele e Josef falaram a resposta que todos os guardas cubanos sempre davam:

— *Mañana.*

ISABEL

EM ALGUM LUGAR ENTRE AS BAHAMAS E A FLÓRIDA — 1994
5 DIAS LONGE DE CASA

Isabel desceu pela lateral do barco para dentro do mar e suspirou. A água estava morna, mas o mar parecia muito mais frio que dentro do barco. O sol estava se pondo no horizonte, transformando o mundo em uma fotografia em tons sépia, mas ainda devia fazer quase quarenta graus lá fora. Se não fosse inundar o barco e afogar todos eles de uma vez por todas, Isabel teria rezado para a chuva interromper aquele calor úmido.

Com sua camisa, o pai de Isabel tinha feito um quebra-sol improvisado para a mulher, e ela parecia melhor agora. A aspirina mantinha baixa a sua febre e, embora ela ainda estivesse exausta e perto de dar à luz o irmão caçula de Isabel, parecia em paz de alguma forma. Com calor, mas em paz.

Se o restante deles quisesse alívio, teria que esperar sua vez dentro da água.

Novamente, Isabel pensou na jornada como uma canção. Se as revoltas e a troca por gasolina fossem os versos iniciais e o navio-tanque e a tempestade a segunda estrofe, *esta* parte da viagem — um dia e meio longo, quente, estagnado em que estavam viajando das Bahamas para a Flórida —, esta seria a ponte. Uma terceira estrofe que era diferente das outras. Este verso era a morte em ritmo lento. Era o embalo em tempo reduzido antes do entusiasmo vindouro da última estrofe culminante e a coda.

Era o limbo. Não podiam fazer nada além de esperar.

O último raio de sol finalmente desapareceu sob as ondas, e Luis desligou o motor. O mundo ficou em silêncio, exceto pelo bater suave da água contra o casco e o ranger do barco que se desintegrava.

— É isso — disse Luis. — Com o sol posto, também não conseguiremos navegar.

— Não podemos usar as estrelas? — perguntou Isabel. Ela se lembrou de ter lido que os marinheiros usavam as estrelas para navegar havia séculos.

— Quais? — perguntou Luis. Nenhum deles sabia.

Amara ergueu um dos galões de gasolina e girou o pouco que sobrava.

— Isso economiza gasolina — disse ela. — Essa coisa está bebendo tudo. Estaremos com sorte se tivermos o suficiente para chegar à costa quando virmos terra firme.

— Quando vamos chegar lá? — perguntou Iván. Ele estava boiando na água bem à frente de Isabel, pendurado no casco, como ela estava.

— Amanhã, espero — disse Señor Castillo da lateral do barco. A mesma coisa que dissera no dia anterior e no dia antes desse.

— *Mañana* — sussurrou o avô de Isabel. Estava com os pés na água do outro lado do barco com a Señora Castillo, a cabeça visível apenas de lado. Ele vinha sussurrando aquela palavra às vezes desde o dia anterior, e ainda parecia abalado de alguma forma. Isabel não sabia por quê.

— Veremos as luzes de Miami em algum momento amanhã e seguiremos direto para lá — disse *mami*. Ela se moveu e se encolheu, desconfortável.

— O que foi? Está bem? — perguntou *papi*.

A mãe de Isabel pousou a mão na barriga.

— Acho que começou.

— O que começou? — quis saber *papi*. Então, seus olhos se arregalaram. — Você diz...você diz que o bebê está vindo? Aqui? Agora?

Todo mundo no barco esticou o pescoço, e Isabel e Iván subiram na lateral do barco para ver. Isabel era um turbilhão de emoções. Estava entusiasmada para ver o irmão nascendo depois de tanta espera, mas, de repente, também ficou com medo. Com medo de a mãe ter o bebê ali, naquela balsa frágil no meio do oceano. E temendo também, pela primeira vez, a forma como seu irmãozinho mudaria sua frágil família.

— Sim, acho que vou entrar em trabalho de parto — disse a mãe de Isabel calmamente. — Mas não, não vou ter o bebê aqui e agora. As contrações só começaram. Isabel nasceu dez horas depois das primeiras contrações, lembram?

Isabel nunca tinha ouvido a mãe falar de seu nascimento antes e ficou curiosa e um pouco incomodada ao mesmo tempo.

— Que nome vocês vão dar para ele? — perguntou Iván.

Mami e *papi* olharam-se.

— Não decidimos ainda — disse ela.

— Bem, temos algumas ideias boas, se quiserem — comentou Iván.

— Não vamos batizá-lo com nome de jogadores do *Industriales* — Isabel lhe disse, e Iván mostrou a língua para ela.

Ficaram todos quietos por um tempo, e Isabel observou o horizonte dourado mudar para laranja, depois para púrpura e em seguida para um azul profundo. O irmãozinho nasceria no mar ou nos Estados Unidos? O fim de sua canção seria mesmo uma nova vida em Miami? Ou terminaria em tragédia para todos eles, à deriva, sem gasolina e morrendo de sede no grande deserto de água salgada do Atlântico?

— Ei, não batizamos nosso barco — disse Iván.

Todos grunhiram e riram.

— Que foi? — disse Iván, sorrindo. — Todo bom barco precisa de um nome.

— Acho que todos concordamos que não é um bom barco — falou Señor Castillo.

— Mas é o barco que está levando a gente para os Estados Unidos! Para a liberdade! — comentou Iván. — Merece um nome.

— Que tal *Fidel*? — brincou Luis, chutando a água no rosto de Castro no fundo do barco.

— Não, não, não — disse *papi*. — *El Ataúd Flotante!*

O Caixão Flutuante. Isabel contorceu-se com o nome. Não era engraçado. Não com a mãe prestes a dar à luz no barco.

— Fechado demais, fechado demais — concordou o Señor Castillo. — Que tal *Me Piro* — sugeriu ele. Era a gíria para "Vou dar o fora" em Cuba.

— *¡Chao, Pescao!* — disse *mami*, e todo mundo riu. Significa literalmente "Tchau, pescado!", mas todo mundo em Cuba dizia isso para se despedir.

— *St. Louis* — disse o pai de Isabel, baixinho. Todos ficaram quietos por um momento, tentando entender a piada, mas ninguém entendeu.

— Que tal *El Camello*? — perguntou Luis. — "Camelo" era o nome dos ônibus corcundas e feios puxados por tratores em Havana.

— Não, não... já sei! — gritou Amara. — *¡El Botero!*

Era perfeito, porque era a gíria para os táxis de Havana, mas na verdade significava "o barqueiro". Todos os adultos riram e aplaudiram.

— Não, não — disse Iván, frustrado. — Precisa de um nome que pareça bacana, tipo O...

Iván pulou um pouco na água, e seus olhos se arregalaram.

— O quê? — perguntou Isabel. Em seguida pulou também quando alguma coisa dura e parecendo couro bateu em sua perna.

— Tubarão! — o avô de Isabel gritou do outro lado do barco.

— *Tubarão!*

A água ao redor de Iván transformou-se em uma nuvem vermelha escura, e Isabel gritou. Alguma coisa bateu nela de novo, e, desesperada, Isabel tentou subir no barco, as pernas e braços tremendo, o pânico fazendo o coração palpitar. O pai a agarrou pelo meio do corpo e eles caíram dentro do barco. Ao lado deles, Amara e Mami ajudaram a puxar a Señora Castillo para dentro do barco enquanto Lito a empurrava para fora da água por trás. Isabel e seu pai se ajoelharam e puxaram o avô depois dela.

Do outro lado do barco, Luis e o Señor Castillo gritavam o nome de Iván enquanto puxavam pela amurada seu corpo amolecido.

A perna direita de Iván estava puro sangue. Havia pequenas mordidas em toda a perna, como se uma gangue de tubarões tivesse atacado de uma vez. Feridas vermelhas abertas em carne viva expunham o músculo embaixo da pele.

Isabel despencou na lateral do barco, horrorizada. Nunca tinha visto nada tão horrendo. Parecia que estava prestes a vomitar.

A Señora Castillo uivava. Iván estava tão em choque que nem gritava, nem falava. Seus olhos estavam vidrados, e a boca permanecia aberta. Um dos furos perto da coxa esguichava sangue como uma mangueira de jardim, e Isabel observou o rosto de Iván empalidecer. Não conseguia falar.

— Um torniquete! — gritou Lito. — Precisamos pôr alguma coisa ao redor da perna para estancar o sangramento!

O pai de Isabel agilmente tirou o cinto, e Lito amarrou a perna de Iván o mais alto possível, mas o sangue ainda fluía, colorindo a água ao redor deles com um vermelho escuro, doentio.

— Não... *NÃO!* — gritou Señor Castillo quando a vida se esvaiu dos olhos de Iván. Isabel queria gritar também, mas estava paralisada. Não havia nada que pudesse fazer. Não havia nada que nenhum deles pudesse fazer.

Iván estava morto.

Luis urrou de raiva e puxou do coldre a pistola de polícia. BANG! BANG-BANG! Ele atirou uma, duas três vezes na barbatana que circundava o barco.

— Não! — disse Lito, agarrando a mão de Luis antes que ele pudesse atirar de novo. — Só vai trazer mais tubarões com o sangue na água!

Tarde demais. Outra barbatana apareceu, e depois outra, e logo o pequeno barco sem nome estava cercado.

Estavam encarcerados na própria prisão naufragante.

MAHMOUD

ILHA DE LESBOS, GRÉCIA, PARA ATENAS, GRÉCIA – 2015
12 DIAS LONGE DE CASA

Mahmoud estava em outra cidade de tendas. O estacionamento pavimentado no píer de Lesbos estava cheio de barracas de acampamento do tipo daquelas vendidas em lojas de esportes — tendas de topo redondo para uma família, azuis, verdes, brancas, amarelas e vermelhas, todas fornecidas pelos trabalhadores voluntários gregos que sabiam que os refugiados não tinham lugar para ficar enquanto esperavam chegar a balsa para Atenas. Roupas molhadas estavam penduradas para secar em suportes para estacionamento de bicicletas e em placas de trânsito, e os refugiados se reuniam ao redor de fogões de acampamento e chapas elétricas.

Deveria ser um lugar animado, cheio de música e risos como o acampamento de refugiados de Kilis, mas, em vez disso, pairavam sobre a cidade conversas murmuradas, tristes como uma névoa. Mahmoud não se surpreendeu; sua família sentia-se exatamente do mesmo jeito. Todos deveriam estar empolgados por finalmente estar na Grécia, poder comprar passagens verdadeiras para viajar em uma balsa real até o continente europeu. Mas cruzando o mar muitos deles haviam perdido alguém e por isso não havia alegria.

A mãe de Mahmoud havia passado em todas as tendas, perguntando sobre Hana. Mahmoud ajudou. No fim das contas, era culpado pelo desaparecimento. Mas ninguém no píer estava com ela e ninguém estava na balsa que a levara.

Os refugiados iam e vinham, mas as tendas permaneciam, e a mãe de Mahmoud insistiu para que perdessem a próxima balsa para Atenas, assim ela poderia pedir notícias de sua filha a cada nova leva de refugiados. Mas ninguém sabia nada sobre a menina.

Mahmoud sentiu-se tão enjoado quanto no bote. Não conseguia olhar para a mãe. *Com certeza* ela o culpava por ter perdido Hana. Sem dúvida ele se culpava. Não conseguia dormir à noite. O tempo todo, imaginava o bote da irmã estourando nas pedras. Hana caindo na água. Nenhum deles lá para ajudá-la.

A mãe de Mahmoud queria ficar mais tempo no píer, não queria ir embora sem saber o que tinha acontecido com Hana, mas o pai lhe disse que tinham que seguir em frente. Não havia como dizer quando a empresa de balsas poderia de repente decidir parar de vender passagens a refugiados, ou quando a Grécia poderia decidir mandá-los para casa. Precisavam ir em frente, ou morreriam. Hana devia ter ido à frente na balsa da manhã, que eles haviam perdido naquele primeiro dia. Ou...

Ninguém queria pensar no "ou".

A imensa balsa de Atenas chegou de novo naquela manhã. Tinha o comprimento de um campo de futebol e, no mínimo, cinco andares de altura. A metade de baixo era pintada de azul, e em letras grandes na lateral estava escrito *Blue Star Ferries*. Uma barra de radar girava perto do passadiço, e antenas e discos de satélite brotavam do teto. Parecia com as imagens que Mahmoud tinha visto de cruzeiros. Só os barcos salva-vidas eram maiores que o bote no qual haviam deixado a Turquia. Mahmoud tentou despertar o interesse de Walid pelo grande navio, deixá-lo empolgado com sua primeira viagem em um barco daquele tamanho, mas seu irmão mais novo não ligava. Não parecia ligar para nada.

Uma grande rampa na parte de trás baixou, e os refugiados entraram a bordo da balsa. A mãe de Mahmoud chorou quando subiu pela rampa com os outros passageiros. Mahmoud tinha certeza de que ela ficava o tempo todo olhando para a cidade de tendas, lá atrás, para ter um vislumbre de alguém carregando um bebê que pudesse ser Hana. Mas não viu nada.

O interior da balsa era como o saguão de um hotel chique. Cada andar tinha pequenos agrupamentos de mesas de vidro e cadeiras brancas estofadas. Os bares vendiam batatas chips, doces e refrigerantes, e as televisões exibiam um jogo de futebol de times gregos. Os refugiados que ainda tinham pertences enfiaram mochilas e sacos de lixo embaixo das mesas e nos compartimentos superiores. Mahmoud e a família sentaram-se em uma das cabines, e seu pai procurou uma tomada para carregar o telefone.

— Mahmoud, por que não leva seu irmão para explorar o navio? — disse-lhe.

Mahmoud ficou feliz demais por se afastar da visão do rosto alquebrado da mãe e pegou Walid pela mão, puxando-o para a passarela que se estendia pela parte externa do navio.

Em silêncio, Mahmoud e Walid olharam a balsa se afastar do píer, os motores imensos do navio zumbindo bem lá embaixo. O mar terrível que tentara engoli-los era calmo e de um azul-safira agora. A ilha grega de Lesbos era realmente bonita quando vista do mar. Pequenos prédios brancos com telhados terracota erguiam-se nas colinas cobertas de árvores, e no topo de uma das colinas havia um antigo castelo cinza. Mahmoud conseguia avistar pessoas em férias visitando o lugar.

Além dos refugiados, havia uma boa quantidade de turistas a bordo. Mahmoud percebeu que não eram refugiados porque trajavam roupas limpas e usavam telefones para tirar fotos em vez de procurar rotas terrestres de Atenas até a Macedônia.

Outro refugiado havia estendido um tapete no convés e estava rezando. Com toda a agitação da espera na fila e a subida a bordo, Mahmoud perdeu a noção do tempo e puxou seu irmão para rezar junto com o homem. Enquanto se ajoelhava e se erguia, se ajoelhava e se erguia, Mahmoud devia estar concentrado nas orações. Mas não conseguiu deixar de perceber os olhares inquietos que os turistas lhes lançavam. O rosto contorcido de desagrado. Como se Mahmoud, seu irmão e aquele homem estivessem fazendo algo errado.

Os turistas abaixaram a voz, e mesmo que não pudesse entender o que diziam, Mahmoud conseguia ouvir o desgosto em suas palavras. Não era por aquilo que os turistas haviam pagado. Deviam estar em férias, ver ruínas antigas e lindas praias gregas, não tropeçar em refugiados imundos rezando.

Eles só nos enxergam quando fazemos algo que não querem que façamos, percebeu Mahmoud. O pensamento atingiu-o como um raio. Quando ficavam onde deveriam estar — nas ruínas de Alepo ou atrás das cercas de um campo de refugiados —, as pessoas podiam se esquecer deles. Mas quando os refugiados faziam algo que elas não queriam que fizessem — quando tentavam cruzar a fronteira para o seu país ou dormir nas escadarias de suas lojas, ou saltar na frente de seus carros, ou rezar no convés de suas balsas —, as pessoas não conseguiam mais ignorá-los.

O primeiro instinto de Mahmoud foi desaparecer embaixo do convés. Ficar invisível. Ser invisível na Síria o manteve vivo. Mas agora Mahmoud começou a imaginar se ser invisível na Europa poderia significar a morte dele e de sua família. Se ninguém os visse, ninguém poderia ajudá-los. E talvez o mundo precisasse ver o que realmente estava acontecendo ali.

Era difícil não enxergar os refugiados em Atenas quando Mahmoud chegou lá. Havia sírios em todos os lugares, nas ruas, nos hotéis e mercados, a maioria deles, como a família de Mahmoud, planejando seguir em frente assim que pudessem. O pai de Mahmoud pensou que tinham os documentos corretos para viajar livremente na Grécia, mas uma mulher no departamento de imigração lhe disse que primeiro precisava ir a uma delegacia de polícia local para conseguir um documento oficial, e a polícia lhe informou que ele teria que esperar até uma semana.

— Não podemos esperar uma semana — disse o pai de Mahmoud à família. Haviam encontrado um hotel por dez euros a noite, por pessoa, e o povo de Atenas era muito amigável e prestativo. Mas Mahmoud sabia que os pais tinham dinheiro contado e ainda precisavam cruzar mais quatro países antes de chegar à Alemanha. A mãe de Mahmoud teria ficado uma semana, ou até mais, para continuar perguntando a todos que encontrava se tinham visto uma bebê chamada Hana. Mas estava decidido: pegariam um trem até a fronteira da Macedônia e tentariam se esgueirar pela fronteira durante a noite.

JOSEF

NAS CERCANIAS DO PORTO DE HAVANA – 1939
21 DIAS LONGE DE CASA

Do convés, Josef observou outro barquinho se esgueirar pela flotilha de repórteres, vendedores de frutas e policiais cubanos que cercavam o MS *St. Louis*. O barco tinha um passageiro de aparência familiar, e Josef percebeu com um sobressalto que era o dr. Aber, o pai de Renata e Evelyne, que já morava em Cuba. Josef correu pelo navio até encontrar as irmãs no cinema, assistindo a séries.

— Seu pai está vindo para o navio! — Josef lhes disse.

Renata e Evelyne correram atrás dele. Quando voltaram à escada do convés C, tiveram uma surpresa ainda maior — o dr. Aber havia entrado a bordo do *St. Louis*! O policial Padron olhava alguns documentos que o dr. Aber lhe trouxera, e uma pequena multidão se reuniu para ver o que estava acontecendo.

Renata e Evelyne correram até o pai, e ele as pegou no colo.

— Minhas filhas lindas! — disse ele, beijando as duas. — Pensei que nunca mais as veria de novo!

O policial Padron meneou a cabeça e disse algo em espanhol ao dr. Aber, e o médico sorriu para as filhas.

— Venham! É hora de vocês virem comigo para Cuba.

— Mas e as nossas coisas? Nossas roupas? — perguntou Renata.

— Deixem tudo aí. Vamos comprar roupas novas em Cuba — respondeu dr. Aber. Seus olhos voltaram-se rapidamente aos policiais, e Josef compreendeu. De alguma forma, o dr. Aber fez com que algum oficial o deixasse tirar suas filhas do navio, mas não queria esperar mais, caso os policiais mudassem de ideia. Ele carregou Renata e Evelyne até a escada, e Renata mal teve tempo de gritar "Adeus!" a Josef e acenar antes de desaparecer na lateral do navio.

Josef ficou sem fala, mas o restante da tripulação não. Passageiros furiosos cercaram o policial Padron e os outros policiais, exigindo respostas.

— Por que *elas* vão sair do navio, e nós não?

— O senhor pode nos ajudar?

— Como elas conseguiram?

— Deixem-nos sair do navio!

— Meu marido está em Cuba!

— Elas têm os documentos! Documentos corretos! — O policial Padron tentou explicar em seu alemão ruim, mas isso só deixou a turba mais raivosa.

— Nós temos documentos! Vistos! Pagamos por eles!

Josef ficou apavorado pelo policial Padron, mas partilhava da frustração dos passageiros. Por que o dr. Aber conseguiu levar Renata e Evelyne e nenhum dos outros podia ir? Não era justo! Josef cerrou os punhos e começou a tremer. Em seguida, percebeu que não era ele que estava tremendo. Era o convés metálico do navio.

Os motores do navio roncavam pela primeira vez desde que haviam lançado âncoras. O que podia significar apenas uma coisa: o *St. Louis* estava partindo para a Alemanha, e eles todos estavam indo também.

Sem dizer uma palavra, juntos os passageiros correram até o topo das escadas.

O policial Padron sacou a pistola, e Josef arfou.

— ¡Paren! — gritou o policial. — Parem! — Ele movia a arma para lá e para cá, e os outros policiais sacaram as pistolas e fizeram o mesmo. Os passageiros furiosos recuaram, mas não fugiram. O coração de Josef estava na garganta. A qualquer segundo a turba atacaria os policiais, Josef sabia disso. Prefeririam morrer a serem enviados de volta à Alemanha. De volta a Hitler.

O primeiro-oficial do navio e o comissário chegaram e se puseram entre os guardas e a multidão enfurecida. Imploraram para todos permanecerem calmos, mas ninguém deu ouvidos. Quando as vibrações dos motores do navio ficaram mais altas e insistentes, mais pessoas correram até a escada para exigir a saída do navio. Josef ficou preso ali no meio. Se a multidão avançasse na direção das armas dos policiais, Josef não teria escolha a não ser avançar com eles.

Estava quente — bem mais que 37 graus no convés — e a temperatura da multidão aumentava. Josef era uma bola de suor, e o bando de gente apertada apenas piorava as coisas. O caldo estava prestes a entornar quando um homem branco de terno cinza subiu pelas escadas atrás dos policiais. Era o capitão Schroeder! Mas Josef se perguntou por que ele estava sem uniforme. E por que estava fora do navio?

Por um momento, o grupo ficou tão surpreso que parou de avançar. O capitão Schroeder também ficou surpreso. Assim que viu o bando em fúria e as armas sacadas, perdeu as estribeiras. Gritou com os policiais para abaixarem as armas ou ele os expulsaria do navio, e por fim eles obedeceram.

— Por que os motores estão funcionando? — um dos passageiros gritou.

— Diga o que está acontecendo!

O capitão Schroeder levantou as mãos e pediu calma para que pudesse explicar. Tirou o chapéu e limpou a testa com seu lenço.

— Eu acabei de falar com o presidente Brú, recorri a ele pessoalmente para vocês poderem desembarcar — disse o capitão. — Mas ele não me recebeu.

Houve murmúrios sombrios entre os passageiros, e Josef sentiu-se cada vez mais nervoso. O que estava acontecendo? Por que os cubanos prometeram aos passageiros que os deixariam entrar apenas para recusá-los agora?

— Pior — continuou o capitão Schroeder —, o governo cubano ordenou a nossa saída do porto amanhã de manhã.

Sair amanhã?, pensou Josef. E ir aonde? E seu pai? Ele partiria com eles?

Gritos de raiva vieram dos passageiros, e Josef juntou-se a eles. O primeiro-oficial desapareceu por um momento, mas retornou com mais marinheiros, para o caso de haver violência.

Josef se perguntou se devia trazer a mãe para ouvir as notícias, mas sabia que ela estava na cabine, muito provavelmente na cama, chorando. Ela se culpava pela tentativa de suicídio do marido e, nos últimos dois dias, de alguma forma, ficou mais ausente que o pai de Josef.

Não, Josef era quem precisava estar ali naquele momento. Por sua mãe e por Ruthie.

O capitão Schroeder pediu silêncio de novo.

— Não vamos para casa. Cruzaremos a costa norte-americana e apelaremos ao presidente Roosevelt. Se algum de vocês tiver amigos ou família nos Estados Unidos, imploro que peçam para eles exercerem qualquer influência que puderem. Não importa o que aconteça, eu garanto: farei tudo o que estiver ao meu alcance para arranjar um desembarque fora da Alemanha. A esperança deve sempre perseverar. Agora, por favor, voltem a suas cabines. Preciso retornar ao passadiço e preparar o navio para nossa partida.

A multidão cercou o capitão quando ele tentou sair do convés C, os passageiros empurrando e abrindo caminho ao redor de Josef. Josef lutou para chegar ao passageiro que havia sido intérprete para o policial Padron no outro dia, e o puxou até onde os policiais estavam.

— E meu pai? — perguntou Josef ao policial Padron, por meio do intérprete.

— Eu o vi no hospital — contou o policial a Josef. — Ele não está bem o bastante para embarcar no navio.

— Então, em vez disso, podemos ir até ele? — quis saber Josef.

O policial pareceu aflito.

— Desculpe, rapazinho. Vocês não podem sair do navio.

— Mas o *navio* está indo embora — disse Josef. Conseguia sentir os motores pulsarem sob seus pés. — Não podemos deixar meu pai para trás.

— Desejo, do fundo do coração, que vocês desembarquem logo, rapazinho — disse de novo o policial Padron. — Sinto muito. Só estou fazendo meu trabalho.

Josef olhou fundo nos olhos do policial Padron, buscando algum sinal de ajuda, algum traço de comiseração. O policial Padron apenas desviou o olhar.

* * *

Josef ainda estava em pé sob o quente sol cubano, quando, pouco antes do almoço, os policiais partiram em uma lancha. O policial Padron ainda não olhara para ele. Assim que o barquinho estava liberado, o MS *St. Louis* soprou a buzina, ergueu a âncora e saiu do Porto de Havana sem destino conhecido.

Enquanto estava à amurada com o restante dos passageiros que entre lágrimas se despediam do único lugar que tinha lhes prometido refúgio, Josef deu adeus a seu pai também. Pegou a gola da camisa com as duas mãos e puxou a costura, rasgando a roupa como fizera quando o corpo do professor Weiler foi lançado ao mar.

Josef sabia que o pai ainda estava vivo, mas não importava. Estava morto para sua família. E também estava morto, Josef percebeu, o sonho deles de se juntar ao pai em Cuba.

ISABEL

EM ALGUM LUGAR ENTRE AS BAHAMAS E A FLÓRIDA – 1994
5 DIAS LONGE DE CASA

A noite estava tão clara que Isabel podia ver a Via Láctea.

Seu olhar estava voltado às estrelas, mas ela não olhava para elas de verdade. Não estava olhando para nada. Tinha os olhos nublados pelas lágrimas. Ao seu lado, a Señora Castillo soluçava nos braços do marido, os ombros subindo e descendo. Como Isabel, ela chorava desde que Iván morrera. O Señor Castillo encarava além da cabeça de sua mulher, os olhos vazios. Luis chutava o motor silencioso, sacudindo os parafusos que o seguravam. Enterrou o rosto nas mãos, e Amara o abraçou forte.

Iván estava morto. Isabel não conseguia compreender. Em um minuto ele estava vivo, falando com eles, rindo com eles, e no minuto seguinte estava morto. Sem vida. Como todos os outros cubanos que morreram tentando chegar pelo mar a *el norte*. Mas Iván não era uma pessoa sem nome, sem rosto. Era Iván. *Seu* Iván. Era seu amigo.

E estava morto.

Os olhos de Isabel pairaram até onde jazia o corpo de Iván, mas ela ainda não tinha olhado direito para ele. Não conseguia.

Embora *papi* tivesse tirado a camisa que fazia sombra para *mami* e deitado sobre o rosto de Iván, Isabel não suportava olhar.

Ela conhecia o rosto de Iván. Seu sorriso. Queria pensar nele daquele jeito.

Lito entoou uma canção triste, baixinho, e Isabel se aninhou nos braços da mãe e do pai. Os três abraçaram-se, como se o que acontecera com Iván pudesse acontecer com eles também se chegassem perto demais de seu corpo. Mas a real ameaça era o barco afundando e os tubarões que ainda o circundavam, seguindo o rastro de água sangrenta que começava aos pés de Isabel.

Fidel Castro tinha o sangue de Iván sobre ele todo.

Isabel lembrou-se do velório da avó. Foi uma ocasião silenciosa, triste. Não havia um corpo para enterrar. Aqueles que compareceram passaram a maior parte do tempo confortando Lito, *mami* e Isabel, abraçando-os, beijando-os e partilhando da dor que sentiam. Isabel sabia que deveria fazer isso agora pelos Castillo, mas não conseguia. Como poderia confortar os Castillo quando ainda precisava de consolo? Iván era filho deles, irmão, mas era o melhor amigo de Isabel. De alguma forma, ela o conhecia melhor que sua família. Jogava futebol com ele na viela, nadava com ele no mar, sentava-se ao lado dele na escola. Havia tantas vezes jantado em sua casa, e ele na dela, que poderiam ser até irmão e irmã. Isabel e Iván tinham crescido juntos. Ela não conseguia imaginar um mundo onde corresse até a porta do vizinho e ele não estivesse lá.

Mas Iván não iria mais à sua casa.

Iván estava morto.

A perda dele doía como se uma parte de Isabel de repente faltasse, como se seu coração tivesse sido arrancado do peito e tudo que sobrara fosse um buraco gigante, escancarado. Ela estremeceu de novo quando o corpo foi sacudido por soluços, e *mami* a puxou para mais perto.

Depois de um tempo, o avô finalmente falou.
— Precisamos fazer alguma coisa — disse ele. — Com o corpo.
A Señora Castillo lamentou, mas o Señor Castillo concordou com a cabeça.

Fazer alguma coisa com o corpo? Isabel olhou ao redor. Mas o que havia de ser feito com o corpo de Iván naquela pequena balsa? E então ela entendeu. Havia um único lugar para o corpo de Iván: o mar. O pensamento fez com que ela se encolhesse, horrorizada.

— Não! Não, não podemos deixá-lo aqui! — gritou Isabel. — Ele vai ficar totalmente sozinho! Iván nunca gostou de ficar sozinho.

Lito meneou a cabeça ao pai de Isabel, e os dois se levantaram para erguer Iván e atirá-lo do barquinho.

Isabel contorceu-se para se livrar da mãe, mas *mami* a segurou com força.

— Esperem — disse a Señora Castillo. Ela se afastou do marido, o rosto molhado de lágrimas. — Temos que dizer alguma coisa. Fazer uma oração. Alguma coisa. Quero que Deus saiba que Iván está chegando.

Isabel nunca tinha ido à igreja. Quando Castro e os comunistas assumiram, desencorajaram a prática da religião. Mas os católicos espanhóis tinham conquistado a ilha muito antes de Castro, e Isabel sabia que a religião ainda estava lá, bem fundo, do jeito que Lito lhe dissera que a *clave* estava enterrada embaixo dos ritmos audíveis de uma canção.

Lito era o mais velho e estivera em mais funerais, então assumiu a função. Fez o sinal da cruz sobre o corpo de Iván e disse:

— Ó, Senhor, conceda a ele o descanso eterno e faça com que a luz perpétua brilhe sobre ele. Que ele possa descansar em paz. Amém.

A Señora Castillo meneou a cabeça, e Lito e o pai de Isabel ergueram o corpo de Iván.

— Não... não! — gritou Isabel.

Ela estendeu a mão como se fosse impedi-los, em seguida recuou as mãos e as entrelaçou sobre o peito. Sabia que tinham que fazer aquilo, que não podiam manter Iván no barco com eles. Não daquele jeito. Mas quando Isabel viu Lito e *papi* erguerem o corpo de Iván, o espaço vazio dentro dela ficou cada vez maior, até ela estar mais vazia que cheia. Desejou morrer também. Desejou morrer para que eles a pusessem na água com Iván. Assim ela poderia lhe fazer companhia nas profundezas.

A Señora Castillo estendeu a mão e tomou a do filho pela última vez, e Luis se levantou e tocou o peito de Iván — a última conexão com o irmão antes de ele ir embora para sempre. Isabel queria fazer alguma coisa, dizer alguma coisa, mas estava arrasada demais pela tristeza.

— Esperem — disse Luis. Ele puxou do coldre a pistola. O rosto assumiu uma expressão cruel quando ele mirou para o outro lado do barco, para uma das barbatanas que pairavam na superfície. Isabel estava pronta para os tiros dessa vez, mas eles ainda a fizeram pular. *BANG! BANG! BANG!*

O tubarão morreu em um espasmo sangrento, debatendo-se, e os outros tubarões que estavam seguindo o barco avançaram nele em um frenesi. Luis assentiu para Lito e para o pai de Isabel, e a Señora Castillo desviou o rosto quando deslizaram Iván pelo outro lado do barco, longe dos tubarões, onde ele afundou no mar preto.

Ninguém falou nada. Isabel chorou, as lágrimas brotando sem fim, fluindo do lugar oco no peito que ameaçava consumi-la. Iván tinha partido para sempre.

De repente, Isabel se lembrou do boné dos *Industriales* de Iván. Onde estava? O que aconteceu com ele? Não estava nele quando o corpo foi lançado de novo na água, e Isabel queria encontrá-lo. Precisava encontrá-lo. Era algo que podia fazer. Uma parte dele que poderia manter por perto. Ela se afastou da mãe e vasculhou o barquinho. Tinha que estar em algum lugar... sim! Ali! Flutuando de cabeça para baixo na água sangrenta, embaixo de um dos bancos. Ela o pegou e segurou-o junto ao peito, a única parte de Iván que lhe restava.

— Eu queria abrir um restaurante — disse o Señor Castillo. Ele estava bem ao lado dela, e o som de sua voz, quase um sussurro, fez Isabel pular. — Quando conversamos naquela primeira noite, todo mundo estava dizendo o que queria fazer quando chegasse aos Estados Unidos — continuou o Señor Castillo —, mas eu não falei nada. Eu queria abrir um restaurante com meus filhos.

Alguma coisa faiscou no horizonte escuro, e primeiro Isabel achou que era uma das estrelas na cicatriz branca da Via Láctea, rebrilhando em seus olhos marejados. Mas não — era brilhante demais. Laranja demais. E havia outras iguais a ela, todas juntas em uma linha horizontal, separando as águas pretas do céu escuro.

Era Miami, finalmente. Por pouco, Iván não conseguiu ver Miami.

MAHMOUD
DA MACEDÔNIA À SÉRVIA — 2015
14 A 15 DIAS LONGE DE CASA

Mahmoud sentiu como se estivesse de volta à Síria. Policiais com armas vigiavam a fronteira entre Grécia e Macedônia, e ele se sentiu sujo de novo. Indesejado. Ilegal.

Mesmo sem os documentos de viagem, Mahmoud e a família conseguiram trocar suas libras sírias por euros e comprar passagens de trem de Atenas até Salônica, e de lá até um vilarejo grego próximo à fronteira da Macedônia. Agora estavam seguindo pela cidade macedônia de Gevgelija, onde esperavam pegar um trem para o norte da Sérvia e, de lá, para a Hungria. Mas primeiro precisavam encontrar uma maneira de se esgueirar pela fronteira

Mahmoud apontou para um pequeno emaranhado de tendas e varais de roupas logo depois de uma estrada de cascalho, e seu pai os levou ao acampamento para planejar o próximo passo. Era outra aldeia de refugiados, o tipo de cidadezinha improvisada que Mahmoud tinha visto várias vezes no caminho para sair da Síria. Ele e o pai agacharam-se atrás de um barril de lixo e observaram o cruzamento da fronteira. A polícia macedônia não estava mandando as pessoas embora, mas podia verificar os documentos, e em Atenas a família de Mahmoud não havia aguardado as permissões oficiais de viagem.

O pai de Mahmoud tirou o iPhone do bolso e consultou o mapa.

— Esta área inteira é de uma fazenda — disse. — Terreno plano. Fácil de ser pego. — Ele rolou o mapa para o lado, e Mahmoud chegou mais perto. — Parece que tem uma floresta aqui, a oeste — continuou o pai. — Não podem vigiar cada metro da fronteira. Vamos entrar à noite. Assim que estivermos na Macedônia, estaremos bem. Onde está sua mãe?

Mahmoud olhou para a frente. A mãe estava onde sempre estava, caminhando até as tendas. Procurando Hana.

No entanto, Hana não estava ali, nem em outros pequenos amontoados de tendas de refugiados pelos quais passaram enquanto pediam carona para o interior do país. Em algum lugar que havia escolhido olhando o mapa no iPhone, o pai de Mahmoud levou-os por uma estrada de terra para dentro de uma floresta escura. Estava tarde, já passava muito da meia-noite, e Mahmoud estava cansado de andar. Mas ainda tinham duas horas de caminhada até a fronteira da Macedônia.

Walid ergueu os braços para ser carregado, e o pai levantou-o e o recostou no ombro. Mahmoud ficou irritado. Walid estava se comportando como um bebê. Era grande demais para ser carregado. Mahmoud estava cansado também, mas ninguém *o* carregaria.

Caminharam em silêncio, o caminho iluminado apenas pelo brilho ocasional da tela do telefone quando o pai verificava a posição em que estavam. A floresta era cheia de pinheiros altos que dominavam quase tudo por ali, e o chão estava coberto com agulhas marrons que cheiravam a aromatizador de carro. Em algum lugar na floresta uma coruja piou, e Mahmoud ouviu animais pequenos correrem. Cada farfalhar o fazia ter um sobressalto, cada remexer lhe causava arrepios. Era um garoto urbano, acostumado com as luzes e os sons do trânsito. Ali, cada som era como um tiro na escuridão misteriosa e no silêncio. Aquilo aterrorizava Mahmoud.

Por fim, eles saíram da floresta escura e encontraram a estação de trem. Era um prédio pequeno de dois andares e cor mostarda, com um telhado cor de vinho e frontões redondos.

Também estava cheio de gente.

Centenas de pessoas dormiam do lado de fora, usando mochilas e sacos de lixo como travesseiros. Enchiam a plataforma de trem e as calçadas na frente da estação, e algumas até dormiam entre os trilhos. Garrafas plásticas, sacos vazios e embalagens descartadas enchiam o chão.

Mahmoud viu os ombros do pai descaírem. Ele sentiu-se assim também. Mas então o pai se empertigou e puxou Walid para mais alto no ombro.

— Ei, ao menos sabemos que estamos no trilho certo — disse ele. Sorriu para Mahmoud. — O *trilho* certo. Entendeu?

Mahmoud havia entendido. Só não achava graça nenhuma naquilo.

— Não? Nada? — perguntou o pai. — Acho que fui vago demais. *Vagão.*

Mesmo assim, Mahmoud não riu. Estava cansado demais.

A mãe de Mahmoud já havia deixado os três para trás, avançando com cuidado entre os refugiados que dormiam, como um fantasma. Procurando Hana.

— A estação de trem parece fechada — disse o pai a Mahmoud.
— Teremos que encontrar um lugar para dormir. Voltaremos amanhã para ver se podemos comprar passagens.

Encontraram um hotel próximo no TripAdvisor, buscaram a mãe de Mahmoud e partiram a pé. Mahmoud mal podia esperar para subir em uma cama de verdade. Achava que podia dormir por dias.

Um carro veio por trás deles, e dessa vez Mahmoud não se jogou na frente dele. Mas o veículo reduziu a velocidade e parou ao lado deles de qualquer forma.

— Precisam táxi? — perguntou o homem em um árabe ruim.

— Não — disse o pai de Mahmoud. — Estamos indo para o hotel.

— Hotel muito dinheiro — disse o homem. — Vão para Sérvia? Levo vocês de táxi. Vinte e cinco euros cada.

Mahmoud fez as contas. Cem euros era muito dinheiro, quase 24 mil libras sírias. Mas uma viagem de táxi direto para a Sérvia, sem passar a noite — ou mais de uma — na Macedônia? Os pais de Mahmoud aproximaram-se para confabular, e Mahmoud ficou ouvindo. As passagens de trem provavelmente eram mais baratas, e a mãe temia aceitar carona de um homem estranho para um país desconhecido, mas o pai argumentou que não haveria outro trem até no mínimo o dia seguinte, e já havia muita gente esperando na estação.

— Estamos cansados, e um táxi vai nos levar para mais perto da Alemanha. Nada de dormir no chão — interveio Mahmoud.

— Esse é o voto decisivo, então — disse o pai. — Vamos pegar o táxi.

Foi uma boa decisão. Duas horas e cem euros depois, estavam na fronteira sérvia. Ainda estava escuro, mas não havia guardas de fronteira no local onde o motorista os deixou. Nem estradas. Mahmoud tinha dormido um pouco no carro, mas se sentiu um zumbi quando cambaleou com a família pelos trilhos da ferrovia que os faria cruzar a fronteira da Macedônia até a cidade sérvia mais próxima. Como estavam viajando, tiveram permissão para pular as orações da manhãzinha.

Chegaram aos tropeços na cidade logo após o sol nascer. Mahmoud achou que, se não deitasse em algum lugar e dormisse, desmaiaria em pé e cairia de cara no chão. Mas havia ainda mais refugiados naquela estação de trem do que havia na Macedônia, e ali não havia barracas ou quartos de hotel. As pessoas dormiam na plataforma da estação ou fora, no campo. Não havia banheiro também, nem mercados ou restaurantes. O pouco que os sérvios locais tinham era vendido por uma fortuna. Um homem vendia garrafas de água por cinco euros cada.

Um grupo de homens estava sentado ao redor de uma extensão carregando seus telefones como se todos estivessem agachados ao redor de uma fogueira. Mahmoud tinha visto cenas assim em todos os lugares na rota de Atenas para a Alemanha. Ele e sua família paravam tempo suficiente para recarregar os telefones e depois seguiam caminho.

Mahmoud estava tão cansado que queria chorar. O pai encontrou um ônibus para Belgrado, e Mahmoud ficou grato pelas poucas horas de sono, por mais desconfortáveis que fossem. O sol estava quase se pondo quando chegaram à capital sérvia, mas ainda não puderam parar. A polícia estava lá, fazendo batidas em hotéis para pegar refugiados ilegais, e então o pai encontrou outro motorista de táxi que prometeu levá-los em duas horas até a fronteira húngara.

A viagem de táxi custava caro, mas tentar passar a noite em uma cidade que não os queria também podia sair caro.

O Volkswagen prata de quatro portas era conduzido por um sérvio de meia-idade e pele marrom com uma barba preta bem-cortada. Ele prometeu levá-los à Hungria e mantê-los longe da polícia por trinta euros cada — mais do que lhes custara para atravessar a Macedônia inteira.

Se apertaram no carro, com Mahmoud, a mãe e o pai encaixados no banco de trás e Walid no colo do pai. Parecia que esse novo motorista passava em cada vala e buraco da estrada para fazer com que eles voassem uns sobre os outros. Mas nada disso importava para Mahmoud. Ele dormiu assim que fechou os olhos e só acordou quando percebeu que o carro havia parado. Já tinham passado duas horas? Ele sentiu como se tivesse acabado de dormir.

As pálpebras de Mahmoud piscaram, e ele olhou pela janela. Esperava ver as luzes de uma cidade fronteiriça sérvia. Outra cidade de tendas. Em vez disso, haviam parado no meio de um trecho vazio da rodovia, cercados por campos escuros, vazios.

E o motorista do táxi estava inclinado sobre o banco traseiro, com uma pistola apontada diretamente para eles.

JOSEF

PRÓXIMO À COSTA NORTE-AMERICANA — 1939
21 DIAS LONGE DE CASA

Miami! Não estavam nem um dia fora de Havana, e o *St. Louis* já estava passando pela cidade americana. Estava tão próxima que era possível enxergá-la do navio, sem binóculos. Josef e Ruthie penduraram-se na amurada como todo mundo, apontando para hotéis, casas e parques. Josef viu rodovias e prédios de escritório quadrados e brancos — arranha-céus! — e centenas de barquinhos no porto. Por que não podiam simplesmente aportar em Miami e desembarcar ali? Por que os Estados Unidos não os aceitariam? Havia muitos terrenos sem prédios construídos. Quilômetros e mais quilômetros de palmeiras e pântanos até onde os olhos podiam enxergar. Josef aceitaria. Viveria ali. Moraria em qualquer lugar, contanto que fosse longe dos nazistas.

Um avião circulou sobre o navio, sua hélice zumbindo como uma vespa. Fotógrafos de jornal, um dos outros passageiros palpitou em voz alta. Josef sabia que o *St. Louis* já era notícia no mundo inteiro. Em barquinhos, equipes com câmeras de cinejornal haviam seguido o navio a partir do Porto de Havana, gritando as mesmas perguntas que todos os passageiros tinham: Onde desembarcariam? Quem aceitaria os refugiados judeus?

Acabariam voltando à Alemanha?

Naquela tarde, uma lancha da Guarda Costeira norte-americana passou pelo *St. Louis*, os oficiais observando-os por binóculos. Uma das crianças achou que a lancha estava lá para protegê-los, para recolher qualquer um que saltasse no mar.

Josef achou que era para garantir que o *St. Louis* não rumaria para Miami.

Algumas crianças, como Ruthie, ainda brincavam e nadavam na piscina, e estavam perto o bastante da América para alguns adolescentes conseguirem acompanhar um jogo dos New York Yankees pelo rádio. Mas a maioria dos adultos caminhava por ali como se estivesse em um funeral. A alegria da viagem a Cuba tinha terminado para sempre. As pessoas falavam pouco e socializavam menos ainda. O cinema ficou deserto. Ninguém ia ao salão de dança.

Exceto a mãe de Josef.

Por dias ela chorou pelo pai de Josef, *transformou-se* no pai de Josef ao se trancar na cabine. Mas, com o anúncio de que o St. Louis estava partindo de Cuba — partindo sem seu marido —, alguma coisa nela girou, como um interruptor de luz. Ela se asseou. Maquiou-se. Fez o cabelo. Jogou o conteúdo da mala na cama, pôs o vestido de festa favorito e foi direto para o salão de dança.

Desde então estava lá.

A mãe de Josef estava dançando sozinha quando ele a encontrou. Uma lua e estrelas de papel ainda pendiam do teto, decoração restante da festa de quanto todos acharam que desembarcariam em Cuba. A mãe de Josef o viu à porta e correu até ele. Puxou-o até a pista de dança.

— Dance comigo, Josef — disse ela. Tomou as mãos dele e o levou em uma valsa. — Não pagamos todas aquelas aulas de dança à toa.

As aulas de dança tinham acontecido muito tempo antes, antes de Hitler. Antes, quando os pais pensaram que Josef iria a bailes quando fosse adolescente, e não que fugiria dos nazistas.

— Não — disse Josef. Era velho demais para dançar com a mãe, tinha vergonha. E havia coisas mais importantes para pensar naquele momento. — O que está acontecendo, *mama*? Por que está fazendo isso? É como se estivesse feliz porque *papa* se foi.

Ela o girou nos braços.

— Eu já contei por que lhe dei o nome de Josef? — perguntou ela.

— Eu... não.

— Você recebeu o nome do meu irmão mais velho.

— Eu não sabia que você tinha um irmão.

A mãe de Josef dançava como se dependesse disso para viver.

— Josef morreu na Grande Guerra. Meu irmão, Josef. Na Batalha do Somme, na França.

Josef não sabia o que dizer. A mãe nunca havia falado do irmão antes. Seu *tio*, ele percebeu. Ele tinha um tio.

— Você pode viver como um fantasma, esperando a morte chegar, ou pode *dançar* — ela lhe disse. — Entendeu?

— Não — respondeu Josef.

A canção terminou, e a mãe de Josef tomou o rosto dele entre as mãos.

— Você é igualzinho a ele — disse.

Josef não sabia o que dizer.

— Desculpe pela interrupção — disse o líder da banda —, mas acabei de saber que haverá um anúncio especial no salão social do convés A.

A mãe de Josef fez um muxoxo porque a música parou, mas Josef sabia que era pior que isso. Não conseguia dizer por quê, mas tinha certeza, bem lá no fundo, na boca do estômago, que só podiam ser más notícias.

As piores.

A mãe tomou a mão dele e deu um apertãozinho.

— Vamos — disse ela com um sorriso.

O salão social já estava cheio quando eles chegaram. À frente no recinto, sob um retrato gigante de Adolf Hitler, estava um comitê de passageiros que vinha trabalhando com o capitão em uma solução do problema. Pelos olhares em seu rosto, não tinham chegado a uma resolução. Quando o chefe do comitê falou, confirmou todos os piores medos de Josef.

— Os Estados Unidos nos rejeitaram. Vamos voltar à Europa.

A explosão foi instantânea. Gritos, suspiros, lágrimas. Josef xingou — a primeira vez que xingava na frente da mãe. Ela não teve reação, e aquilo fez Josef se sentir um pouco envergonhado e um pouco mais ousado ao mesmo tempo.

— Quer dizer que vamos voltar à Alemanha! — alguém gritou.

— Não necessariamente — disse um membro do comitê. — Mas precisamos manter a calma.

Calma?, pensou Josef. O homem ficou maluco?

— Calma? Como podemos ter calma? — perguntou um homem, ecoando os pensamentos de Josef. O nome do homem era Pozner. Josef o tinha visto antes no navio. — Muitos de nós estiveram em campos de concentração — continuou Pozner. Seu rosto estava contorcido de raiva, e ele cuspia as palavras. — Fomos liberados apenas sob a condição de que *deixássemos* a Alemanha imediatamente! Nossa volta significa apenas uma coisa: voltar àqueles campos. Esse poderia ser o futuro de cada homem, mulher e criança neste navio!

— Não vamos morrer. Não vamos voltar. Não vamos morrer — entoou a multidão.

De canto de olho, Josef viu Otto Schiendick parado à porta. Schiendick sorria com o pânico do salão, e Josef sentiu o sangue começar a ferver.

— Senhoras e senhores — disse o chefe do comitê —, as notícias são ruins. Todos percebemos isso. Mas a Europa ainda está a muitos dias de distância. Isso dá a nós, e a todos os nossos amigos, tempo para fazer novas tentativas de nos ajudar.

A mãe de Josef o puxou.

— Venha, Josef. Alguém vai pensar em alguma coisa. Vamos dançar.

Josef não entendia por que a mãe não estava chateada, por que de repente ela parecia não se importar mais. Estavam prestes a voltar à Alemanha. *Voltar à morte.* Josef deixou que a mãe o puxasse até a porta, então se soltou.

— Não, *mama*, eu não posso.

Ela sorriu para ele com tristeza e desviou de Otto Schiendick, que estava recostado ao batente da porta.

— Deveria fazer o que sua mãe diz, garoto — comentou Schiendick. — Esses são seus últimos dias de liberdade. Aproveite. Quando voltar a Hamburgo, ninguém mais vai ouvir falar de vocês.

Josef voltou aos passageiros que gritavam, a raiva aumentando como a maré. Tinha que haver algo que pudessem fazer. Algo que *ele* pudesse fazer.

O passageiro que falou, Pozner, puxou-o para o lado.

— Você é o filho de Aaron Landau, Josef, não é? Sinto muito pelo seu pai — disse.

Josef estava cansado de ouvir as condolências das pessoas.

— Sou, obrigado — respondeu, tentando avançar.

O homem agarrou seu braço.

— Você estava entre as crianças que foram até a sala de máquinas e ao passadiço, não estava?

Josef franziu a testa. O que significava aquilo?

— E você é um homem agora. Teve seu *bar mitzvah* naquele primeiro *shabbos* no navio.

Josef empertigou-se, e o homem soltou seu braço.

— Como assim? — perguntou Josef.

O homem olhou ao redor para garantir que ninguém mais estivesse ouvindo.

— Tem um grupo que está tentando invadir o passadiço e pegar reféns — sussurrou ele. — Forçar o capitão a encalhar o navio na costa americana.

Josef não conseguia acreditar no que estava ouvindo. Ele fez que não com a cabeça.

— Nunca vai funcionar — disse. Ele viu quantos tripulantes realmente havia no navio, e o que muitos deles nos conveses inferiores pensavam dos judeus. Eles não se renderiam sem lutar, e conheciam aquele navio melhor que qualquer passageiro.

Pozner deu de ombros.

— Que escolha nós temos? Não podemos voltar. Seu pai sabia disso. Por isso fez o que fez. Se conseguirmos, estaremos livres. Se falharmos, ao menos o mundo vai perceber o quanto estamos desesperados.

Josef olhou para o chão. Se falhassem — *quando* falhassem —, o capitão voltaria com o navio para a Alemanha, e Pozner e o restante dos sequestradores certamente seriam enviados aos campos de concentração.

— Por que está me contando isso? — perguntou Josef.

— Porque precisamos de você conosco — disse-lhe Pozner.

— Precisamos que nos mostre o caminho até o passadiço.

ISABEL

AO LARGO DA COSTA DA FLÓRIDA – 1994
5 DIAS LONGE DE CASA

Miami.
    Era como um sonho. Como uma visão cintilante do paraíso, como se Iván tivesse aberto os portões para eles. Todos encararam, atônitos, como se nunca tivessem pensado que realmente veriam aquilo. Quando as luzes no horizonte se transformaram nas formas tênues dos prédios, estradas e árvores, e eles tiveram certeza de que olhavam para Miami, choraram e se abraçaram de novo.
    Isabel chorou de novo por Iván, chorou porque ele esteve tão perto e não conseguiu chegar. Mas suas lágrimas por ele se misturavam ao alívio, porque ela chegaria aos Estados Unidos, e aquilo a fazia se sentir culpada e, por isso, chorava ainda mais. Como podia, ao mesmo tempo, estar triste por Iván e feliz por si mesma?
    Pram. Algo entortou e quebrou embaixo do pé de *papi*, e o barco sacudiu. A água entrou por uma nova rachadura no casco e, de repente, toda a sensação de alívio desapareceu.
    O barco estava afundando.
    — Não! — gritou *papi*. Ele mergulhou e tentou tampar o buraco, mas não havia nada que pudesse fazer. O peso da própria

embarcação e dos passageiros finalmente a estava desmantelando. Todos cambalearam para a frente, mas a traseira afundava cada vez mais sob o peso do grande motor. O topo do casco ao fundo estava quase na linha da água. Quando os dois se encontrassem, o oceano o inundaria pela lateral e não teria volta. Eles se afogariam.

Ou acabariam como Iván.

O terror cresceu dentro de Isabel como a água que enchia o barco. Não podia se afogar. Não podia desaparecer embaixo das ondas, como Lita. Como Iván. Não. *Não!*

— Tirem água! — gritou o avô.

Mami estava deitada na proa do barco, o mais longe possível da água que subia, seu fôlego ficando mais forte e mais curto agora. Todos os outros pegaram copos e jarros. Mas não seria suficiente. Isabel conseguiu perceber. Havia muito mais água. Muito mais peso.

O motor. Isabel de repente se lembrou de como ele estava se soltando dos parafusos. Ela se jogou, tentando derrubá-lo. Quando não conseguiu arrancá-lo com a mão, se encaixou entre ele o banco próximo, embaixo da água, e chutou-o.

— Chabela! Deixe o motor aí e nos ajude a jogar água para fora! — gritou o pai. Isabel ignorou-o e chutou. Se pudesse soltar o motor...

Outro pé juntou-se ao dela. Amara! Ela entendeu! Juntas elas chutaram o motor até Isabel finalmente sentir a madeira molhada ao redor dos parafusos ceder. O motor tombou para o fundo do barco, cobrindo o comando de Fidel Castro para eles.

Lute contra o impossível e vença, Isabel pensou.

— Um, dois, três! — disse Amara. Juntas, ela e Isabel rolaram o motor de motocicleta até a lateral e quase sobre ela — até Isabel escorregar, deixando o motor cair de volta no barco, levantando gotas de água.

— De novo! — disse Amara para ela. — Um, dois *três*!

Para cima, para cima, para cima, elas rolaram o motor sobre a amurada, onde o peso fez o casco ir para baixo da superfície do mar. A água invadiu, e Isabel sentiu o barco afundar sob os pés, puxando-a para as profundezas pretas, lá embaixo, com Iván e os tubarões...

— Não... esperem! — gritou o Señor Castillo...

... e com um último bom empurrão, Isabel e Amara tombaram o motor para fora. Ele deslizou para dentro da água com um *slurp* e afundou como uma pedra, e a popa do barco saiu da água; o peso do motor não mais o arrastava para baixo.

— O que vocês fizeram? — berrou o Señor Castillo. — Agora nunca chegaremos à praia!

— Não chegaríamos se afundássemos! — Amara lhe disse.

— Vamos remar — disse Lito. — Quando estivermos perto o bastante, a maré vai nos levar pelo resto do caminho. Ou nadamos.

Nadar? Isabel ficou preocupada. *Com os tubarões?*

— Só tirem água do barco, ou não vamos fazer nada disso! — gritou Luis. — Tirem!

BEEEP-BEEEP!

Uma sirene eletrônica fez todos pularem, e uma luz vermelha giratória aproximou-se, algumas centenas de metros à esquerda.

Uma pessoa falando inglês disse algo com um megafone. Isabel não entendeu. Pelos olhares confusos de todos os rostos no barco, eles também não. Então, a mesma voz repetiu a mensagem em espanhol.

— Parem! Aqui é a Guarda Costeira dos Estados Unidos. Vocês violaram águas norte-americanas. Permaneçam onde estão e preparem-se para serem embarcados.

MAHMOUD

SÉRVIA PARA HUNGRIA — 2015
15 A 16 DIAS LONGE DE CASA

Mahmoud encarou a arma apontada para ele. Aquilo era real ou ele ainda estava dormindo e tendo um pesadelo?

O taxista sérvio sacudiu a pistola para a família de Mahmoud.

— Vocês pagam trezentos euros! — exigiu.

Não era um sonho. *Era real.* Mahmoud estava grogue apenas segundos antes, mas agora estava bem acordado, o coração palpitando. Os olhos pareciam secos, embora a camisa ainda grudasse na pele com o suor do sono, e ele piscou rapidamente enquanto olhava os pais. Já estavam acordados, o pai protegendo Walid, que ainda dormia, com um abraço.

— Não atire... por favor! — disse o pai de Mahmoud. Ele lançou um braço protetor sobre Mahmoud e sua mãe.

— Trezentos euros! — disse o motorista do táxi.

Trezentos euros! Era mais que o dobro do que haviam concordado em pagar ao taxista!

— Por favor... — implorou o pai.

— Você não morre, você paga trezentos euros! — gritou o taxista. Seu braço tremia, e a arma dançava entre os dois bancos dianteiros. A mãe de Mahmoud fechou os olhos e se encolheu.

O pai de Mahmoud ergueu a mão.

— Vamos pagar! Vamos pagar!

Estavam com uma arma apontada para eles no meio do nada em um país estrangeiro. O que mais ele poderia fazer? O coração de Mahmoud acelerava no peito quando o pai entregou Walid à mãe e fuçou o dinheiro escondido dentro da camisa, embaixo do cinto. Mahmoud queria fazer alguma coisa. Impedir que aquele homem ameaçasse sua família. Mas o que poderia fazer? Estava impotente, e aquilo o deixava ainda mais furioso.

Com mãos trêmulas, o pai de Mahmoud contou trezentos euros e jogou-os no taxista. Mahmoud não compreendeu por que o homem não exigiu o dinheiro todo.

— Vocês, saiam! Saiam! — ordenou o motorista do táxi.

Mahmoud e a família não precisaram ouvir duas vezes. Abriram com tudo as portas do carro e saíram aos tropeços, e, antes que as portas tivessem sido fechadas, o Volkswagen saiu em disparada pela estrada escura, suas luzes de freio vermelhas desaparecendo em uma curva.

Mahmoud tremia de fúria e medo, e a mãe sacudia-se com soluços silenciosos de choro. O pai de Mahmoud puxou todos para um abraço.

— Bem — disse o pai de Mahmoud por fim. — Sem dúvida vou dar uma nota baixa para esse motorista no TripAdvisor.

As pernas trêmulas de Mahmoud cederam, e ele foi ao chão. As lágrimas escorriam pelo rosto, como se tivessem sido refreadas por um dique antes e agora as comportas tivessem de repente sido abertas. *Tinha uma arma apontada direto para o rosto dele*. Enquanto vivesse, Mahmoud não esqueceria da sensação de terror paralisante, de impotência.

A mãe sentou-se na estrada com ele e o abraçou. As lágrimas de Mahmoud desceram com mais força, abastecidas por tudo o que viera antes — o bombardeio à sua casa, o ataque ao carro, a luta para viver em Esmirna, as longas horas no mar e, claro, Hana. Principalmente Hana.

— Desculpa, mãe — murmurou Mahmoud. — Desculpa por ter feito você entregar Hana.

A mãe acariciou os cabelos de Mahmoud e fez que não com a cabeça.

— Não, meu lindo menino. Se o barco não tivesse passado quando passou, se você não os tivesse convencido a levá-la, ela teria se afogado. Eu não poderia manter nós duas sobre a água. Você a salvou. Sei que salvou. Ela está por aí, em algum lugar. Só temos que encontrá-la.

Mahmoud meneou a cabeça no ombro da mãe.

— Eu vou encontrá-la, mãe. Juro.

Mahmoud e a mãe choraram e se abraçaram, até Mahmoud lembrar que não estavam mais próximos de Hana ou da Alemanha. Ele passou a manga da blusa na boca e no nariz molhados, e a mãe beijou sua testa.

— Ao menos aquele ladrão nos trouxe até metade do caminho para a Hungria — disse o pai de Mahmoud, olhando para o celular. — Estamos em uma estrada secundária a cerca de uma hora da fronteira. Acho que estamos próximos de um ponto de ônibus. Mas isso significa que teremos que andar de novo.

Mahmoud ajudou a mãe a se levantar, e o pai ergueu Walid mais alto no ombro.

O irmão caçula de Mahmoud havia dormido o tempo todo.

Mahmoud ficou preocupado com ele de novo. Ataques aéreos, gritos, assaltos em táxis — nada parecia amedrontá-lo mais. Estava apenas refreando as lágrimas e os gritos por dentro ou tinha se acostumado a coisas horríveis acontecendo ao redor, a ponto de não perceber mais? Não se importava? Voltaria à vida quando chegassem à Alemanha?

Se chegassem à Alemanha?

Andaram até o ponto a tempo de pegar o último ônibus para Horgoš, uma cidade sérvia na fronteira com a Hungria. Mais refugiados sírios juntaram-se ali, mas nenhum estava atravessando. Não por estrada ou ferrovia, ou mesmo no interior, do jeito que Mahmoud e a família haviam cruzado a fronteira entre a Macedônia e a Sérvia.

Os húngaros tinham uma cerca.

Ainda não estava terminada, mas mesmo agora, à noite, soldados húngaros estavam trabalhando duro, aterrando postes de metal de quatro metros de altura ao longo da fronteira e estendendo cercas de alambrado entre eles. Assim que a cerca era fixada, outro grupo encaixava nelas três camadas de arame farpado afiado, para impedir que as pessoas escalassem.

Os húngaros estavam fechando suas fronteiras.

— Mas nós nem *queremos* ir para a Hungria — disse Mahmoud.
— Só queremos chegar até a Áustria.
— Acho que os húngaros nem querem saber — disse o pai.
— Não nos querem em seu país, seja indo ou vindo.

Um grupo de refugiados de repente correu por uma parte não terminada da cerca, tentando atravessar antes de estar pronta.

— Não somos terroristas! — gritou alguém. — Somos refugiados!

— Só queremos chegar à Alemanha! Eles vão nos aceitar! — outro berrou.

Houve mais gritos e berros e, antes que Mahmoud soubesse o que estava acontecendo, ele e a família foram envolvidos pela multidão dos refugiados que tentavam atravessar a fronteira. Mahmoud foi jogado de um lado para o outro. Ele se agarrou às costas da camisa do pai, pendurando-se como se o pai fosse um colete salva-vidas e eles estivessem despencando em uma cachoeira.

Por mais que aquele estouro do povo fosse assustador, Mahmoud também ficou entusiasmado — os refugiados finalmente estavam *fazendo* alguma coisa. Não estavam apenas desaparecendo em suas cidades de tendas. Estavam se erguendo e dizendo "Estamos aqui! Olhem para nós! Ajudem-nos!".

Mas os soldados húngaros não estavam interessados em ajudar. Quando os refugiados se juntaram na fronteira, os soldados de uniforme azul, boina vermelha e braçadeiras vermelhas correram para impedi-los, atirando latas de gás lacrimogêneo na multidão. Uma das latas explodiu com um estampido perto de Mahmoud, e as pessoas gritaram quando a nuvem branca e cinza subiu ao redor de todos.

Os olhos de Mahmoud queimavam como se alguém tivesse esguichado molho de pimenta ardida neles, e o muco escorria de seu nariz. Ele engasgou com o gás, e os pulmões travaram. Não conseguia respirar. Era como se afogar em terra firme. Caiu de joelhos, agarrando o peito e puxando o ar inutilmente.

Vou morrer, pensou Mahmoud. *Vou morrer. Vou morrer. Vou morrer.*

JOSEF

EM ALGUM LUGAR NO OCEANO ATLÂNTICO — 1939
22 DIAS LONGE DE CASA

Josef observou a irmã pulando feliz na piscina do convés A. Outras crianças corriam umas atrás das outras no convés de passeio. Assistiam a filmes. Jogavam *shuffleboard*. Apesar de toda a ansiedade que sentira para se tornar um homem, Josef desejava juntar-se a eles agora. Ser uma criancinha de novo, ignorando alegremente o que estava acontecendo ao redor.

Mas ele não era mais criança. Tinha responsabilidades. Como manter a irmã e a mãe em segurança. *Papa* lhe disse como eram os campos de concentração. Não podia deixar que isso acontecesse com Ruthie e a mãe.

— Você está pronto?

Era Pozner. Estava à sombra de uma chaminé, olhando ao redor com nervosismo.

Josef assentiu. Tinha concordado em ajudar a tomar o navio. Precisava fazer alguma coisa, e essa era a única coisa que podia fazer.

— E Schiendick e os bombeiros? — perguntou Josef enquanto caminhavam.

— Conseguimos uma distração para eles no convés D. Mas temos que ser rápidos.

O restante do grupo juntou-se perto do salão social. Havia dez homens, inclusive Josef, e eles carregavam castiçais de metal e pedaços de cano. Alguns dos homens tinham a idade de *papa*, como Pozner, e alguns deles estavam na faixa dos vinte. Josef era de longe o mais jovem.

Dez homens, pensou Josef. *Um* minyan.

Dez judeus unidos não para rezar, mas para se amotinar.

Pozner pôs na mão de Josef um pedaço pequeno de cano de chumbo e, de repente, o peso do que Josef estava prestes a fazer tornou-se real.

— Vá na frente — disse Pozner.

Josef respirou fundo. Não havia como voltar agora. Ele conduziu os companheiros amotinados pelo labirinto dos corredores da tripulação.

Na frente do passadiço, na sala de mapas onde todos eram armazenados, eles encontraram Ostermeyer, o primeiro-oficial. Ele tirou os olhos do armário de mapas com surpresa, mas antes que pudesse fazer qualquer coisa, Pozner e um dos homens agarraram-no e o empurraram pela porta até o passadiço. Josef ficou assustado, pois tinham sido bruscos com Ostermeyer, mas tentou engolir o medo. Assumir o barco não seria fácil, e aquele era só o início.

Não havia tantas pessoas no passadiço quanto no dia em que Josef o visitou — apenas um oficial e três marinheiros. O marinheiro no timão do navio os viu e soltou o volante para acionar um alarme. Um dos passageiros pegou-o primeiro, pulando e derrubando-o no chão. Os amotinados rapidamente cercaram os outros marinheiros, ameaçando-os com seus porretes improvisados.

E eles conseguiram. Assim, tomaram o passadiço.

O coração de Josef acelerou quando ele olhou ao redor, imaginando o que viria a seguir. Estendido diante deles estava o grande Oceano Atlântico verde e azul e, além dele, ainda a dias de distância, a Alemanha e os nazistas. Sobre uma pequena plataforma no fundo da sala, o timão virava para lá e para cá, e Josef imaginou loucamente se deveria pular lá em cima e dar, ele mesmo, meia-volta com o navio.

— Chame o capitão — disse Pozner ao primeiro-oficial.

Desconfiado, Ostermeyer foi até o comunicador interno do navio e convocou o capitão Schroeder até o passadiço.

O capitão Schroeder entrou no passadiço e logo entendeu o que estava acontecendo. Deu meia-volta para sair, mas Josef e um dos outros homens bloquearam a saída.

— Quem está no comando aqui? — perguntou o capitão Schroeder. — O que vocês querem com tudo isso?

Pozner deu um passo à frente.

— Queremos salvar nossas vidas, assumindo o comando do navio — disse ele —, e partindo para qualquer outro país que não seja a Alemanha.

O capitão Schroeder pôs as mãos para trás e caminhou até o meio do passadiço. Olhou para o oceano, não para Pozner.

— Os outros passageiros não vão apoiá-los, e minha tripulação vai dominar vocês — disse ele sem rodeios. — Tudo o que estão fazendo é se expor a uma acusação de pirataria.

Pozner e os outros olharam-se, nervosos. Josef não podia acreditar que perderiam sua determinação tão facilmente.

— Vamos pegar vocês como reféns! — disse Josef. — Terão que fazer o que dissermos!

Até Josef ficou surpreso por ter falado. Mas, ao que parecia, suas palavras puseram um pouco mais de firmeza na determinação dos amotinados.

O capitão Schroeder virou-se para olhar Josef.

— A tripulação obedecerá só a mim — disse ele com calma —, e eu não darei nenhuma ordem, não importa o que façam, para tirarem meu navio do curso determinado. E, sem essa ordem, vocês não podem fazer nada. O que vão fazer, pilotar o navio sozinhos?

Josef enrubesceu e encarou o chão, lembrando-se de sua vontade louca de pegar o timão, quando nem sabia como funcionava ou aonde ir.

O capitão Schroeder ajudou o timoneiro caído a se levantar e levou-o até o timão. O homem ainda estava tremendo com o ataque, mas pegou o volante e acertou o curso do navio.

— Vocês já fizeram o suficiente para eu levantar acusações sérias contra vocês — disse o capitão Schroeder, ainda equilibrado, frustrando-os. — Se eu fizer isso, posso garantir que a maioria de vocês certamente voltará à Alemanha. E vocês sabem o que isso significa.

Josef fumegou. Ele *sabia* o que aquilo significava, mas o capitão Schroeder sabia? *Realmente* sabia? Quantos alemães realmente compreendiam o que estava acontecendo nos campos de concentração? Josef sabia, porque seu pai lhe dissera. *Mostrara* para ele quando saltou no mar e tentou se matar.

Josef não deixaria a mãe e a irmã terminarem em um daqueles campos.

— O senhor faria isso conosco? — perguntou ao capitão um dos homens.

— Vocês estão fazendo isso com vocês mesmos — respondeu Schroeder. — Ouçam, eu entendo e me compadeço com seu desespero.

Pozner bufou.

— Você não tem ideia do que passamos. Todos nós.

O capitão Schroeder assentiu com a cabeça.

— Não. O senhor tem razão. Mas não importa o que foi feito com vocês, o que vocês estão fazendo agora é um ato criminoso real. Por lei eu deveria jogar vocês todos na cadeia. Mas estou disposto a ignorar tudo isso se vocês saírem do passadiço agora mesmo e me derem sua palavra de que não tomarão mais nenhuma medida como esta.

Josef observou o rosto de seus colegas conspiradores e viu apenas pânico. Medo.

Rendição.

— Não — disse Josef para eles. — Não — disse Josef ao capitão Schroeder. — Meu pai me contou o que aconteceu com ele naqueles campos. Não posso deixar isso acontecer com minha mãe e minha irmã. Não podemos voltar à Alemanha!

O primeiro-oficial aproveitou aquele momento para se livrar dos homens que o seguravam. Houve uma briga. Os outros marinheiros avançaram para ajudá-lo, e os outros amotinados se esquivaram, prontos para lutar.

— Ostermeyer! Não! — ordenou o capitão Schroeder. — Cessar e parar. Isso é uma ordem.

O primeiro-oficial ficou paralisado, e Pozner ficou paralisado também, o cano de chumbo ainda não mão, erguido em ameaça.

Ninguém se moveu.

O capitão ergueu as mãos.

— Eu prometo a vocês — disse em voz baixa, quase um sussurro —, eu prometo, pela minha honra como capitão do mar, que farei tudo o que for possível para desembarcar vocês na Inglaterra. Vou encalhar o navio se preciso for. Mas vocês precisam recuar e prometer não causar mais problemas.

Pozner abaixou o cano.

— Concordamos — disse ele.

Não. *Não!* Josef queria brigar, mas todos os outros concordaram.

Josef jogou o cano no chão e saiu sem os outros homens. Voltariam à Europa, e não havia nada que ele pudesse fazer quanto a isso.

ISABEL

AO LARGO DA COSTA DA FLÓRIDA — 1994
5 DIAS LONGE DE CASA

Eles voltariam a Cuba, e não havia nada que pudessem fazer quanto a isso.

Então, esta era a última estrofe, pensou Isabel. Depois de tudo pelo que haviam passado, tudo o que haviam perdido, seu final apoteótico não seria apoteótico no fim das contas. Não seria um *son cubano*, com um final triunfante; era uma fuga, um tema musical repetido várias vezes sem resolução. Sua coda era ser sem-lar para sempre, mesmo quando voltassem para casa. Refugiados para sempre na própria terra.

A Guarda Costeira dos Estados Unidos os encontrou.

— Geraldo — disse a mãe de Isabel, mas *papi* não respondeu. Ele sentou-se paralisado com todos os outros quando o holofote branco brilhante acendeu. Um motor de barco — um motor de verdade, preso a uma hélice de verdade — rugiu.

— Geraldo — disse *mami* de novo —, começou.

— Não — disse ele. — Acabou. Para todos nós. Eles vão nos levar para Guantánamo.

O holofote girou na direção deles.

— Não — disse *mami* com as mãos sobre a barriga saliente, a voz com um tom alarmado. — Não, eu disse que *começou*. O bebê está vindo!

Todos no barquinho viraram a cabeça em surpresa. Isabel sentou-se com um chapinhar na água. Ela não sabia o que pensar. Como se sentir. Havia passado por altos e baixos — a euforia de deixar Cuba, a exaustão pela tempestade, o horror da morte de Iván, o alívio ao ver as luzes de Miami, o desespero de trombar com o barco da Guarda Costeira e saber que nunca chegariam a *el norte*. E agora sua mãe estava tendo um bebê. O irmão caçula de Isabel. Ela só conseguia ficar sentada, atônita, olhando o vazio. Não restava nada para ela entregar.

— Não vou ficar naquele campo de refugiados em Guantánamo, atrás de uma cerca de arame farpado — disse Lito. — É trocar uma prisão pela outra. Vou voltar para Cuba. Voltar para a minha casa. Castro disse que não puniria ninguém que tentasse escapar.

— A menos que ele mude de ideia de novo — disse Amara.

Foi Luis quem viu o holofote da Guarda Costeira passando por eles na água e apontando para outro lugar.

— Talvez nenhum de nós vá para Guantánamo! — disse Luis.

— Olhem! Não estão atrás de nós! A Guarda Costeira está atrás de outra pessoa!

Com os olhos, Isabel seguiu o holofote, que encontrou outra embarcação na água a poucos metros de distância. Era uma balsa cheia de refugiados como eles!

— Mais cubanos? — perguntou Amara.

— Não importa! — disse o Señor Castillo. — Agora é nossa chance! Remem para a praia! Rápido!

Isabel deu uma olhada para a mãe, em seguida agarrou um jarro de água transformado em concha e começou a remar o mais forte que podia. Lito, Amara e os Castillo fizeram o mesmo.

— Mas em silêncio — sussurrou Lito. — O som chega longe na água.

— Aaaaai! — gritou a mãe de Isabel.

— Xiu, Teresa — disse *papi*, segurando a mão dela. — Não tenha o bebê ainda... espere até chegarmos à Flórida!

A mãe de Isabel cerrou os dentes e assentiu, as lágrimas brotando.

As luzes de Miami chegaram mais perto, mas ainda estavam muito longe. Isabel olhou para trás. Na escuridão, pôde ver as luzes do barco da Guarda Costeira ao lado de outra embarcação escura. Figuras sombrias estavam se movendo de um lado para o outro entre os dois.

Estavam levando os refugiados a bordo para enviá-los de volta a Cuba.

— Aaaaai! — gritou a mãe de Isabel, a voz como um tiro de canhão no silêncio.

— *Remem, remem* — sussurrou o Señor Castillo.

Estavam tão próximos! Isabel conseguia ver quais quartos de hotel estavam com as luzes acesas e quais janelas estavam apagadas, podia ouvir bongôs batendo em um ritmo, mais alto que as águas. Uma rumba.

— A corrente está nos levando para norte — sussurrou Luis. — Vamos nos perder!

— Não importa... contanto que a gente pise em terra firme, estaremos a salvo! — disse Lito, a voz fraca pelo esforço. — Só não podemos ser pegos na água! *Remem!*

— AAAAAI! — berrou a mãe de Isabel, sua voz estrondando pela água.

BEEEP-BEEEP!

A lancha da Guarda Costeira fez o mesmo som de antes, e o holofote iluminou o barquinho. Foram encontrados!

— Não! — soluçou a mãe de Isabel. — Não! Quero ter meu filho em *el norte*!

— *REMEM!* — gritou o Señor Castillo, sem ligar mais para o silêncio.

Atrás deles, o motor da lancha da Guarda Costeira roncou.

Isabel bateu na água, entortando em desespero o fraco remo de jarro improvisado. Lágrimas corriam pelo rosto com tristeza, medo ou exaustão, ela não sabia dizer.

Tudo o que sabia era que ainda estavam longe demais da costa.

O barco da Guarda Costeira os pegaria antes que chegassem a Miami.

MAHMOUD

HUNGRIA — 2015
16 DIAS LONGE DE CASA

Sirenes. Soldados gritando em megafones. Gritos. Explosões. Mahmoud mal estava ciente de tudo o que acontecia ao redor. Deitou-se no chão, encolhido. Tentando desesperadamente puxar o ar que não vinha. Os olhos pareciam ter sido picados por abelhas, e o nariz era um caldeirão de produtos químicos escorrendo e queimando. Soltou um som engasgado, gorgolejante, que estava em algum ponto entre um berro e um choramingo.

Depois de tudo ele morreria ali, na fronteira entre a Sérvia e a Hungria.

Mãos grosseiras puxaram Mahmoud do chão e o arrastaram para longe, seus sapatos batendo e raspando na estrada de terra. Ele ainda não conseguia ver nada, não conseguia forçar os olhos a se abrirem, mas sentiu o peito começar a trabalhar de novo, os poucos filetes de ar chegando aos pulmões. Sugou o ar com avidez. Em seguida, foi lançado ao chão, e alguém puxou suas mãos para trás e as amarrou com um pedaço fino de plástico, que apertava dolorosamente. Seu corpo foi erguido de novo e rolado sobre a carroceria lisa de metal de um caminhão. Ficou lá deitado, ainda buscando ar, a braçadeira plástica cortando furiosamente seus pulsos enquanto mais pessoas eram lançadas ao seu lado dentro do caminhão. Então, ele ouviu as portas do veículo baterem e o motor ligar, e partiram.

O fôlego de Mahmoud finalmente voltou a algo parecido com o normal, e ele foi capaz de se sentar e abrir os olhos turvados. Não havia janelas e a van estava escura, mas Mahmoud conseguiu enxergar outros nove homens com ele, todos de olhos vermelhos, chorando e tossindo pelo gás lacrimogêneo, e todos eles estavam presos com braçadeiras. Inclusive seu pai.

— Pai! — gritou Mahmoud. Ele foi de joelhos pelo assoalho da van e caiu sobre o pai. Eles recostaram a cabeça um no outro.

— Onde estão a mãe e Walid? — perguntou Mahmoud.

— Não sei. Perdi os dois no caos — respondeu o pai. Seus olhos estavam avermelhados, e o rosto molhado de lágrimas e coriza. Sua aparência era terrível, e Mahmoud percebeu que devia estar tão mal quanto o pai.

Mahmoud achou que a van pararia logo, mas ela seguiu sem parar.

— Aonde acha que estamos indo? — perguntou.

— Não sei. Não consigo pegar meu telefone — disse o pai.

— Mas já estamos nesta van faz tempo. Talvez estejam nos levando à Áustria!

— Não — disse um dos outros homens. — Estão nos levando para a prisão.

Prisão? Por quê?, perguntou-se Mahmoud. *Somos apenas refugiados! Não fizemos nada de errado!*

A van parou, e Mahmoud e os outros refugiados foram desembarcados em um prédio que um dos soldados chamou de "centro de detenção de imigrantes". Mas Mahmoud percebeu que era mesmo uma prisão. Era um prédio comprido de um andar, com cerca de arame farpado ao redor, vigiado por soldados húngaros com fuzis automáticos.

Um soldado cortou a braçadeira dos pulsos de Mahmoud, e ele esperou que o alívio fosse imediato, mas, em vez disso, as mãos deixaram de ficar dormentes e começaram a queimar, como o formigar que sentia na perna após a dormência, milhares de vezes. Chorou de dor, as mãos trêmulas, quando ele e o pai foram levados às pressas até uma cela com paredes de bloco cinza em três lados e barras de metal na frente. Outros oito homens foram empurrados ali para dentro com eles, e de cima a baixo as celas da prisão estavam cheias de refugiados.

Um soldado bateu a porta de grades e a trancou com um cadeado eletrônico.

— Não somos criminosos! — um dos homens na cela gritou.

— Não pedimos uma guerra civil! Não queríamos sair de nossa casa! — outro homem berrou.

— Somos refugiados! — gritou Mahmoud, sem conseguir mais ficar em silêncio. — Precisamos de ajuda!

O soldado ignorou-os e se afastou. Mahmoud sentiu-se impotente de novo e chutou as barras da cela, furioso. Houve gritos semelhantes de inocência e fúria em outras celas, mas logo foram sobrepostos por famílias separadas tentando encontrar-se sem serem capazes de se ver de uma cela para a outra.

— Fatima? Walid? — gritou o pai de Mahmoud, e Mahmoud gritou os nomes com ele. Mas se a mãe e o irmão estavam ali, não responderam.

— Vamos encontrá-los — o pai garantiu a Mahmoud. Mas o garoto não entendia como o pai podia ter tanta certeza. Não encontraram Hana, então o que o fazia pensar que encontrariam a mãe e Walid? E se os tivessem perdido para sempre? Mahmoud estava descontrolado. Aquela viagem, essa odisseia, estava desmembrando sua família, levando-os como folhas das árvores no outono. Tudo o que não podia fazer era entrar em pânico. Sua respiração acelerou e o coração palpitava no peito.

— Não acredito nisso. Quase nos levaram até a Áustria — disse o pai de Mahmoud, finalmente verificando o iPhone. — Só mais uma hora de carro. Estamos próximos de uma cidadezinha ao norte da Hungria chamada Győr.

Quase na Áustria, pensou Mahmoud. Mas, em vez de ajudá-los, os húngaros os jogaram na prisão.

Horas se passaram, e Mahmoud foi do pânico para a frustração até chegar ao desespero. Estavam encarcerados sem comida ou água, e tinham apenas uma privada de metal presa à parede. Mahmoud só conseguia pensar na mãe e em Walid. Estariam em alguma prisão húngara também, em algum lugar, ou tinham sido levados de volta à fronteira com a Sérvia? Como ele e o pai os encontrariam? Encolheu-se contra a parede.

— Tenho que dizer, este é o pior hotel em que já fiquei — disse o pai. Estava tentando fazer piada de novo. O pai estava sempre brincando. Mas Mahmoud não achava nada daquilo engraçado.

Por fim, os soldados com cassetetes vieram até a cela e em árabe lhes disseram para se porem em fila para serem registrados.

— Não queremos ser registrados — disse o pai. — Só queremos chegar à Áustria. Por que não nos levam até a fronteira? Nunca quisemos ficar na Hungria!

Um soldado o golpeou nas costas com o cassetete, e o pai de Mahmoud foi ao chão.

— Também não queremos sua imundície aqui! — berrou o guarda em árabe. — Vocês todos são parasitas!

O guarda chutou-o nas costas, e outro soldado bateu nele várias vezes com o cassetete.

— *Não!* — gritou Mahmoud. — Não! Não façam isso! Parem! — implorou Mahmoud. Não suportava ver o pai sendo espancado. Mas o que podia fazer?

— Nós vamos! Vamos ser registrados! — disse Mahmoud aos guardas. Era tudo o que restava: render-se. Os guardas pararam com o espancamento de seu pai e ordenaram que se enfileirassem.

Mahmoud ajudou-o a se levantar. O pai recostou-se pesadamente contra ele, precisando do filho para se apoiar. Juntos se arrastaram até a fila no outro lado do corredor, longe das celas. Homens, mulheres e crianças observaram-nos com olhos esperançosos quando passaram, procurando maridos, irmãos e filhos.

Então, Mahmoud os viu — sua mãe e Walid. Estavam em uma cela com outras mulheres e crianças!

— Yussef! Mahmoud! — berrou a mãe de Mahmoud.

— Fatima! — o pai de Mahmoud gritou com alívio e avançou até ela.

Bam! Um soldado acertou-o com o cassetete, e o pai de Mahmoud caiu de novo em um montinho. Mahmoud e a mãe gritaram ao mesmo tempo.

— Fiquem na fila! — berrou o soldado.

A mãe de Mahmoud estendeu a mão entre as grades.

— Yussef! — gritou ela.

— Não, mãe... não! — vozeou Mahmoud. Um soldado bateu o cassetete nas barras de metal, e ela recuou para dentro da cela.

Mahmoud levantou o pai de novo e o ajudou a entrar no que os soldados chamaram de "centro de processamento". Lá, funcionários estavam sentados atrás de mesas longas, anotando informações dos refugiados. Quando Mahmoud e o pai chegaram à frente na fila, um homem de uniforme azul perguntou se queriam pedir asilo na Hungria.

— Ficar aqui? Na Hungria? Depois de vocês terem me espancado? Trancado minha família como criminosos comuns? — perguntou o pai de Mahmoud, os punhos cerrados e trêmulos. Mahmoud ainda precisava ajudá-lo a ficar em pé. — *Você está brincando?* Por que não podem simplesmente nos deixar ir para a Áustria? Por que preciso ser "registrado"? Não queremos ficar nem um segundo a mais do que o necessário!

O policial deu de ombros.

— Só estou fazendo meu trabalho — disse.

O pai de Mahmoud bateu com a mão espalmada na mesa, fazendo Mahmoud ter um sobressalto.

— Eu não viveria neste país horrendo nem se fosse feito de ouro!

O policial preencheu uma resposta em um formulário.

— Então, vocês serão enviados de volta à Sérvia — disse ele sem olhar para os dois. — E se voltarem à Hungria, serão presos.

O pai de Mahmoud não falou nada, nem fez piada. Mahmoud respondeu ao restante das perguntas do funcionário sobre nomes, datas e locais de nascimento, depois ajudou o pai a voltar até a cela com os outros presos. A mãe de Mahmoud gritou por eles de novo quando passaram, mas o pai não fez sinal de que estava ouvindo, e Mahmoud não respondeu. Sabiam que isso só faria a fúria dos guardas descer sobre eles de novo.

Cabeça baixa, capuz sobre ela, olhos no chão. Ser desimportante. Misturar-se.

Desaparecer.

Era assim que se evitava os valentões.

JOSEF

ANTUÉRPIA, BÉLGICA — 1939
36 DIAS LONGE DE CASA

O *St. Louis estava* dando uma festa. Uma maior até que a primeira, realizada na noite antes da chegada a Cuba. Essa tinha a euforia de mais de novecentas pessoas que estiveram às portas da morte e, de repente, milagrosamente, foram salvas.

Bélgica, Holanda, França e Inglaterra concordaram em dividir os refugiados entre elas. Nenhum dos passageiros voltaria à Alemanha.

A mãe de Josef não estava mais sozinha na pista de dança. Dezenas de casais juntaram-se a ela, todos dançando com liberdade exultante. Josef tinha até dado um giro com ela na pista. Passageiros cantavam e tocavam piano com a orquestra, e um homem que sabia truques de mágica entreteve Ruthie e outras crianças pequenas em um canto do salão social. Em outro canto, Josef gargalhava enquanto os passageiros se revezavam nas piadas. A maioria era sobre fazer cruzeiros de férias em Cuba, mas a melhor foi quando um dos passageiros se levantou e leu o folheto que anunciava o *MS St. Louis*.

— O *St. Louis* é um navio no qual todos viajam em segurança e vivem em conforto — leu ele. Mal era possível ouvi-lo com a balbúrdia. — Há tudo o que se pode desejar — continuou o homem tomando fôlego —, o que torna a vida a bordo um prazer! *Esperamos que você queira viajar no St. Louis muitas vezes!* — Josef riu tanto que chorou. Se nunca visse o MS St. Louis de novo na vida, morreria feliz.

Na manhã seguinte, o navio aportou em um píer na Antuérpia, na Bélgica. As negociações entre o capitão Schroeder e os quatro países ainda levaram um tempo, e foi apenas um dia inteiro depois, sob o retrato sombrio de Adolf Hitler, que Josef e a família de novo se juntaram aos outros passageiros no salão social para descobrir aonde iriam.

Representantes dos quatro países estavam sentados a uma longa mesa diante do salão, discutindo quais passageiros cada um assumiria. Cada país queria apenas os passageiros com as melhores chances de serem aceitos pelos Estados Unidos, então podiam embarcar os refugiados de volta o mais rápido possível.

Josef esperava conseguir a Inglaterra, pois era a mais distante da Alemanha nazista, segura do outro lado do Canal da Mancha. Mas quando tudo ficou resolvido, ele e sua família foram designados para a França. Estariam entre o terceiro grupo a desembarcar — depois que os refugiados judeus destinados à Bélgica e aos Países Baixos fossem entregues, mas antes do último grupo, que partiria para a Grã-Bretanha.

O primeiro grupo partiu naquela tarde.

Josef assistiu, com a maior parte dos outros passageiros, quando os refugiados destinados à Bélgica desembarcaram. Josef não queria ir à Bélgica, mas ficou com inveja de qualquer maneira. Como todos os outros, estava pronto para sair daquele navio.

— Vejam só... viajamos dezesseis mil quilômetros a bordo do *St. Louis* — disse um dos homens aos outros passageiros quando subiu na prancha de portaló para desembarcar na Bélgica

— para terminar a quinhentos quilômetros de onde começamos a viagem!

A fileira deu risada, mas uma risada triste. Josef estava bem ciente da longa sombra lançada pela Alemanha nazista, como todos os outros estavam. Ainda assim, contanto que os nazistas ficassem na Alemanha, eles estariam a salvo. Não estariam?

No dia seguinte, 181 passageiros desembarcaram na cidade de Roterdã, embora a Holanda não tivesse permitido que o *St. Louis* aportasse em seu píer, da mesma forma que ocorrera em Havana. Os refugiados foram levados até a cidade por outro navio, escoltados por barcos policiais.

Quando partiram para a França, Josef passeou pelos conveses. O navio tinha um aspecto estranho, vazio. Metade dos passageiros havia partido. Na manhã em que chegaram a Boulogne, França, os 288 passageiros que estavam viajando para a Inglaterra se reuniram no convés C para dizer adeus a Josef e aos outros que estavam desembarcando.

— Chegaremos à Inglaterra amanhã — Josef ouviu um deles dizer. — Vinte e um de junho. Exatamente quarenta dias e quarenta noites em um navio. Agora, onde eu já ouvi essa história antes?

Josef sorriu, lembrando-se da história de Noé, da Torá. Mas se sentia menos como Noé e mais como Moisés, perambulando no deserto por quarenta anos antes de chegar à Terra Prometida. Era a França? A Terra Prometida, por fim? Josef só podia rezar para que fosse. Ele pegou a mala em uma das mãos, tomou a de Ruthie com a outra e a conduziu junto com a mãe pela rampa até Boulogne.

— Viram? — disse *mama*. — Falei para vocês que alguém pensaria em alguma coisa. Agora, fiquem por perto e não percam seus casacos.

Ao final da rampa, Josef observou quando um dos passageiros se ajoelhou e beijou o chão. Se não tivesse as mãos ocupadas, ele talvez tivesse feito o mesmo.

O secretário-geral do Comitê Francês de Auxílio aos Refugiados oficialmente deu as boas-vindas à França, e os carregadores nas docas avançaram rapidamente para levar a bagagem dos passageiros, recusando toda e qualquer gorjeta oferecida.

Talvez aquela fosse a Terra Prometida, no fim das contas.

* * *

Josef, a mãe e irmã passaram a noite em um hotel em Boulogne, e depois foram levados de trem para Le Mans, onde foram deixados em uma pensão barata. Dias se passaram, e a vida seguiu em frente. A mãe de Josef conseguiu um trabalho de lavadeira. Ruthie finalmente foi para o jardim da infância, e Josef foi à escola pela primeira vez em meses — mas como não sabia francês, colocaram-no no primeiro ano. Treze anos — um homem! —, e eles o puseram em uma sala com crianças de sete anos! Era humilhante. Josef prometeu a si mesmo que aprenderia francês no verão ou morreria tentando.

Nunca teve essa chance. Dois meses depois, a Alemanha invadiu a Polônia, desencadeando uma nova guerra mundial.

* * *

Oito meses depois, a Alemanha invadiu a França, e Josef, sua mãe e irmã estavam de novo em fuga.

ISABEL

AO LARGO DA COSTA DA FLÓRIDA – 1994
5 DIAS LONGE DE CASA

— Está vindo... Está vindo! — Berrou a mãe de Isabel.
Isabel não sabia se ela estava falando do bebê ou do barco da Guarda Costeira.
Ou dos dois.
— *Remem!* — gritou Amara.
Isabel remou com mais força. Conseguia ver a costa, conseguia ver os guarda-sóis na praia, fechados pela noite mas ainda enfiados na areia. Rastros de luz. Palmeiras. Mais música — uma salsa agora. Estavam tão próximos!
Mas o barco da Guarda Costeira também, avançando sobre eles. A luz vermelha piscava, o motor poderoso roncava, a água se abria com a proa.
O coração de Isabel palpitava. Ele os pegaria. Eles não conseguiriam!
Lito ficou paralisado.
— Está acontecendo de novo — disse.
— O quê? O que o senhor está falando? — perguntou Isabel, arfando.

— Eu era policial quando jovem — começou Lito, os olhos arregalados. — Havia um navio... um navio cheio de judeus, vindo da Europa. E nós os mandamos de volta. *Eu* os mandei de volta! Mandei de volta para a morte quando podia facilmente tê-los aceitado! Foi tudo política, mas eles eram *pessoas*. Pessoas de verdade. Eu me encontrei com elas. Eu sabia o nome delas.

— Não entendi — disse Isabel. O que a história do avô tinha a ver com tudo aquilo?

— Remem! — gritou o pai de Isabel. O barco da Guarda Costeira estava quase em cima deles.

— Não vê? — perguntou Lito. — O povo judeu no navio estava procurando asilo, assim como nós. Precisavam de um lugar para se esconder de Hitler. Dos nazistas. *Mañana*, *nós* dizíamos para eles. Vamos deixar vocês entrarem *mañana*. Mas nunca deixamos. — Lito estava aos prantos agora, perturbado. — Nós os mandamos de volta para a Europa e para Hitler e o holocausto. De volta para a morte. Quantos deles morreram porque eu os mandei embora? Só porque eu estava fazendo meu trabalho?

Isabel não sabia de que navio o avô estava falando, mas sabia o que era holocausto, por causa da escola. Os milhões de judeus europeus que tinham sido assassinados pelos nazistas. E agora seu avô estava dizendo que um barco cheio de refugiados judeus tinha ido a Cuba quando ele era jovem? Que ele ajudou a mandá-los embora?

Mañana. De repente, Isabel entendeu por que seu avô sussurrava aquela palavra repetidamente havia dias. Por que ela o assombrava.

Quando seria permitido aos judeus entrarem em Cuba? *Mañana*.

Quando o barco chegaria aos Estados Unidos? *Mañana*.

Isabel percebeu que *mañana* nunca havia chegado para o povo judeu daquele navio. *Mañana* nunca chegaria para ela e a família?

Lito acalmou-se, como se tivesse chegado a algum tipo de compreensão, a alguma decisão.

— Agora eu vejo, Chabela. Tudo. O passado, o presente, o futuro. Minha vida toda eu fiquei esperando as coisas melhorarem.

Pela promessa brilhante de *mañana*. Mas uma coisa engraçada aconteceu enquanto eu estava esperando o mundo mudar, Chabela: ele não mudou. Porque eu não o mudei. Não vou cometer o mesmo erro duas vezes. Cuide de sua mãe e de seu irmãozinho por mim.

— Lito, o que você...?

— Não parem de remar para a costa! — gritou o avô de Isabel para todos os outros. Ele beijou Isabel no rosto, surpreendendo-a, se levantou e saltou no oceano.

— Lito! — gritou Isabel. — *Lito!*

— *Papa!* — berrou a mãe de Isabel. — O que ele está fazendo?

O avô de Isabel voltou à tona alguns metros adiante, a cabeça aparecendo e desaparecendo nas ondas.

— Lito! — gritou Isabel.

— Socorro! — gritou ele, acenando os braços para o barco da Guarda Costeira enquanto, ao mesmo tempo, nadava para longe dele. — Me ajudem! — berrava.

— Ele pulou para distraí-los! — percebeu *papi*.

— Eles vão vir atrás de nós primeiro! — comentou o Señor Castillo.

— Não, ele está em perigo de se afogar. Precisam resgatá-lo! — gritou Amara. — É nossa chance. Remem... *remem!*

Lágrimas rolavam pelo rosto de Isabel, no ponto onde o avô tinha dado o beijo de despedida.

— Lito! — gritou ela de novo, estendendo a mão para ele sobre as ondas.

— Não se preocupe comigo, Chabela! Se tem uma coisa em que sou bom é em me manter na água — gritou Lito de volta. — Agora, remem! *Mañana* é sua, minha linda passarinha cantante. Vá para Miami e seja livre!

Isabel chorou. Não conseguia remar. Não podia remar. Não podia fazer nada além de observar o barco da Guarda Costeira desviar do barquinho deles e rumar na direção do avô. Eles o resgatariam e o mandariam a Guantánamo. De volta para Cuba.

MAHMOUD

HUNGRIA — 2015
17 DIAS LONGE DE CASA

Foram buscar Mahmoud e o pai novamente na manhã seguinte, dessa vez para levá-los a um campo de refugiados lotado em um terreno frio e lamacento ladeado por uma cerca de alambrado. Tendas de acampamento multicoloridas estavam entre pilhas de lixo e roupas descartadas, e os soldados húngaros de uniforme azul e máscara cirúrgica branca vigiavam entradas e saídas. Havia apenas um prédio de verdade, um galpão cinza sem janelas, cheio de fileiras e mais fileiras de catres de metal.

Mahmoud e seu pai viram a mãe e Walid entre os refugiados recém-chegados e tiveram um reencontro às lágrimas. Cada um recebeu um cobertor e uma garrafa d'água, e eles rumaram sozinhos para os catres. Porém, quando a comida foi entregue, eles perderam. Os soldados húngaros ficaram em uma ponta do lugar, jogando sanduíches para a multidão como tratadores de zoológico jogando comida para animais em uma jaula, e Mahmoud e a família não foram espertos o bastante para correr até as mesas e pegar o almoço.

Mahmoud esperava que o pai fosse rir daquilo, mas ele não estava mais fazendo piadas. Em vez disso, se sentou no catre, o rosto e os braços roxos e escoriados, encarando o vazio. O fato de ter apanhado e ter sido jogado na prisão pelos húngaros finalmente o deprimiu.

Aquilo assustou Mahmoud. Dos quatro membros de sua família, ele era o único que *não estava* deprimido. A mãe surtou no momento em que entregou a filha, e agora andava pelo labirinto de colchões e cobertores do centro de detenção, abordando pessoas com quem já havia falado antes, e perguntando de novo se tinham visto ou ouvido falar de uma bebê chamada Hana.

O irmão de Mahmoud, Walid, também estava deprimido, mas, diferente da mãe, ele ficara deprimido pouco a pouco, com o passar do tempo, como alguém mordiscando pedacinhos de uma barra de chocolate até não sobrar mais nada. Ficava deitado, apático, no colchão de espuma, sem interesse nos jogos de cartas ou no futebol das outras crianças. Qualquer tipo de alegria infantil que ele possuíra no passado havia se exaurido, até que não restasse nada.

E agora o pai também estava morto por dentro.

Mahmoud ficou furioso. Por que estavam ali afinal? Por que os húngaros se preocupavam se apenas estavam de passagem? Por que levaram todos eles quase até a fronteira austríaca apenas para jogá-los em um centro de detenção? De alguma forma, aquilo parecia pessoal. Como se o país inteiro conspirasse para impedir que eles encontrassem um lar de verdade. Havia policiais com armas em cada porta. Todos eram mais prisioneiros que refugiados e, quando saíssem dali, voltariam para a Sérvia. De volta a outro país que não os queria.

Depois de tudo o que haviam passado, não chegariam à Alemanha no fim das contas.

Mas Mahmoud não estava pronto para desistir. Queria que a vida fosse como era antes de a guerra chegar. Não podiam voltar à Síria. Não agora. Mahmoud sabia disso. Mas não havia motivo para não poderem reconstruir a vida em outro lugar. Recomeçarem. Serem felizes de novo. E Mahmoud queria fazer qualquer coisa para que isso acontecesse. Ou ao menos tentar.

No entanto, fazer qualquer coisa acontecer significava chamar a atenção. Ficar visível. E ficar invisível era *tão mais fácil*. Também era útil, como em Alepo, ou na Sérvia, ou ali na Hungria. Mas às vezes era útil ser visível, como na Turquia e na Grécia. O inverso era verdadeiro também: ser invisível os tinha machucado tanto quanto ser visível.

Mahmoud franziu a testa. E aquilo era a verdade, não era? Visível ou invisível, tudo era uma questão de como as *outras pessoas* reagiam a alguém. Coisas boas e ruins aconteciam dos dois jeitos. Se a pessoa fosse invisível, pessoas ruins não podiam machucá-la. Se permanecesse invisível ali, fazendo tudo o que devia fazer, e nunca levantasse suspeitas, desapareceria dos olhos e mentes de todas as pessoas boas lá fora, que poderiam ajudá-la a recuperar a vida.

Era melhor ser visível. Erguer-se. Destacar-se.

Mahmoud observou quando uma porta na parede próxima se abriu, e entrou um grupo de homens e mulheres de boné azul claro e coletes em que estavam escritas as letras *ONU*, escoltado por alguns soldados húngaros de aparência importante. Mahmoud sabia que ONU eram as Nações Unidas — o mesmo grupo que estava ajudando as pessoas no campo de refugiados de Kilis. O pessoal da ONU carregava pranchetas e celulares, faziam anotações e tiravam fotos das condições de vida. Aquele lugar era dirigido por húngaros, não pela ONU, então Mahmoud imaginou que estivessem ali para observar. Documentar as condições de sobrevivência dos refugiados.

Mahmoud decidiu naquele momento fazer o possível para que os observadores o enxergassem.

Ele levantou-se de seu catre e caminhou até a porta. Tudo o que precisava fazer era passar e estaria lá fora. Mas uma soldada húngara estava de guarda ao lado da passagem. Usava um uniforme azul, uma boina vermelha e um cinto grosso de couro preto que tinha um cassetete e todo tipo de compartimento. Carregava um pequeno fuzil automático com uma tira no ombro, o cano apontado para o chão do ginásio.

A guarda ignorou Mahmoud. Ele estava bem diante dela, mas ela olhava por cima dele. Através dele. Mahmoud estava invisível enquanto fizesse o que devia fazer, e enquanto estivesse invisível estaria em segurança, e ela estaria confortável.

Era hora dessas duas coisas mudarem.

Mahmoud respirou fundo e empurrou a porta até ela se abrir. *Tchutchuc.* O som ecoou alto no salão e, de repente, todas as crianças pararam de brincar e todos os adultos tiraram os olhos dos colchões e olharam para ele. Lá fora tudo era verde e ensolarado, e no começo Mahmoud precisou estreitar os olhos para enxergar.

— Ei! — a guarda gritou. Ela o viu agora, não viu? Os observadores da ONU também.

— Pare! Não! Não permitido! — disse a soldado em um árabe ruim. Ela se esforçou para encontrar as palavras certas e disse algo em húngaro que Mahmoud não conseguiu entender. Começou a erguer a arma para ele, e aí olhou para a frente e viu os rostos contorcidos dos observadores da ONU.

Mahmoud saiu. A mulher olhou ao redor para outros guardas e os chamou, como se perguntasse o que fazer. Mahmoud deu mais um passo, depois outro, e logo estava fora do prédio, caminhando na direção de uma estrada.

Walid correu pela porta atrás dele, seguido pelo restante das crianças. Os guardas húngaros gritaram atrás deles, mas não fizeram nada para impedi-los.

— Mahmoud! — disse Walid, arfando enquanto corria ao lado do irmão. Seus olhos estavam brilhantes e vivos pela primeira vez em muito tempo, desde que Mahmoud conseguia lembrar. — Mahmoud! O que você está fazendo?

— Não vou ficar em um lugar e esperar que eles me mandem de volta para a Sérvia. Vamos — disse Mahmoud. — Vamos caminhar até a Áustria.

JOSEF

VORNAY, FRANÇA — 1940
1 ANO, 1 MÊS E 10 DIAS LONGE DE CASA

Tiros estalaram. Um obus assobiou sobre eles e atingiu um alvo próximo com um estrondo estremecedor. *Bum.* Ruthie gritou, e a mãe de Josef a puxou para um abraço.

Josef espreitou pela janela. Estavam se escondendo em uma pequena escola em um vilarejo chamado Vornay, em algum lugar a sul de Bourges, na França. As carteiras estavam todas em fileiras perfeitas, e uma lição havia muito esquecida ainda estava escrita no quadro. Estava escuro lá fora, e as árvores ao redor da escola a deixavam ainda mais escura. Era bom — ajudava-os a se esconder. Mas também dificultava mais a identificação das tropas de assalto alemãs.

Josef voltou para dentro, e seus olhos encontraram um mapa da Europa na parede, os vários países pintados em cores diferentes. Como o mapa estava errado agora, apenas um ano depois de ele e sua família terem chegado à França como refugiados. A Alemanha havia absorvido a Áustria e conquistado a Polônia e a Tchecoslováquia logo em seguida. Holanda, Bélgica e Dinamarca caíram nas mãos de Hitler, e os nazistas ocuparam a metade norte da França, inclusive Paris. Toda a França se rendera, mas ainda havia bolsões de Forças Francesas Livres resistindo aos nazistas em todo o interior. O interior onde Josef e sua família estavam agora.

Os únicos refugiados do *St. Louis* que ainda estavam em segurança, pensou Josef, eram aqueles que haviam chegado à Grã-Bretanha — embora corresse o boato de que Hitler tentaria cruzar o Canal da Mancha a qualquer momento.

Josef, a mãe e a irmã estavam tentando chegar à Suíça, na esperança de que os suíços lhes dessem abrigo. Eles chegaram até ali à noite, dormindo em celeiros de feno e ao léu, sob as estrelas, mas os nazistas finalmente os haviam alcançado.

Uma luz saltitou pela janela acima dele, e Josef arriscou olhar para fora de novo. Tropas de assalto! Estavam indo na direção da escola!

— Estão vindo! — disse Josef à mãe. — Temos que ir!

A mãe pegou Ruthie no colo e seguiu para a porta, mas Josef a impediu. Havia apenas uma porta na escola, e os nazistas a usariam.

— Não... por aqui! — disse ele.

Josef manteve-se abaixado enquanto corria para a parede ao fundo da sala. Havia uma janela ali. Eles poderiam descer por ela e correr para a floresta.

Ele tentou abri-la. Estava emperrada! Josef olhou para trás. Conseguiu ver a luz de uma lanterna no saguão lá fora, pôde ouvir o idioma alemão familiar de sua terra natal. Precisavam sair dali!

Josef bateu com o cotovelo no vidro, que estilhaçou, fazendo alguém gritar do corredor. Josef derrubou, em pânico, o restante do vidro da janela. Sentiu a manga do casaco se rasgar, sentiu algo frio e pontudo contra a pele, mas não tinha tempo de pensar nisso. Ajudou a mãe a sair primeiro, em seguida entregou Ruthie para ela através da janela.

— Vão, vão! — disse Josef antes mesmo de ter saído pela janela, e a mãe pegou Ruthie e correu para a escuridão da floresta. Nenhum deles carregava mais malas — tinham sido deixadas para trás muito tempo antes —, mas todos ainda usavam casacos, mesmo estando no alto verão. A mãe havia insistido.

A única coisa que ainda carregavam era Bitsy, o coelhinho de pelúcia do qual Ruthie nunca se separava. Estava bem preso embaixo do braço da menina.

Josef saltou pela janela, cambaleou, encontrou o equilíbrio e correu.

— Ali! Ali! — O facho da lanterna encontrou-os. Uma pistola estalou, e uma bala estourou a casca de uma árvore a poucos metros dele. Josef caiu de novo em pânico, levantou-se e voltou a correr. Atrás dele, soldados da tropa estavam gritando entre si, berrando como cães atrás de uma raposa.

Estavam farejando agora e não desistiriam. Não até Josef e sua família serem pegos.

— Tem uma casa lá adiante! — a mãe gritou para trás. Ela desviou para uma pequena estrada enlameada, e Josef a alcançou, passando por ela até a porta. Era uma casinha francesa do interior, com duas janelas de cada lado, uma porta dupla no meio e uma chaminé de um dos lados.

Josef sentiu um leve cheiro de fumaça do fogão da cozinha, e uma cortina flutuava ao vento.

Tinha alguém lá dentro!

Josef bateu na porta. Olhou para trás. Três fachos de lanterna estavam saltitando pela estradinha na direção deles.

— *Socorro. Por favor, ajudem-nos* — sussurrou Josef freneticamente, ainda batendo na porta.

Ninguém atendeu, e nenhum luz se acendeu lá dentro.

— Parados! — Veio a voz de um jovem.

Josef deu meio-giro. Havia quatro soldados alemães atrás deles. Três apontavam as lanternas para eles, fazendo Josef estreitar os olhos. Ainda assim ele conseguia enxergar bem para saber que havia dois fuzis apontados para a família. O terceiro soldado carregava uma pistola.

— Mãos para cima. Coloque a criança no chão — o soldado disse à mãe de Josef. Ruthie tentou se agarrar a ela, mas *mama* fez o que ordenaram.

Vagamente Josef percebeu que tinha perdido um pouco da sensação no braço direito e que a manga estava coberta de sangue. Ele havia se cortado no vidro da janela. E feio. Apertou o lugar onde o braço havia raspado no vidro, e a dor foi tão ofuscante que quase o fez desmaiar.

Ruthie estava de cabeça baixa, chorando, mas ergueu o braço direito do coelhinho e disse:

— *Heil, Hitler!*

Um dos soldados riu, e, quando Josef piscou até a dor no braço desaparecer, ele pensou que os soldados talvez os deixassem ir embora. Mas um deles falou:

— *Documentos.*

Agora sim estavam encrencados. Seus documentos tinham um grande *J* estampado em todas as páginas. *J* de *judeu*.

— Nós... nós não temos documentos — disse a mãe.

Um dos soldados apontou para ela, e um outro com fuzil marchou até eles e verificou os bolsos de seu casaco. Rapidamente encontrou os documentos dela e de Ruthie, e com a mesma facilidade achou os de Josef.

O soldado levou-os de volta para um homem com a lanterna, e ele os desdobrou.

— Judeus — disse o homem. — De Berlim! Vocês viajaram um bocado.

Você não faz ideia, pensou Josef.

— Estamos indo para a Suíça — disse Ruthie.

— Xiu, Ruthie! — sibilou Josef.

— Suíça? É isso? Bem, sinto que não poderemos permitir — disse o soldado. — Vocês serão levados para um campo de concentração, como o restante dos judeus

Por quê?, pensou Josef. *Por que se dar ao trabalho de nos perseguir e nos levar de volta à prisão? Se os nazistas querem tanto que os judeus sumam, por que não nos deixam continuar?*

Um dos soldados chegou até eles com uma arma.

— Não! Esperem! — gritou a mãe de Josef. — Eu tenho dinheiro. *Reichsmarks*. Francos. — Ela enfiou a mão na camisa, onde mantinha escondido o dinheiro. As notas voaram ao chão.

O soldado moveu as notas com os pés e estalou a língua.

— Acho que não é o suficiente.

O coração de Josef pesou.

Com a chance de que talvez realmente fosse capaz de comprá-los, a mãe de Josef ficou histérica.

— Esperem! Esperem! Tenho joias. Diamantes! — Ela puxou o casaco de Ruthie, tirando-o sobre a cabeça da menina.

— *Mama!* O que você está fazendo? — gritou Ruthie.

A mãe de Josef rasgou as costuras, do jeito que o pai tinha feito com suas vestimentas para o velho professor Weiler, no navio. Do casaco de Ruthie ela puxou algo que cintilou à luz das lanternas.

Brincos. Os brincos de diamante que o pai de Josef havia comprado para ela em seu aniversário de casamento. Josef lembrava-se de *papa* dando os brincos a ela. Lembrava-se do sorriso no rosto de *mama*, da luz em seus olhos, que já não existia. *Mama* havia costurado os brincos no forro do casaco de Ruthie! Por isso ela nunca deixava que Ruthie o tirasse.

O soldado pegou os brincos da mãe de Josef e os examinou contra a luz. Josef prendeu a respiração. Talvez deixassem a mãe suborná-los para ficarem livres no fim das contas.

— Tudo o que consegui guardar — disse a mãe —, é todo seu. Por favor... só nos deixem ir.

— São muito bonitos — comentou o soldado. — Mas acho que aqui tem o bastante para comprar a liberdade de apenas um de seus filhos.

— Mas... mas foi tudo o que me restou — disse *mama*.

O soldado olhou para ela com expectativa. No início, Josef não entendeu o que ele queria — eles não tinham mais nada para lhe dar. Mas então o nazista puxou Josef e Ruthie e os virou para *mama* olhar, e foi quando Josef entendeu. Os nazistas não se importavam com quanto dinheiro tinham, quantas joias. Não era essa a questão. Estava jogando com eles. Era outro jogo, como um gato brincando com um rato antes de comê-lo.

Acho que aqui tem o bastante para comprar a liberdade de apenas um de seus filhos.

Um dos filhos de Rachel Landau ficaria livre, e o outro filho iria aos campos de concentração.

O soldado nazista sorriu para a mãe de Josef.

— A senhora escolhe

ISABEL

MIAMI BEACH, FLÓRIDA — 1994
5 DIAS LONGE DE CASA

Ali, naquele barco que fora sua casa por quatro dias e quatro noites, o irmão caçula de Isabel nasceu.

Não de uma vez. Primeiro veio o empurra-empurra-empurra frenético da mãe para trazer o bebê ao mundo, enquanto o restante deles remava, remava, remava. Todos menos a Señora Castillo, que se sentou no banco ao lado de *mami*, segurando sua mão e falando com ela o tempo todo. Atrás deles, a Guarda Costeira tinha acabado de pegar o avô de Isabel e ia na direção do barco, as luzes piscando.

O barquinho azul estava perto da praia. As ondas ao redor deles estavam quebrando com a crista branca. Isabel conseguia ver as pessoas dançando na praia. Mas não estavam próximos o bastante. Não conseguiriam chegar. Foi quando os gritos de *mami* se misturaram com o berro de Amara de "Nadem até lá!", e Luis e Amara saltaram pela lateral do barco, meio nadando, meio tropeçando na direção da praia.

— Não, esperem! — gritou Isabel. A mãe não podia nadar até a praia. Não daquele jeito. Tinham que remar, ou ela nunca chegaria aos Estados Unidos.

Isabel, *papi* e o Señor Castillo remaram com o máximo de força que puderam, mas o barco da Guarda Costeira era mais rápido. Ele os pegaria.

— Vá! — disse a mãe de Isabel ao marido, entre suspiros. — Se for pego, vão mandar você de volta.

— Não — disse *papi*.

— *Vá!* — insistiu *mami*. — Se eu for pega, eles só vão... só vão me mandar de volta a Cuba. Vá e leve Isabel. Você pode... pode mandar dinheiro, como sempre planejou!

— Não! — gritou Isabel e, por incrível que pudesse parecer, o pai concordou.

— Nunca — insistiu ele. — Preciso de você, Teresa. De você, de Isabel e do pequeno Mariano.

A mãe de Isabel chorou com o nome, e as lágrimas escorreram também dos olhos de Isabel. Como aconteceu com o barco, eles não tinham escolhido o nome do bebê ainda. Não até aquele momento. Dar o nome de Lito ao bebê era o jeito perfeito de se lembrarem dele, não importava onde estivessem.

— Mas eles vão nos mandar de volta — soluçou *mami*.

— Então, vamos voltar — disse *papi*. — Juntos.

Ele tocou a têmpora da mulher com a testa e segurou sua mão, tomando o lugar da Señora Castillo quando *mami* deu o último empurrão.

O barco da Guarda Costeira sacudia nas ondas. Estava quase sobre eles.

— Chegou a hora! — disse o Señor Castillo. — Temos que nadar. Agora!

— Não, por favor — implorou Isabel, remando em desespero contra a maré, as lágrimas escorrendo pelo rosto. Estavam tão próximos. Mas o Señor Castillo já estava na lateral, ajudando sua mulher a entrar na água.

Estavam abandonando o barco.

A mãe de Isabel gritou mais alto que antes, mas *papi* ficou com ela. Ele cuidaria dela. Tudo o que importava agora era remar. Remar o mais forte que Isabel conseguisse. Ela era a última esperança da mãe.

— Leve... leve Isabel *com você* — ela ouviu a mãe dizer entre as empurradas. Mas Isabel não estava preocupada. Sabia que o pai não lhe daria ouvidos. Que nunca a deixaria. Nenhum deles deixaria. Eram uma família. Eles ficariam juntos. Para sempre.

Porém, de repente, braços a estavam agarrando, erguendo-a na lateral do barco!

— Diga adeus a Fidel — disse o Señor Castillo. Era *com ele* que *mami* estava falando. Ele tinha voltado, e *ele* estava erguendo Isabel para fora do barco, deixando-a dentro da água!

— Não... *não*! — gritou Isabel.

— Você salvou minha vida uma vez, agora me deixe salvar a sua! — disse-lhe o Señor Castillo.

Isabel não ouviu. Ela chutou e gritou, tentando se libertar. Não queria ir aos Estados Unidos se isso significasse deixar seus pais — sua *família* — para trás. Mas o Señor Castillo era forte demais. Ele a jogou na água, e ela afundou nas ondas em um emaranhado de pernas, braços e bolhas antes de rapidamente bater no fundo.

Isabel conseguiu pôr os pés no fundo e empurrou-se para fora da água. O mar batia na altura do peito, e as ondas que deslizavam passando por ela na direção da praia a erguiam e a abaixavam de novo na areia. O boné de Iván tinha saído de sua cabeça quando ela caiu na água, e ela o agarrou antes que desaparecesse nas ondas.

Em seguida, ela agarrou a lateral do barco para subir de volta.

O braço do Señor Castillo envolveu sua cintura e a puxou para longe.

— Não! — berrou Isabel. — Não vou deixá-los para trás!

— Quieta! Não vamos a lugar nenhum — disse o Señor Castillo. — Ajude a puxar o barco até a praia.

Isabel olhou ao redor e, pela primeira vez, viu que a Señora Castillo estava lá, e Luis e Amara também. Todos estavam com água até a cintura ao redor do barco. Eles voltaram!

Encontraram um lugar para agarrar o barco e puxaram, revolvendo a areia a seus pés. Isabel chorou de alívio e segurou firme. Teve mais dificuldade para puxar quando as ondas continuaram a erguê-la, mas a visão do barco da Guarda Costeira os perseguindo ajudou a motivá-la.

As comemorações também.

Os outros refugiados no barco da Guarda Costeira estavam pulando, batendo palmas e gritando para incentivá-los, bem como a multidão na praia quando saíram de Havana. Isabel viu o avô correndo de um lado para o outro no barco, acenando para eles na direção da praia como um jogador de beisebol torcendo para uma bola de *home run* ao redor do *foul pole*. Ela ria mesmo sem querer. A água estava pouco abaixo da cintura. Estavam quase lá!

O barco da Guarda Costeira desligou os motores para ir ao encontro deles, e foi quando Isabel ouviu o irmãozinho chorar pela primeira vez.

O som deixou Isabel e os outros perplexos, silenciosos. Levou um momento para seu pai cortar o cordão umbilical com o canivete. Em seguida, ele se levantou no barco com uma coisinha pequena e de pele marrom, encarando-a como se segurasse o tesouro mais incrível nos braços. Isabel ficou boquiaberta. Todo esse tempo ela sabia que sua mãe teria um bebê. Isabel tinha visto um montão de bebês antes. Eram bonitinhos, mas nada especiais. Mas aquele ali não era apenas um bebê. *Era seu irmão.* Nunca tinha visto o pequeno até aquele momento, mas o amava com uma profundidade que nunca sentira antes, nem mesmo com Iván. Aquele era

Mariano, seu irmãozinho, e de repente ela quis fazer tudo, qualquer coisa, para poder protegê-lo.

Papi finalmente ergueu os olhos e parou de admirar o filho recém-nascido.

— Ajudem-me a tirar Teresa do barco — disse aos outros.

O navio da Guarda Costeira estava quase ao lado do barco, e os adultos cambalearam para o outro lado.

Papi curvou-se na proa e estendeu o bebê aos berros para Isabel. Como se fosse um sonho, os braços de Isabel se estenderam e o pegaram. Ele estava coberto com algo melado e nojento e gritava como se alguém o tivesse estapeado, mas era a coisa mais incrível que Isabel tinha visto em toda a vida.

Pequeno Mariano.

Isabel o abraçou, protetora, contra o balanço das ondas. Era tão pequenino! Tão leve! E se ela tropeçasse? E se o derrubasse? Como seu pai pôde colocar algo tão novo, tão precioso, em seus braços? Mas então ela compreendeu — Isabel precisava carregar o pequeno Mariano até a praia para que o pai e os outros pudessem carregar *mami* atrás deles.

— *Vá, Isabel* — disse o pai, e ela foi.

Isabel segurou o bebê no alto para deixá-lo fora das ondas que os empurravam para a costa, tropeçando enquanto a água batia nas panturrilhas, mas passo a passo ela cambaleou até a praia.

Até o solo norte-americano.

Isabel virou-se na areia, encharcada e exausta, e olhou para trás.

Papi, Amara e os Castillo estavam em pé, carregando a mãe de Isabel pela água rasa, onde o barco da Guarda Costeira não conseguia chegar. Havia apagado as luzes e estava voltando para o mar. No fundo do barco, entre os refugiados que acenavam e festejavam, estava o avô de Isabel.

Isabel ergueu o bebê que berrava para que ele o visse, e Lito caiu de joelhos, as mãos crispadas sobre o peito. Então, os motores rugiram, o mar se agitou, e o barco da Guarda Costeira desapareceu rumo ao oceano.

As famílias Castilho e Fernandez ajudaram-se a chegar à praia arenosa, e os pés encharcados ficaram secos. Señor Castillo caiu de joelhos e beijou o chão.

Tinham chegado aos Estados Unidos. À liberdade.

Ainda em um sonho, Isabel cambaleou até a areia na direção das luzes piscando, das batidas da música e do povo dançando. Entrou na luz, a música parou e todos se viraram para olhar. Então, de repente, as pessoas estavam correndo para ajudar a ela e à família.

Uma mulher jovem e bronzeada de biquíni abaixou-se na areia ao lado de Isabel.

— Ai, meu deus, *chiquita* — disse ela em espanhol. — Você acabou de sair de um barco? Você é cubana?

— Sim — disse Isabel. Estava tremendo, mas se agarrava a Mariano como se nunca fosse soltá-lo. — Sou de Cuba — disse Isabel —, mas meu irmãozinho nasceu aqui. Ele é americano. E logo eu serei também.

MAHMOUD

HUNGRIA PARA ALEMANHA — 2015
17 DIAS LONGE DE CASA

Os húngaros dos dois lados da estrada pararam e ficaram olhando enquanto Mahmoud e o restante dos refugiados marchavam pelo meio da rodovia. Homens, mulheres, crianças, todos saíram aos borbotões do centro de detenção atrás de Mahmoud, juntos com os observadores da ONU, e a polícia não fez nada para impedi-los.

Os refugiados encheram de um lado ao outro a pista que seguia para Norte, impedindo que os carros passassem. Grupos de jovens sírios caminhavam e riam juntos. Uma mulher palestina empurrava um carrinho com uma menina que dormia. Uma família afegã cantava. Os refugiados usavam calças jeans, tênis e moletons de capuz na cintura, carregando o pouco que ainda tinham em mochilas e sacos de lixo.

O pai e a mãe de Mahmoud encontraram-no junto com Walid na multidão.

— Mahmoud! O que você está fazendo? — gritou o pai.

— Estamos caminhando até a Áustria! — respondeu Walid.

O pai mostrou a eles o mapa no telefone.

— Mas é uma caminhada de doze horas — retrucou.

— Vamos conseguir — disse Mahmoud. — Já chegamos até aqui. Podemos avançar mais um pouco.

A mãe de Mahmoud puxou-o em um abraço, e depois Walid, e logo o pai se juntou a eles. Os refugiados passavam ao redor, e quando a mãe de Mahmoud soltou todos eles, estava sorrindo e chorando ao mesmo tempo.

Carros buzinavam atrás daqueles que marchavam, tentando passar. Mais carros pararam do outro lado da rodovia para buzinar e comemorar com eles ou vaiá-los. Uma van da polícia parou do lado oposto da estrada, e, por meio de um megafone, um policial disse a todos em árabe:

— Parem ou vocês serão presos!

Mas ninguém parou e ninguém foi preso.

Mahmoud e a família caminharam com a multidão por horas. Visíveis. Expostos. Era assustador, mas revigorante também. Marcharam em silêncio, com calma, erguendo sinais de paz para as pessoas que torciam por eles nas estradas ao lado. Carros de polícia com luzes vermelhas giratórias acompanhavam do outro lado da estrada, às vezes acionando a sirene, beep-beep, para alertar algum carro. Helicópteros de canais de notícias sobrevoavam o local, e uma mulher do *New York Times* abriu caminho na multidão, fazendo perguntas a Mahmoud e entrevistando refugiados.

Nos vejam, pensou Mahmoud. *Nos ouçam. Nos ajudem.*

Doze horas não eram nada se Mahmoud somasse todo o tempo que passaram andando desde que saíram de Alepo. Mas essa caminhada rapidamente pareceu infinita. Não tinham água nem comida, o estômago de Mahmoud roncava e ele sentia os lábios secos. Sentia-se como um dos zumbis de seu videogame favorito. Tudo o que queria fazer era deitar e dormir, mas sabia que não podia parar. Se parasse, os húngaros o prenderiam. Precisavam continuar indo em frente. Sempre em frente. Mesmo que isso os matasse.

Mais tarde, naquela noite, Mahmoud e a família finalmente chegaram à fronteira da Áustria. Não havia cerca, nem muralhas, nem posto de controle. Apenas uma placa de trânsito azul na lateral da estrada, com as palavras REPUBLIK ÖSTERREICH dentro do círculo de estrelas douradas da UE e, acima dela, outra placa com a bandeira vermelha e branca da Áustria.

Os carros da polícia húngara pararam de segui-los assim que eles cruzaram a fronteira, e os refugiados pararam para se abraçar e celebrar a fuga. Mahmoud caiu de joelhos, tentando segurar as lágrimas de exaustão e alegria. *Eles conseguiram.* Não era a Alemanha, não ainda, mas a Alemanha ficava apenas a um país de distância. Os refugiados ainda estavam rindo e se cumprimentando quando soou um alarme do telefone que o pai de Mahmoud carregava. Então, outro telefone apitou, e outro, até a multidão inteira virar um coro de alarmes.

Era hora da oração de *Isha'a*, a última oração do dia.

O pai de Mahmoud usava um aplicativo chamado iSalam para encontrar a direção exata para a qual deviam se voltar e rezar para Meca. A família de Mahmoud encontrou um pedacinho de grama para eles, e centenas de outros refugiados fizeram o mesmo, e logo estavam todos fazendo reverências e rezando juntos. Não era ideal — tinham que se lavar e rezar em um lugar limpo —, mas era mais importante rezar no horário certo do que no lugar certo.

Quando recitou o primeiro capítulo do Corão, Mahmoud pensou nas palavras. *Só a Ti adoramos e só a Ti imploramos ajuda. Guia-nos à senda reta.* Sua senda, seu caminho, foi tudo menos reto, mas Alá os levou até aquele lugar. Com suas bênçãos, eles realmente poderiam chegar à Alemanha.

Quando terminou as orações e abriu os olhos, Mahmoud viu um pequeno grupo de austríacos reunidos ao redor dos refugiados em oração. Também havia policiais lá, e mais carros com luzes piscantes. Mahmoud encolheu os ombros. *Eles nos veem apenas quando fazemos algo de que eles não gostam*, pensou de novo. Os refugiados haviam parado para se ajoelhar e rezar, e aquelas pessoas que os observavam não faziam isso. Não entendiam. Agora os refugiados pareciam estrangeiros de novo, forasteiros. Como se não coubessem ali.

Mahmoud ficou preocupado com o que a multidão poderia fazer se os austríacos dissessem que não os queriam. A marcha pela Hungria foi pacífica até aquele momento. Aquilo se transformaria em outro combate com gás lacrimogêneo, algemas e prisão?

— Bem-vindos à Áustria! — um dos austríacos disse em árabe com sotaque forte, e os outros gritaram *"Willkommen!"* e aplaudiram. Realmente os aplaudiram. Mahmoud olhou ao redor, procurando Walid, que estava tão surpreso quando ele. Era algum engano? Aquelas pessoas achavam que eles não eram refugiados sírios?

De repente, estavam cercados de austríacos — homens, mulheres e crianças, todos sorrindo e tentando apertar as mãos deles e lhes dar coisas. Uma mulher entregou à mãe de Mahmoud um punhado de roupas limpas, e um homem correu até seu pai para cuidar dos cortes e ferimentos. Um garoto da idade de Mahmoud, usando um casaco dos New York Yankees, entregou para ele uma sacola plástica de compras com pão, queijo, fruta e uma garrafa d'água. Mahmoud ficou tão grato que quase chorou.

— Obrigado — disse em árabe.

— *Bitte* — disse o garoto, e Mahmoud achou que essa era a palavra alemã para "De nada".

Os austríacos, assim eles souberam, tinham visto a marcha na televisão e saíram para ajudá-los. Foi assim pela estrada inteira até Nickelsdorf, a cidade austríaca mais próxima de uma estação de trem. Austríacos brancos, nativos, e austríacos árabes de pele marrom que tinham imigrado ao país recentemente encheram os viadutos, jogando para eles garrafas de água e comida — pão, frutas frescas, pacotes de salgadinhos. Um homem ao lado de Mahmoud pegou um frango grelhado inteiro enrolado em papel-alumínio.

— Estamos com vocês! Vão com Deus! — gritou uma mulher para eles, em árabe.

O coração de Mahmoud elevou-se. Não eram mais invisíveis, escondidos no centro de detenção. As pessoas finalmente os *viam*, e as pessoas boas os ajudavam.

Por fim, Mahmoud e a família chegaram à estação de trem de Nickelsdorf, onde compraram passagens para Viena, capital da Áustria. Viajaram durante a noite e, quando chegaram a Viena na manhã seguinte, compraram passagens para Munique, uma grande cidade na Alemanha. Em Munique, a reação era a mesma que na Áustria, só que maior. Havia milhares de refugiados na estação de trem, e entre eles os alemães comuns ofereciam garrafas d'água, copos de café e chá. Um casal trouxe um cesto cheio de doces para distribuir às crianças. Mahmoud e Walid juntaram-se à multidão feliz de crianças ao redor deles e cada um pegou alguns doces, devorando-os. Uma força-tarefa mais organizada estava descarregando um caminhão cheio de frutas frescas, outro grupo entregava fraldas para qualquer um que tivesse bebês.

Ver as fraldas fez Mahmoud lembrar-se de Hana, e ele olhou para a mãe. Conseguiu sentir que ela estava pensando na filha caçula também. Ela levou a mão à boca, e logo estava avançando de novo pela multidão, perguntando a todos se tinham visto a filha. Mas ninguém tinha visto ou ouvido falar de um bebê retirado da água. Porém, se as pessoas que a resgataram conseguiram chegar em segurança, possivelmente estavam em algum lugar ali, na Alemanha. Mahmoud e a família continuariam procurando.

Um alemão de aparência oficial levando um crachá com o nome Serhat — um nome turco — aproximou-se, com uma prancheta na mão, do pai de Mahmoud.

— O senhor e sua família estão buscando asilo na Alemanha? — perguntou em árabe perfeito.

Mahmoud segurou o fôlego. O que era aquilo? O fim de seu longo e horrível pesadelo? Poderiam parar de avançar, parar de dormir e rezar embaixo de marquises e em rodoviárias? Na Alemanha, Mahmoud e a família poderiam refazer sua vida. Mahmoud finalmente poderia encontrar uma maneira de se reconectar com Walid. Poderiam encontrar Hana. Fazer o pai rir e contar piadas de novo. Encontrar paz para a mãe. Depois de chegar tão longe, depois de perder tanto, parecia que Mahmoud e a família estavam quase na Terra Prometida.

Tudo o que precisavam fazer era abrir no coração um espaço para a Alemanha, do jeito que ela abria espaço para eles, e aceitar este lugar diferente como seu lar.

— Sim — disse o pai de Mahmoud, um sorriso lentamente crescendo no rosto. — Mil vezes sim.

ISABEL

MIAMI, FLÓRIDA — 1994
EM CASA

Esta foi a coda para a canção de Isabel.

Ela estava com um trompete na mão — presente do tio Guillermo, irmão de Lito. Não estava em uma calçada em Havana, mas em uma sala de aula em Miami. Era sua segunda semana na escola, e o primeiro dia de aula de música. O dia em que fariam a audição para uma vaga na orquestra.

Isabel brincou com os dedos nas teclas do trompete. Nem conseguia acreditar que estava ali, naquela sala de aula, menos de um mês depois de chegar a Miami Beach aos tropeços, com o irmão caçula nos braços.

Tanta coisa mudou tão rápido. Depois que a mãe e o irmão foram levados ao hospital e receberam alta dos médicos, o irmão de Lito, Guillermo, os abrigou até que encontrassem um pequeno apartamento para morarem. A casa de Guillermo era menor que sua casa em Cuba, e nem era próxima à praia, mas tudo bem para Isabel se ela nunca mais visse o oceano de novo.

O pequeno Mariano ficava em casa, engordando e feliz junto com outros bebês que *mami* recebia para cuidar na pequena creche caseira que organizou. *Papi* conseguiu um emprego de motorista de táxi e estava economizando para ter um carro próprio. A Señora Castillo planejava voltar à faculdade e se tornar uma advogada norte-americana, e o Señor Castillo já estava falando com alguém sobre pegar um empréstimo para abrir um restaurante. Luis conseguiu trabalho em uma pequena *bodega*, e Amara em uma loja de roupas e, assim que ela se tornasse cidadã norte-americana, planejava ser policial em Miami. Eles se casariam no fim do ano.

E Isabel, ela havia começado o sexto ano. Era difícil, porque não falava inglês ainda. Mas havia outras crianças cubanas lá, muitas mais. Algumas tinham chegado aos Estados Unidos de barco, como ela, mas havia mais colegas que tinham nascido ali, *cubanoamericanos* que ainda falavam espanhol em casa. Isabel rapidamente fez amigos, meninos e meninas que foram carinhosos e receptivos, e ela soube que logo aprenderia a falar inglês como seus professores. Estava praticando, vendo muita, muita televisão. (Ao menos era o que dizia aos pais.) Ela aprenderia e, nesse meio-tempo, as aulas de matemática, espanhol e artes ainda fariam sentido.

Assim como a música.

O Señor Villanueva e os outros alunos esperaram-na tocar. Isabel tinha treinado por semanas até aquele momento. No início, não conseguia decidir que música tocar, mas então, enquanto assistia a um jogo de beisebol com o pai, ela descobriu.

Isabel arrumou o boné dos *Industriales* de Iván na cabeça, respirou fundo e começou a tocar *"The Star-Spangled Banner"*, o hino nacional dos Estados Unidos. Mas não tocou como tinha ouvido no jogo de beisebol da televisão. Tocou como um *son cubano*, de um jeito diferente, com uma melodia de *guajeo*.

Isabel tocava salsa para Iván, perdido no mar, e para Lito, lá em Cuba. Ela tocava salsa para a mãe e o pai, que tinham deixado a terra natal, e para o irmão caçula, Mariano, que nunca conheceria as ruas de Havana do jeito que ela conhecera. E Isabel tocava salsa para si mesma, assim ela nunca esqueceria de onde tinha vindo. Quem ela era.

Logo, fez com que todos na sala acompanhassem sua batida com palmas, mas, enquanto tocava, ela ouviu um ritmo diferente, uma batida por baixo daquela com que todos batiam palmas. Seu pé batia em um ritmo com a cadência oculta, e ela percebeu com emoção que finalmente estava escutando.

Finalmente estava contando a *clave*.

Lito havia se enganado. Não precisava estar em Havana para ouvi-la. Para senti-la. Isabel tinha trazido Cuba consigo, até Miami.

Terminou com um floreio, e o Señor Villanueva e os outros alunos comemoraram. Ela pensou que choraria de felicidade, mas conteve as lágrimas. Tinha chorado o suficiente por Iván e Lito.

A canção de sua fuga de Cuba para encontrar um novo lar tinha acabado.

Naquele dia havia chegado a hora de começar uma nova canção.

MAHMOUD

BERLIM, ALEMANHA — 2015
EM CASA

Uma canção alemã que Mahmoud nunca havia escutado antes tocava na rádio da van que o levava com a família pelas ruas de Berlim. A capital da Alemanha era a maior cidade que ele tinha visto, muito maior que Alepo. Era cheia de casas noturnas, cafés, lojas, monumentos, estátuas, apartamentos e prédios comerciais. Quase todas as placas estavam em alemão, mas aqui e ali havia uma placa em árabe anunciando uma loja de roupas, um restaurante ou um mercado. Prédios alinhavam-se nas calçadas como paredões de dez andares de tijolo e vidro, e carros, bicicletas, ônibus e bondes buzinavam, estrondavam e estremeciam nas ruas.

Aquele lugar estranho, assustador e empolgante seria o novo lar de Mahmoud.

O governo alemão havia aceitado Mahmoud e sua família. Nas quatro semanas anteriores, os quatro haviam morado em uma escola em Munique, que fora transformada em um alojamento simples mas limpo para refugiados. Ficaram lá — livres para ir e vir o quanto quisessem — até uma família anfitriã concordar em compartilhar o lar enquanto os pais de Mahmoud se reerguiam.

Uma família anfitriã ali, naquela rua, na capital do país.

A van parou no meio-fio diante de uma casinha verde com persianas brancas e um telhado pontudo. Flores enchiam as floreiras na janela como Mahmoud tinha visto na Áustria, e dois carros alemães estavam estacionados na entrada. Do outro lado da rua, em um parque, adolescentes faziam manobras em skates.

O pai de Mahmoud abriu a porta da van deslizando-a para eles desembarcarem, e Mahmoud, a mãe e o irmão pegaram as mochilas cheias de roupas, produtos de higiene pessoal e sacos de dormir que os voluntários alemães lhes deram. O voluntário que os levou até ali de van também conduziu a mãe, o pai e o irmão até os degraus da entrada da casinha, mas Mahmoud ficou por um momento na calçada, olhando a vizinhança ao redor. Mahmoud sabia, pelas aulas de história lá na Síria, que Berlim tinha sido quase toda destruída no fim da Segunda Guerra Mundial, reduzida a uma pilha de escombros como era Alepo agora. Levaria mais setenta anos para a Síria voltar das cinzas, como a Alemanha fez? Ele veria Alepo novamente?

Gritos de alegria e boas-vindas vieram do alpendre, e Mahmoud seguiu a família escada acima. A mãe estava ganhando um abraço de uma senhorinha alemã, e um senhor cumprimentava o pai com um aperto de mão. O voluntário alemão precisava traduzir tudo o que diziam uns aos outros. Mahmoud e a família ainda não falavam alemão, e a família anfitriã aparentemente não falava nada de árabe. A família alemã ao menos tinha conseguido uma placa na qual estava escrito, em árabe: "Bem-vindos ao lar", mesmo que a expressão que usassem fosse um pouco formal. Ainda assim, Mahmoud achou legal o esforço — era muito mais do que ele podia dizer em alemão.

O homem que estava cumprimentando o pai virou-se para Mahmoud e Walid, e o que Mahmoud viu o surpreendeu. Era *realmente* um velho! Tinha a pele branca e enrugada e cabelos brancos finos um pouco espetados nas laterais, como se ele tivesse tentado penteá-los, mas os fios não ficassem no lugar. Quando o voluntário lhes disse que ficariam com uma "família alemã", Mahmoud havia imaginado uma família como a sua, não como a de seus avós.

— O nome dele é Saul Rosenberg — traduziu o voluntário — e ele está dando as boas-vindas a seu novo lar.

Quando Mahmoud apertou a mão do senhor, percebeu uma caixinha de madeira enfeitada, pequena e fina afixada na lateral da porta de entrada. Mahmoud reconheceu o símbolo na caixa — era a Estrela de Davi! O mesmo símbolo da bandeira de Israel. Mahmoud tentou não mostrar surpresa. O casal não era só velho, era judeu! Pelo que Mahmoud sabia, judeus e muçulmanos vinham brigando havia décadas no Oriente Médio. Que mundo *estranho* era aquele.

A mulher de *Herr* Rosenberg afastou-se da mãe de Mahmoud e se curvou para dizer oi. Era uma mulher larga, de cabelos brancos como os do marido, com óculos grandes e redondos e um sorriso amigável com dentes separados. Dos bolsos do avental ela puxou um coelhinho de pelúcia feito de veludo branco e o ofereceu a Walid. Seus olhos se iluminaram quando ele pegou o bichinho.

— *Frau* Rosenberg que fez. Ela é designer de brinquedos — explicou o tradutor.

A senhora disse algo diretamente para Mahmoud.

— Ela diz que tinha feito um para você também — disse o tradutor —, mas pensou que talvez você já tivesse passado da idade para ter bichos de pelúcia.

Mahmoud concordou com a cabeça.

— Ela pode fazer um para minha irmã mais nova, quando a encontrarmos — ele disse ao voluntário. — Tivemos que entregá-

-la a outro barco para salvá-la quando estávamos nos afogando no mar Mediterrâneo. Foi minha culpa. Fui eu quem disse para minha mãe fazer aquilo, e agora preciso encontrá-la e trazê-la de volta.

Frau Rosenberg olhava para o voluntário com uma expressão confusa enquanto ele fazia a tradução, e seu sorriso brilhante se apagou. Walid correu até a mãe para mostrar seu novo brinquedo, e a senhora levou Mahmoud para o corredor dentro da casa, onde fotos de família estavam penduradas na parede.

— Eu também fui uma refugiada, como você — disse a mulher através do intérprete — e perdi meu irmão. — Ela apontou, em um porta-retratos, para uma velha fotografia amarronzada de uma mãe e um pai e duas crianças: um menino mais ou menos da idade de Mahmoud usando óculos e uma garotinha. Pai e filho usavam ternos e gravatas, e a mãe usava um bonito vestido com botões grandes. A garota estava vestida como uma pequena marinheira. — Esta sou eu, a garota. Esta é minha família. Saímos da Alemanha em um navio, em 1939, tentando chegar a Cuba. Escapando dos nazistas. Eu era muito pequena na época, e agora estou muito velha e não me lembro muito. Mas me lembro de que meu pai ficou muito doente. E de um desenho animado de um gato. Disso eu me lembro. E de um policial muito gentil que me deixou usar seu quepe.

"Meu pai foi o único que chegou a Cuba. Morou lá por muitos anos, muito depois de a guerra acabar, mas eu nunca o vi de novo. Morreu antes que pudéssemos nos encontrar. Nós não conseguimos sair do navio com ele. E nenhum outro país nos aceitou. Então, eles nos trouxeram de volta à Europa bem na época da guerra. Bem a tempo de fugirmos de novo.

"Os nazistas nos pegaram e deram à minha mãe uma escolha: me salvar ou salvar meu irmão. Bem, ela não conseguiu escolher.

Como poderia? Então, meu irmão escolheu por ela. Seu nome era Josef."

Mahmoud observou como ela estendeu a mão e tocou gentilmente o garoto na fotografia, deixando uma mancha no vidro.

— Ele tinha a sua idade, eu acho. Não me lembro muito dele, mas lembro que ele sempre quis ser adulto. "Não tenho tempo para brincadeiras", ele me dizia. "Sou um homem agora." E quando aqueles soldados disseram que um de nós podia sair livre e o outro seria levado a um campo de concentração, Josef disse "Me levem". Meu irmão, apenas um garoto, estava finalmente se tornando um homem.

Ela parou por um momento, em seguida tirou a fotografia da parede de um jeito respeitoso, com as duas mãos.

— Naquele dia, tiraram minha mãe e meu irmão de mim e me deixaram sozinha na floresta. Só sobrevivi porque uma senhora francesa gentil me abrigou. Depois disso, disse aos nazistas que bateram em sua porta que eu era da família. Quando a guerra terminou e eu já tinha idade suficiente, voltei para cá, para a Alemanha, para procurar minha mãe e meu irmão. Procurei por eles por muito tempo, mas eles morreram nos campos de concentração. Os dois. — A mulher respirou fundo. — Só tenho esta fotografia deles porque um primo guardou, um primo que ficou escondido com uma família cristã durante a guerra inteira. Aqui na Alemanha eu conheci meu marido, Saul. Ele também sobreviveu ao holocausto. Ficamos porque ele tinha família aqui. E formamos nossa família — disse *Frau* Rosenberg. Ela estendeu os braços e se virou para o pequeno corredor, mostrando a Mahmoud dezenas de fotos de seus filhos, netos e bisnetos. Ela pôs a mão de novo sobre a antiga foto amarelada da família.

— Eles morreram para que eu pudesse viver. Entende? Morreram para que todas essas pessoas pudessem viver. Todos os netos, as netas, as sobrinhas e os sobrinhos que nunca conheceram. Mas você vai conhecê-los — disse ela a Mahmoud. — Você ainda está vivo, e sua irmãzinha também, em algum lugar. Eu sei disso. Você a salvou. E, juntos, vamos encontrá-la, certo? Eu juro. Vamos encontrá-la e trazê-la para casa.

Mahmoud começou a chorar, virou-se e tentou refrear as lágrimas. A senhorinha judia pôs os braços ao redor dele e o puxou para um abraço apertado.

— Tudo vai ficar bem agora — sussurrou. — Vamos ajudar vocês.

— Ruthie, *komm hier*. — O marido de *Frau* Rosenberg a chamou. Mahmoud não precisava de tradutor para lhe dizer que *Herr* Rosenberg queria que eles fossem até a sala de estar.

Mahmoud passou a manga da camisa pelos olhos molhados, e *Frau* Rosenberg tentou pendurar a fotografia na parede de novo. Mas as mãos velhas eram trêmulas demais, e Mahmoud pegou o porta-retratos dela e o pendurou no prego da parede. Seu olhar demorou-se na fotografia. Ele se encheu de tristeza pelo garoto de sua idade. O garoto que morreu para que Ruthie pudesse viver. Mas Mahmoud também se encheu de gratidão. Josef morreu para que Ruthie pudesse viver e um dia receber Mahmoud e sua família em sua casa.

A senhorinha apertou de leve o braço de Mahmoud e o levou até a sala de estar. A mãe e o pai dele estavam lá, Walid e *Herr* Rosenberg, e o espaço era brilhante e alegre, cheio de livros, fotos de família e do cheiro de comida boa.

Era como estar em casa.

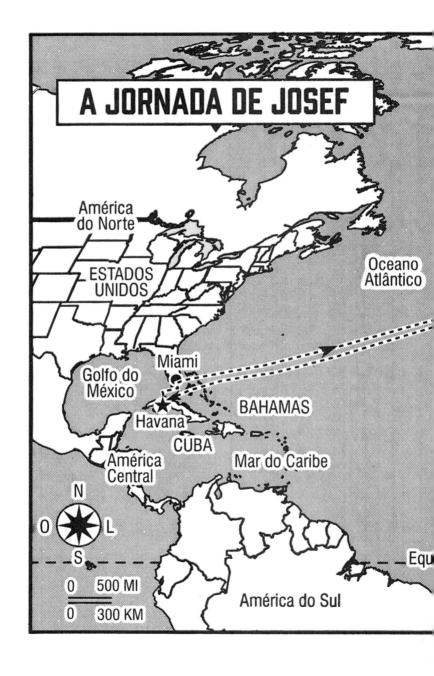

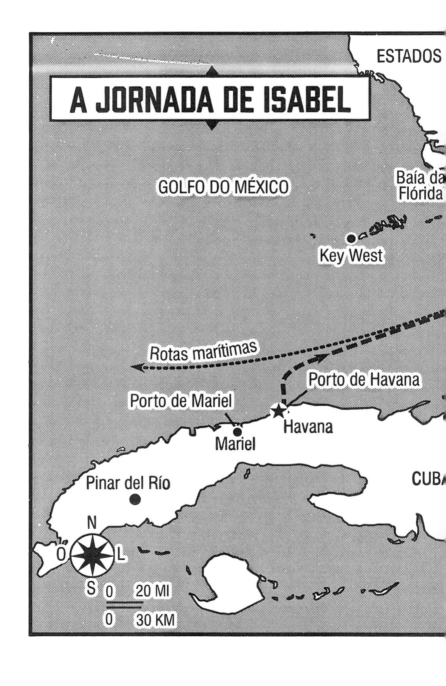

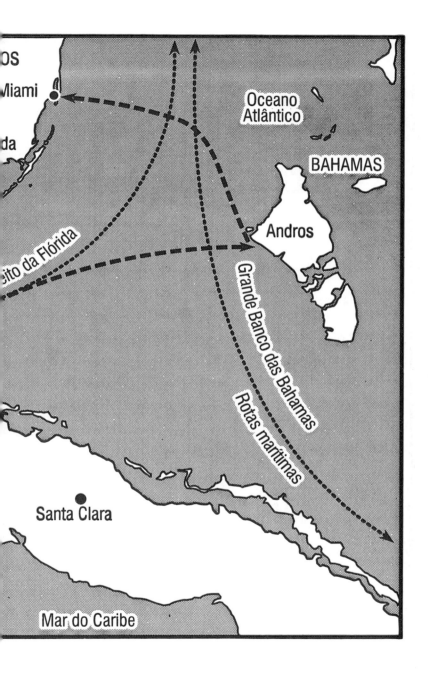

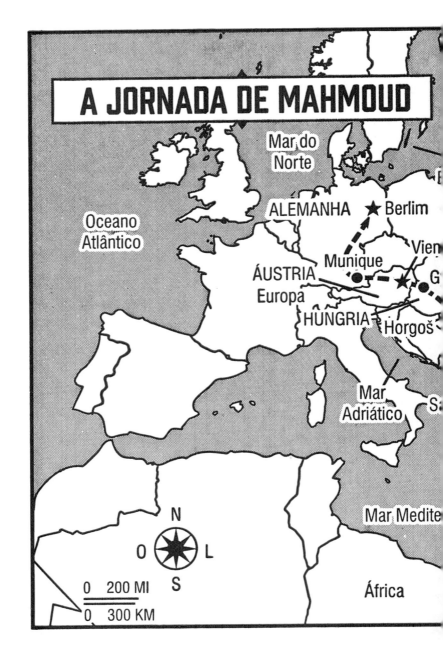

NOTA DO AUTOR

Josef, Isabel e Mahmoud são todos personagens ficcionais, mas suas histórias são baseadas em histórias reais.

JOSEF

O MS *St. Louis* foi um navio que realmente partiu da Alemanha nazista em 1939 com 937 passageiros a bordo, quase todos refugiados judeus tentando escapar dos nazistas. Os judeus esperavam ser aceitos em Cuba — alguns deles para viver lá permanentemente, alguns para ficar apenas em caráter temporário até serem admitidos nos Estados Unidos ou no Canadá. Mas, quando chegaram, os judeus receberam a notícia de que não teriam permissão para desembarcar. O motivo era político: o oficial cubano que havia emitido os vistos de entrada dos refugiados caiu em desgraça com o presidente de Cuba à época, Federico Brú. Para envergonhar o oficial, Brú cancelou retroativamente os vistos dos judeus. Agentes nazistas em Havana ajudaram a manter os judeus fora também, espalhando a propaganda que virou o povo cubano contra os refugiados. Os alemães não queriam os judeus no país, e também amavam ver os refugiados preteridos por outros países. Para os nazistas, isso era prova de que todo mundo concordava secretamente com a maneira como os alemães estavam tratando os judeus.

O capitão Gustav Schroeder existiu e é lembrado hoje por sua gentileza para com os passageiros judeus e seus esforços para encontrar refúgio para eles. Otto Schiendick também existiu e não foi apenas representante do Partido Nazista no navio, mas também uma espécie de espião, levando mensagens secretas entre a Alemanha e os agentes nazistas que trabalhavam em Havana. Evelyne e Renata eram nomes reais de duas irmãs cuja mãe optou por permanecer na Alemanha nazista. Seu pai, dr. Max Aber, conseguiu tirá-las do *St. Louis* em Havana porque tinha ido antes da família para Cuba e tinha fortes relações com as autoridades locais. Nenhum dos outros passageiros teve tanta sorte.

O pai de Josef, Aaron Landau, foi inspirado por dois homens diferentes que realmente navegaram no MS *St. Louis* — Aaron Pozner e Max Loewe. Aaron Pozner, um professor de hebraico, foi arrancado de casa na Alemanha durante a *Kristallnacht*, a Noites dos Cristais, e enviado a Dachau, onde foi espancado, humilhado e testemunhou atrocidades. Aaron Pozner foi libertado de Dachau depois de seis meses, lhe disseram para sair do país em catorze dias e foi ele a vítima de Otto Schiendick e de seus bombeiros enquanto estava a bordo. Pozner também foi um dos amotinados que tentaram assumir o controle do navio quando o *St. Louis* foi recusado pelos Estados Unidos e pelo Canadá.

Max Loewe era um advogado judeu que, como meu fictício Aaron Landau, foi proibido pelos nazistas de praticar a advocacia. Loewe continuou a prestar consultoria jurídica a advogados alemães solidários que o pagavam "por baixo dos panos", mas a Gestapo acabou descobrindo, e Loewe foi forçado a se esconder.

Juntou-se à mulher e aos dois filhos — um menino e uma menina — a tempo de todos entrarem a bordo do MS *St. Louis* e escapar. Mas, como Aaron Landau, Max Loewe era um homem destruído quando reencontrou a família. Foi Loewe que tentou suicídio pulando do *St. Louis* ancorado próximo do Porto de Havana.

O navio inglês *Orduna* e o navio francês *Flandre*, os dois carregando refugiados judeus para Cuba, inicialmente foram mantidos fora do Porto de Havana, como o *St. Louis*. Mas os dois navios, para frustração dos passageiros do *St. Louis*, foram autorizados a aportar e desembarcar seus refugiados no fim das contas. Mas o que os passageiros no *St. Louis* não sabiam era que os únicos autorizados a desembarcar do *Orduna* e do *Flandre* foram os passageiros com passaporte cubano. Os restantes, a maioria judeus com vistos de entrada inválidos, como os passageiros judeus do *St. Louis*, foram preteridos e dispensados para encontrar outro país que os aceitasse.

Os refugiados judeus do *St. Louis* que tiveram permissão para entrar no Reino Unido tiveram sorte: escaparam do holocausto. Dos 620 judeus refugiados que voltaram à Europa continental, o Museu do Holocausto dos Estados Unidos estima que 254 estavam entre os seis milhões de judeus europeus que morreram no holocausto. "A maioria dessas pessoas foi assassinada nos centros de extermínio de Auschwitz e Sobibor", comenta o museu. "O restante morreu em campos de internação, escondendo-se ou tentando fugir dos nazistas." Ruthie, que sobreviveu, estaria entre os 100 mil judeus, aproximadamente, que vivem na Alemanha hoje, menos que os cerca de 500 mil cidadãos alemães judeus de antes da Segunda Guerra Mundial. Muitos judeus que sobreviveram ao holocausto optaram por não retornar aos países natais na Europa, instalando-se nos Estados Unidos e no recém-fundado Estado de Israel.

A tragédia do MS *St. Louis* é famosa agora e figura em muitos livros, peças, filmes e até mesmo em uma ópera.

ISABEL

Em 1994, graças em grande parte ao colapso recente da União Soviética e ao longo embargo norte-americano ao comércio com Cuba, cidadãos famintos de Havana se revoltavam em todos os cantos do Malecón. Em resposta, o presidente cubano, Fidel Castro, anunciou que qualquer pessoa disposta a deixar Cuba poderia fazê-lo sem ser presa, que era a punição costumeira por tentar escapar. Foi uma estratégia que Fidel já havia empregado antes — quando os protestos ameaçaram arrasar suas forças de segurança e derrubar seu governo, Castro permitia que o povo saísse do jeito que pudesse, em geral com barcos e balsas caseiros. Se todas as pessoas que estavam furiosas o bastante para combatê-lo fugissem para a América, os protestos parariam e as coisas se acalmariam de novo. Nas cinco semanas de 1994 em que Fidel permitiu que cidadãos infelizes saíssem de Cuba, estima-se que 35 mil pessoas fugiram da ilha para os Estados Unidos — quase dez vezes o número de pessoas que tentaram escapar para a América em todo o ano de 1993.

Muitos norte-americanos contestaram a entrada repentina de refugiados cubanos, especialmente porque à época os cubanos tinham um jeito exclusivo de se tornar cidadãos norte-americanos, que imigrantes de outros países não tinham. Outros americanos reconheciam o estratagema de Fidel pelo que ele era e argumentavam que os manifestantes deviam continuar em Cuba, na esperança de que suas revoltas finalmente derrubassem o governo cubano. O presidente dos Estados Unidos na época, Bill Clinton, teve uma grande decisão a tomar: deixar os refugiados cubanos entrarem ou enviar navios de guerra norte-americanos para mandá-los embora? Enquanto tentava decidir o que fazer, Clinton ordenou que qualquer refugiado cubano capturado no mar fosse enviado para um campo de refugiados na base militar norte-americana na Baía de Guantánamo, em Cuba. De lá, os refugiados cubanos podiam escolher voltar a Cuba ou esperar para ver se os Estados Unidos ou outro país os aceitariam. Poucos meses depois, em 1995, Clinton anunciou que os refugiados cubanos em Guantánamo teriam permissão para entrar nos Estados Unidos, mas, a partir daquele momento, todo refugiado cubano flagrado no mar seria enviado para Cuba, não levado até a Flórida ou mandado para Guantánamo. Todos os refugiados cubanos que chegassem à América podiam ficar. Isabel e sua família referem-se a essa nova postura frente aos refugiados cubanos como "Pé Molhado, Pé Seco", embora esse nome só tivesse começado a ser usado depois de a política se tornar oficialmente uma lei, em 1995. Também usei da licença artística para combinar as revoltas que levaram a família de Isabel a fugir com a decisão de deter refugiados cubanos pegos no mar. Esses dois eventos na verdade aconteceram com um mês de distância, mas eu os reuni aqui para deixar a história mais emocionante e dramática.

Apesar da ameaça de prisão em Cuba e dos perigos de maré alta, tempestades, afogamentos, tubarões, desidratação e inanição, números cada vez maiores de cubanos ainda tentam cruzar os quase cento e cinquenta quilômetros de oceano entre Havana e Flórida a cada ano. De acordo com o Pew Research Center, 43.635 refugiados cubanos entraram nos Estados Unidos em 2015, e esse número foi ultrapassado em outubro de 2016. Nos últimos anos, muitos refugiados cubanos deixaram totalmente de lado a política de "Pé Molhado, Pé Seco" e optaram por chegar ao México ou ao Equador por via aérea ou marítima e, em seguida, caminhar para norte até os Estados Unidos — uma rota alternativa que os observadores apelidaram de "Pé Empoeirado". Mas enquanto mais e mais países ao sul dos Estados Unidos fecham as fronteiras, mais cubanos seguem para o Estreito da Flórida em barcos e balsas caseiras. Também de acordo com o Pew Research Center, 9.999 refugiados cubanos entraram nos Estados Unidos por meio do setor de Miami em 2015. No mesmo ano, a Guarda Costeira norte-americana apreendeu 3.505 cubanos no mar. E não há como saber quantos cubanos morrem na tentativa a cada ano. Em 1994, o ano da história de Isabel, estima-se que três em cada cinco refugiados cubanos que tentaram a jornada morreram no mar.

Em 2014, o presidente norte-americano Barack Obama e o presidente cubano Raul Castro, irmão de Fidel, anunciaram que Cuba e os Estados Unidos estavam restabelecendo relações, e, em 2015, o presidente Obama anunciou que relações diplomáticas formais entre os dois países seriam retomadas, inclusive com a reabertura de suas respectivas embaixadas em Havana e Washington, D.C. Como parte da normalização das relações, o governo dos EUA relaxou as restrições de viagem que impediam a maioria dos americanos de visitarem Cuba e, em agosto de 2016, o primeiro avião de voo comercial dos Estados Unidos para Cuba desde 1962 aterrissou em Havana. Em 12 de janeiro de 2017, em um de seus últimos atos no cargo, o presidente Obama anunciou o fim imediato da política "Pé Molhado, Pé Seco". Ainda não se sabe como essas mudanças nas relações EUA—Cuba — e a morte de Fidel Castro, em 25 de novembro de 2016 — afetarão o futuro de Cuba e de seu povo.

MAHMOUD

Enquanto escrevo este livro, a Síria está em seu sexto ano de uma das guerras civis mais brutais e cruéis da história. A cidade de Alepo, terra natal de Mahmoud, está em ruínas hoje porque abriga um grande grupo de rebeldes que se opõe à guerra de Bashar al-Assad contra seu povo. A cidade está sob cerco, massacrada diariamente por ataques aéreos russos e pela artilharia do Exército sírio. Se não tivessem partido em 2015, quando começaram a fuga, Mahmoud e sua família teriam ficado presos em uma zona de guerra, como os demais cidadãos de Alepo. De acordo com as Nações Unidas, mais de 470 mil pessoas foram mortas desde que o conflito teve início, em 2011. É mais ou menos a população inteira de Atlanta, Geórgia. E mais pessoas estão morrendo todos os dias. Em apenas uma semana de combate, em setembro de 2016, as Nações Unidas relataram a morte de noventa e seis crianças. Ou seja, uma sala de aula cheia de crianças morrendo a cada semana. Em uma grande ofensiva, em dezembro de 2016, estima-se que o Exército sírio conquistou 95% do território de Alepo mantido pelos rebeldes, incitando uma nova crise humanitária, quando mais centenas de milhares de civis ficaram presos no fogo-cruzado. Os combates em Alepo continuam até hoje.

E com frequência aqueles que sobrevivem não têm onde morar. O jornal inglês *The Guardian* estima que 40% da infraestrutura da cidade foi danificada ou destruída. Bairros inteiros estão em ruínas. Mercados, restaurantes, lojas, prédios residenciais — nada foi poupado. Quase ninguém vai mais ao trabalho ou à escola. Todas as árvores da cidade foram derrubadas para fazer lenha, e, quando acabaram as árvores, os sírios queimaram as carteiras e cadeiras das escolas para aquecerem as casas. Hospitais, os que ainda estão em pé, não têm remédios ou equipamentos para tratar os pacientes.

Por isso não surpreende que mais de dez milhões de sírios tenham sido desalojados de suas casas. Desses dez milhões, as Nações Unidas estimam que 4,8 milhões de sírios saíram do país como refugiados. Mais gente do que no estado inteiro de Connecticut, de Kentucky ou de Oregon. E mais estão fugindo todo dia, deixando para trás tudo o que possuíam e tudo o que conheciam apenas para sair da guerra e do derramamento de sangue. Apenas para sobreviver.

Mas aonde eles vão? As Nações Unidas relatam que a Turquia já é o lar de mais de 2,7 milhões de refugiados sírios registrados, muitos deles em campos de refugiados como aquele em Kilis pelo qual Mahmoud e sua família passaram. Outros países na região, como Líbano, Jordânia e Iraque, receberam números imensos de refugiados sírios, mas seus recursos estão no limite, e a opinião pública em muitos países é contrária ao afluxo de imigrantes. Mais milhões de refugiados tentam chegar à Europa, onde países como Alemanha, Suécia e Hungria aceitaram centenas de milhares de refugiados. Mas chegar lá é difícil e, não raro, mortal. De acordo com a Organização Internacional para as Migrações, mais de 3.770 refugiados morreram tentando cruzar o Mediterrâneo de barco em 2015. E assim que chegam à União Europeia, os refugiados ainda enfrentam a perseguição e a prisão em países que não querem lidar com eles ou não têm recursos para absorver a imensa entrada de pessoas. A Hungria foi o primeiro país a erguer uma cerca para impedir a entrada de refugiados do Oriente Médio que rumam para o norte, e cada vez mais países estão construindo muros. Até mesmo a Áustria, que era incrivelmente receptiva com os refugiados, começou a construir uma cerca em 2016.

De acordo com o Instituto de Políticas de Migração, entre 1º de outubro de 2011 e 31 de dezembro de 2016, os Estados Unidos admitiram apenas 18.007 refugiados sírios — menos de 0,5% de todos os refugiados sírios que se restabeleceram em outros países. Em 27 de janeiro de 2017, o presidente norte-americano Donald Trump assinou a Ordem Executiva 13769, suspendendo indefinidamente a entrada de todos os refugiados sírios nos Estados Unidos. A Ordem Executiva recebeu o título "Protegendo a Nação da Entrada de Terroristas Estrangeiros nos Estados Unidos", apesar de um relatório do Instituto Cato registrar que nenhuma pessoa aceita como refugiada nos Estados Unidos, seja ela síria ou não, teve envolvimento em grandes ataques terroristas fatais desde que a Lei de Refugiados de 1980 estabeleceu o sistema atual de aceitação de refugiados no país. Os estados de Washington e Minnesota contestaram a ordem executiva judicialmente, mas, enquanto escrevo este livro, o resultado — e o futuro dos refugiados sírios nos Estados Unidos — ainda é uma incógnita.

As experiências de Mahmoud e de sua família basearam-se em situações que realmente ocorreram a diferentes refugiados sírios. Em 2015, um grupo de aproximadamente trezentos refugiados detidos em uma escola/campo de refugiados dinamarquesa se viram fartos da detenção sem motivo. Juntos, marcharam por uma rodovia na direção da Suécia, formando uma corrente humana que parou o trânsito. E realmente houve espectadores que comemoravam nos viadutos e jogavam comida e água. Um protesto semelhante havia acontecido na Hungria uma semana antes, quando milhares de refugiados marcharam de Budapeste até a fronteira com a Áustria. Combinei os dois eventos neste livro.

Mahmoud, sua mãe e seu pai são combinações de diferentes refugiados sobre os quais eu li. Mas Walid, em especial, é baseado em uma fotografia, agora famosa, de um garoto de Alepo, de cinco anos de idade, chamado Omran Daqneesh. Na imagem, Omran está sentado sozinho na parte de trás de uma ambulância depois de sobreviver a um ataque aéreo, os pés descalços, o rosto ensanguentado, o corpo coberto de terra e cinzas. Não está chorando. Não está furioso. Talvez esteja em choque — ou talvez só esteja acostumado com aquilo. É a única vida que conhece, pois, desde que ele veio ao mundo, seu país está em guerra. É parte do que as Nações Unidas alertam ser a futura "geração perdida" de crianças sírias, se nada for feito para ajudá-las agora.

O QUE VOCÊ PODE FAZER

Beverly Crawford, professora emérita na Universidade da Califórnia — Berkeley, escreveu que refugiados vivem três vidas. A primeira é passada em fuga do horror de seja lá o que os tirou de suas casas — como a perseguição e o assassinato de judeus na Alemanha nazista de Josef, a fome e os abusos de direitos civis na Cuba de Isabel ou da guerra civil devastadora na Síria de Mahmoud. Aqueles que têm a sorte de escapar de sua casa começam uma segunda vida, igualmente perigosa, em busca de refúgio, tentando sobreviver a travessias oceânicas, patrulhas de fronteira e criminosos à procura de lucrar sobre eles. A maioria dos migrantes *não* termina em campos de refugiados, e passam dias buscando abrigo, comida, água e um lugar aquecido. Mas, mesmo nos campos, os refugiados são expostos a doenças e com frequência têm que sobreviver com menos que cinquenta centavos de dólar* por dia.

---

* Em 2018, mais ou menos R$1,75. (N. T.)

Se os refugiados conseguem escapar da terra natal e depois sobreviver à jornada para a liberdade, iniciam uma terceira vida, recomeçando em um novo país, do qual não raro não falam o idioma ou praticam a mesma religião que seus anfitriões. Diplomas e títulos profissionais concedidos em um país em geral não são considerados em outro, então refugiados que eram médicos, advogados ou professores em sua terra natal se tornam atendentes de loja, motoristas de táxi e faxineiros. As famílias que tinham lares confortáveis, carros e dinheiro separado para a faculdade e a aposentadoria precisam recomeçar, vivendo com outros refugiados em abrigos do governo ou com famílias anfitriãs em cidades estrangeiras enquanto reconstroem a vida.

Você pode ajudar as famílias de refugiados doando dinheiro a um dos muitos grupos que ajudam refugiados em cada uma de suas três vidas. Algumas organizações sem fins lucrativos têm missões bem específicas, como resgatar pessoas que fogem do Oriente Médio de barco ou combater doenças em campos de refugiados. Duas das minhas organizações favoritas trabalham especificamente com crianças refugiadas ao redor do mundo. A primeira é a UNICEF, o Fundo Internacional de Emergência das Nações Unidas para a Infância, que tem trabalhado para impedir que as crianças sírias se tornem uma "geração perdida", oferecendo serviços médicos que salvam vidas, comida, água, saneamento básico e educação, dentro da Síria e aonde quer que os refugiados sírios tenham fugido. O segundo é a *Save the Children*, que trabalha com vários parceiros corporativos e doadores pessoas físicas nos Estados Unidos para oferecer auxílio emergencial a crianças sempre e onde quer que seja necessário ao redor do mundo; inclusive há uma campanha especial para crianças sírias.

Tanto a UNICEF quanto a *Save the Children* doam 90% de cada dólar arrecadado em serviços e recursos que ajudam diretamente as crianças. As doações para qualquer uma dessas organizações maravilhosas podem ser destinadas a regiões e conflitos específicos ou serem usadas para ajudar crianças refugiadas no mundo inteiro. Saiba mais em www.unicefusa.org e www.savethechildren.org*.

* * *

Doarei uma porção dos rendimentos da venda deste livro à UNICEF para apoiar seus esforços voluntários com crianças refugiadas ao redor do mundo.

Alan Gratz
Carolina do Norte, EUA
2017

---

* No Brasil, a Fundação Abrinq trabalha em parceria com a fundação *Save the Children*, em projetos de defesa dos direitos e do exercício de cidadania por crianças e adolescentes brasileiros. (N. T.)

AGRADECIMENTOS

Muito obrigado à minha maravilhosa editora, Aimee Friedman, por todo o seu trabalho duro e sua devoção a este livro, e ao diretor editorial, David Levithan, por sua fé e apoio. Também estou em dívida com os especialistas que leram rascunhos de *Refugiados* e me ajudaram a compreender melhor as pessoas, os lugares e as culturas sobre os quais eu estava escrevendo, inclusive Sarabrynn Hudgins, Jose Moya, Hossein Kamaly, Christina Diaz Gonzalez e Gabriel Rumbaut. Qualquer equívoco é de minha responsabilidade. Agradeço à preparadora, Bonnie Cutler, e à revisora, Erica Ferguson, por deixarem meu texto bonito. Obrigado à designer Nina Goffi pela capa impressionante e o layout interno; também ao artista Jim McMahon pelos mapas. E, mais uma vez, minha enorme dívida de gratidão a todos que trabalham nos bastidores da Scholastic para ajudar meus livros a serem um sucesso: à presidente, Ellie Berger; a Jennifer Abbots e Tracy van Straaten, da publicidade; a Lori Benton, Michelle Campbell, Hillary Doyle, Rachel Feld, Paul Gagne, Leslie Garych, Antonio Gonzalez, Jana Haussmann, Emily Heddleson, Jazan Higgins, Robin Hoffman, Meghann Lucy, Joanne Mojica, Kerianne Okie, Stephanie Peitz,

John Pels, Christine Reedy, Lizette Serrano, Mindy Stockfield, Michael Strouse, Olivia Valcarce, Ann Marie Wong e a tantos outros. E a Alan Smagler e à equipe inteira de vendas, e a todos os representantes de vendas, representantes em feiras e clubes do livro em todo o país que trabalham tão duro para falar de meus livros ao mundo. Um obrigado especial a meus amigos e colegas escritores na Bat Cave por suas críticas, e a meu grande amigo Bob, que está sempre me incentivando e apoiando. Agradeço a minha agente literária, Holly Root, da Waxman Leavell, e a minhas agentes de relações públicas e braços-direitos, Lauren Harr e Caroline Christopoulos, da Gold Leaf Literary; eu não poderia ter feito nada disso sem vocês. (É sério.) Agradeço de novo a todos os professores, bibliotecários e livreiros por aí que continuam a compartilhar meus livros com jovens leitores — vocês são o máximo! E, por fim, mas não menos importante, muito amor e gratidão a minha mulher, Wendi, e a minha filha, Jo. Vocês são meu refúgio na tempestade.

SOBRE O AUTOR

Alan Gratz é autor aclamado de vários livros para jovens leitores, inclusive *Projekt 1065*, que recebeu excelentes resenhas da revista *Kirkus Reviews* e do periódico *School Library Journal*; *Prisoner B-3087*, que foi indicado para a lista de Melhor Ficção para Jovens Adultos de 2014 da Associação de Serviços de Biblioteca para Jovens Adultos (YALSA); e *Code of Honor*, parte da Seleção YALSA 2016. Alan mora na Carolina do Norte com sua mulher e filha. Saiba mais em www.alangratz.com.

Este livro foi composto na tipografia
Adobe Caslon Pro, em corpo 11/15, e impresso
em papel off-white no Sistema Cameron da
Divisão Gráfica da Distribuidora Record.